R&B

»Ihr seid elende, isolierte Leute ... Ihr seid
bankrott. Ihr habt eure Rolle ausgespielt:
Für euresgleichen gibt es fortan nur noch
einen Platz: den Mülleimer der Geschichte!«

Trotzki an die Adresse der Menschewiki, 1917

»Wir sind die Blumen in eurem Mülleimer
Wir sind das Gift in eurer Menschenmaschine«

The Sex Pistols, »God Save the Queen«, 1977

Greil Marcus

Der Mülleimer der Geschichte

Über die Gegenwart der Vergangenheit – Eine Zeitreise mit Bob Dylan, Wim Wenders, Susan Sontag, John Wayne, Adolf Hitler, Elvis Presley, Bill Clinton, Miou-Miou, Umberto Eco u. a.

Deutsch von Fritz Schneider

Rogner&Bernhard
bei Zweitausendeins

1. Auflage, Dezember 1996.

Erstmals 1995 erschienen unter dem Titel
»The Dustbin of History«
bei Harvard University Press, Cambridge, Massachusetts.

ISBN 3-8077-0349-7

Lektorat Kay Dohnke, Hamburg.
Umschlaggestaltung Britta Lembke, Hamburg.
Herstellung Eberhard Delius, Berlin.
Satz Theuberger, Berlin.
Druck Wagner GmbH, Nördlingen.
Einband G. Lachenmaier, Reutlingen.
Printed in Germany.

Dieses Buch gibt es nur bei Zweitausendeins im Versand (Postfach, 60381 Frankfurt am Main) oder in den Zweitausendeins-Läden in Berlin, Düsseldorf, Essen, Frankfurt, Freiburg, Hamburg, Köln, München, Nürnberg, Saarbrücken, Stuttgart.

In der Schweiz über buch 2000,
Postfach 89, CH-8910 Affoltern a.A.

Meinem Vater,
der mit Familienanekdoten, Geschichten
aus der Zeit des New Deal und
seinen geheimnisvollen Bücherborden
dieses Buch erst für mich aufgeschlagen hat

Inhalt

Landkarten

Territorien

Ansiedlungen

Exil

Skizze

Schon seit langem spukt mir eine Geschichte im Kopf herum – eine Zeitungsmeldung, die ich vor mehr als zehn Jahren ausgeschnitten und bis heute aufgehoben habe. Der Ursprung dieser Geschichte liegt allerdings noch weitere zwanzig Jahre zurück. In den frühen sechziger Jahren schrieb ein in Louisiana beheimateter Misanthrop namens John Kennedy Toole eine komische, wildwuchernde Tirade, der er den Titel *A Confederacy of Dunces** gab. Zum Helden seines Buches machte er einen gewissen Ignatius Reilly, einen unbekümmerten Paranoiker, der nur deshalb ins Kino geht, um sich aufregen zu können; ein Boëthius-Jünger, für den die moderne Welt eine einzige Farce ist, eine Bestätigung seiner Mission als heiliger Narr und gnostischer Prophet; ein übergewichtiger, unansehnlicher Windmacher (leider nicht nur im übertragenen Sinne), der mit Schwert und Schild bewaffnet durch die Straßen von

* Etwa: ein Bündnis, eine Allianz von Dummköpfen. Die deutsche Ausgabe des Romans (Klett-Kotta/dtv, Stuttgart 1982) trägt den Titel *Ignaz oder Die Verschwörung der Idioten*. (A.d.Ü.)

New Orleans zieht und sich dabei ausmalt, er würde Protestmärsche anführen, »einschließlich der üblichen Spruchbänder und Fahnen. Diesmal allerdings mit Aufschriften wie ›Nieder mit der Mittelklasse!‹, ›Bürger raus!‹ und dergleichen. Auch über ein paar Molotow-Cocktails wäre ich nicht erhaben.«

Der Titel des Buches stammte von Swift: »Wenn ein wirklich großer Geist in der Welt erscheint, kann man ihn untrüglich daran erkennen, daß sich alle Dummköpfe gegen ihn verbünden.« Weil er keinen Verleger finden konnte, brachte Toole sich 1969 um; er war zweiunddreißig Jahre alt. Der Hartnäckigkeit seiner Mutter, Thelma D. Toole, die Walker Percy erfolgreich um Unterstützung gebeten hatte, war es am Ende zu verdanken, daß aus dem in einen Pappkarton gestopften Manuskript (laut Percy »ein wüst verschmierter, kaum leserlicher Durchschlag«) ein Buch wurde, das 1980 bei der Louisiana State University Press erschien. *A Confederacy of Dunces* entpuppte sich als Bestseller und bekam den Pulitzer-Preis.

Vier Jahre später, am 15. Januar 1984, kabelten die Redakteure Charles C. Handy und John Jacobs folgenden Bericht über die unmittelbar bevorstehenden Präsidentschaftsvorwahlen von New Hampshire an ihre Zeitung, den *San Francisco Examiner:*

Hanover, N. H. – Man könnte meinen, der Parteitag der Demokraten ginge bereits in dieser Woche hier im altehrwürdigen Hanover Inn des Dartmoor College über die Bühne und nicht erst in sechs Monaten in San Francisco.

Am Vorabend der heute im PBS* live übertragenen Fernsehdebatte zwischen den acht aussichtsreichsten Präsidentschaftsbewerbern der Demokraten wimmelte es in diesem alten, luxuriösen Lokal von stocksteifen Secret-Service-Männern und wahren Horden von Medienleuten mit bunten Namensschildern am Hals, und hin und wieder läuft einem sogar ein leibhaftiger Präsidentschaftskandidat über den Weg.

Während die Kandidaten in einem großen Raum voll antiker Truhen,

* Public Broadcasting System: das US-Bildungsfernsehen, vergleichbar mit den Dritten Programmen der ARD. Das PBS ist ein Verbund öffentlich subventionierter, nahezu reklamefreier Kultursender (ein Fünftel der etwa 1500 amerikanischen Fernsehsender gehört dem PBS an. (A. d. Ü.)

Polstersofas und Messingleuchter der Reportermeute Rede und Antwort standen, marschierte draußen vor dem Hotel ein einsamer, gutgekleideter Mann auf und ab, der ein gelbes Protestplakat hochhielt, auf dem zu lesen stand: »Warum lassen die Demokraten Toole nicht mitdebattieren? Wovor haben sie Angst?«

Der Mann mit dem Plakat, John Kennedy Toole, ein 39jähriger New Yorker, sagte, er bewerbe sich um die Präsidentschaft, um auf das Schicksal der zwei Millionen obdachlosen Amerikaner aufmerksam zu machen, die man »schmählich im Stich gelassen« habe.

»Das Kriterium für die Teilnahme an dieser Debatte«, sagte er zu dem einzigen Reporter in Sichtweite, »scheint die landesweite Berichterstattung der Medien zu sein. Doch wo in unserer Verfassung steht das geschrieben?«

»Niemand will mit mir sprechen. Das würde ich nämlich viel lieber tun, als hier draußen mit meinem Plakat in der Kälte herumzustehen, verstehen Sie!«

Handelte es sich bei diesem Mann nicht um den John Kennedy Toole, der *A Confederacy of Dunces* geschrieben hatte (sein mittlerweile oberlehrerhaft korrekter Gebrauch des Wortes »Kriterium« war als Beweis viel beunruhigender als die Tatsache, daß Ignatius Reilly gegen Ende des Romans mit seiner jüdischen Freundin nach New York verschwindet), dann war es doch jemand, der das Buch gelesen, zu Ehren des Verfassers dessen Namen angenommen und beschlossen hatte, entsprechend zu handeln. So kam es mir 1984 vor. Oder so hatte ich es mir zumindest erhofft. Die hier zusammengetragenen Ergebnisse meiner alltäglichen Arbeit als Kritiker stammen aus gut zwei Jahrzehnten – sie erschienen zwischen 1975 und 1996 –, aber diese Story bringt die Skepsis und Sorge, die in all diesen Texten spürbar sind, am deutlichsten zum Ausdruck. Ich befürchte nämlich, daß unser Geschichtsbewußtsein, so wie es in der Alltagskultur zum Ausdruck kommt, erdrückt wird, verkümmert und uns paralysiert; daß die weitverbreitete Annahme, Geschichte existiere bloß in der Vergangenheit, eine Mystifikation ist, an der alle kritischen Untersuchungen abprallen, die diese Annahme als Schwindel oder als ein Gefängnis entlarven könnten. Ich habe den Verdacht, daß Geschichte etwas ist, das tagein, tagaus von uns allen gelebt wird, etwas, das wir gestalten und zerstören – vergessen und leugnen –, auf viel mehr Arten, als uns tatsächlich bewußt ist. »Kultur ist schwer faßbar«, schreibt Robert Cantwell in *Ethnomimesis* zu Beginn eines Abschnitts, den ich womöglich mit dem Wort »Geschichte« begonnen hätte:

Sie entwickelt sich auf geheimnisvolle Weise, oft wortlos, telepathisch, zwischen einem Elternteil und einem Kind, dem erst Jahre später auffällt, daß es etwas gesehen oder gehört hat, wenn es mit einemmal entdeckt, was es gelernt hat und nun selbständig tun kann; sie reift heran, unbeabsichtigt, oft unterbewußt, in Träumen, um sich plötzlich und unerwartet in einem Ausdruck oder einer Formulierung zu offenbaren, in der Art, wie man sich gegenüber seinen Kindern oder seinem Ehepartner verhält oder, auf einer anderen Ebene, in unseren musikalischen oder bildhaft-visuellen Vorlieben, in den Erzählungen, die wir über uns und andere erfinden oder mit denen wir nach Verständnis suchen. Sie kann sich aus Zufällen ergeben, aus halb verschütteten Erinnerungen, aus Fingern oder Händen, die mit Instrumenten oder Werkzeugen herumspielen. Oder sie besteht einfach fort, mit einem sonderbaren Eigenleben, in einer Jahrhunderte währenden, verwickelten Reise, von der höfischen über die merkantile zur häuslichen Kultur und wieder zurück.

In einem späteren Abschnitt seines Buches drückt Cantwell den gleichen Gedanken in einer anderen Sprache aus:

Wo Bedeutungssysteme restlos verschwunden sind und das Zeichen in seinem blendenden Glanz zur kulturellen Oberfläche durchbricht, beginnen wir die Geschichte von neuem und geben unserer Epoche neue Namen; je tiefer das alte Bedeutungssystem verborgen ist, um so heftiger und beharrlicher wird unser Verlangen, das einzelne materielle Zeichen mit Sinn zu erfüllen – eine wilde, ununterdrückbare Sehnsucht, sich an Dinge zu erinnern, von denen wir wissen, daß wir sie wissen.

Ein Gedanke, den Cantwell an anderer Stelle so formuliert: »Wir sind alle Doktoren und Wahrsager.«

Ihr seid elende, isolierte Leute … Ihr seid bankrott. Ihr habt eure Rolle ausgespielt: Für euresgleichen gibt es fortan nur noch einen Platz: den Mülleimer der Geschichte!

Trotzki an die Adresse der Menschewiki, auf dem Zweiten Allrussischen Sowjetkongreß am 25. Oktober 1917

»Der Mülleimer der Geschichte« ist einer unserer Begriffe für endgültig Abgehaktes, ein Ausdruck unseres Bestrebens, die

Geschichte hinter uns zu lassen, dort, wo sie hinzugehören scheint. Er war da, dieser Mülleimer, auf der Bühne der Weltgeschichte, als Trotzki seine Rede hielt, und unsere heutigen Ironien ringelten sich um ihn herum wie eine unsichtbare Schlange. Er war auch in Hanover, New Hampshire, nahm direkt vor deinen Augen Gestalt an, wenn du eine bestimmte Story zum richtigen Zeitpunkt last: keine Sache aus der Vergangenheit und auch nichts für die Vergangenheit, sondern eine Falle, ein Todesurteil oder vielleicht ein Ziel, ein gelobtes Land, das jederzeit erreichbar ist. Er kann einen verschlingen; man kann ihm unter Umständen wieder entkommen. 1917 überantwortete Leo Trotzki die Menschewiki dem Mülleimer der Geschichte, und dort sind sie noch immer, zusammen mit Trotzkis Schatten, der ihnen Gesellschaft leistet. 1969 überantwortete John Kennedy Toole sich selbst dem Mülleimer der Geschichte, und 1980 wurde er daraus erlöst – trotzdem schrieb er eines jener Bücher, die sich nur aus dem Mülleimer der Geschichte an den Leser wenden, unabhängig davon, wann und wie man auf sie aufmerksam wird oder wieviel Auszeichnungen und Lobeshymnen auf dem Schutzumschlag prangen.

Die hier versammelten Texte sind nicht chronologisch geordnet – wahrscheinlich deshalb, weil Einstellungen wie »die Zeit schreitet voran« oder »die Zeit bleibt nicht stehen« dazu führen, daß Geschichte versteinert oder die Menschen aus ihr hinausgedrängt werden. Diese Texte handeln davon, wie Geschichte abgewertet und zurechtgestutzt wird; handeln von jenen Menschen, Taten und Ereignissen, die wie selbstverständlich aus der Geschichte gestrichen oder gewaltsam aus ihr ausgeschlossen werden, und davon, wie Geschichte in Kunstwerken zu ihrer Stimme findet oder sich mit diesen die Zeit vertreibt. Diese Anliegen sind Motive; als Motive sind sie Argumente; als Argumente, so hoffe ich, bilden sie eine Gruppe zusammenhängender Storys. Sie haben einige Figuren gemeinsam. Es gibt darin eine Menge Deutsche, weil diese in der ersten Hälfte des zwanzigsten Jahrhunderts vermutlich mehr Geschichte gemacht haben als jedes andere Volk und weil sie sich in der zweiten Hälfte des Jahrhunderts mit so großer Inbrunst der Kultur verschrieben haben, welche sie nicht bloß als Geschichtsersatz betrachteten, als einen Weg, der Geschichte zu entkommen, sondern auch als eine Sphäre, wo sie Geschichte machen konnten und in der sie ihr eigenes sowie unser aller Geschichtsverständnis verändert haben. Es gibt darin eine Menge Cowboys, weil die Nachkriegsdeutschen ein Faible für Cowboys hatten und weil das amerikanische Verständnis von Vergangenheit und praktischem Handeln noch immer den rudimentären Wünschen und Ängsten des neunzehnten Jahrhunderts verhaftet ist. Es gibt darin eine Menge Verlierer, Menschen, die aus der Geschichte entfernt werden, sobald sie sich einbilden, sie könnten Geschichte machen. Heute, 1996, wo das Jahr 1989 sieben Jahre zurückliegt, muß man Chai Ling, eine der ersten Stimmen, die sich in diesem Buch zu Gehör melden, ausdrücklich als eine der Anführerinnen der studentischen Demonstranten auf dem Tien-an-men-Platz vorstellen; das mußte man auch 1989 tun. Ich frage mich, wieviel Jahre wohl vergehen werden, bis man erläutern muß, was auf dem »Platz des Himmlischen Friedens« geschehen ist; daß es nicht sehr viele sein werden, daran arbeiten augenblicklich eine Menge Leute, überall auf der Welt, aus den unterschiedlichsten Motiven.

Die Ich-Erzählerin in Annie Ernaux' Roman *Eine vollkommene Leidenschaft* spricht von den »Gefühlsmustern kultureller Art«, die sie seit ihrer Kindheit beeinflußt haben, und stellt fest, »*Vom Winde verweht*, *Phädra* und die Chansons der Piaf« seien ebenso prägend »wie der Ödipuskomplex«. Und in der Kultur – in Spielfilmen, Songs, Romanen, Spionage-Thrillern, Gemälden, Fernsehserien – hörte ich eine Menge Mülleimer-Stimmen. Es waren die Stimmen von Menschen, die auf etwas warteten, Reden, die im Exil gehalten wurden, Manifeste unbegrenzter Möglichkeiten und grenzenlosen Verlangens: »Dämon-strationen«, wie Jess, ein Collage-Künstler aus San Francisco, einmal formuliert hat, »hermetischer Kritik, eingeschlossen in KUNST.« »Wieviel Geschichte kann durch das Anschlagen einer Gitarrensaite vermittelt werden?« fragte

Robert Palmer in seinem Buch *Deep Blues*, und die Antwort lautet: Mehr, als wir jemals erfahren werden. Sollte ich mich Palmers Frage gewachsen zeigen, dann wäre sie das Motto für viele der hier wiedergegebenen Texte: Wieviel Geschichte kann John Wayne durch die Verkörperung eines Charakters vermitteln? In abgewandelter oder zugespitzter Form – was alles wird transzendiert durch die Befreiung von der Geschichte, welche der Kunst so häufig zugestanden wird? – könnte Palmers Frage nicht bloß als Epigraph für den Text über Susan Sontag dienen, sondern auch für den über Robert Altmans *Nashville* und E. L. Doctorows *Ragtime*; in diesen Werken, so schien mir, tritt Kultur an die Stelle von Geschichte – die Geschichte als solche ist ein einziger Mülleimer, und beinahe jeder von uns steckt darin.

Da mein Hauptaugenmerk kulturellen Phänomenen gilt, und nicht herkömmlich strukturierten Ereignissen politischer oder wirtschaftlicher Art, taucht in diesem Buch immer wieder die Frage der Verzerrung auf – zusammen mit der Überzeugung, daß Verzerrung nicht dasselbe ist wie Unaufrichtigkeit. Der Prozeß der Kritik ist für mich etwas zutiefst Geheimnisvolles. Oft kann ich mich nicht daran erinnern oder auch nur exakt zurückverfolgen, wie ich dazu gekommen bin, eine bestimmte Ansicht zu vertreten – aber das ist sicher ein Resultat meines Versuchs, dem Artefakt, dem Gegenstand meiner Erörterungen, mit Offenheit und Vertrauen gegenüberzutreten. Ich bin davon überzeugt (bis mir das Gegenteil bewiesen wird oder ich an meine Grenzen stoße), daß ein geschichtliches Ereignis oder ein kulturelles Artefakt, das die Begeisterung, das Unbehagen oder die Irritation des Kritikers hervorzurufen vermag, beinahe unermeßlich viele Geheimnisse preisgeben kann, und sei es auch nur auf eine unbestimmte, schwer faßbare Weise – vorausgesetzt, der Kritiker ist hartnäckig genug. Meine Methode, so ich denn eine habe, besteht darin, geschichtliche Ereignisse als kulturelle Phänomene und kulturelle Phänomene als geschichtliche Ereignisse zu behandeln – oder darin, beides begrifflich ineinander übergehen zu lassen.

Es ist ziemlich klar, weshalb ein derartiger Ansatz naiv ist: Man kann auf etwas hereinfallen. Aber ich denke, heutzutage kann einem Schlimmeres passieren. Die wohl bösartigste Spielart der zeitgenössischen Kritik hat einen Lieblingssatz, den sie allen angeblich aktuellen geschichtlichen Ereignissen oder kulturellen Phänomenen entgegenhält: *Auf dich falle ich nicht herein!* Ich glaube, daß Kritik oder eine kritische Beziehung zur Geschichte zu einem beträchtlichen Teil von der Bereitschaft abhängt, sich hinters Licht führen zu lassen: Man liest zu viel in einen Gedanken hinein oder setzt zu sehr auf einen zu unbedeutenden Gegenstand oder Anlaß, man verrennt sich in etwas oder läßt sich gar fortreißen. Wonach ich immer suche, etwa in der Story aus dem *San Francisco Examiner* – in dem unheimlich anmutenden Durcheinander, bei dem ein realer Schriftsteller in die Haut einer von ihm geschaffenen fiktiven Gestalt schlüpft, mittels einer anderen realen Person, die sich in ein herkömmlich strukturiertes politisches Ereignis einmischt –, das ist eine objektive Plattform für die subjektive Neuinterpretation unserer Beziehung zu Vergangenheit, Gegenwart und Zukunft. Die Beweise für die Geschichten, die wir erzählen oder hören wollen, sind in der Regel unzureichend oder praktisch nicht vorhanden. Ein solches Fehlen harter Fakten macht das Vertrauen in die vorhandenen Fakten zu einer mehr oder weniger absoluten Notwendigkeit. Gleichzeitig führt es dazu, daß wir uns Versionen der Geschichte – von geschichtlichen Ereignissen und den daran beteiligten Akteuren – ausdenken oder ausmalen, Versionen, mit denen wir experimentieren und die über die realen Fakten hinausgehen oder diese ganz und gar hinter sich lassen.

Das ist kein Balanceakt, sondern ein ständiges Stolpern und Abstürzen. »Manche Historikerschulen behaupten«, sagte Eric Hobsbawm 1993 mit spürbarer Verärgerung, »daß alle ›Fakten‹, die Anspruch auf eine objektive Existenz erheben, schlicht und einfach gedankliche Konstrukte sind. Demnach gäbe es keinen klaren Unterschied zwischen Fakt und Fiktion. Aber den gibt es!« Und er fuhr fort:

Für uns Historiker, selbst für die militantesten Antipositivisten unter uns, ist die Fähigkeit, zwischen beidem differenzieren zu können, ein absolutes Muß. Wir können uns unsere Fakten nicht einfach erfinden. Elvis Presley ist entweder tot oder nicht. Fragen können zweifelsfrei beantwortet werden, auf der Basis objektiver Beweise, insoweit verläßliche Beweise verfügbar sind, was hin und wieder der Fall ist. Die gegenwärtige Regierung der Türkei, die den im Jahre 1915 versuchten Völkermord an den Armeniern leugnet, hat entweder recht oder nicht.

Die Echos des letzten Hobsbawmschen Satzes (der, wie ein Abfallfledderer, Hitlers berühmt-berüchtigtes Beiseiteschieben möglicher Reaktionen auf die geplante Vernichtung der Juden – »Wer erinnert sich heute noch an die Armenier?« – aus unserem Mülleimer hervorzerrt) hallen überall in diesem Buch wider: manchmal als ein Beharren auf unleugbaren Fakten, aber manchmal auch als ein Beharren auf der Wichtigkeit radikaler Phantasien – oder der Bereitschaft, sich hinters Licht führen zu lassen –, immer vorausgesetzt, man betrachtet Geschichte als etwas Lebendiges. Vor diesem Hintergrund sind die Texte über Nazi-Thriller zu sehen, zusammen mit denen über John Frankenheimers *The Manchurian Candidate** und Bob Dylans Song »Blind Willie McTell«. Viele unserer ambitioniertesten kritischen Arbeiten sind – auch wenn sie Anspruch auf objektive Wahrheit erheben – im Grunde radikale Phantasien, die die richtigen Einsätze bei den richtigen Wetten riskieren: die alles, was sie haben, auf die vage Gewißheit setzen, daß die Welt nicht so ist, wie sie zu sein scheint. Auf diese Weise habe ich versucht, mich mit Camille Paglias These auseinanderzusetzen, wonach die eigentliche Anziehungskraft unserer Kultur heidnisch und nicht jüdisch-christlich ist, oder mit dem von David Rosenberg und Harold Bloom unternommenen Versuch, eine bisher verborgene Ur-Bibel ans Tageslicht zu befördern, oder mit Alexander Marshacks Rekonstruktion des westeuropäischen Alt-Paläolithikums. Bei anderen nimmt dieser Versuch einer Offenbarung all dessen, was unter der Oberfläche der alltäglichen Geschichte schlummert, unheimliche Züge

* USA 1962; deutscher Verleihtitel: *Botschafter der Angst*.

an, da so mancher bei seiner Suche nach der Wahrheit jeden Anspruch auf Wahrheit fallen läßt oder zumindest frei mit ihr umgeht, ohne sich von irgendwelchen Verhaltensnormen oder Verfahrensregeln beeinträchtigen zu lassen. Dies ist ein gnostischer Zug der Geschichte, den Roberto Calasso in *La Rovina di Kasch* (Die Ruine von Kasch) mit Begriffen umreißt, die sich kaum von denjenigen unterscheiden, die Robert Cantwell auf die normale kulturelle Übertragung bezieht: »als im wesentlichen aus (wie Massignon sie nennt) ›*intersignes*‹ bestehend, aus außergewöhnlichen Vorzeichen, Zufällen (wie Historiker es nennen, um sich nicht damit beschäftigen zu müssen), unberechenbaren Erscheinungen, verschütteten Relikten, physiognomischen Merkmalen, im Firmament der Gedanken latent vorhandenen Konstellationen«. Dahinter steckt weit mehr als die Bereitschaft, sich hinters Licht führen zu lassen: Es ist die Arbeit von Spielern, die ihre Einsätze mit Falschgeld begleichen, wobei das reputierliche Wort »verborgen« durch das anrüchige Wort »okkult« ersetzt wird. Auf den folgenden Seiten bricht dieser Zug immer wieder hervor, ob in Gestalt des heimlichen Sieges der Nazis im Zweiten Weltkrieg, wie ihn Thomas Gifford in seinem Roman *Der Wind-Chill-Faktor* präsentiert, oder in den Freimaurersymbolen, die in Bruce Conners Collagen Prophezeiungen aussprechen, oder in Umberto Ecos gedankenschwerem Reiben an der Wunderlampe seines *Foucaultschen Pendels*, wobei er behauptet, er tue dies bloß, um zu beweisen, daß sich darin überhaupt kein Geist befinde. Die Unterscheidung zwischen Fakt und Fiktion ist notwendig, doch das ist nicht alles: Sie könnte ebenso nützlich sein als Voraussetzung einer auf Geschichte beruhenden Fiktion, oder auch insgeheim danach trachten, die Geschichte zu verändern.

Diese Vermutung weist in zwei Richtungen. Es gibt ein Verständnis von Geschichte als »Geschichte«, als Story – eine Story, die per Definition nicht so ausgehen mußte, wie sie ausgegangen ist. Es gibt jene Momente in der Geschichte, wo uns das, was möglich ist, zwischen den Fingern zerrinnt, wenn wir nur die offizielle Lesart anerkennen, sobald diese sich herauskristallisiert; bei dem Versuch der Rekonstruktion eines Ortes oder einer Zeit gibt es jene Momente, wo uns Dinge, obwohl sie wirklich geschehen sind und uns unwiderruflich geprägt haben, unmöglich vorkommen, wie Wunder, viel zu unwahrscheinlich, unbeabsichtigt, unkontrollierbar oder zufällig, um tatsächlich Geschichte befördern zu können. Der Tien-an-men-Platz ist ein Beispiel für Momente der ersten Art, Deborah Chesslers Beitrag zur Entstehung des Rhythm & Blues für solche der zweiten. Ich hoffe, daß zumindest einige der hier versammelten Storys beide Momente beinhalten, denn meiner Meinung nach bilden diese Momente die wirklichen Grenzen der Geschichte, so wie sie von uns geformt oder zerstört wird – Grenzen weit außerhalb jener Demarkationslinien, die das umgeben, was wir normalerweise als Geschichte betrachten. Letzten Endes geht es in diesem Buch um die Frage, wo wir unseren Platz in der Geschichte sehen: um unser Selbstverständnis als Geschöpfe der Vergangenheit und Gestalter unserer eigenen Gegenwart und Zukunft – sowie, als selbstverständliche Folgerung daraus, unserer eigenen Vergangenheit.

Landkarten

Der Mülleimer der Geschichte in einer frisch renovierten Welt

Arbeiter ziehen auf flachen Karren Bronzestatuen hinter sich her. Das ist der Mülleimer der Geschichte: ein Stalin, aus Marmor, mit abgeschlagener Nase, und andere von ihren Sockeln geholte Helden, die ihm Gesellschaft leisten, Dserschinski, Molotow, Kalinin, Swerdlow, gerade erst zu Boden gerissen, und alle essen sie Gras.

Alan Jolis über die Folgen des Putschversuchs in der Sowjetunion, in »Coup de Grace«, *Vogue*, November 1991

In den letzten Jahren ist oft vom Mülleimer der Geschichte die Rede gewesen – manche Ereignisse scheinen Schriftsteller, Journalisten und Leser automatisch zu dieser Metapher hinzuziehen, auf so unwiderstehliche Weise, daß sie die Vergangenheit neu schreibt und als verharmlosende Überschrift für Märchen, Fabeln und Legenden herangezogen wird, die wir einmal, wie wir uns hin und wieder ins Gedächtnis rufen müssen, für bare Münze genommen haben. Hier ist eines meiner Lieblingsbeispiele, eine UPI-Meldung vom 27. November 1989, die mit »KEIN WORT IST ZU ERHABEN, UM NICHT AUF CEAUŞESCU ZUZUTREFFEN« überschrieben war:

Warschau – Wenn es darum geht, den kürzlich wiedergewählten rumänischen Staatspräsidenten Nicolae Ceauşescu zu charakterisieren, dann ist eine herrlicher duftende Rose mit einem anderen Namen schlechtweg unmöglich.

Deshalb hat das polnische Fernsehen für all jene, die während des in der vergangenen Woche abgehaltenen Parteikongresses der rumänischen KP um Worte verlegen waren, eine Liste mit Beinamen präsentiert, die bei der Beschreibung dieses mit eiserner Faust regierenden orthodoxen Kommunisten immer wieder herangezogen werden.

Auf prosaische Weise kann Ceauşescu bezeichnet werden als »der erste Arbeiter des Landes«, »der Wortführer der Nation«, »der Baumeister des Landes«, »der große Held«, »der zuverlässige Führer« oder als »Vater und Freund der Jugend«.

Auf metaphorischer Ebene kann man ihn bezeichnen als »den süßen Kuß des Landes«, »den neuen Polarstern«, »den Leuchtturm«, »einen Mann wie eine Tanne«, »die geheiligte Eiche des Ruhmes Rumäniens«, »den Fels, der das Land beschützt« oder als »Quell frischen Wassers«.

Hier sind weitere Varianten des Mülleimers der Geschichte:

»Heute ist der 8. Juni 1989. Es ist jetzt 4 Uhr nachmittags. Hier spricht Chai Ling, Oberkommandierende auf dem Tien-an-men-Platz. Ich lebe noch.«

Aus einer im Untergrund kursierenden Tonbandaufzeichnung, wiedergegeben im *Guardian* vom 26. Juni 1989

Interviewer: »Was hat Sie am stärksten beeindruckt?«

Reporter, soeben aus Peking zurückgekehrt. »Wie die Studenten gesungen haben, als auf sie geschossen wurde. Und wie eine Studentin zu mir sagte: ›Was können die uns denn anhaben? Wir haben noch unsere ganze Zukunft vor uns, und wir haben sie mit eigenen Augen gesehen.‹«

BBC-Nachrichtensendung, 19. Juni 1989

GROSSE REGIERUNGSFEINDLICHE
DEMONSTRATION IN BULGARIEN

Sofia – Bei der bisher größten öffentlichen Protestaktion gegen das kommunistische Regime Bulgariens versammelten sich gestern Zehntausende von Demonstranten vor der bedeutendsten Kathedrale der bulgarischen Hauptstadt und forderten in Sprechchören den Rücktritt der Regierung und die Beseitigung des Einparteiensystems ... Im Verlauf der Veranstaltung hoben die Demonstranten ihre Hände in die Höhe, präsentierten das Victory-Zeichen und skandierten ihre Parolen zur Melodie des Beatles-Songs »All You Need Is Love«. Die Demonstration endete damit, daß sich die Menschen unterhakten und »We Are the World« sangen, den Pop-

Song, der für die Spendenaktion zugunsten der äthiopischen Hungerhilfe komponiert wurde.

Tyler Marshall, *Los Angeles Times*, 15. Januar 1990, zitiert nach dem *San Francisco Chronicle*

SOWJETISCHE POLIZEI PLANIERT ZELTSTADT NEBEN DEM KREML

Moskau – Polizei-Bulldozer walzten gestern eine Zeltstadt nieder, die in unmittelbarer Nähe des Kremls entstanden war und der Unzufriedenheit über das Leben in der Sowjetunion symbolisch Ausdruck verleihen sollte.

Zeugen beobachteten, daß die drei Dutzend Bewohner von Polizeikräften des Innenministeriums zusammengetrieben und abgeführt wurden, bevor die Bulldozer in Erscheinung traten und die behelfsmäßigen Behausungen aus Plastikplanen und Pappe dem Erdboden gleichmachten.

»Das Camp war ein politischer Protest des einfachen Volkes«, sagte Swetlana Sedyk, die drei Monate lang in der Zeltstadt gelebt hatte, um die Bewilligung ihres Ausreiseantrags voranzutreiben. »Dies war der erste und letzte Protest dieser Art. Einen zweiten wird es nicht geben.«

... Die meisten der ständigen Bewohner des Lagers, darunter Rentner, Kriegsveteranen und ehemalige Psychiatriepatienten, wurden verhaftet. Nach Auskunft eines Polizisten werden manche von ihnen in Nervenheilanstalten eingeliefert und die übrigen nach einem Verhör wieder auf freien Fuß gesetzt.

... Manche der Plakate, die an den Zelten und Baracken hingen, griffen die Kommunistische Partei an; andere erläuterten, wie die Protestierenden um Wohnung und Arbeit gekommen waren, weil sie ihre Vorgesetzten zu kritisieren gewagt hatten. Auf einem dieser Plakate, es war von einer rostigen Kette umrahmt und mit Steinen beschwert, standen die Worte: »Gefangener des 20. Jahrhunderts«.

Reuters, 31. Januar 1990, zitiert nach dem *San Francisco Chronicle*

Und, noch einmal, Alan Jolis, eine Woche nach dem gescheiterten Putsch in der Sowjetunion:

Ich stoße zufällig auf ein kleines Grüppchen Barrikaden-Jungen: Die einstigen Herren der Straße sind jetzt entrechtet, gestrandet und paffen Zigaretten.

Ein gutgekleideter Mann sagt zu ihnen: »Es ist doch alles vorbei. Warum geht ihr nicht wieder arbeiten?«

Für die Freiheit zu kämpfen, ist offensichtlich viel leichter als die Demokratie aufzubauen, und nach vierundsiebzig Jahren erzwungenen Schweigens sind die Moskauer so aufs Reden versessen, daß keiner stehenbleibt, um zuzuhören. »Ihr Jungs wart doch alle besoffen, als ihr auf die Panzer losgegangen seid!« »Nein! Es war kalt, und wir mußten uns irgendwie aufwärmen.« Man wirft sich gegenseitig Drohungen an den Kopf. Jeder bezichtigt den anderen der Lüge. Dieser Borschtsch aus widersprüchlichem Unsinn macht deutlich, wie sehr sie es genießen, öffentlich zu debattieren. Sie essen die Freiheit; sie schlingen sie in sich hinein und spucken sie wieder aus, wie Babys, die sich erbrechen. Sie lachen, sie trinken. Sie sind frei, frei, frei – oder zumindest das, was sie darunter verstehen. Und es herrscht ein so tiefes Gefühl der Verzweiflung, das Gefühl, einen solchen Wahnsinn durchgemacht zu haben, daß die Menschen es jetzt vorziehen zu lachen, jetzt, wo das Licht am Ende des Tunnels immer heller erstrahlt, wo ihre Hoffnungen und Sehnsüchte so stark und die erhörten Gebete so unglaublich sind, jetzt, wo ihre Hoffnungslosigkeit so groß ist und ihre Angst so tief sitzt.

Ein Gelehrter springt kopfüber in den Mülleimer:

Wir befinden uns noch einmal, einmal mehr – *once more*, einmal *amor*, einmal *à mort*, dem Himmel sei Dank! – in einer für fundamentale Metaphern frisch renovierten Welt, in der es einen entscheidenden Unterschied macht – den zwischen LEBEN und TOD –, ob wir uns für Empedokles oder für Heraklit entscheiden; ein Unterschied, der mir in diesem Jahr 1990 mit frischer Kraft ins Bewußtsein dringt; denn in diesem Jahr 1990 wird sich die ganze Welt, begeistert von den dionysischen Manifestationen eines neuen Lebens in Osteuropa – einer Wiederholung oder Wiederaufnahme, diesmal jedoch mit viel breiterer Zustimmung, der dionysischen Manifestationen, die Westeuropa im Jahre 1968 erlebte – dem Tanz anschließen … bald, sehr bald, wie der Chor in Euripides' *Bakchen* intoniert.

Norman O. Brown, »Dionysus in 1990«, in: *Apocalypse and / or Metamorphosis*, 1991

Und bei seinem Sprung in den Eimer fällt unser Gelehrter geradewegs durch das Loch im Boden. »Ich hatte keinen Schimmer, um was es überhaupt ging, aber irgendwie wurde ich mitgerissen«, sagte die französische Filmschauspielerin Miou-Miou 1989, als sie sich an ihre Teenagerzeit in Paris und ihr damaliges Leben als Bandarbeiterin in einer Polsterfabrik zurückerinnerte, an jene Zeit, als ganz Frankreich scheinbar wie aus heiterem Himmel durch einen wilden Generalstreik von zehn Millionen Studenten und Arbeitern lahmgelegt wurde: durch jenes namenlose Etwas, »die Ereignisse«, die Nicht-Revolution, den »Mai '68«. »Normale Menschen wie ich«, sagte Miou-Miou,

»begannen darüber nachzudenken, ob sich unser Leben vielleicht nicht irgendwie ändern ließe.«

»Menschen, die vorher nie den Mund aufgemacht hatten, ergriffen jetzt das Wort und handelten auf eine Weise, die einen Monat früher praktisch unvorstellbar gewesen wäre«, heißt es in *1968: A Student Generation in Revolt*, einem 1988 von Ronald Fraser herausgegebenem Buch, in dem sich Zeitzeugen »an damals« erinnern. »Als meine Schule sich dem Streik anschloß, also, das war einfach unglaublich!« erinnerte sich Claire Auzias, die damals in Lyon auf die Oberschule ging. »Bei einer Vollversammlung auf dem Schulhof hielt ich eine Rede. Ich hatte überhaupt keine Angst. Die Situation riß mich einfach mit. Nach dem Mai '68 habe ich nie wieder bei öffentlichen Versammlungen das Wort ergreifen können. Doch damals wußte ich auf jedes Argument eine Antwort und habe mich von nichts und niemandem einschüchtern lassen.« »In jenem Monat des Redens und Diskutierens hat man mehr gelernt als während seines fünfjährigen Studiums«, sagte René Bourrigaud, der 1968 in Angers studierte. »Richtig gelernt, da man mit buchstäblich jedem reden konnte. Das war eine völlig andere Welt – eine Traumwelt, mag sein –, aber daran werde ich mich noch mein ganzes Leben erinnern: an das Bedürfnis und das uneingeschränkte Recht, sich öffentlich zu äußern.« »Es war phantastisch«, sagte Henri Weber, damals Student an der Sorbonne. »Alles, was wir machten, gehörte im Handumdrehen zur Geschichte.«

Nein – alles, was ihr gemacht habt, wurde im Handumdrehen aus der Geschichte hinausgeschrieben. Heute klingen eure Worte kindisch. Hört euch und euren Gefährten doch einmal zu: »phantastisch«, »unglaublich«, »eine Traumwelt« – und auch die Genossen, die euch die Geschichte verweigert, hören sich inzwischen seltsam an, so als sprächen sie aus irgendeiner Unterwelt: »Ich lebe noch.« Geschichte wird geschrieben, während wir sprechen; ihre Grenzen werden kartographiert, lange bevor jemand von uns seinen Mund aufmacht, und die geschriebene Geschichte, die jenes Allgemeinwissen produziert, auf dessen Basis unsere Zeitungen über die aktuellen Ereignisse berichten, bringt ihre eigenen Vertriebenen, Flüchtlinge und Entwurzelten hervor, Männer und Frauen ohne Heimat, aus der Zeit Verstoßene, die lebenden Toten: Aber lebt ihr denn wirklich noch? Gibt es einen besonderen Kreis der geschichtlichen Hölle, wo Menschen wie Miou-Miou, Claire Auzias, René Bourrigaud und Henri Weber auf die namenlosen Barrikaden-Jungen treffen, auf die Beatles und die Bulgaren, die ihren Song sangen, auf Chai Ling und den Gefangenen des 20. Jahrhunderts – irgendeinen Ort, wo sie gemeinsam einem berühmten Gelehrten lauschen, der sie noch einmal anfeuern will, mit Worten, die sie nicht mehr verstehen?

Es gibt Ereignisse, die wirklich sind, sich aber auflösen, wenn wir sie an jenen Monumenten festzumachen versuchen – an Kriegen, Wahlen, öffentlichen Arbeitsprojekten, Universitäten, Gesetzen, Gefängnissen –, mit denen wir unserer Geschichte eine äußere Form geben. Es gibt Menschen, die agieren und reden, aber deren Gesten und Worte nicht Ausdruck ihres tatsächlich gelebten Lebens sind –, und diese Aussperrung, die Kehrbewegung des Besens, der zu diesem Mülleimer gehört, ist etwas, das auf seine Art viel brutaler ist als das Umstürzen irgendwelcher Standbilder. Es macht verlegen, diese Geschichten und Schreie zu hören, dieses Jubilieren und Lamentieren, denn das Utopische wird immer an seinem Versagen gemessen – und Versagen ist, in unserer Geschichtsschreibung, stets gleichbedeutend mit Scham und Schande. »Jene Wochen der Brüderlichkeit und der aktiven Solidarität«, schrieb Cornelius Castoriadis knapp zwanzig Jahre später über den Mai '68, »in denen man mit wirklich jedem sprach, ohne die Angst, für einen Dummkopf gehalten zu werden« – doch wer hinterher so über derartige Ereignisse spricht, der redet genau wie ein Dummkopf. »Die konservative Mehrheit schämte sich und ließ sich nicht in der Öffentlichkeit blicken«, sagte Castoriadis – aber Scham ist das Geschenk, das die Geschichte für alle Verlierer bereithält, für diejenigen, die verlieren, weil sie zu viel von der Geschichte erwarten.

Tatsächlich gibt es keinen besonderen Versammlungsort für die Bewohner des wirklichen Mülleimers der Geschichte, noch nicht einmal in einer geschichtlichen Hölle; es handelt sich vielmehr um eine Einöde, in der jeder auf sich selbst gestellt ist, da dieses Gebiet, anders als die Geschichte, keine Grenzen kennt – keine Möglichkeit eines roten Fadens oder auch nur einer Sprache, um etwas erzählen zu können. »Bestimmte markante Bilder dieses wüsten Szenarios werden uns nie mehr aus dem Kopf gehen«, schrieb McKenzie Wark 1990 über die Ereignisse auf dem Tien-an-men-Platz in seinem Essay »Vectors of Memory ... Seeds of Fire«. »Diese bemerkenswerte Ereigniskette wird in einer viel längeren, unterirdischen Geschichte festgehalten werden ... Dieser Vorfall wird die ganze verborgene Kultur von Rebellion und Widerstand in die Zukunft tragen.« Aber was ist diese unterirdische Geschichte? Sie ist heute kaum mehr als ein wirres Durcheinander aus Gerüchten über die Vergangenheit, aus Pamphleten politischer Sektierer und anarchistischen Buchläden, in denen Proudhon auf joachimitische Ketzer trifft, die sich dann in Nazis verwandeln. »Es überrascht, wie zusammenhangslos zeitliche Momente erscheinen können«, schreibt Wark über das, was im Anschluß an Tien-an-men passierte. »Vermutlich ergibt heute alles einen Sinn. Damals tat es das keineswegs. Man darf sich nicht von der glatten Oberfläche der Geschichte blenden lassen, die im Rückblick allem und jedem den Anschein des Sinnvollen verleiht. Damals ergab das Ganze keinen Sinn, so wie eine völlig willkürliche Serie von Bildsprüngen. Wie alle anderen Rebellionen stand auch diese einen Moment lang tatsächlich außerhalb der Zeit und hoffte darauf, von einer anderen Strömung mitgenommen zu werden, hoffte, sich über den Fluß erheben zu können, hoffte, daß wer oder was auch immer am Schneidetisch der Geschichte sitzt, sich für den richtigen Schnitt entscheiden wird.«

Schöne Worte, durchsetzt mit der Vorstellung – die der Autor, seinem Anliegen zum Trotz, offensichtlich nicht zu unterdrücken vermag –, daß das Ganze bloß ein Film gewesen ist. Es wirkt wie ein Film, wie Entertainment. Doch die vom Mülleimer erzwungenen Diskontinuitäten werden gelebt, nicht betrachtet. Hier ist noch eine Meldung aus dem Mülleimer:

ERSTE STUDENTENDEMONSTRATION
SEIT DEM SCHARFEN DURCHGREIFEN PEKINGS

Peking – Bei der ersten bekanntgewordenen Neuauflage der Studentenproteste seit der im letzten Monat erfolgten gewaltsamen Niederschlagung der prodemokratischen Bewegung durch das Militär versammelten sich nach Studentenangaben Sonntag nacht etwa dreihundert Studenten der Pekinger Universität auf einem Innenhof des Universitätsgeländes und sangen dort kommunistische Lieder, nachdem man ihnen vorher eröffnet hatte, daß ihre Beileidsbekundungen die Berufsaussichten gefährdet hätten ... Ein Student sagte: »Wir müssen täglich mehrere Stunden politischer Erziehung über uns ergehen lassen, wo man uns weismachen will, daß die Soldaten, die unsere Kommilitonen getötet haben, einen glorreichen Sieg errungen hätten. Sarkasmus ist das einzige Protestmittel, das uns noch geblieben ist.«

San Francisco Chronicle, 26. Juli 1989

Man achte auf die hier benutzte Sprache – nicht bloß darauf, wie aus einem Massaker ein »scharfes Durchgreifen« wird, sondern auf die erschreckende, unheimliche Auflösung eines großen, heldenhaften, gräßlichen Ereignisses in Schatten und Gespenster, wenn nur wenige Wochen nach dem Gemetzel von einer »Neuauflage« die Rede ist, »der ersten bekanntgewordenen«, wobei die Zeitungsnotiz aus dem immer kleiner werdenden Erinnerungsloch sickert. Dies ist schlimmer als die Belanglosigkeit, die den Erinnerungen von Claire Auzias und René Bourrigaud oder den sonderbaren Zeitungsmeldungen aus dem ehemaligen Ostblock zukommt, doch im Grunde ist es nichts anderes.

1963 schrieb Hannah Arendt in *Über die Revolution*, daß »dem Versagen des nachrevolutionären Denkens, der Unfähigkeit, den Geist der Revolution nachträglich begrifflich zu erfassen und zu artikulieren, das Versagen der Revolution selbst vorangegangen [war], die für alles Institutionen gefunden hatte, nur nicht für den sich in ihr manifestierenden Geist.« Diese Institutionen, dachte sie, wären vielleicht jene Revolutionsräte, die sich im Verlauf so vieler Revolutionen der Neuzeit spontan herausgebildet hatten – doch das war ein weiteres utopisches Echo, ein Traum von einer Politik, die von der sozialen Frage erlöst ist, von der Verwaltung des Notwendigen, vom Hunger oder von dessen Schrecken. Diese Institutionen eines Geistes konnten nur so lange von Dauer sein, wie die Dynamik der Auflösung und Veränderung jeden Aspekt des Alltagslebens im positiven Sinn beherrschen konnte.

Das Problem des »revolutionären Geistes« bleibt davon freilich unbenommen – und Hannah Arendt veranschaulichte es mit den Gedanken, die René Char in seinen Versen über jenen »Schatz« entwickelte, den er in der französischen Résistance gefunden hatte: »Und der Schatz war nicht mehr und nicht weniger als er selbst, daß er ›sich selbst gefunden habe‹, daß er sich nicht mehr der ›Unaufrichtigkeit‹ verdächtigte, daß er keine Maske und keine Schauspielerei brauchte, um zu erscheinen, daß er, wo immer er hinkam, den anderen und sich selbst als der *erschien*, der er war, daß er es sich leisten konnte, ›nackt zu gehen‹.«

Heute gibt es Tausende und aber Tausende von Menschen, die noch vor wenigen Augenblicken genau dieses Leben geführt haben, aber ihre eigenen Erinnerungen kaum glauben können, da ihre Story außerhalb der Geschichte liegt und sie, wie ein im Suff randalierender Kneipengast, der vor die Tür gesetzt wird, aus ihr hinausgedrängt wurden, Menschen, die voneinander isoliert sind und selbst ihrem eigenen Ich fremd gegenüberstehen, beschämt von Geschichten, die sie nicht erzählen können und die ihnen niemand abnehmen würde, wenn sie es könnten. Doch liest man die Überbleibsel dieser Geschichten in einer bestimmten Stimmung, dann können sie einen mit einer wahrhaft merkwürdigen Kraft packen: Mit einemmal sind sie nicht mehr belanglos, jenseits der wirklichen Geschichte, sondern schlicht und einfach die wahre Story, die Geschichte, auf die die Ereignisse der letzten Jahre die ganze Zeit über zugesteuert sind.

Und es gibt die Art von Institutionen, die solch einem Geist angemessen sind: Aufzeichnungen in Form von Büchern, Filmen, Songs und sogar Comicstrips, die diese Story als ein zentrales Geschehen behandeln, so daß die Scham, an die Öffentlichkeit zu treten, von denen genommen wird, die einmal keine Angst hatten oder keine Angst haben werden, öffentlich ihre Meinung zu äußern, und wieder auf die Mächtigen zurückfällt – und sei es auch nur für einen kurzen Moment.

Common Knowledge, Frühjahr 1992

Geschichtsstunde

Als ich heute morgen aufgewacht bin, habe ich zur Feier des Tages meine Lieblingsplatte aufgelegt: die Sex Pistols. Doch als »Holidays in the Sun« kam, mußte ich plötzlich daran denken, daß ich eines Tages – wenn ich Vater bin und meinem Sohn oder meiner Tochter von meiner Lieblingsplatte erzählen möchte – werde erklären müssen, was die Berliner Mauer gewesen ist.

Ein Bekannter anläßlich seines achtunddreißigsten Geburtstages
am 6. Januar 1990

Als Sam Cooke 1960 »Wonderful World« sang, war die erste Zeile des Songs, »Don't know much about history«, nichts weiter als eine Floskel. Als Paul Simon und James Taylor sich Jahre später ausmalten, wie der Sänger des Songs vor sich hin träumend die Schulbank drückte, da wußte dieser »nicht viel über das Mittelalter« (»Don't know much about the Middle Ages / Look at the pictures, I just turn the pages«); er wußte, daß er das von ihm besungene Mädchen liebte, und das war alles, worauf es ankam. Doch die Ironie der Kultur, die einen Song am Leben erhielt, der eigentlich für den Moment geschrieben war, hat diesem Stück Musik ein Gewicht verliehen, das ihm niemand hatte beimessen wollen – ein Gewicht, das er mühelos trägt. Die unbeschwerte Melodie, über die Cooke eher gedankenverloren sinnierte, als daß er ihr folgte, hat den Song schon längst zu einer Elegie für den Sänger werden lassen – der zu jung sterben mußte, 1964, als Dreiunddreißigjähriger, erschossen im Hacienda-Motel zu Los Angeles unter Begleitumständen, die nie restlos aufgeklärt werden konnten. Die Melodie macht einem nun die Abwesenheit des Sängers bewußt, die Tatsache, daß er die im Song angelegten Versprechen nie erfüllen wird – Versprechen, die eindeutig auf den Zuhörer übergegangen sind. Geschichte ist Quatsch, sagt der Song gleich zu Anfang; indem er etwas Verschwundenes und ein ungelöstes Rätsel in sich aufgenommen hat, ist er selber zu so etwas wie Geschichte geworden.

In der Regel wird Geschichte in unserer Alltagskultur nicht in dieser Form präsentiert: als eine vielschichtige Story mit offenem Ausgang, die dich in ihren Bann zieht. Man schalte den Fernseher ein, einen x-beliebigen Sender, und über kurz oder lang wird man mit der herrschenden Sichtweise konfrontiert, wenn irgend jemand in einer Situationskomödie, einem Spielfilm oder einem Werbespot die eine oder andere Version des Satzes »Das ist Geschichte« zum besten gibt. Diese Platitüde hat sich während der letzten zehn Jahre, in tausend Variationen, in unserer Sprache eingenistet – wie ein Sprachbazillus, ein Neologismus, der einfach nicht verschwinden will, der seinen Platz in der Kultur dadurch behauptet, daß er die Sprache um ihn herum verseucht –, und sie besagt genau das Gegenteil von dem, was sie ausdrücken soll. Sie besagt, daß es so etwas wie Geschichte, eine als Bürde und Vermächtnis verstandene Vergangenheit, nicht gibt. Sobald etwas »Geschichte« ist (eine abgebrochene Liebesaffäre, ein gefeuerter Baseball-Trainer, ein Krieg, Jimmy Carter), ist es *vorbei*, und man nimmt offensichtlich an, daß dieses Etwas niemals existiert hat: Wir scheuchen es von uns fort wie eine lästige Fliege – zusammen mit der möglichen Erkenntnis, daß in der Geschichte nichts wirklich vorbei ist.

Das Ergebnis ist eine Art Euphorie, ein schwereloses Gefühl

von Freiheit: ein Gefühl, das der deutsche (vormals westdeutsche) Schriftsteller Peter Schneider nur zu deutlich in seinem Essayband *Extreme Mittellage – Eine Reise durch das deutsche Nationalgefühl* eingefangen hat. In früheren Veröffentlichungen war Schneider davon ausgegangen, daß die Mauer bis in alle Ewigkeiten Bestand haben würde, und er versuchte, dieses Bauwerk nicht so sehr als konkreten Gegenstand, sondern als Symbol zu betrachten, als einen Spiegel, der unabhängig von den Motiven der Mauerbauer den Menschen im Osten sagte, sie seien häßlich, und denen im Westen, sie seien schön. »Was würde heute geschehen, wenn ein reitender Bote von Kremls Gnaden ... die Mauer aufmachen ließe?« hatte Schneider einmal geschrieben, so als könnte ein derartiges Ereignis nie stattfinden. Die Geschichte schlug ihm ein Schnippchen: Das Ereignis fand statt; die Mauer war ein konkreter Gegenstand; sie konnte abgerissen werden und wurde es auch.

Aus und vorbei – Geschichte. Bei seinem Versuch, die Wolke der Geschichte zu erhaschen, bevor sie davonschwebt, betrachtet Schneider seine neue alte Heimat als ein Wunderland: Die Mauer mag verschwunden sein, doch an ihrer Stelle wurden tausend unsichtbare Spiegel aufgestellt, und jeder geht glücklich und zufrieden durch diese hindurch, hundertmal pro Tag. *Extreme Mittellage* ist einer Desorientiertheit auf der Spur, die es, ungeachtet aller offiziellen Beteuerungen, wonach die Deutschen immer ein Volk gewesen sind und es auch immer bleiben werden, irgendwo geben muß. Wenn die Mauer ein Bestandteil der Geschichte war – ein Faktor, der für die Dauer einer Generation, achtundzwanzig Jahre lang, Millionen von Leben formte und verformte –, kann sie und mit ihr all das, was sie bewirkt hat, dann einfach so über Nacht verschwinden, ganz als hätte es sie nie gegeben? Es macht fast den Eindruck – und deshalb kämpft Schneider beinahe schon verzweifelt gegen das offenkundige Faktum dieses Verschwindens an. Er kämpft um die Geschichte, so als wollte er sagen, daß wir gar nicht hier sein können, wenn wir niemals dort gewesen sind.

Unter den vielen Storys, die Schneider unter dem Schutt

der Mauer hervorzieht, ist eine besonders beunruhigend – eine deutsche Version des amerikanischen Klassikers »MANN BEISST HUND!«. Nach dem Fall der Mauer waren mehrere tausend ostdeutsche Hunde, die früher entlang der Grenze Wachdienst geschoben hatten, sozusagen arbeitslos. »Man war darauf gefaßt«, berichtet Schneider, »die obdachlosen Tiere in wilden Rudeln durch die plötzlich zugängliche Weststadt streifen zu sehen.« Doch schon bald wurden die Hunde von barmherzigen Westberlinern adoptiert – und auf eine gespenstisch anmutende Weise setzten die Hunde jene Story fort, die fast niemand mehr hören wollte. Sie beharrten auf der Wirklichkeit einer Geschichte, die mittlerweile unwirklich geworden war. Die frisch verwestlichten Hunde gewöhnten sich rasch an das neue Futter und sie lernten auch, auf Kommandos in für sie neuen Mundarten zu gehorchen. »Nur«, heißt es bei Schneider,

> wenn sie mit ihren neuen West-Herren auf dem ehemaligen Mauergelände spazierengehen, sind sie plötzlich taub für jeden Zuruf und laufen, ohne nach links und rechts abzuweichen, eine programmierte Strecke ab. Die Mauer ist im Stadtkern inzwischen so gründlich verschwunden, daß selbst eingeborene Berliner nicht mehr exakt angeben können, wo sie einmal stand. Nur die Mauerhunde bewegen sich, wie an einer unsichtbaren Leine, traumsicher auf der alten Grenzlinie, die ja nie geradeaus, sondern in einem wilden Zickzackkurs durch die Stadt führte, ganz so, als würden sie etwas suchen oder auch vermissen …
>
> Aber vielleicht ist diese Geschichte nur eine Legende – wie die Mauer selbst.

Dies ist Geschichte als etwas, das verschwindet. Es scheint, als ob bestimmte geschichtliche Aspekte, da sie nicht in die Story hineinpassen, die sich ein Volk erzählen möchte, bloß als Spukerscheinungen und Märchen überleben können und uns lediglich als vage Schatten und Phantome zugänglich werden.

Das klingt schlimmer, als es ist. Geschichte hat etwas Sagenhaftes, Legendäres, und wir erfassen – oder erahnen – verschüttete Storys, jene Spukerscheinungen und Phantome, ohne genau zu wissen, wie und warum. *City of Quartz: Ausgrabungen der Zukunft in Los Angeles*, eine sozialkritische Recherche des mit Los Angeles bestens vertrauten Journalisten Mike Davis, setzt auf eben diese Prämisse. Davis konzentriert sich auf Los Angeles als eine Ausgeburt des Rassismus (oder, präziser, des Arianismus) und auf den Kapitalismus als aristokratisches Gangstertum. Wenn er die Leichen der verscharrten, gemarterten Fakten der Stadt exhumiert, spürt er all dem nach, was aus der Geschichte herausgeschrieben wurde – Dingen, die dennoch ihr eigenes Kraftfeld entwickeln, so wie die Mauer, die nur noch von Hunden wahrgenommen wird.

City of Quartz ist ein seriöses Buch, wohlüberlegt, voller Empörung, knallhart, ironisch, temporeich. Zufällig las ich es gerade zu der Zeit, als der Pay-TV-Sender HBO seine Eigenproduktion *Hexenjagd in L. A.** ausstrahlte, und in meinem Kopf begannen die Grenzen zwischen Buch und Fernsehfilm zu verschwimmen. *City of Quartz* ist ein Versuch, den L.A.-Mythos von Sonne und Freiheit zu korrigieren; *Hexenjagd in L. A.* präsentierte einen Gegenmythos. Zumindest so lange, wie der Film dauerte, ließ seine billige Kraft die Attacken von Davis auf pure Selbstgerechtigkeit zusammenschmelzen.

Hexenjagd in L. A. kombinierte einen Plot, der von den Büchern des auf Geister & Dämonen spezialisierten Romanciers H. P. Lovecraft abgekupfert war, mit dem Milieu und der Diktion, die Raymond Chandler für Philip Marlowe ersonnen hatte. Fred Ward spielte den Privatdetektiv H. Philip Lovecraft – eine hartgesottenere Version des Chandlerschen Helden hatte es in der Filmgeschichte noch nie gegeben: Selbst wenn ein Lastwagen über sein Gesicht gefahren wäre, hätte dieser Mann nicht mit der Wimper gezuckt. Der Film spielte in Los Angeles, unmittelbar nach Ende des Zweiten Weltkriegs, »zu einer Zeit, als sich jeder« – und das war der Dreh- und Angelpunkt des Ganzen – »der Magie bediente«.

Hexen beantragen ihre Zulassung bei der Stadtverwaltung; Polizisten zünden sich mit einem lässigen Fingerschnipsen Zigaretten an (»Das spart Zeit«, sagt einer zu Ward, ein bißchen

* *Cast a Deadly Spell* (HBO, 1991). Regie: Martin Campbell.

verschämt, so als hätte man ihn im Dienst beim Trinken ertappt). Von GIs als Souvenirs vom südpazifischen Kriegsschauplatz mitgebrachte Kobolde suchen die Stadt heim; an Fin-de-siècle-Villen prangende Wasserspeier mit grotesken Fratzen werden lebendig und tun alles, was ihre Herren von ihnen verlangen; Jungfrauen beschwören Einhörner herbei (nur unbefleckte Frauen, so wird erklärt, brächten dies fertig). Baufirmen importieren für die gewaltigen Wohnungsbauprojekte der Nachkriegszeit Zombies aus Haiti (sie werden in Kisten angeliefert, wie Kühlschränke, und haben sechs Monate Garantie; danach kippen sie einfach um und zerbröseln zu Staub). Die Story ist vom ersten Moment an so verrückt wie plausibel. Seit über einem Jahrhundert ist Los Angeles der Brennpunkt des Okkultismus in den USA, und während all dieser Zeit ist das Okkulte in erster Linie eine Art Abkürzung gewesen, ein Vorteil gegenüber dem anderen, ein Mittel, an das zu gelangen, was man haben will, ein Impuls, der kapitalistische Ausgekochtheit mit religiöser Inbrunst verquickt und alle ethischen Vorstellungen hinter sich zurückläßt.

Wards H. Philip Lovecraft ist der letzte ehrliche Mensch – der einzige Privatschnüffler in der Stadt, der keine Magie einsetzt. Allein aus diesem Grund wird er von einem millionenschweren Klienten angesprochen, der urzeitliche Monstren aus dem Erdinneren herbeibeschwören möchte, um das Ende der Welt einzuleiten. Ward ist der einzige, der mit der Aufgabe betraut werden kann, ein gestohlenes, allmächtiges satanisches Buch wiederzubeschaffen, ohne daß er auf die Idee käme, selber damit herumzuexperimentieren.

Es versteht sich von selbst, daß der Plot immer absurder und verwickelter wird – und, unmittelbar unter seiner B-Film-Oberfläche, immer zwingender, immer *wahrscheinlicher*. Beim Zuschauen kam es mir so vor, als hätte man den ganzen Raymond Chandler, all die Bücher und Filme, zu einer Story komprimiert, deren Existenz Chandler immer bewußt gewesen war, die er aber auch beim besten Willen nie hätte erzählen können, ohne das Gesicht zu verziehen.

Nun, in einer der Storys, die Mike Davis in *City of Quartz* erzählt, geht es darum, wie das California Institute of Technology – und die gesamte, damals noch in den Kinderschuhen steckende Zulieferindustrie des militärischen Abschirmdienstes in Südkalifornien – von Satanisten unterwandert wurde. Davis begibt sich auf die Spuren des englischen Hexenmeisters Aleister Crowley, der in den dreißiger Jahren in Los Angeles eine Niederlassung seines Ordo Templi Orientis gründete, einer Geheimgesellschaft, die ihre Ursprünge auf die mittelalterlichen Templer zurückführte. Im Anschluß daran widmet sich Davis einem gewissen John Parsons. Dieser Sproß einer reichen Familie war ein Genie in Diensten des Cal Tech und einer der Gründer des Jet Propulsion Laboratory; im Jahre 1939 übernahm Parsons die Führung von Crowleys Tempel und vollzog den von Crowley angeordneten Kurswechsel in Richtung »Sex-Magie«. Und so kam es, daß wenig später im Nobelvorort Pasadena, wo Schwarze nach Einbruch der Dämmerung nichts mehr auf der Straße zu suchen hatten, schwangere Frauen splitterfasernackt durch brennende Kreise hüpften.

Etwa zu dieser Zeit wurde Parsons auf L. Ron Hubbard aufmerksam, einen Science-fiction-Schriftsteller, der später – bedenkt man Parsons Einfluß, wohl kaum zufällig – die Scientology-Sekte ins Leben rief. Gemeinsam unternahmen Parsons und Hubbard, wie es bei Davis heißt, »ein großangelegtes diabolisches Experiment«. Das Duo plante die »Anrufung einer wahren ›Hure Babylons‹«, mit der Parsons »dann in Pasadena einen leibhaftigen Antichrist zeugen wollte«. Schließlich fanden sie diese Frau, und –

Und damit hat man im Prinzip den Plot von *Hexenjagd in L. A.*, und möglicherweise eine Erklärung für den rätselhaften Sog, den der Film auf den Betrachter ausübt. So groß Davis' Raffinesse und Engagement bei der Herstellung von Zusammenhängen und Querverbindungen auch sein mag, auf dem Papier schlüpft seine Story durch die Schranken der Geschichte und verliert ihre Stimme; was nach Ansicht des Autors unheimlich sein soll, ist statt dessen komisch – komisch, und sonst nichts: Man spürt, daß Davis' Versuch einer Verknüpfung des Militärischen mit dem Okkulten zu einer geheimen

Geschichte von Los Angeles fadenscheinig ist, irgendwie zusammengeschustert und unter dem Strich betrachtet völlig irrelevant für die Erschaffung der Nachkriegswelt. Je gründlicher man das Buch liest, um so unerheblicher kommt einem das Ganze vor. Im Gegensatz dazu erzählt der Film *Hexenjagd in L. A.* – trotz der grellen, geschmacklosen Kleidung, in der er daherkommt – eine viel offenere, tiefergehende Story und hinterläßt im Zuschauer das beängstigende Gefühl, Los Angeles sei von Natur aus ein Ort für Hexen und Hexenmeister, denen nichts unmöglich ist. Der Film eröffnet, auf seine Weise, auch wenn er als Geschichte nicht viel mehr taugen mag als *City of Quartz*, einen Zugang zu mehr Geschichte.

Etwas, das verschwindet; ein Rätsel; und schließlich Quatsch. Am letzten Columbus Day* waren die Zeitungen zur Einstimmung auf die diesjährige Fünfhundert-Jahr-Feier der berühmten Entdeckungsfahrt voll von Artikeln zur multikulturellen Kontroverse über die Frage, ob man diesen Tag festlich begehen sollte oder nicht, ob man nicht eher mit einem nationalen Trauertag an jene Verheerung erinnern sollte, die durch die europäische Unterwerfung einer Welt hervorgerufen wurde, deren Namen für immer verschwunden sind. Es gab sogar Versuche, die Bedeutung des Gewesenen zu leugnen, des – gemessen an den irreversiblen Veränderungen, die es überall auf der Welt bewirkt hat – umwälzendsten Ereignisses in der Geschichte der Menschheit: des Aufeinandertreffens zweier Welten, die sich in jeder Hinsicht fremd waren.

Es ist verlockend, die Ablehnung des Columbus Day in den USA als ein seitenverkehrtes Bild der Leugnung der Berliner Mauer in Deutschland zu sehen, wo man gerne so tut, als hätte es dieses Bauwerk nie gegeben. Hierbei ist Geschichte bloß noch Schutt, den man zu vergänglichen Bedeutungen zusammenschiebt, analog zur vergänglichen Macht dieser oder jener politischen Gruppierung. Die Vorstellung, daß Geschichte einen eigenen Kurs verfolgen und einen eigenen Magnetis-

* Der 12. Oktober; seit 1792 offizieller Gedenktag in den USA, der in den meisten Bundesstaaten am zweiten Montag im Oktober begangen wird. (A. d. Ü.)

mus, ein eigenes Zeitgefühl haben könne – daß sie eher eine Kraft ist, die man verstehen kann, als eine Anhäufung von Fakten, die sich nach Belieben manipulieren lassen –, wird außer acht gelassen. Aber was Geschichte ist, das definieren wir, die Zeitungen eingeschlossen – wenn wir uns bloß darüber einigen könnten.

Der Mythos, der uns als Geschichte dient, ist widerstandsfähiger als das – und aus diesem Grund kann uns selbst der abgeschmackteste, absurdeste Gegenmythos stärker beeindrucken als die gewissenhafteste Analyse. Der Mythos, der uns als Geschichte dient, ist eine Art »Urlegende«, eine narrative Struktur, die nicht ohne weiteres unterbrochen, verändert oder instrumentalisiert werden kann: Sie kann höchstens, in bestimmten Momenten, gegen eine andere ausgetauscht werden. Die Ergänzung der Urlegende – die in Amerika von Gleichheit, Individualismus, Sittlichkeit und Erfolg handelt – um die sogenannten »Beiträge« bisher von dieser Legende Ausgeschlossener (Afroamerikaner, Frauen, Amerikaner asiatischer Abstammung und so weiter) muß diese Legende nicht zwangsläufig in irgendeiner Form verändern. Durch derartige Einbeziehungen könnte den früher von der Urlegende Ausgeschlossenen möglicherweise deren Unwahrheit dämmern.

Die Urlegende einer jeden Gesellschaft ist von vornherein etwas Unwahres. Es handelt sich um ein einseitiges Konstrukt und nicht um ein wortwörtliches, alles registrierendes Protokoll der tatsächlichen Ereignisse (falls es so etwas überhaupt geben kann) – und darin mag letzten Endes auch ihre Rechtfertigung liegen. Ein kulturelles Erwachen ergibt sich nicht dann, wenn man die Umrisse der Urlegende verinnerlicht, sondern wenn man – dank eines Lehrers, eines Buchs oder der Erschütterungen im Gefolge eines unvorhersehbaren politischen Ereignisses – erkennt, daß das, was einem immer erzählt wurde, lückenhaft ist, überholt, falsch, eine Lüge. Es gibt nichts, das befreiender wäre; es gibt nichts, das auf so unmittelbare Weise das Bedürfnis weckt, all das in Frage zu stellen, was als unveränderlich, unwiderlegbar und unausweichlich gilt. Und es versteht sich beinahe von selbst, daß die Mittel und Wege zu so einer Befreiung nicht unbedingt dort zu finden sind, wo einem danach zu suchen beigebracht wurde.

Threepenny Review, Sommer 1992

Die Maske des Dimitrios

Nichts ist endgültig tot; früher oder später bekommt jede Bedeutung ihr Wiedersehensfest.
Michail Bachtin

Einer der aufschlußreichsten Kommentare zu den Spionageromanen – oder, wie Julian Symons sie nennt, »Politthrillern«–, die Eric Ambler in den dreißiger Jahren verfaßt hat, stammt von Ambler selbst: »Vor dem Krieg war ich ein ausgesprochen antifaschistischer Schriftsteller«, erzählte er Julian Symons 1989 während eines Interviews anläßlich seines achtzigsten Geburtstages, »und nach dem August 1939 und dem Hitler-Stalin-Pakt hatte ich praktisch mein Thema verloren. Die dreißiger Jahre … das war meine Zeit, und noch lange, nachdem ich meine Tränen abgewischt hatte, war da dieses Gefühl des Verlusts, eines Glaubensverlusts.« Doch das ist nicht der aufschlußreichste Kommentar, den ich kenne; den lieferte einer meiner Freunde, der vor einiger Zeit in den Bann der Dreißiger-Jahre-Romane Eric Amblers geraten war und anschließend versucht hatte, dessen spätere Bücher zu lesen, Werke aus den fünfziger oder sechziger Jahren wie *Besuch bei Nacht** und *Topkapi***. »Nach dem Krieg muß Ambler seinen Sinn für Furcht und Schrecken verloren haben.«

Die beiden Einschätzungen sind nicht deckungsgleich. Aus Amblers Worten spricht die Hoffnung eines Sympathisanten der kommunistischen Sache (so charakterisiert Ambler mehr oder weniger unverblümt sein Dreißiger-Jahre-Ich in *Here Lies Eric Ambler* – der doppeldeutige, präposthume Titel dieser Autobiographie*** legt freilich nahe, daß man nicht alles darin auf die Goldwaage legen darf). Aus seinen Worten spricht nicht bloß Hoffnung, sondern, wie Ambler selbst sagt, auch Zuversicht: der Glaube an den kommunistischen Entwurf einer Neuen Welt, eines Neuen Menschen. Aus dem, was er sagt, läßt sich auf gewisse Weise noch etwas anderes als Zuversicht heraushören: so etwas wie ein Entzücken an der Aussicht auf einen weltumspannenden Konflikt. »Die dreißiger Jahre ... das war meine Zeit«– die Implikationen dieser Worte gehen über die politischen Ansichten ihres Urhebers hinaus. Hört man genau hin, vernimmt man unter Umständen einen Wunsch, den manche Linke mit manchen Rechten teilen: das Verlangen nach einer Säuberung, nach einer kompromißlosen Beseitigung der Profit- und Herrschaftsintrigen, die in Amblers Vorkriegsromanen hinter jeder Ecke lauern, jener Kartelle aus Plutokraten und bezahlten Killern, die so nichtssagende wie unheimliche Namen tragen: Pan-Eurasische Petroleum-AG, Eurasischer Kredit-Trust.

Europas Marsch in die Katastrophe, in die Zerstörung, in ein blutiges Gemetzel, das den Großen Krieg – den von 1914 bis 1918 – wie eine Übung erscheinen lassen wird, Europas stiller Wunsch nach einem *Ende* der Geschichte, die alle kannten – das ist die eigentliche Story, die hinter jeder Wendung des Plots in Amblers besten Romanen herumgeistert: in

* *State of Siege* (1956); in England erschien das Buch unter dem Titel *The Night-Comers*.
** *The Light of Day* (1962).
*** Wörtlich: *Hier liegt/lügt Eric Ambler*. Die deutsche Ausgabe erschien unter dem Titel *Ambler by Ambler – Eric Ambler's Autobiographie*, (Diogenes) Zürich 1986. (A. d. Ü.)

Ungewöhnliche Gefahr (1937)*, *Anlaß zur Unruhe* (1938)** und *Die Maske des Dimitrios* (1939)***. Die Worte meines Freundes verweisen auf ein Entsetzen, eine Beklemmung, die jeden utopischen Entwurf, jedes moralische Streben nach einer Neuen Welt verdrängt; und das ist es, was einem Amblers frühe Romane heute vermitteln, so stark, daß in ihnen noch nicht einmal ein Fünkchen Hoffnung oder Glaube zu glimmen scheint. Wenn man heute liest, wie Amblers Protagonisten auf beinahe selbstmörderische Weise im dunkeln tappend darum ringen, das Richtige zu tun, während sich um sie herum Europas Reihen immer fester schließen wie das zusammenschrumpfende Verlies in Poes *Die Grube und das Pendel*, dann könnte man meinen, Ambler habe angesichts des Verrats durch den Hitler-Stalin-Pakt sein Thema nicht verloren, sondern überhaupt erst gefunden.

Es sind, auf ihre durchgängig unterhaltsame Art, Bücher hart am Rande des Nihilismus: Fabeln über den Nihilismus der Vorstellung, man könne der Geschichte entrinnen. Ihre Hauptfigur ist nie ein berufsmäßiger Spion, sondern in aller Regel ein englischer Durchschnittsbürger, jemand ohne ausgeprägte politische Interessen oder Überzeugungen, der in ein Wespennest von Verschwörungen gerät, die sein Fassungsvermögen sprengen, ein Mensch, der in einem Hinterhof europäischer Gewalttätigkeit festsitzt und dessen einzige Waffe in der Erinnerung an die Überzeugung besteht, Freiheit sei gleichbedeutend mit einem ungestörten Privatleben und persönlichem Seelenfrieden, mit einem Tageslohn in der Tasche und der Garantie, in Ruhe gelassen zu werden. Am Ende der Romane kehrt dieser Engländer nach Hause zurück, um wieder in die Banalität seines Alltagslebens einzutauchen, eine Banalität, die ihm nach den grauenhaften Vorfällen, in deren Strudel er geraten ist – offenbar sinnlos; rein zufällig; die Unwirklich-

* *Background to Danger*; in England erschien das Buch unter dem Titel *Uncommon Danger*.
** *Cause for Alarm*.
*** *A Coffin for Dimitrios*; in England erschien das Buch unter dem Titel *The Mask of Dimitrios*.

keit dieses Grauens einatmend, wirkliches Leben ausatmend –, wie das Paradies vorkommt.

Er schläft ein, doch die Geschichte – kein marxistisches Raster, sondern bloß die ununterbrochene Abfolge von Ereignissen, von denen er niemals gedacht hätte, sie könnten ihn in irgendeiner Weise betreffen – schläft nicht. Die Geschichte hat andere Pläne, und für einen Mann, der nach allem, was Ambler ihn durchmachen läßt, dankbar sein muß, überhaupt noch am Leben zu sein, und der, wenigstens für den Augenblick, das Glück hat, der Umarmung der Geschichte entronnen zu sein, ist die Geschichte keine Geliebte. Doch das kümmert die Geschichte kein bißchen. Am Schluß von *Die Maske des Dimitrios* wird Charles Latimer, der Protagonist und sogar Held des Romans, aus der Story entlassen. Bei ihm handelt es sich um einen liebenswürdigen Verfasser von Detektivgeschichten, die auf englischen Landsitzen spielen (Peter Lorre verkörpert ihn in der Verfilmung des Romans wie ein Vorgänger Woody Allens). Latimer reist ab, in einem Bahnabteil erster Klasse: »Er brauchte unbedingt ein Motiv, einen sauberen, netten Mord und eine amüsante Schar von Verdächtigen ... Sein letztes Buch war ein bißchen schwerfällig gewesen. Das neue mußte mit etwas mehr Humor gewürzt sein. Und was das Motiv betraf, nun, Geld war natürlich immer noch der ideale Beweggrund. Schade, daß Testamente und Lebensversicherungen so altmodisch geworden waren. Angenommen, ein Mann ermordet eine alte Dame, um seiner Frau ein Privateinkommen zu verschaffen? Daraus ließe sich was machen. Der Ort der Handlung? Also ... Der Zug fuhr in einen Tunnel.« Im Grunde schrieb Ambler über nichts anderes als die Finsternis, die in diesem letzten, abgedroschenen Bild zum Ausdruck kommt – oder so empfindet es zumindest der Leser, der diese Bücher heute liest. Anders formuliert: Liest man Amblers frühe Romane heute, über ein halbes Jahrhundert nach ihrer Entstehung – begibt man sich zurück in die dreißiger Jahre, mit all den Amblerschen Echos längst vergessener und womöglich unbedeutender Vorfälle im politischen Leben Italiens, Rumäniens, Bulgariens, Mazedoniens oder der Türkei, von Attentaten, Vertuschungsmanövern, blutig unterdrückten Aufständen, Massakern, toten Revolutionären der zwanziger Jahre und fanatischen Faschisten der dreißiger Jahre –, dann wird einem Amblers Sinn für Furcht und Schrecken bewußt. Furcht ist nicht dasselbe wie Angst: beispielsweise die Angst einer ganzen Generation amerikanischer Kinder, die in den fünfziger Jahren nachts in ihren Betten angestrengt zu lauschen begannen, sobald Flugzeuge über ihre Häuser flogen. Furcht besitzt eine moralische Dimension, die Norman Mailer auf dem Höhepunkt des Vietnamkriegs – einer der vielen Kriege der Nachkriegszeit, über die Ambler im Grunde keine Zeile geschrieben hat – zum Ausdruck brachte, als er betonte, die schlimmste Wahrheit über eine Gesellschaft bestehe nach seinem Dafürhalten in einer »unverdienten Freiheit von Furcht«.

Jeder von Amblers Vorkriegsromanen* könnte den Titel *Warum England schlief* tragen, den des ersten Buchs von John F. Kennedy: *Weil ihr geschlafen habt, mußten Millionen sterben!* Doch was Ambler mit diesen Büchern sagte, war nicht im eigentlichen Sinne politisch, und keinesfalls ging es darin um die Verheißungen der Kommunistischen Internationale oder der Volksfront. In gewisser Weise war Ambler tatsächlich davon überzeugt, daß ein Leben, welches auf den schlichten, einvernehmlichen, unvoreingenommenen Jas und Neins jenes Durchschnittsengländers basierte, der sich nicht um seinen eigenen Garten kümmerte, sondern bloß danach trachtete, das Geld zusammenzubekommen, um sich so einen Garten kaufen zu können, besser war als ein Leben, das – wie andernorts üblich – von absoluten Zielen und Ansprüchen beherrscht

* Diese Bezeichnung trifft allerdings nicht hundertprozentig zu: Der drohende Krieg ist in ihnen allen spürbar, selbst in Amblers Romandebüt, *Der dunkle Grenzbezirk* (*The Dark Frontier*), einer 1936 erschienenen Satire auf die damals gängigen Spionagegeschichten, oder in dem mehr oder weniger trivialen, 1939 herausgebrachten *Nachruf auf einen Spion* (*Epitaph for a Spy*), einem Buch, das in den USA bis 1952 unveröffentlicht blieb und dann zu einer Nachkriegsstory umgemodelt wurde, ohne viel zu verlieren. *Die Angst reist mit* (*Journey into Fear*) erschien im Jahre 1940, als der Krieg in Europa bereits in vollem Gang war, ist aber dennoch weniger von den aktuellen Ereignissen geprägt als von den düsteren Vorahnungen der früheren Bücher.

wurde, etwa in Mitteleuropa oder auf dem Balkan, wo Amblers Geschichten spielten.

Auf dem Balkan leitete der Erste Weltkrieg das ein, was Mitteleuropa nach Amblers Überzeugung in den dreißiger Jahren zu Ende führen würde. Als er die genannten Romane schrieb, stand Mitteleuropa im Brennpunkt des Weltgeschehens, war der Ort, wo der Abgrund Gestalt annehmen, wo Mitteleuropa seine Antigestalt herausbilden würde: der Ort, von dem Amblers Durchschnittsengländer zu fliehen pflegten, und der Ort, wohin man sie ein paar Jahre später zurückschicken würde. Hören wir Ambler zu:

> Die türkischen Truppen fielen über die nicht-türkischen Stadtbezirke her und begannen, systematisch zu töten. Männer, Frauen und Kinder wurden aus ihren Wohnungen und Verstecken gezerrt und auf den Straßen niedergemetzelt, die bald mit verstümmelten Leichen übersät waren. Von Zufluchtsuchenden wimmelnde Holzkirchen wurden mit Benzin übergossen und in Brand gesteckt. Wer nicht lebendigen Leibes verbrannte, wurde von Bajonetten durchbohrt, wenn er zu entkommen versuchte … Als der Morgen des 15. September anbrach, waren über hundertzwanzigtausend Menschen umgekommen; doch irgendwo inmitten dieses Grauens war Dimitrios gewesen, am Leben und unversehrt.

Ambler schildert, was 1922 in Smyrna geschehen war, nachdem die türkische Armee die vor ihr fliehenden griechischen Truppen zersprengt hatte. »Wie kommt es, daß *du* überlebt hast?« würden dreiundzwanzig Jahre später diejenigen einander fragen, die aus den Vernichtungslagern der Nazis kamen; und ein paar Jahre, bevor die Verbrennungsöfen in Betrieb genommen wurden, stellt Ambler dieselbe Frage … in Hinblick auf seine Romanfigur Dimitrios, den paneuropäischen Erzschurken, einen miesen Verbrecher und zugleich ein exemplarisches Beispiel für jene Korruptheit, die Amblers Kontinent ergriffen hatte und in absehbarer Zeit in den Untergang führen sollte. Hören wir noch einmal zu, diesmal einem englischen Firmenvertreter, der in *Ungewöhnliche Gefahr* einem der Amblerschen *Wer-Ich?*-Protagonisten auseinandersetzt, wie es um Europa steht – und dieser Wer-Ich? ist immerhin ein weltgewandter Auslandskorrespondent:

Seit fünfzehn Jahren ziehe ich nun durch diesen gottverdammten Kontinent, und ich habe jede Sekunde davon gehaßt … Die Leute hier sagen, wir Engländer seien hochnäsig gegenüber Fremden, schließlich seien wir alle gleich, ob Mann, ob Frau, und daß sie uns in mancher Hinsicht voraus seien. Doch das ist alles erstunken und erlogen, und wenn Sie mal so lange von zu Hause weg gewesen sind wie ich, dann werden Sie das genauso sehen. Die sind nicht so wie wir, kein bißchen! Die Leute kommen hierher, um vierzehn Tage Ferien zu machen. Sie sehen einen Haufen entzückender *châlets* und *châteaux* und *Schlösser* und sagen sich, wie schön es sein müßte, hier zu leben. Die haben keine Ahnung. Sie sehen sozusagen nur den Mantel, die Außenseite. Das Wesentliche, das entgeht ihnen. Sie sehen nicht hinter die Kulissen. Sie bekommen nicht mit, wenn das Blut der Einheimischen in Wallung gerät.

Der Firmenvertreter holt Luft:

Ich hab das mitbekommen. O ja! Ich bin '25 im sonnigen Italien gewesen, in Florenz, als die *Fascisti* Jagd auf Freimaurer machten. Nacht für Nacht Schüsse, Prügel und Schmerzensschreie, bis sich einem der Magen umdrehte. Ich bin '34 in Wien gewesen, als man das Feuer auf die kommunalen Wohnhäuser eröffnete, obwohl darin Frauen und Kinder waren. Und viele der Männer, die man anschließend aufhängte, mußten unter den Galgen getragen werden, wegen ihrer Verletzungen. Ich hab die Krawalle in Paris erlebt, als die *Garde mobile* die Menge wie Hunde über den Haufen schoß und alle wie von Sinnen *»Mort aux vaches!«* brüllten. Ich habe mit eigenen Augen gesehen, wie die Nazis in Frankfurt einen Mann in seinem Vorgarten zu Tode getrampelt haben. Schon nach dem ersten Tritt gab der keinen Laut mehr von sich. Weil ich das gesehen hatte, wurde ich in jener Nacht verhaftet, doch sie mußten mich wieder laufen lassen.

Nette Zeitgenossen, was? Einfach entzückend …

Schon im Roman geht Ambler auf Distanz zu diesem Firmenvertreter; in seiner Autobiographie sagt er, das Ganze sei lediglich etwas gewesen, das er irgendwo aufgeschnappt hatte, etwas, das vielleicht in ein Buch passen könnte. Doch schon der leidenschaftliche Ton dieser Passage beweist zu Genüge, was Ambler ausdrücken wollte.

Als typisches Beispiel seiner Zeit verschwindet Dimitrios in der Geschichte, die in den anderen Büchern so gewissenhaft porträtiert wird, und in seiner eigenen Geschichte. Als Meister der Maskierung – gewöhnlicher Verbrecher, Attentäter, Spion, Heroinschmuggler oder internationaler Bankier – besitzt Dimitrios kein eigenes Gesicht. Obwohl die Zahl der Morde, die Amblers Plots erfordern, auf ein Minimum begrenzt ist, stößt man zwischen den Zeilen auf unzählige gesichtslose Leichen: Die Bücher vermitteln Furcht und Schrecken, weil diese ihr innerster Antrieb sind. Zaleshoff, der sowjetische Geheimagent, der in *Ungewöhnliche Gefahr* und *Anlaß zur Unruhe* so etwas wie den Jim zum Huck Finn des Wer-Ich?-Engländers gibt, ist ein klassischer romantischer Held: Er weiß jederzeit, was zu tun ist, und nichts und niemand kann ihn aus der Fassung bringen, da sein Glauben felsenfest ist. Die Neue Welt, der Neue Mensch – stets sind sie für ihn in greifbarer Nähe. Doch im Endeffekt ist Zaleshoff völlig unwichtig. Er profitiert nicht von den Intrigen, die er zu spinnen versucht. Er hat keine Angst, da er an die Geschichte glaubt, doch keiner der Amblerschen Protagonisten kann an das glauben, woran Zaleshoff glaubt, oder an irgend etwas anderes – und heute weiß der Leser, daß ein Mann wie Zaleshoff, ein Mensch so voller Humor und Draufgängertum, höchstwahrscheinlich von seinem obersten Dienstherrn Stalin erschossen worden wäre.

Ambler zeigt uns ein Europa auf dem Weg, Weltgeschichte zu machen, ein grausames und barbarisches Europa, einen Morast aus Töten und Getötetwerden, ein Europa, das in Scherben fällt, doch schon wenig später jenes weltgeschichtliche Drehbuch verfaßt, an das wir uns seither gehalten haben, bis zu diesem erfreulichen Augenblick – zumindest erfreulich im Hinblick auf die Lektüre von Amblers Spionageromanen der Vorkriegszeit. Heute sind Mittel- und Osteuropa – der Schauplatz seiner Romane und eine geschichtliche Einöde, seitdem ihn die Entwicklung, die mit dem Hitler-Stalin-Pakt begann, um sein Thema gebracht hatte – in Auflösung begriffen: Ein Land nach dem anderen stürzt sich auf das Wort *Demokratie* als einen Ausweg aus der Geschichte, die zu machen ihnen nicht gestattet war, jener Antigeschichte, die sie bloß über sich ergehen lassen konnten. Doch in diesem Hier und Jetzt ist nichts sicher: alte Nationalismen, uralte ethnische Zugehörigkeiten, unterdrückte Religionen, ermordete Rebellen und tote Tyrannen machen sich wieder bemerkbar im Gefolge des Zusammenbruchs der Verschwörungen, denen in den dreißiger Jahren, in den Romanen Amblers, der Erfolg versagt bleibt, mit dem ihr Autor damals insgeheim jeden Tag rechnete.

Auf diesem so lange verfluchten Terrain scheint alles möglich: jede Art von Grauen, aber auch das Paradies. Was mag Ambler durch den Kopf gehen, wenn er heute einen Blick auf die Landkarte wirft, die er als junger Mann in so lebhaften Farben gezeichnet hat? Man könnte sagen, daß der Spionageroman, der voller Unbekümmertheit ein selbstverständliches »Wir« einem ebenso selbstverständlichen »Die« gegenüberstellte, heute – nach Ende der Antagonismen des Kalten Krieges – seine Existenzberechtigung verloren hat; daß sich ein neuer Spionageroman wieder auf das Individuum konzentrieren müßte, das keiner Seite angehört, auf einen Protagonisten, der nichts weiß, den wenig kümmert und der in jedem Fall erwischt wird. In einem neuen Spionageroman, so könnte man sagen, muß es wieder eine Welt zu gewinnen geben, diesmal freilich ohne Großbuchstaben geschrieben: eine neue Welt, mit neuen Männern und Frauen, eine Welt, die für jeden zu haben ist. Doch wenn man Ambler heute liest, gleichzeitig mit der Tageszeitung, dann spürt man vielleicht die Furcht und den Schrecken, die der eigentliche Verfasser dieser Bücher gewesen sind – Empfindungen, die man heute womöglich an keiner anderen Stelle auf so umfassende Weise finden kann. Eigentlich sind es Empfindungen – Vorstellungen –, die man mühelos abschütteln kann, auch wenn die Geschichte Furcht und Schrecken trägt wie einen abgewetzten Anzug: unter dem Mantel, der, wie Eric Ambler einmal geschrieben hat, alles ist, was wir sehen.

Threepenny Review, Januar 1990; eine modifizierte Fassung dieses Artikels erschien als Einleitung zu der 1990 bei Carroll & Graf erschienenen Ausgabe von *A Coffin for Dimitrios*

Mythen und falsche Zitate*

Ich hätte nie damit gerechnet, daß mir einmal diese Ehre zuteil werden würde. Vermutlich bin ich der erste Student in den Annalen des Geschichtsleistungskurses des 2. Studienjahres gewesen, der diese Lehrveranstaltung mit der Note »Befriedigend« abgeschlossen hat. Das war 1964. Danach konzentrierte ich mich lieber auf die Fächer Englisch und Politologie.

In jenem Jahr fand jedoch auch die Sache statt, über die ich heute sprechen möchte. Ich meine das Free Speech Movement: erst eine Handvoll, dann einige Tausend Studenten, die darauf bestanden, daß die von der Universitätsbürokratie gesetzten Grenzen hinsichtlich des studentischen Engagements für eine Veränderung der Gesellschaft falsch waren. Dieses Ereignis hatte weitreichende Konsequenzen, doch selbst die hellsichtigsten Aktivisten des Free Speech Movement hätten sich

* Dieser Artikel war ursprünglich die Festrede anläßlich der Abschlußexamensfeier der Geschichtsfakultät der University of California, Berkeley, vom 20. Mai 1988.

wohl nie seine nachhaltigste und womöglich bedeutsamste Folge vorstellen können.

Dank der kommerziellen Zugkraft medienwirksamer Jubiläen sind heute haufenweise Bücher auf dem Markt, die das Free Speech Movement als die Initialzündung für jenes Jahrzehnt des Protests hervorheben, das man »die Sixties« nennt – aber das ist vielleicht bloß nostalgische Schwärmerei. Viel entscheidender ist, daß das Free Speech Movement höchstwahrscheinlich der ausschlaggebende Faktor für die 1966 erfolgte Wahl Ronald Reagans zum Gouverneur Kaliforniens gewesen ist – und somit, wenn man diesen Gedanken zu Ende spinnt, für seine Wahl zum Präsidenten der Vereinigten Staaten vierzehn Jahre später. Als Reagan 1980 eine »nationale Erneuerung« forderte und sich vor dem Hintergrund des »Chaos« der beiden vorausgegangenen Jahrzehnte als eine Verkörperung traditioneller Werte anpries, trat er im Grunde noch immer gegen das Free Speech Movement an. Edwin Meese, der als stellvertetender Bezirksstaatsanwalt von Alameda County mit der Strafverfolgung der Demonstranten aus den Reihen des Free Speech Movement betraut war und seinerzeit für gepfefferte Strafen sorgte (in manchen Fällen gab es sechs Monate Gefängnis für die Besetzung eines Universitätsgebäudes)*, ist heute Justizminister der Vereinigten Staaten; es war seine Praxis der Strafverfolgung, die Reagan auf ihn aufmerksam werden ließ. 1964 konnte man oft hören, daß diejenigen, die gegen ihre eigenen Institutionen aufbegehrten, früher oder später an deren Spitze gelangen würden; es ist anders gekommen.

Es ist eine Binsenwahrheit, daß Geschichte von den Mächtigen geschrieben wird; zutreffender ist, daß Macht Geschichte schreibt. Ereignisse, die sich nicht in Macht niederschlagen oder außerhalb der üblichen Sphäre von Macht und Machtwechsel

* Als David Goines, der selbst zu einer Freiheitsstrafe verurteilt wurde, diese Passage 1993 in seinem Buch *The Free Speech Movement* zitierte, merkte er dazu an, daß »das härteste Urteil aus 120 Tagen Gefängnis bestand, was immer noch ziemlich gepfeffert war, wenn man bedenkt, daß Leute ohne Vorstrafe zu der Zeit bei einem einfachen Vergehen in der Regel eine Geldstrafe von maximal 25 $ aufgebrummt bekamen.«

stattfinden, außerhalb der üblichen Sphäre der Legitimität, der institutionalisierten Verteilung und Kontrolle sozialer Güter – solche Ereignisse machen gewissermaßen überhaupt keine Geschichte. Sie sind immun gegenüber der Geschichte, denn die Geschichte weiß nicht, wie sie ihnen Rechnung tragen soll; die Geschichte zeigt ihnen statt dessen die kalte Schulter, da sie das ungestraft tun kann. Von flüchtigen, inoffiziellen Ereignissen dieser Art sprach Walter Benjamin, als er die historische Artikulation »des Vergangenen«, der wahren Geschichte, als den Versuch definierte, »sich einer Erinnerung [zu] bemächtigen, wie sie im Augenblick einer Gefahr aufblitzt.« Doch da sich derartige Augenblicke nicht in Geschichte verwandeln, verlieren sie ihre Form und werden zu lächerlichen Eigenparodien, Legenden, sinnlosem Geschwätz – zu alten Geschichten, die aus dem Mund von Spinnern kommen.

Ich spreche hier von Worten, wie sie auf einem Blatt Papier oder einer Buchseite stehen – von Worten, wie sie manche von Ihnen zu Papier bringen werden. Ein gewissenhafter Historiker würde nämlich nie auf die Idee kommen, eine der Amtsantrittsreden Ronald Reagans lediglich auf der Basis eines Zeitungsartikels, einer irgendwo aufgeschnappten Anekdote oder einer vagen Erinnerung zu zitieren. Ein gewissenhafter Historiker würde die Archive aufsuchen, sich die Originaldokumente beschaffen, diese kopieren und im korrekten Wortlaut zitieren. Während des Free Speech Movement wurde eine Rede gehalten, die es zu einiger Berühmtheit brachte, eine Art Verkörperung des damaligen Zeitgeistes: Mario Savio, der Wortführer des FSM, hielt diese Rede am 2. Dezember 1964 auf den Stufen zur Sproul Hall, unmittelbar vor der Besetzungsaktion, die den letzten Akt des Dramas einleitete. In den Jahren darauf wurde Mario Savios Rede immer wieder zitiert, bis zum heutigen Tag – und in den Dutzenden von Büchern und Artikeln, die ich darüber gelesen habe, wurde sie, sieht man von einer Ausnahme ab, stets falsch zitiert – zum erstenmal bereits ein Jahr, nachdem sie gehalten wurde.

Mario Savios Worte waren, als Theorie der Gesellschaftsveränderung, nicht gerade brillant. Sie steckten voller Widersprüche. Einer Analyse halten sie nicht stand, aber die ist ihnen ohnehin nie zuteil geworden. Doch Savios Worte waren poetisch, Teil eines besonderen Augenblicks der Gefahr – sie halfen, diesen Augenblick zu definieren, ja, sie haben ihn sogar in mancher Hinsicht erst geschaffen. Der Tonfall des Redners war Teil der wie auch immer gearteten Bedeutung seiner Worte; der Sprachrhythmus war Teil ihrer Bedeutung. Dasselbe galt für die Anspannung, das Stocken, das beinahe schon Jammerhafte in Mario Savios Stimme – Dinge, die seine Worte auf dem Papier, wenn sie richtig zitiert werden, durchaus wiedergeben können. Und dies hat er gesagt:

> Es gibt Zeiten, wo der Betrieb der Maschine so widerlich wird und euch in eurem Innersten so krank macht, daß ihr nicht mehr mitmachen könnt; ihr könnt noch nicht einmal stillschweigend mitmachen, und ihr müßt eure Körper auf die Zahnräder und Antriebswellen legen, auf die Hebel und Schalter, auf die gesamte Apparatur, und ihr müßt sie zum Stehen bringen. Und ihr müßt ihren Betreibern, ihren Besitzern verdeutlichen, daß die Maschine so lange am Funktionieren gehindert wird, bis ihr frei seid.

Wir könnten jetzt kurz innehalten, um über diese Worte nachzudenken: über ihre merkwürdig anmutende Höflichkeit, über Savios Verwendung des Verbs »verdeutlichen«, über seine prinzipielle Anerkennung des Bestehenden – von einer Zerstörung der Maschine ist nicht einmal andeutungsweise die Rede. Der Rhythmus dieser Zeilen könnte uns etwas über die damalige Zeit verraten. Doch heute interessiert mich neben der Poesie der Worte vor allem die Umformung dieser Poesie in ein spezifisches geschichtliches Faktum: Damit meine ich, daß man diese Worte, kaum daß das Jahr 1964 vergangen war, bei den hundert und aber hundert Gelegenheiten, wo sie zitiert, abgedruckt und veröffentlicht wurden, in den seltensten Fällen so wiedergeben hat, wie Mario Savio sie formuliert hatte.

Im Laufe der Jahre habe ich eine Art Spiel daraus gemacht, diesen Worten, wann immer sie in Artikeln oder Büchern auftauchen, meine ganz besondere Aufmerksamkeit zu schenken: Welches schändliche Beispiel falsch wiedergegebener Interpunktion, welche Veränderung einst sorgfältig ausgewählter Worte – oder vielleicht überhaupt nicht sorgfältig ausgewählter, sondern spontan improvisierter, einer momentanen Eingebung entsprungener Worte – würde mir auffallen? Das hier ist ein Zitat: »Es kommt eine Zeit, wo ihr die Maschine verbiegen, umknicken, durchlöchern und zerbeulen müßt – WO IHR DAS VERDAMMTE SCHEISSDING ABSCHALTEN MÜSST!« Ende des Zitats. Das ist eine publizierte Version von Mario Savios Rede: Bäume mußten sterben, damit das gedruckt werden konnte. Ich habe Savios Rede gehört. Sollten Sie eines Tages lesen, Sie hätten Ihr Examen im Jahre 1989 abgelegt, und bei einem Blick auf die Liste mit den Prüfungsabsolventen feststellen, daß man Ihren Name falsch wiedergegeben hat, dann werden Sie die Verstörung nachempfinden können, die mich beschleicht, wenn ich die gerade vorgetragene Version zitiere.

Was ist die Ursache einer derartigen Vergewaltigung? Einer Vergewaltigung der Geschichte, die, Walter Benjamin zum Trotz, eben nicht nur die Bemächtigung eines Augenblicks der Gefahr ist, sondern auch etwas, das Benjamin als das Gegenteil davon definierte: eine Bemächtigung dessen, »wie es denn eigentlich gewesen ist« – wie sollte man ohne eine zumindest halbwegs deutliche Vorstellung davon, »wie es denn eigentlich gewesen ist«, den Moment der Gefahr bestimmen können?

An Dokumenten fehlte es keineswegs. Savios Rede wurde auf Tonband aufgenommen und sie erschien sogar in Form einer Langspielplatte; ein Exemplar befindet sich hier in der Universitätsbibliothek. Die richtigen Worte, samt ihrem intakten Rhythmus, waren Teil der vorbildlich recherchierten, wunderbar detaillierten Chronologie des Free Speech Movement, die in der grundlegenden Textsammlung zu diesem Ereignis abgedruckt ist, einem Buch, das bei einem der renommiertesten New Yorker Verlage erschienen ist. Es steht in jeder guten Bibliothek.

Savios Worte wurden falsch zitiert – bedenkt man die Bedeutung von Tonfall, Sprachrhythmus und Poesie, dann wurden sie praktisch überhaupt nicht zitiert –, weil sie nicht zur

Sphäre des Wesentlichen gehörten. 1964 nicht, und heute tun sie es genausowenig. Das gilt für den gesamten Augenblick, für den sie standen. Diese Worte schlugen sich nicht in Macht nieder, und deshalb haben sie auch keine Geschichte gemacht.

Die Art von Geschichte, die sie verkörperten, ist Geschichte, wie sie von Spinnern erzählt wird. Als Popmusikkritiker genoß ich es, in die Rolle des Spinners zu schlüpfen, des einsamen Hüters des richtigen Textes. Das ist eine lächerliche Rolle – und es ist schon erstaunlich, wieviel Arbeit sie einem beschert.

Die wohl berühmtesten Worte in der Geschichte des Rock 'n' Roll bestehen aus einem Satz, den eine Frau namens Marion Keisker überliefert hat. Diese Frau war in den frühen fünfziger Jahren Geschäftsführerin bei Sun Records in Memphis, Tennessee. Sie zitierte ihren damaligen Chef, Sam Phillips, der diese Worte ihrer Erinnerung nach 1952 oder 1953 geäußert hatte, als er seine Brötchen mit einem Aufnahmestudio für schwarze Bluessänger verdiente: »Könnte ich einen Weißen mit dem Neger-Sound und dem Neger-Feeling finden«, hatte Phillips laut Keisker gesagt, »dann könnte ich eine Milliarde Dollar machen.« Etwa ein Jahr später entdeckten Keisker und Phillips Elvis Presley.

Diese Äußerung ist all den Unwägbarkeiten mündlich überlieferter Geschichte unterworfen. Heute bestreitet Sam Phillips, jemals etwas Derartiges gesagt zu haben – »Das klingt«, sagt er, »als sei es mir ausschließlich ums Geld gegangen.« Marion Keisker wiederum sagt, sie sei sich ganz sicher, daß Phillips von »einer Million« und nicht von »einer Milliarde« gesprochen habe. Das Interview mit Marion Keisker wurde auf Tonband aufgezeichnet, und man kann es sich in der Bibliothek der Memphis State University anhören – aber wie dem auch sei, diese Sache liegt ebenfalls außerhalb der Sphäre des Wesentlichen. Und deshalb konnte Albert Goldman, der Verfasser der auflagenstärksten Elvis-Presley-Biographie, diese Äußerung für seine persönlichen Zwecke ummodeln und sie trotzdem Sam Phillips zuschreiben und in Anführungszeichen setzen:

»Könnte ich einen weißen Typen finden, der wie ein Nigger singt, dann könnte ich eine Milliarde Dollar machen.«

Diese gemeinen, verleumderischen Worte wurden 1981 veröffentlicht. Es spielt keine Rolle, daß Sam Phillips, nach allem was man weiß, nie und nimmer ein Wort wie »Nigger« in den Mund genommen hätte – nach allem, was man weiß, war das einfach nicht sein Stil. Die neue Version seiner Äußerung ist in die Geschichte eingegangen: in alle möglichen Bücher, in absolut seriöse Bücher, zu deren Verfassern berühmte Professoren gehören; eins davon erschien sogar bei der Oxford University Press. Man schickte mir die Korrekturfahnen dieses Buches; ich schrieb dem Verlag einen Brief, in dem ich auf den Fehler hinwies und mir alle Mühe gab, den Ernst der Angelegenheit hervorzuheben. In seinem Antwortschreiben erklärte der Verlag, der Verfasser sei sich sicher, daß Goldmans Version korrekt sei: Sie sei »vulgärer«, und in der Geschichte der populären Kultur käme »das Vulgäre der Wahrheit noch immer am nächsten«.

Hier ist noch so eine Spinner-Story: 1969 war ich einer der Journalisten des *Rolling Stone*, die über das Gratiskonzert schreiben sollten, das die Rolling Stones in Altamont gegeben hatten – auf jener direkt hinter den Hügeln in Richtung Tracy gelegenen Autorennbahn, einem Areal, das heute wegen der dort aufgestellten Windräder hin und wieder im Fernsehen gezeigt wird. Gegen Ende ihrer epochalen 1969er Tournee glaubten die Rolling Stones, etwas beweisen zu müssen, weil sie nicht in Woodstock aufgetreten waren, und deshalb beschlossen sie, ihr eigenes Festival auf die Beine zu stellen. Dreihunderttausend Menschen wollten dabeisein. Doch irgendwie stand dieser Tag unter keinem guten Stern, schon von Anfang an. Man konnte die Gewalt förmlich riechen. Zur Bewachung der Bühne hatte man die Hell's Angels angeheuert. Den ganzen Tag über kam es immer wieder zu Gewaltausbrüchen – die Leute im Publikum waren gereizt, rücksichtslos. Alles wartete auf den letzten Akt.

Dieser letzte Akt war der kaltblütige Mord an Meredith Hunter, einem schwarzen Teenager aus Berkeley, der von Mitgliedern der Hell's Angels umgebracht wurde. Hunter war der Bühne zu nahe gekommen, und die Hell's Angels jagten ihn fort; einer packte ihn und stach erst einmal und dann noch einmal mit einem Messer auf ihn ein; daraufhin zog der Teenager einen Revolver. Zu diesem Zeitpunkt rannte er von der Bühne weg. Die Hell's Angels hetzten ihn wieder in Richtung Bühne. Schließlich fielen sie über ihn her und schlugen ihn tot. Der Revolver war kein einziges Mal abgefeuert worden.

So und nicht anders ist es gewesen. Das, was am nächsten Tag in den Zeitungen stand – der Teenager habe sich vor die Bühne gedrängelt und sei erst angegriffen worden, als er einen Revolver gezückt und auf Mick Jagger gezielt und, manchen Artikeln zufolge, sogar auf ihn geschossen habe – kann man getrost vergessen. So eine Berichterstattung ist typisch für die Zeitungen am Tage danach. Mit Geschichte hat das nichts zu tun, und es beansprucht auch nicht, Geschichte zu sein. Worum es ging, das war der Kontext: Im *Rolling Stone* schrieben wir, so wie die Zeitungen am Tage danach, der Mord sei geschehen, während die Rolling Stones »Sympathy for the Devil« gespielt hatten. Wir besaßen einen ziemlich miesen Tonbandmitschnitt des Konzerts – und selbstverständlich sagte dort niemand: »Jetzt hat der Mord stattgefunden.« Doch es mußte sich einfach so abgespielt haben, da es in poetischer Hinsicht nichts zu wünschen übrig ließ: Ein Mord während eines Konzerts der Rolling Stones, zu den Klängen von »Sympathy for the Devil« – ließ sich etwas Perfekteres vorstellen?

Doch bald fanden wir heraus, daß wir falsch gelegen hatten: Der Mord war während eines anderen, poetisch weniger reizvollen Songs geschehen (der freilich immer noch reizvoll genug war: Es handelte sich um »Under My Thumb«). Das stand zweifelsfrei fest – es existierten Filmaufnahmen von dem Mord. Millionen Kinobesucher sahen die Bilder in dem Dokumentarfilm *Gimme Shelter*. Wir korrigierten den Fehler auf der Stelle – der *Rolling Stone* brachte eine Richtigstellung: keine knappe Notiz, sondern eine ausgewachsene Story. Wir hielten das für unsere Pflicht.

Es schien, als hätte es weder die Richtigstellung noch den Film gegeben: Jedesmal, wenn Altamont erwähnt wurde, war von dem Mord die Rede, der zu den Klängen von »Sympathy for the Devil« passiert sei. Wir entwickelten eine Art missionarischen Eifer und brachten eine Richtigstellung nach der anderen. Doch der Fehler ließ sich nicht aus der Welt schaffen. Schließlich wurden wir der Sache überdrüssig. Sieben Jahre nach dem verschütteten Faktum dachten wir im Scherz daran, eine Titelstory zu bringen, mit einem der berühmten Altamont-Schnappschüsse und einer schlichten Schlagzeile: NICHT »SYMPATHY FOR THE DEVIL«, SONDERN »UNDER MY THUMB«! Doch es handelte sich um einen Fehler, der einfach nicht auszumerzen war. »Selbst wenn es nicht so gewesen ist«, sagte unser Herausgeber schließlich, »ist es so gewesen.«

Was er meinte, war folgendes: Findet ein Ereignis jenseits der Zwänge der Macht statt, dann wird es von den Imperativen der Geschichte geschluckt, die zum Teil mit den Imperativen des Mythischen identisch sind. Geschichte ist eine »Geschichte«, eine Story: Wir wollen eine sinnvolle Story, etwas, das poetisch aus einem Guß ist und zu dem paßt, was wir bereits zu wissen glauben. Genau das steckt dahinter, wenn eine Historikerin nach endlosen Stunden im Mikrofilm-Archiv beschließt, ein dokumentiertes Ereignis unter den Tisch fallen zu lassen, weil es ihrer These widerspricht und weil sich niemand groß darüber aufregen wird, wenn sie die Sache wegläßt. Eine richtige Lügnerin ist sie nicht: Sie weiß, daß ihre Auslassung letztendlich die Wahrheit prägen wird. Genau das steckt dahinter, wenn ein Historiker, der fünf Jahre lang auf der Suche nach Zeitzeugen im Ausland herumgereist ist, endlich die für ihn wichtigste Person interviewen darf und dabei feststellt, daß der so verzweifelt Gesuchte ein langweiliger, nichtssagender, absolut unaufrichtiger Typ ist, später diese oder jene Äußerung streicht, zwischen den Zeilen liest und, ohne es bewußt darauf anzulegen, ein Zitat erfindet. Dies ist natürlich weniger wahrscheinlich, wenn die fragliche Geschichte an Macht geknüpft ist – wenn man weiß, daß sie nachgeprüft wird. Doch wenn man einer anderen Story nachgeht, einer Story, bei der Macht unerheblich ist, dann bewegt man sich auf sicherem Terrain. Man begeht ja kein richtiges Verbrechen, denn es ist immer die Wahrheit, die dabei festgehalten wird: die unausgesprochene, die noch nicht veröffentlichte Wahrheit, die *notwendige* Wahrheit. Das ist die Verlockung der Geschichte – und wer möchte behaupten, er sei dagegen immun? Das Schöne an der Geschichte ist ja unter anderem, daß man sie sich zurechtrücken kann.

Heute gilt es als ausgemachte Tatsache, daß in Altamont ein Mord, oder zumindest ein Tötungsdelikt, geschah – es gab eine Gerichtsverhandlung, und der Angeklagte wurde freigesprochen –, während die Rolling Stones »Sympathy for the Devil« spielten, obwohl jeder in den Prozeßakten nachlesen könnte, daß diese Tat, was immer sie gewesen sein mag, zu den Klängen von »Under My Thumb« geschah. Noch mehr Dokumente – und genauso folgenlos. Gibt es denn niemanden, der über Altamont schreibt und so etwas wie Verantwortung gegenüber dem Vorfall empfindet? Sam Phillips hat gesagt, was immer er gesagt haben mag – und obwohl diese Äußerung, oder Marion Keiskers Wiedergabe dieser Äußerung, zu den Grundsteinen der internationalen Popkultur zählt, hat sich eine obszöne Entstellung dessen, was er gesagt oder auch nicht gesagt hat, in einigen der meistgelesenen und bei seriösen Verlagen erschienenen Büchern über unsere Kultur einnisten können.

Und was Mario Savios Worte betrifft, nun, sie artikulieren zweifellos einen Moment der Gefahr, in all ihrer Schwäche, in all ihrer Emotionalität – oder sie würden es jedenfalls tun, wenn sich irgend jemand dazu bequemt hätte, sie richtigzustellen. In ihrer derzeitigen Form artikulieren sie gar nichts. Stellen wir uns einmal vor, Mario Savio sei heute Justizminister der Vereinigten Staaten. Das Problem einer falschen Zitierweise von Worten, die er vor gut zwanzig Jahren geäußert hat, würde sich dann kaum stellen; man würde seine Worte als folgenreich ansehen und als einen frühen Hinweis auf seine Vorzüge und Fehler, seinen Scharfsinn und seine Blindheit interpretieren, und das völlig zu Recht. Er würde sich für seine damals geäußerten Worte verantworten müssen – völlig zu Recht.

Geschichte ist in letzter Konsequenz eine Frage der Verantwortlichkeit: Ein guter Historiker kann uns allen den Prozeß machen. Jeder von uns ist für das verantwortlich, was er gesehen und getan hat, für das, was ihn geformt und was seine Zeit und seine Umgebung geprägt hat. In einer guten Geschichte wird uns nicht erlaubt, etwas falsch zu verstehen, zumindest insoweit wir wissen können, was richtig ist. Ein guter Historiker wird *uns* die Leviten lesen, wenn *wir* etwas übersehen, wenn *wir* etwas weglassen oder erfinden: So ein Historiker wird uns die Dokumente auf den Tisch legen, und wir werden uns ihnen stellen müssen. Ich habe mich geirrt, werden wir sagen, beschämt von den Beweisen, und wir werden erklären, weshalb; und trotzdem, werden wir sagen, hatte ich recht, und auch das werden wir erklären, so gut es geht.

Threepenny Review, Herbst 1988

Postskriptum

Eigentlich hätte ich bei einer Rede zum Thema, wie Fehler die Geschichte vergiften, von vornherein damit rechnen müssen, in meine eigene Falle zu tappen oder zumindest über sie zu stolpern. Nach ihrem Abdruck in der *Threepenny Review* brachte *Harper's* in seiner Ausgabe vom Dezember 1988 unter der Überschrift »Geschichte außerhalb der Geschichte« eine leicht gekürzte Fassung meiner Ansprache. Daraus ergab sich der folgende Briefwechsel mit meinem Freund Stanley Booth, dem Verfasser des 1984 erschienenen Buchs *Dance with the Devil: The Rolling Stones and Their Times**. *Harper's* brachte eine gekürzte Fassung des ersten Briefs von Booth und mein Antwortschreiben; Booths zweiter Brief wurde nicht veröffentlicht.

* In England erschien dieses Buch ein Jahr später unter dem Titel *The True Adventures of the Rolling Stones*; der Titel der deutschen Übersetzung heißt *The Rolling Stones – Let it Bleed* und wurde 1995 vom Hannibal-Verlag herausgebracht. (A. d. Ü.)

21. Dezember 1988

Sehr geehrte Damen und Herren!

In »Geschichte außerhalb der Geschichte« propagiert Greil Marcus die strengsten Anforderungen hinsichtlich einer schriftstellerischen Behandlung der Vergangenheit und stellt im selben Atemzug einige Behauptungen auf, die jemandem, der die fraglichen Ereignisse aus nächster Nähe verfolgt hat, wie sachliche Fehler oder, um auf Marcus' eigene Worte zurückzugreifen, wie »eine obszöne Entstellung« anmuten müssen.

Er schreibt, »Die Rolling Stones glaubten, etwas beweisen zu müssen, weil sie nicht in Woodstock aufgetreten waren, und deshalb beschlossen sie, ihr eigenes Festival auf die Beine zu stellen.« Aber die Stones hatten bereits ihr Festival veranstaltet, über einen Monat vor Woodstock, im Londoner Hyde Park, vor einem Publikum, das je nach Schätzung zwischen zweihundertfünfzigtausend und fünfhunderttausend Köpfe zählte. Und nach Abschluß ihrer überaus erfolgreichen USA-Tournee – der ersten seit ihren Verhaftungen wegen Drogenbesitzes und dem Tod von Brian Jones – mußten die Stones niemandem etwas beweisen: Sie wußten, daß die Beatles Geschichte waren und daß ihre eigene Karriere praktisch gerade erst begonnen hatte. Bei Altamont stand kein Minderwertigkeitskomplex Pate, sondern Hybris.

Marcus bezieht sich auf den »kaltblütigen Mord an Meredith Hunter«, den er an anderer Stelle »zumindest einTötungsdelikt« nennt. Ich habe den Angriff auf Hunter und das, was ihm vorausging, selber gesehen. Ich glaube, er starb nicht deshalb, weil er der Bühne zu nahe gekommen war, sondern weil er mit seiner weißen Freundin zu nahe bei einem Hell's Angel stand und den fatalen Fehler beging, einen Revolver zu ziehen, als dieser Angel ihn wegschubste, und zwar weniger, um Hunter von der Bühne wegzudrängen, sondern eher, weil ihm der mögliche Anblick eines rassenübergreifenden Austauschs von Zärtlichkeiten gegen den Strich gegangen wäre. Aber wie dem auch sei, niemand hat auf Hunter eingestochen, bevor dieser seinen Revolver gezogen hatte. Ich habe das mit eigenen Augen gesehen. Wenn ich jetzt, etwa zwanzig Jahre später, mit einer weiteren, höchst eigenwilligen Version oder Entstellung dessen, was ich beobachtet habe, konfrontiert werde, die – in einem derartigen Kontext – auch noch mit dem Satz »So und nicht anders ist es gewesen« gekrönt wird, dann läßt mich das, wie wir damals in den Sixties zu sagen pflegten, »echt ausflippen«.

»Geschichte ist in letzter Konsequenz eine Frage der Verantwortlichkeit«, predigt Marcus, doch trotz der solipsistischen Ironie seiner Schlußfolgerung, wonach Geschichte auch das sei, was man über sie denkt (nicht, daß Marcus damit unrecht hätte), hat dieser liebenswürdige Mensch und gutgesinnte Autor im Prinzip nichts weiter demonstriert als die Stichhaltigkeit der berühmten Behauptung Henry Fords: »Geschichte ist Quatsch.«*

Hochachtungsvoll,

Ihr Stanley Booth

Als Antwort: Mein Freund Stanley Booth hat sicherlich recht, wenn er schreibt, daß Meredith Hunter wegen seiner weißen Freundin attackiert wurde. Was nun den Hergang seiner Ermordung betrifft, so basierte meine Schilderung auf der Aussage eines Augenzeugen, die zuerst im *Rolling Stone* abgedruckt und später vor Gericht wiederholt wurde: Dieser Zeuge hatte direkt neben Hunter gestanden, einige Meter von der Bühne entfernt, und dessen Flucht in die Menge verfolgt. Er war auch dabeigewesen, als Hunter starb. Von all den widersprüchlichen Aussagen, die ich bislang kennengelernt habe, ist diese Schilderung die detaillierteste und überzeugendste und, wie ich finde, noch immer die glaubwürdigste.

17. Februar 1989

Sehr geehrte Damen und Herren!

Ich möchte nicht ad nauseam auf dieser Angelegenheit herumreiten, aber – daß Greil Marcus, der die Ermordung von Meredith Hunter nicht persönlich gesehen hat, seine Schilderung auf das Protokoll der vor der Alameda County Grand Jury stattgefundenen Anhörung zu Hunters Todesumständen stützt, ist nicht weiter verwunderlich. Merkwürdig ist allerdings, daß Marcus allein die Aussage des einzigen Menschen – aus einer Menge von mindestens 300.000 Konzertbesuchern – gelten lassen möchte, der gesehen haben will, daß auf Hunter eingestochen wurde, bevor dieser einen Revolver zog. Die übrigen Hauptzeugen, die vor der Grand Jury aussagten, unter ihnen Hunters Freundin Patty Bredehoft, haben den Tathergang so beschrieben, wie ich ihn beobachten konnte und wie ihn Al Maysles' Kamera eingefangen hat – die Messerstiche auf

* Auch Richtigstellungen sind nicht gegen Fehler gefeit: Seit Generationen ist Henry Fords Abqualifizierung der Geschichte immer wieder von Kolumnisten und Kommentatoren in Umlauf gesetzt worden und hat so manchen Professor zu höchst scharfsinnigen Entgegnungen animiert. Doch in Wahrheit hat Ford einen differenzierteren Standpunkt vertreten. Wie man u. a. in Barry Phelps' *You Don't Say! The Dictionary of Misquotations* (London 1995, S. 52 f.) nachlesen kann, sagte Ford dem Reporter Charles N. Wheeler anläßlich eines Interviews für die *Chicago Tribune* vom 25. Mai 1916 folgendes: »Geschichte ist mehr oder weniger Quatsch. Geschichte ist Tradition. Wir brauchen aber keine Tradition. Wir wollen in der Gegenwart leben, und die einzige Geschichte, die etwas zählt, ist die Geschichte, die wir heute machen.«

Hunter erfolgten unmittelbar, nachdem dieser seinen Revolver gezogen hatte. Natürlich spielt das für den armen Hunter heute keine Rolle mehr, doch Marcus wäre angesichts des Themas seines Artikels – der Ethik des Geschichtsschreibers – gut beraten gewesen, wenn er mit einem »So ist es nach der Aussage eines Mannes gewesen« geschlossen hätte statt mit seinem pompösen »So und nicht anders ist es gewesen«.

Hochachtungsvoll,

Ihr Stanley Booth

Territorien

Eine einzige Offenbarung

Während dieses Gesprächs saßen wir auf dem obersten Deck des Dampfers MARK TWAIN und warteten darauf, daß das Schiff auf den Mississippi hinausfuhr …«

Dann stieß das Schiff ein Dampfsignal aus, das niemand von uns … zu beschreiben wußte: kein Ton, sondern das langanhaltende, wiederholte Geräusch einer riesigen Querflöte, an deren Mundloch man sich ein ganzes Volk vorstellen mußte; das Geräusch war so tierisch und brutal, andererseits, bei dem gleichzeitigen Anblick der dichten, immer heftiger nachquellenden schwarzen Rauchschwaden und des unabsehbar breiten Mississippi, so pathetisch und stolz, daß ich mir nicht anders helfen konnte, als verlegen und doch ganz körperlich ergriffen zur Seite zu schauen. So gewaltig war das Signal, daß ich, während es dröhnte, auseinanderschreckend sekundenlang einen Traum von einem Amerika empfand, von dem man mir bis jetzt nur erzählt hatte. Es war der Augenblick einer routiniert erzeugten Auferstehung, in dem alles ringsherum seine Beziehungslosigkeit verlor, in dem Leute und Landschaft, Lebendes und Totes an seinen Platz rückte und eine einzige, schmerzliche und theatralische Geschichte offenbarte. Theatralisch floß jetzt der Mississippi, theatralisch stiegen die Besucher von einem Deck auf das andre, hinauf und hinunter, während die tiefe, weittragende Stimme eines älteren Mannes durch die Lautsprecher die Geschichte der Dampfschiffe auf den großen Strömen erzählte: von dem neuen Zeitalter in Verkehr und Handel, das sie eingeleitet hatten; von den Dampferrennen, von den Negersklaven, die im Mondlicht Brennholz luden, von den Kesselexplosionen; schließlich von der Ablösung der Dampfschiffe durch die Eisenbahn. Und so überdrüssig ich sonst der Lautsprecherstimmen bei Besichtigungsfahrten war, dieser pathetischen Stimme wurde ich nicht müde zuzuhören.

Die Stimme dieser Zeilen ist die von Peter Handke; die zitierte Passage stammt aus seinem Roman *Der kurze Brief zum langen Abschied*. Wie Fitzgeralds *Der große Gatsby* – ein Werk, das Handke zu Beginn seiner Story mit feinem, unaufdringlichem Humor heraufbeschwört – ist dieses Buch ein Versuch zu entdecken, welche Fallen Amerika für diejenigen bereithält, die an seine Versprechen glauben; auf eine gründlichere, hartnäckigere Weise möchte es erkunden, welche Versprechen Amerika noch zu halten imstande ist.

Das Buch beginnt in Providence, Rhode Island, wo der Ich-Erzähler, wie Handke ein junger Österreicher, einen Brief seiner Frau erhält: Sie hat ihn verlassen und warnt ihn davor, nach ihr zu suchen, obwohl sie ihm ihren Aufenthaltsort preisgibt.

Er macht sich auf nach New York und folgt ihr von dort nach Philadelphia. In der Nähe von Philadelphia trifft er eine Frau, mit der er einmal eine flüchtige Affäre hatte, und fährt zusammen mit ihr und ihrer kleinen Tochter durch den mittleren Westen bis nach Missouri; seine Frau läßt ihm erst Drohbriefe und schließlich eine Bombenattrappe zukommen. Er reist ab in Richtung Südwesten; seine Frau folgt ihm und läßt ihn zusammenschlagen. Er flieht in den Nordwesten, und dort, am Rande des Pazifischen Ozeans, kommt es zur Konfrontation mit seiner Frau. Danach steigen die beiden in den Bus nach Los Angeles, wo sie John Ford besuchen, der ihnen erklärt, wo sie gewesen sind.

Irgendwann während seiner Reise geht Handkes Ich-Erzähler in ein Kino, allein, um sich John Fords *Young Mr. Lin-*

coln[*] anzusehen, und als er das Leben in diesem Film spürt, weiß er, daß er John Ford besuchen muß, daß er die Dorothy zu Fords Zauberer spielen muß[**]. Und trotzdem ist Ford in diesem dichten, kleinen Buch nur so lange ein Symbol, bis wir ihm begegnen, und die Reise, die den Ich-Erzähler und seine Frau quer durch die USA führt, ist nur deshalb ein Symbol, weil so eine Reise einfach ein Symbol sein muß, nicht weil Handke es bewußt darauf angelegt hätte. Erst als ich das Buch zu Ende gelesen hatte und mich zurücklehnte, um darüber nachzudenken, fiel mir auf, daß sein Ich-Erzähler den Weg der amerikanischen Geschichte nachvollzogen hatte, daß er jede *frontier* des Zuges gen Westen erreicht, besiedelt und dann wieder hinter sich gelassen hatte, um eine neue ins Auge zu fassen, so lange, bis er, am Ende der *frontier* angelangt, keine andere Wahl mehr hatte, als seine Angelegenheiten in Ordnung zu bringen. So wie dem Ich-Erzähler bis zu seiner Vision auf dem Flußdampfer war auch mir nicht bewußt gewesen, daß er, vor wem er auch weglaufen mochte – vor seiner Frau, vor sich selber –, im Grunde eher nach einer Ganzheit gesucht hatte, die so umfassend, so gewaltig und unerreichbar war, daß nur ein so großer, gefährlicher und widerspruchsvoller Ort wie Amerika sie wenigstens ansatzweise zu offenbaren vermochte.

Handke zwingt Amerika keinen Symbolismus auf, will aber den Symbolismus verstehen, den Amerika seiner Story zwangsläufig aufgezwungen hat. »So sehen wir auch die Landschaften nicht als Natur«, sagt eine Frau zu Handkes Ich-Erzähler, »sondern als die Taten derjenigen, die sie für Amerika in Besitz genommen haben, und jede Landschaft ist zugleich ein Aufruf, dieser Taten würdig zu werden. Wir sind dazu erzogen, die Natur jedesmal mit einem moralischen Schauer zu sehen. Unter jedem Blick auf einen Canyon könnte ein Satz aus der Verfassung der Vereinigten Staaten stehen.« Eine Seite

* *Der junge Mr. Lincoln* (20th Century Fox), USA 1939.

** Dorothy Gale, die Heldin aus *The Wizard of Oz* (dt. *Der Zauberer von Oos*), dem 1900 erschienenen Kinderbuch von Lyman Frank Baum (1856–1919). (A. d. Ü.)

später begreift Handkes Protagonist, daß allein die Art von Vision, die ihm von der Mark Twain beschert wurde, dieses Paradoxon umfassen kann: Wir sind der Natur entfremdet und müssen trotzdem eine moralische Beziehung zu ihr eingehen. Nur ein solches Paradoxon, eine solche Vision, vermag die erträumte Beziehungsvielfalt herbeizuführen, die den Erzähler aus der Enge seiner eigenen Geschichte erlösen kann, von seinem Narzißmus – ihn für einen Augenblick von all dem befreien kann, was er als sein Schicksal hingenommen hat.

Rolling Stone, 5. Mai 1977

Götterdämmerung* nach einunddreißig Jahren

Da ich zwischen V-E Day und V-J Day** geboren wurde, habe ich eine Menge Anekdoten über den Zweiten Weltkrieg mitbekommen und bin mit mehr oder weniger konventionellen, in der Alltagskultur verbreiteten Vorstellungen über Nazis aufgewachsen. Nazis waren Schreckgestalten (auch wenn sie für mich sehr viel konkretere Schreckgestalten waren als für meine Freunde, da ich im Gegensatz zu diesen Jude war). Wenn ich daran dachte, was die Nazis mit den Juden gemacht hatten, bekam ich es mit der Angst zu tun, doch diese Angst unterschied sich nicht von dem Gefühl, das mich beschlich, wenn ich an Kidnapper dachte: Ich konnte nicht einschlafen, aber ich wußte, mein Vater würde niemals zulassen, daß mir solche Dinge widerfuhren. Mitunter versuchte

* Im Original deutsch (A. d. Ü.).

** V-E Day = 8. Mai 1945, der »Victory Day« der Allierten in Europa; der V-J Day bezieht sich auf den 15. August 1945, den Tag der Kapitulation Japans, der in den USA das Ende des Zweiten Weltkriegs markiert. (A. d. Ü.)

ich angestrengt, über Greueltaten nachzudenken, über Verbrechen, die, wie ich wußte, so real waren wie Straßen und Häuser, doch viel kam dabei nicht heraus. Ich zog einen klaren Trennungsstrich zwischen der Welt des Krieges, in der ich gezeugt, und der Welt, in die ich hineingeboren worden war. Phantasien – die nicht ausschließlich auf meinem Mist gewachsen waren – traten an die Stelle von Fleisch und Blut. Nazis, die Männer, gegen die die Generation meiner Eltern gekämpft hatte, waren der wirksamste Bestandteil einer Mythologie, mit der ich mir, ähnlich wie andere Kinder, hin und wieder Angst einzujagen pflegte: Sie waren so wie in den Spielfilmen, die ich mir später ansehen sollte – gefühllose, blonde, schmallippige Automaten mit Reitpeitschen. Diese Phantasien nahmen bei mir den Platz von Grimms Märchen ein. Doch Nazis hatten noch eine andere Funktion: Da ich in einem durch und durch liberalen Elternhaus aufwuchs, in dem einem beigebracht wurde, niemanden wegen seiner nationalen oder ethnischen Zugehörigkeit zu diffamieren, waren Nazis die einzige Personengruppe, auf die ich all meine Haßphantasien projizieren konnte, ohne das geringste Schuldgefühl zu empfinden. Ein schuldfreies Haßobjekt erwies sich für mich, wie für andere Kinder auch, als nützlich.

All dies veränderte – beziehungsweise vertiefte – sich im Laufe der Jahre nur wenig, obwohl ich ein ausgeprägtes Interesse für Filme und Fernsehsendungen entwickelte, in denen man Nazischeußlichkeiten oder auch bloß die Scheußlichkeit der Nazis zeigte. Dies lag zum Teil an der Faszination des Bösen, doch da war, als Sicherheitsventil, auch die Gewißheit, daß das Böse mit Stumpf und Stiel ausgerottet worden war. Falls in diesem Zusammenhang so etwas wie ein unterbewußter oder halbbewußter Prozeß masochistischen Lustgewinns eine Rolle gespielt haben mag, so schien dieser ebenfalls ungefährlich – dennoch konnte ich Jahre später sehr gut nachvollziehen, wie George Steiners Äußerung gemeint war, daß bei einer gründlichen Lektüre der Schilderung von Nazibrutalitäten das Gefühl aufkommen könne, man lese Pornographie.

Das Böse hatte auch sein Gutes. Das absolut Böse der Nazis machte unsere Seite, meine Seite, zumindest im Hinblick auf die Vergangenheit absolut gut – allen gegenteiligen Informationen zum Trotz, die ich hier und da aufgeschnappt haben mochte –, und das gefiel mir. Es gefällt mir noch immer; ich bin kein bißchen immun gegenüber der politischen Sentimentalität, die in Anti-Nazi-Spielfilmen wie *Casablanca** oder *Passage to Marseille*** zum Ausdruck kommt, ganz zu schweigen von der politischen Sentimentalität stärkeren Tobaks wie *Odette**** – in diesem Film wird eine englische Geheimagentin von der Gestapo verhaftet und gefoltert – und der dokumentarischen Fernsehserie *The World at War*, die ich mir mindestens ein halbes Dutzend Mal angesehen habe. Diese Sentimentalität ist natürlich ein Bindeglied zu der Märchenwelt meiner Kindheit, in der noch der schrecklichsten Geschichte ein Happy end beschieden war.

Da der Nazismus ein Märchen war, ein sentimentales Melodram, fein säuberlich von allem Geschichtlichen losgelöst, machte der Prozeß gegen Adolf Eichmann – den Nazi-Kriegsverbrecher, der 1960 vom israelischen Geheimdienst aus Argentinien entführt und 1962 in Israel hingerichtet worden war – so gut wie keinen Eindruck auf mich. Wie die japanischen Soldaten, die noch heute auf den Philippinen entdeckt werden und nicht wahrhaben wollen, daß der Krieg vorbei ist, wirkte Eichmann auf mich wie eine Art unsinniger Anachronismus. Ich wußte, daß viele Nazis in Südamerika Unterschlupf gefunden hatten – schließlich hatte ich *Notorious***** gesehen –, aber für mich waren diese Leute Bewohner einer Art Zeitinsel, groteske Überbleibsel der Geschichte. Die Vorstellung, »Adolf Hitler erfreut sich bester Gesundheit

* USA 1942 (Warner/First National). Regie: Michael Curtiz.

** USA 1944 (Warner Bros.). Regie: Michael Curtiz. Deutscher Titel: *Fahrkarte nach Marseille*.

*** England 1950. Regie: Herbert Wilcox.

**** USA 1948 (RKO). Regie: Alfred Hitchcock. In Deutschland kam der Film 1951 unter dem Titel *Weißes Gift* in die Kinos; die damalige Synchronfassung machte aus Nazispionen kurzerhand Rauschgiftschmuggler. 1969 zeigte das ZDF unter dem Titel *Berüchtigt* erstmals eine werkgetreue Synchronfassung. (A. d. Ü.)

und lebt irgendwo in Argentinien«, jagte niemandem, den ich kannte, einen kalten Schauer über den Rücken. Eichmann hatte sich so lange versteckt gehalten, wie ich gelebt hatte, und während all dieser Jahre hatte ich ein System entwikkelt, welches zumindest in emotionaler Hinsicht bewies, daß Eichmanns Leben zu Ende gegangen war, als meins begann. Weil er am Leben war, ein Mensch aus Fleisch und Blut, paßte er nicht in dieses System, und so verbannte ich ihn daraus.

Noch vor Eichmanns Hinrichtung war ich als Mitglied einer Schülergruppe in Deutschland gewesen. Wir verbrachten den Großteil des Sommers 1961 in einem internationalen Jugend-Camp, das die westdeutschen Jungsozialisten auf dem Gelände einer ehemaligen SS-Ausbildungskaserne organisiert hatten; wir besichtigten Dachau, wo der Leiter unserer Gruppe – seine Eltern waren in einem Vernichtungslager der Nazis umgebracht worden – einen Herzanfall erlitt. Mir gefiel Deutschland, aber Dachau wollte mir nicht mehr aus dem Kopf gehen – das Grauen, vor meinen Augen und unter meinen Füßen, war einfach zu groß, um von meinem System des Das-war-einmal absorbiert werden zu können. Als wir später nach Jugoslawien weiterreisten, warnte uns unser Gruppenleiter vor dem Gebrauch der deutschen Brocken, die wir aufgeschnappt hatten. »Die Menschen dort haben nicht vergessen, was die Nazis ihnen angetan haben«, sagte er. »Ihr möchtet bestimmt nicht, daß man euch für Deutsche hält.« Ich weiß noch, daß mir das damals sonderbar vorkam. Als Sechzehnjähriger glaubte ich, daß Menschen, die der Vergangenheit Macht über ihr Leben gewährten, eher tot waren als lebendig.

Jahre später besuchte ich Deutschland mit meiner Frau. Alles schien verändert. Jeder wußte, daß die Deutschen »nicht über den Krieg reden mochten«, doch diese Weigerung hatte etwas Unheimliches an sich. Ich fand, daß West-Berlin zu sehr glitzerte und protzte und daß die berühmten, witzig gemeinten Spitznamen, die der Berliner Volksmund den neuen Denkmälern und Mahnmalen verpaßt hatte, auf eine zu leichtfertige

Weise ironisch waren. Wir reisten weiter in Richtung Süden. Die Deutschen, mit denen wir näher zu tun bekamen, waren unangenehm, arrogant: Fleisch gewordene Klischees. Meine Frau wollte unbedingt Dachau besichtigen; es lag auf unserer Reiseroute. Ich sagte ihr – mit einer gewissen weltläufigen Herablassung, aber auch ganz im Ernst –, daß sie nicht nach Dachau fahren wollte, wenn sie wüßte, was sie dort erwartete. Wir fuhren hin – und verließen Deutschland noch in derselben Nacht, fluchtartig.

Doch dies waren Gespenster, die man ohne weiteres auf sich beruhen lassen konnte. Zu jener Zeit – 1967, 1968 – waren Gleichsetzungen des Naziregimes mit der amerikanischen Regierung gang und gäbe, entweder wegen des Vietnamkrieges oder wegen der innenpolitischen Repression, und angesichts des sentimentalen Märchens, das sich in meinem Kopf festgesetzt hatte, machte ich mir einige dieser Gleichsetzungen zu eigen oder gab mir zumindest nicht die Mühe, sie zu hinterfragen. Nixon, so dachte ich, wäre ein Nazi gewesen, hätte man ihm die Möglichkeit dazu gegeben. Und welchen Nutzen hatte Geschichte, wenn sie noch nicht einmal als Metapher herangezogen werden konnte?

Vor etwa einem Jahr sah ich mir zum wiederholten Mal *The World at War* an, mit unverminderter Faszination. Die Aura des Heroischen, die den Kampf gegen Hitler umgab, zog mich in ihren Bann; und als ich mir wieder einmal *Passage to Marseille* ansah, fragte ich mich zum vielleicht hundertsten Mal, wie es wohl gewesen sein mochte, in einem Krieg zu kämpfen, von dem man wußte, daß er gerecht war, ein Gefühl, das meiner Generation versagt war, ein Genuß, den ich nur über nostalgiegesättigte Filme nachvollziehen konnte. Dann sah ich eines Nachts im öffentlichen Bildungsfernsehen einen Dokumentarfilm über den »Lebensborn«, die Nazi-Einrichtung zur Züchtung »rassisch reinen« Nachwuchses. Frauen, die in Babyzucht-Anstalten gearbeitet hatten, redeten vage von einem Versuch der Deutschen, noch bessere Deutsche zu produzieren. Es war kaum zu fassen: das absurdeste Niveau von Nazi-Narzißmus, noch abstruser und unrealistischer als jedes Sgt.-Fury-Comic-Heft*. Doch dann tauchte der Film in eine Sphäre ein, die für mich Neuland war.

Er zeigte, wie die Nazis in Polen und anderen mitteleuropäischen Ländern die Bevölkerung ganzer Dörfer und Städte zusammenzutreiben pflegten. Die Erwachsenen wurden in der Regel erschossen oder deportiert. Manchmal, wie im Fall des tschechoslowakischen Dorfes Lidice, wurden die Kinder in Konzentrationslager gebracht, wo man sie zu medizinischen Versuchen mißbrauchte; das dabei gewonnene Wissen, so dachte man, könnte vielleicht für jene SS-Ärzte von Nutzen sein, die den »Lebensborn« leiteten. Doch hin und wieder hatten einige Kinder Glück: Sie waren blond, ihre Schädelform und ihr Knochenbau erfüllten die Richtwerte spezieller SS-Tabellen, sie waren sehr jung. Und so verschleppte man sie nach Deutschland, um sie dort von Deutschen aufziehen zu lassen. Theoretisch profitierten diese Kinder von den Experimenten, die man mit ihren Nachbarn, Spielkameraden oder Geschwistern anstellte.

Nach ein paar Jahren war der Krieg vorbei. Die verschleppten Kinder hatten sich in den Trümmern des Dritten Reichs verloren. Einige von ihnen waren die einzigen Überlebenden ihrer Familie; andere stammten aus Orten, die nicht einmal mehr auf den Landkarten existierten. Doch manche Eltern hatten überlebt und machten sich nun auf die Suche nach ihren Kindern.

Der Rest des Films widmete sich den Ergebnissen dieser deprimierenden Nachforschungen. Auf dem Bildschirm waren zwei Schwestern zu sehen, die als Erwachsene wieder mit ihren überlebenden Familienangehörigen zusammengekommen waren. Auf frappierende Weise spiegelten ihre entsetzlichen Schilderungen meine kindlichen Alpträume von Kidnappern und finsteren Schreckgestalten, doch die Erinnerungen dieser Frauen machten mir die Künstlichkeit meiner Träume

* Sergeant Fury: eine Comic-Figur, die während des Zweiten Weltkriegs die Nazis das Fürchten lehrte und auch während des Korea- und Vietnamkrieges die Ärmel aufkrempelte, um »die Demokratie zu verteidigen«. (A. d. Ü.)

derart bewußt, daß ich mich im Nachhinein schämte: Die von mir zusammenphantasierten Dinge hatten diese Frauen am eigenen Leib erfahren. Mit stockender Stimme sprachen sie über Spiele, die sie vor mehr als dreißig Jahren in der Hoffnung erfunden hatten, die Erinnerung an ihre Eltern auf diese Weise wachhalten zu können; sie sprachen über die heimlichen, angsterfüllten Versuche, sich dem neuen Leben zu widersetzen, das man ihnen aufzwingen wollte, und über das allmähliche, unabwendbare Scheitern ihrer Spiele und Widerstandsversuche, über die schreckliche Resignation, schließlich von ihnen Besitz ergriffen hatte.

Das waren Menschen, die nur wenig älter waren als ich, aber den Nazismus erst in jüngster Zeit hinter sich gelassen hatten – die ihm erst innerhalb der letzten Jahre entkommen waren. Als ich diese Menschen sah, begann mein Geschichtsverständnis – meine Das-war-einmal-Haltung – zu zerbröckeln, und als sich der Film seinem Ende näherte, löste es sich in Luft auf. Da sah ich, wie die Fernsehjournalisten eine Frau zu interviewen versuchten, die man im Krieg irgendwo in Mitteleuropa von ihrer Familie getrennt hatte. Wie die beiden Schwestern war sie im Krieg in Deutschland aufgewachsen, in einer »Lebensborn«-Familie; doch im Gegensatz zu ihren Schicksalsgenossinnen lebte sie noch immer in Deutschland, wo sie inzwischen eine eigene Familie gegründet hatte. Über eine Organisation, die sich dem Aufspüren der Angehörigen von Lebensborn-Opfern widmete, hatte ihre Mutter sie ausfindig machen können. Doch die Tochter weigerte sich, ihre Mutter zu sehen. Ich bin mit meinem Leben zufrieden, sagte sie. Diese Sache liegt jetzt so weit zurück. Ich kann mich nicht mehr an Mutter erinnern. Die Frau, die mich hier großgezogen hat, das ist meine Mutter. Ich bin mit meinem Leben zufrieden und möchte in Ruhe gelassen werden. Am Ende des Films appellierte die leibliche Mutter, eine alleinstehende Greisin, an ihre Tochter: Ich möchte dich so gern noch einmal sehen, bevor ich sterbe. All die Jahre habe ich davon geträumt, dich eines Tages wiederzusehen. Was mich am Leben erhalten hat, war die Hoffnung auf ein Wiedersehen mit dir.

All die Jahre habe ich darum gebetet, daß es dir gut gehen möge. Ich freue mich für dich. Ich möchte meine Enkelkinder sehen. Warum antwortest du nicht auf meine Briefe. Ich werde bald sterben. Und ich möchte dich noch einmal sehen, bevor ich sterbe.

Man könnte diesen Schluß als manipulativ bezeichnen, da er die Möglichkeit einer ausgewogenen Reaktion im Keim erstickt, aber vielleicht sind in einem Fall wie diesem überhaupt keine vernünftigen, ausgewogenen Reaktionen möglich. Als der Dokumentarfilm über den Lebensborn ausgestrahlt wurde, hatte ich einen Job als Fernsehkritiker, doch obwohl ich Seite um Seite mit Notizen vollgekritzelt hatte, konnte ich keine Zeile zu diesem Thema schreiben. Ein Weltbild, das ich beinahe drei Jahrzehnte lang gehegt und gepflegt hatte, war in sich zusammengeklappt – eigentlich eher wegen der beiden Schwestern, die ihr Schicksal bewältigt hatten, als wegen der jungen und der alten Frau, denen das nicht gelungen war. Sich mit den beiden Schwestern zu identifizieren, war möglich; sich mit ihrer Lebensborn-Schwester und deren Mutter zu identifizieren, war unvorstellbar.

Ich versuchte, diese Fernsehsendung zu vergessen, und begann einen neuen Job als Buchrezensent: Es dauerte nicht lange, und der Postbote schleppte mir Dutzende von Büchern zu allen erdenklichen Themen ins Haus. Eines der ersten, das ich mir vornahm, war der 1975 erschienene *Report on Torture* von Amnesty International. Dort las ich, daß die Folter während der vergangenen fünfzehn Jahre in weiten Teilen der Welt zu einer festen Einrichtung geworden war, und zwar nicht aus einem so profanen Grund wie der Gewinnung von Informationen oder Geständnissen, sondern aus politischem Kalkül, als Rückgrat terroristischer, totalitärer Macht, als Instrument der Herrschaftssicherung, als das Geheimnis hinter der Fassade des öffentlichen Lebens. Das meiste davon war mir bekannt gewesen, doch groß darüber nachgedacht hatte ich noch nie. Das letzte Kapitel des Buches befaßte sich mit den Zuständen in Chile nach dem Militärputsch gegen die Regierung Allende. Beim Lesen sprang mir folgender Absatz ins Auge:

Es tauchen regelmäßig Berichte über eine unmittelbare Beteiligung alter Nazis auf. In diesem Zusammenhang wird immer wieder auf Walter Rauff verwiesen, den ehemaligen SS-Oberbefehlshaber von Mailand ... Rauff, der vom Internationalen Militärgerichtshof in Nürnberg als Massenmörder verurteilt wurde – er gilt als der Erfinder der mobilen Gaskammern –, konnte sich nach Chile absetzen. Die wiederholten Auslieferungsbegehren der Behörden der Bundesrepublik Deutschland wurden ignoriert ... unbestätigten Gerüchten zufolge ist Rauff der organisatorische Kopf von Pinochets Gefängnissystem, der Oberbefehlshaber der DINA* und der Verantwortliche für die geplante Einrichtung von Arbeitslagern für Kinder.

In Deutschland hatten sich zwei Frauen, Jahre nach der Tat, von ihren Nazi-Kidnappern befreien können; offensichtlich wiederholte sich die Geschichte nun in Chile, nicht als leere Metapher, sondern in Wirklichkeit, tatsächlich. Ich dachte an Rauff, der dreißig Jahre lang in aller Seelenruhe abgewartet hatte, wie sich die Dinge entwickeln würden. Ich sträubte mich, an die Geschichten zu denken, die vielleicht in dreißig Jahren in Chile erzählt werden, von Menschen, die ihre Kindheit in den Lagern eines Nazis verbringen mußten. Und so kam es, daß ich ohne lange zu fackeln ja sagte, als mich jemand aus der PR-Abteilung eines New Yorker Verlages fragte, ob ich mich für Bücher über Nazijäger interessierte. Ich hatte zwar noch keins gelesen, doch seitdem habe ich mich durch einen ganzen Stapel hindurchgearbeitet.

* Diese von Pinochet gegründete Geheimpolizei wird von vielen als der Drahtzieher des Attentats auf Orlando Letelier angesehen, der unter Salvador Allende Chiles Botschafter bei den Vereinten Nationen war und sich im Exil als einer der einflußreichsten Gegner des Pinochet-Regimes hervorgetan hat. Letelier und Ronni Moffitt, seine amerikanische Sekretärin, wurden in Washington, D.C., von einer Autobombe zerfetzt – gestern, am 21. September 1976, als ich an diesem Artikel schrieb. [Später wurde vor Gericht festgestellt, daß die Ermordung von Letelier und Moffitt auf das Konto des amerikanischen DINA-Agenten Michael Townley ging; der Befehl dazu stammte von Manuel Contreras, dem Chef der DINA in Chile.]

2

Als Adolf Eichmann 1960 festgenommen wurde, war Isser Harel Chef des israelischen Geheimdienstes; er hatte die Operation geleitet. In seinem Buch *Das Haus in der Garibaldistraße* beschreibt er die Gedanken, die ihm durch den Kopf gingen, als er darüber informiert wurde, man habe Adolf Eichmann aufgespürt, der seit Ende des Zweiten Weltkriegs spurlos verschwunden war. »Ich wußte«, schreibt Harel, »daß seine Hauptaufgabe die Ausrottung der Juden gewesen war ... Dieses düstere Kapitel der Geschichte des jüdischen Volkes verfolgte mich wie ein Alpdruck, der mit der Wirklichkeit nichts zu tun hatte – es geht so weit über die bekannten Grenzen heimtückischer Verbrechen, wollüstiger Grausamkeit und tödlichen Hasses hinaus, daß kein Mensch die Tiefen seiner wahren Bedeutung ausloten kann.« Es gab Zeiten, da wurde so eine Sprache, recht wirkungsvoll, im politischen Diskurs oder in historischen Abhandlungen eingesetzt. Heutzutage ist dies die Sprache der Unterhaltungsliteratur, die Sprache des Reißers, des Thrillers. (»So fesselnd wie *Die Akte Odessa*«, verkündet der Klappentext auf dem Umschlag von Harels Sachbuch.) Oder, genauer gesagt, die Sprache des Nazi-Thrillers – obwohl kein guter Thrillerautor auf die Idee käme, ein so merkwürdiges, an Snideley Whiplash* erinnerndes Wort wie »heimtückisch« zu gebrauchen –, und man identifiziert Harels Sprache als Thriller-Sprache, weil sie unheilschwanger ist, melodramatisch und geschwollen.

So scheint es zumindest. Harels Worte erinnern an den Stil von Thrillerautoren und schrecken daher von einer Analyse ihres Inhalts ab – nicht notwendigerweise aus dem Grund, weil sie in der Tat geschwollen sind, sondern weil die Autoren, die heute über Geschichte schreiben und die Grenzen der seriösen politischen Diskussion festlegen, diese Art von Sprache

* Der Erzschurke in der amerikanischen Zeichentrick-Fernsehserie *The Bullwinkle Show*, die nach ihrem Helden, einem trottligen Elch namens Bullwinkle J. Moose benannt ist. (A. d. Ü.)

aufgegeben haben. Man ist es gewohnt, daß Leute, die zum Thema Nazismus wirklich etwas beizusteuern haben, nicht so sprechen, und nur weil Historiker und Politologen diese Sprache aufgegeben haben, konnten die Thrillerautoren sie für sich in Anspruch nehmen. Man kann sogar noch einen Schritt weiter gehen: Weil Historiker und Politologen diese Sprache aufgegeben haben, *mußten* die Thrillerautoren sie in Anspruch nehmen.

Das ist, denke ich, deshalb ein Muß geworden, weil Harel einige unumstößliche, endgültige Wahrheiten über den Nazismus ausspricht. Harel sagt, daß es am Nazismus, an den Naziverbrechen etwas gibt, das den Verstand übersteigt – etwas, das denen, die die Naziverbrechen nicht am eigenen Leib erfahren haben (und vielleicht sogar den Opfern dieser Verbrechen), unbegreiflich bleiben muß, etwas, das nur unzureichend mit praktischen Erwägungen oder Verweisen auf technische Sachzwänge erklärt werden kann, etwas, das sich theoretisch nicht erfassen läßt –, und Harel sagt, daß aus seiner Sicht genau darin ein Aspekt des wahren Grauens, des wahren Bösen des Nazismus zu sehen sei. Der Nazismus »hatte nichts mit der Wirklichkeit zu tun«; er »ging weit über die bekannten Grenzen hinaus«. Die Naziverbrechen – so sagt Harel in einer Sprache, die zu belächeln man uns beigebracht hat – können nicht einfach in das Gewebe der Menschheitsgeschichte eingepaßt werden, wie blutig und verbrecherisch diese Geschichte auch gewesen sein mag. »Kein Mensch kann die Tiefen der wahren Bedeutung dieser Verbrechen ausloten«, außer vielleicht Sax Rohmer*. *Das Haus in der Garibaldistraße* – »Noch fesselnder als *Die Maske des Fu Manchu***!«

Das sollten wir im Kopf behalten, wenn wir uns nun zwei aktuellen Neuerscheinungen über die Nazizeit zuwenden, Lucy S. Dawidowiczs *Der Krieg gegen die Juden, 1933–1945* und

* Pseudonym des englischen Krimiautoren Arthur Sarsfield Ward (1886–1959), der u. a. eine dreizehnteilige Romanserie über den chinesischen Superverbrecher Dr. Fu Manchu verfaßte. (A. d. Ü.)

** Ein Roman von Sax Rohmer, der 1932 in den USA verfilmt wurde, mit Boris Karloff in der Titelrolle (*The Mask of Fu Manchu*. Regie: Charles Brabin). (A. d. Ü.)

John Lukacs' *Der letzte europäische Krieg, 1939–1941*, um dann auf *Eichmann in Jerusalem* einzugehen, das die im letzten Jahr gestorbene Hannah Arendt 1963 veröffentlichte, einen Bericht über den Eichmann-Prozeß und zugleich eine wissenschaftliche Auseinandersetzung mit der Vernichtung der Juden und anderer religiöser oder ethnischer Volksgruppen. In keinem der beiden erstgenannten Bücher findet man auch nur einen Absatz, der auf irgendeine Weise der Äußerung Harels entspricht, sei es in stilistischer oder inhaltlicher Hinsicht. Dawidowicz läßt Harels Territorium einfach links liegen, da sie felsenfest davon überzeugt ist, sie könne den Völkermord der Nazis mittels Quellendokumentation und -analyse in den Griff bekommen, doch während sie eine Straße auf festem Grund zu bauen scheint, schlägt sie in Wahrheit eine Brücke über Harels klaffenden Abgrund. Sie schiebt das Unerklärliche beiseite und konzentriert sich statt dessen auf Fakten, Motive, Zahlen, Ereignisse und Resultate. George Steiner hat in seiner Rezension darauf hingewiesen, daß andere Historiker das von Dawidowicz ausgebreitete Material »fast schon zu irrational, zu ungeheuerlich« gefunden hätten, »um es gedanklich bewältigen zu können«. Da Dawidowicz diesen Aspekt ausklammert, relativiert sie den Vorgang, und in gewissem Maße bagatellisiert sie ihn sogar. Wenn der Nazismus per Definition von einen Nichthistoriker wie Harel nicht restlos begriffen werden kann, dann kann sich bei einem Historiker oder einer Historikerin wie Dawidowicz per Definition nichts und niemand dagegen sperren, restlos begriffen zu werden. Lukacs hingegen glaubt, daß da gar nicht so viel zu begreifen ist. Es ist seine *Absicht*, den Nazismus zu bagatellisieren.

In *Der letzte europäische Krieg* unterscheidet sich der Nazismus von herkömmlicher europäischer Politik nur graduell, und das auch noch rein zufällig. Wie es in letzter Zeit Mode geworden ist, erinnert Lukacs den Leser wieder und wieder daran, daß der Stalinismus weitaus schlimmer gewesen sei als der Nazismus – eine Behauptung, die schon in rein zahlenmäßiger Hinsicht fragwürdig ist und einem angesichts der von Harel aufgeworfenen Problematik unerheblich vorkommt.

Das Irrationale löst sich hierbei in Wohlgefallen auf. Lukacs behauptet, die systematische Ausrottung der Juden oder anderer Menschen sei kein bestimmender Faktor des Nazismus gewesen, sondern lediglich die deutsche Reaktion auf den Kriegseintritt der USA, welcher nach Hitlers Überzeugung auf den Druck amerikanischer Juden zurückzuführen war – eine Version der Geschichte, die schon auf der ordinären, aber doch einigermaßen wichtigen Ebene der Chronologie ganz offenkundig falsch ist. Lukacs' Buch verdient es nicht, ernstgenommen zu werden – doch seine unbekümmerte Leugnung der von Harel angesprochenen Konfrontation mit dem unbegreiflich Bösen sollte man nicht auf die leichte Schulter nehmen: *Der letzte europäische Krieg* steht für jene Seite des zeitgenössischen Geschichtsempfindens, die es geschafft hat, den Naziverbrechen jede aktuelle Bedeutung abzusprechen, die sich, in einer Zeit ständig steigender Kriminalität und wirtschaftlicher Unsicherheit, nach einem antikommunistischen Staat sehnt, wo Ordnung und Disziplin großgeschrieben werden, und die den Nazismus nicht bloß faszinierend, sondern in mancher Hinsicht sogar attraktiv findet.

Dreizehn Jahre machen viel aus: Als Hannah Arendt *Eichmann in Jerusalem* schrieb, waren die Erinnerungen noch frischer; und damals lebten noch mehr Zeugen, die laut und deutlich nein gesagt hätten. (Und es gab noch eine Hannah Arendt, die Lukacs' Buch nicht unkommentiert gelassen hätte.) *Eichmann in Jerusalem* ist, wie das 1958 erschienene *Elemente und Ursprünge totalitärer Herrschaft*, ein leidenschaftliches Buch; Arendts Stil hat nichts mit dem von Harel gemein, doch sie weiß um den Harelschen Abgrund. Sie erklärt ihn nicht, denn so etwas ist bei einem Abgrund nicht möglich; statt dessen lokalisiert sie ihn, unter völliger Aufgabe jener Reserviertheit, die man von seriösen Autoren gewohnt ist, die über den Nazismus schreiben. Ohne den Nazismus in irgendeiner Weise aus der Geschichte herauszulösen, spricht sie ihm jede wie auch immer geartete Verbindung zur normalen politischen Geschichte ab, und die umfaßt für sie nicht nur die Geschichte des politischen Verbrechens, sondern auch die Geschichte des Antisemitismus bis zur Machtergreifung der Nazis: Das *eigentliche* Ziel des Naziregimes, so schreibt sie im Rahmen einer Argumentation, die vom herkömmlichen, rationalen Zweck-Mittel-Denken dermaßen weit entfernt ist, daß sie die Thesen von Dawidowicz und Lukacs gleichermaßen banal aussehen läßt, habe letzten Endes in der Durchführung »beispielloser Verbrechen« bestanden. Die Bürde der Harelschen Gedanken – ein Phänomen ohne »Platz in der Realität«, etwas, das »alle bekannten Dimensionen sprengte« –, von Gedanken, die zur Ergreifung Eichmanns beitrugen, ist für Arendt In *Eichmann in Jerusalem* gleichbedeutend mit der Bürde jener Geschichte, die die Nazis geschrieben haben.

Erst als das Naziregime erklärte, das deutsche Volk dulde nicht nur keine Juden in Deutschland, sondern gedächte das jüdische Volk überhaupt vom Erdboden verschwinden zu lassen, trat das neue Verbrechen hervor, das Verbrechen an der Menschheit im eigentlichen Sinne, nämlich an dem »Status des Menschseins« oder an dem Wesen des Menschengeschlechtes ... [ein] Angriff auf die menschliche Mannigfaltigkeit als solche ... also auf ein Wesensmerkmal des Menschseins, ohne das wir uns Dinge wie Menschheit oder Menschengeschlecht nicht einmal vorstellen können.

Die Nazis, so Arendt, taten etwas »Noch-nie-Dagewesenes«: Sie änderten die Grenzen des menschlichen Handelns. Indem sie das taten, legten sie der Menschheit nicht bloß eine Bürde auf – das Bedürfnis, ihre Handlungen verstehen zu wollen –, sondern sorgten zugleich für eine Hinterlassenschaft: »Es liegt in der Natur menschlicher Angelegenheiten, daß, ist eine Tat erst einmal in Erscheinung getreten und in der Geschichte der Menschheit verzeichnet worden, sie potentiell in der Menschheit fortbestehen bleibt, auch wenn ihre Aktualität längst in die Vergangenheit gesunken ist ... wenn ein spezifisches Verbrechen erst einmal begangen ist, ist seine Wiederholung wahrscheinlicher, als sein erstes Auftreten je war.«

Diese kompromißlose Sprache und diese kühne, herausfordernde Art des Denkens ist aus der ernstzunehmenden Literatur zum Thema Nazismus mehr oder weniger verschwunden – und genau diese Sichtweise, die Harels Sichtweise, oder seine Anti-Sichtweise, miteinbezieht, ist von den Thrillerautoren aufgegriffen und zur Grundlage des zeitgenössischen Genres der Nazi-Thriller gemacht worden. Dieses Genre basiert auf einer Übernahme der Arendtschen Ansicht, daß im faschistischen Deutschland etwas Beispielloses stattgefunden habe, und es basiert auf der Überzeugung, »daß das Böse«, wie Yosal Rogat in einer von Hannah Arendt zitierten Passage seines Buches *The Eichmann Trial and the Rule of Law* geschrieben hat, »eine naturgegebene Harmonie zerstört, die nur durch Sühne wiederhergestellt werden kann ... und daß Unrecht der betroffenen Gruppe um der moralischen Ordnung willen die Pflicht auferlegt, den Schuldigen zu bestrafen« – der Überzeugung, »daß Sie«, wie Hannah Arendt an Eichmanns Adresse formulierte, als sie an den »einzigen Grund« dachte, der seine Hinrichtung rechtfertigen könne, »eine Politik gefördert und mitverwirklicht haben, in der sich der Wille kundtat, die Erde nicht mit dem jüdischen Volk und einer Reihe anderer Volksgruppen zu teilen ... und daß daher keinem Angehörigen des Menschengeschlechts zugemutet werden kann, mit denen, die solches wollen und in die Tat umsetzen, die Erde zusammen zu bewohnen.«

Dies ist eine fruchtbare Grundlage für jedes literarische Genre. Mag der Stoff im Rahmen der Nazi-Thriller noch so reißerisch aufgemacht sein, er veranschaulicht ein moralisches Problem, das in Anbetracht der Tatsache, daß alte Nazis unbehelligt in Südamerika leben – genauso wie in den Vereinigten Staaten, den arabischen Ländern und im heutigen Deutschland – und dort wirtschaftliche und politische Macht ausüben, bis heute nicht bewältigt wurde und in der anspruchsvollen Literatur so gut wie gar nicht behandelt wird, da diese Thematik so wahnwitzig ist, daß sie die Ansprüche ernsthafter Literatur von vornherein unterläuft. Und so gehören die Nazis den Thrillerautoren: Sie haben sich auf sie gestürzt, die Bestsellerautoren von *Die Boys aus Brasilien*, *Die Akte Odessa*, *Der Marathon-Mann*, *Der Wind-Chill-Faktor* und wie diese Bücher sonst noch alle heißen mögen, aus vielerlei Motiven, von denen wohl nur die wenigsten aufklärerischer Natur sein dürften. Die überzeugendsten dieser Autoren haben das Thema der Nazijagd gewählt, weil es eine Wirklichkeit enthält, oder eine elementare Unwirklichkeit, der sich sonst niemand annimmt, weil in diesen Thrillern echte Ängste zum Ausdruck kommen, die anderswo keine Stimme finden können.

3

Die unabdingbaren Ingredienzien des zu Beginn der siebziger Jahre aufkommenden Genres des Nazi-Thrillers stellte der englische Kriegsberichterstatter William Stevenson in seinem 1973 erschienenen Sachbuch *Die Bormann-Bruderschaft* zusammen. Stevensons Buch war wirr, spekulativ, provozierend und beunruhigend – genau das richtige Rezept für ein Genre, das seine Plots in der Gegenwart ansiedelt und untergetauchte Nazis als eine handfeste Bedrohung für Israel, die USA und die Demokratie hinstellt, oder, wie es auf den Umschlägen dieser Bücher gern heißt, für »die Zukunft der Menschheit«.

Stevenson beschrieb die Machenschaften von ODESSA, oder der »Bormann-Bruderschaft«, einer Geheimorganisation, die Hitlers Stellvertreter Martin Bormann nach Überzeugung mancher Leute gegen Kriegsende ins Leben gerufen hat – Bormann soll angesichts der deutschen Niederlage Selbstmord begangen haben und gilt offiziell als tot, obwohl seine Leiche nie positiv identifiziert werden konnte –, und die seitdem von ihm geführt wurde.* Dieses Netz aus konspirativen Wohnungen und Fluchtrouten, Klöstern und alliierten Geheimdienstleuten, Schweizer Nummernkonten und Strohmännern des organisierten Verbrechens, so argumentiert Stevenson, schleuste eine große Zahl hochrangiger SS-Kriegsverbrecher aus

* 1972, zu einer Zeit, als die Spekulationen über ein mögliches Überleben Martin Bormanns und seinen derzeitigen Aufenthaltsort einen Siedepunkt erreicht hatten – so wie es hin und wieder im Zusammenhang mit dem Ungeheuer von Loch Ness vorzukommen pflegt –, wurden bei Straßenausschachtungsarbeiten in West-Berlin Gebiß- und Knochenfragmente gefunden, die von den Behörden der Bundesrepublik Deutschland eindeutig als sterbliche Überreste Bormanns identifiziert wurden. Glaubt man hingegen einer am 7. Dezember 1994 in der *Frankfurter Allgemeinen* wiedergegebenen Meldung aus Moskau – »Martin Bormann – Stalins Mann in Berlin?« –, dann ist Bormann in der Sowjetunion eines friedlichen Todes gestorben. Der Zusammenbruch der UdSSR und der Ablauf einer fünfzigjährigen

Europa heraus und brachte nach Kriegsende weniger prominente Naziverbrecher in den Machtstrukturen unter – in der Wirtschaft, in der Polizei, im Militär, im diplomatischen Korps, in den Geheimdiensten, in den Universitäten, in Banken und Versicherungen, in den Regierungen. Das betraf, laut Stevenson, Ägypten, den Irak, Argentinien, Chile, Paraguay, die Vereinigten Staaten, Westdeutschland und eine ganze Reihe anderer Länder. (Es ist erst acht Jahre her, daß die Nazijägerin Beate Klarsfeld den damaligen Kanzler der Bundesrepublik, Kurt Georg Kiesinger, als Helfershelfer Hitlers entlarvte, der im Auswärtigen Amt für die Rundfunkpropaganda mitverantwortlich gewesen war.) Stevenson konzentriert sich besonders auf Reinhard Gehlen, der unter Hitler Chef der gegen die Sowjetunion gerichteten Spionage gewesen war. Im Westdeutschland der Nachkriegszeit leitete er den Auslandsnachrichtendienst und arbeitete dabei eng mit der CIA zusammen. Er wurde zu einer entscheidenden Figur bei der Institutionalisierung des Kalten Krieges und sorgte außerdem für die Infiltration der CIA und anderer westlicher Geheimdienste mit Kriegsverbrechern jeder Couleur, vorzugsweise mit solchen, die erstmals als Mitglieder osteuropäischer faschistischer Bewegungen Blut geleckt hatten und nun, nach Kriegsende, überzeugend als Antikommunisten auftreten konnten, was sie ja schließlich auch waren – ein Sachverhalt, den man von vornherein einkalkuliert hatte.

Stevensons Informationen sind oft wenig überzeugend; für seine Gefühlsregungen gilt das nicht. Mit Wut und Empörung schreibt er über Klaus Barbie, den erbarmungslosen »Schlächter von Lyon«, der in Südamerika mit seinen Memoiren hau-

Sperrfrist für bestimmte KGB-Akten ermöglichten es dem früheren Geheimdienstmann Boris Tartakowski, einige Auszüge aus einem demnächst erscheinenden Memoirenbuch in der neofaschistischen Publikation *Vaterland* zu veröffentlichen, in denen behauptet wird, Bormann sei seit Kriegsausbruch KGB-Agent gewesen und 1945, nach dem Fall Berlins, heimlich nach Rußland geschafft worden, wo er den Rest seiner Tage verbracht habe. Tartakowski teilte mit, ein KGB-General habe ihm Bormanns Grab gezeigt, auf einem Friedhof für Deutsche in der Nähe des Moskauer Lefortowo-Gefängnisses. Das auf dem Grabstein angegebene Sterbejahr sei 1973 gewesen.

sieren geht; oder über Josef Mengele, den »Todesengel«, der als Arzt für die Menschenversuche im Vernichtungslager Auschwitz verantwortlich gewesen war und in Argentinien sorgenfrei von den Nazi-Geldern lebt, die er vor Jahrzehnten aus Deutschland hinausgeschmuggelt hat, oder über die unzähligen anderen, noch immer auf freiem Fuß lebenden Kriegsverbrecher vom Schlage Barbies und Mengeles. Stevenson schreibt mit echtem Entsetzen über die von den Westalliierten in Kauf genommene Entwertung des alliierten Sieges durch ihre immer unbekümmertere Tolerierung und Rekrutierung von Nazis – und die sogenannte »Entnazifizierung« – während der nachfolgenden Jahre. Das Resultat sei, wie Stevenson vorbringt, im Grunde wenig mehr gewesen als eine kaum verhohlene Beschönigung des Nazismus als eine Spielart herkömmlicher Geschichte, bei der die Dinge bloß ein wenig aus dem Ruder gelaufen seien.

Die Grundannahmen dieser Weltsicht werden – zumindest auf dem Papier – von beinahe allen Verfassern von Nazi-Thrillern geteilt, doch unter den vielen Büchern dieses Genres, die ich im letzten Jahr gelesen habe, gab es nur ein einziges – Thomas Giffords *Der Wind-Chill-Faktor* –, das in mir jenes Gefühl von Verstörung und Entsetzen hervorgerufen hat, das einem bei der Konfrontation mit solch einer Weltsicht eigentlich immer in die Glieder fahren müßte. Das Packende dieses Romans beruht auf der Fähigkeit des Verfassers, seinen Helden, und den Leser, in etwas hineinzuziehen, das einer Anerkennung des Nazismus sehr nahe kommt, auch wenn es in *Der Wind-Chill-Faktor* um die Anerkennung einer politischen Macht geht, die im Verborgenen ausgeübt wird, hier und heute, überall im Westen, in einem Ausmaß, das alles in den Schatten stellt, was sich ein Autor wie William Stevenson jemals vorstellen könnte.

Giffords Roman spielt im Jahre 1972 und beginnt mit einem Schneesturm, der eine Kleinstadt im Norden Minnesotas völlig von der Außenwelt abschneidet. In diesem Ort lebte einst der verstorbene Großvater des Helden, ein Mann, der als einer jener vielen prominenten Amerikaner vorgestellt wird, die in den dreißiger Jahren Hitler aktiv unterstützt hatten. In diesem Ort ist der Held aufgewachsen, peinlich berührt von den politischen Aktivitäten seines Großvaters. Der Held ist in seinen Geburtsort zurückgekehrt, und es gibt eine beeindruckende Szene, in der er das Haus seines Großvaters betritt, durch die verwaisten Räume spaziert und schließlich auf die gerahmten Fotos stößt, die noch immer in der Bibliothek hängen: sein Großvater mit Göring, mit Hitler, mit Eva Braun. Kurz darauf wird die Stadt eingeschlossen und umzingelt. Einwohner werden getötet, öffentliche Gebäude in die Luft gejagt. Im Schutz des eisigen Windes wird die Belagerung von den Vermächtnisnehmern jenes Mannes durchgeführt, dessen Tête-à-tête mit toten Nazis tief in der Vergangenheit eingefroren schien – von Männern, denen der Wind-Chill-Faktor* nichts anhaben kann, während das Thermometer fällt und fällt und fällt, bis sich keiner der Belagerten mehr rühren kann und in der Dunkelheit eine Temperatur von minus 100 Grad um sich greift. Während die Story voranschreitet, macht sich eine andere Art von Kälte in Giffords Buch breit, ein Grauen, das dem Wind-Chill-Faktor nur insoweit ähnelt, als daß es ebenfalls lähmt und jeden Entschluß zum Handeln lächerlich macht. Am Ende schrumpft die Aufgabe des Helden nicht darauf zusammen, das Geheimnis zu lösen, in das er hineingestolpert ist, sondern ihm zu entkommen; er schafft es nicht, und so wie das Buch geschrieben ist, schafft es der Leser genausowenig, oder erst dann, wenn er das Buch durchgelesen und eine Nacht darüber geschlafen hat.

Gegen Ende des Romans schreit das Gespenst des Nazismus nach seiner Anerkennung als unausweichliches und adäquates System zur Regelung der menschlichen Angelegenheiten – nicht weil es wirklich adäquat wäre, sondern weil sein Machteinfluß, wie er auf dreihundert Romanseiten durchgespielt wird, so allgegenwärtig erscheint, so gut getarnt, so unspektakulär, daß sich die Institutionen und Freunde, von

* Der »Wind-Kälte-Faktor«, der sich auf die subjektiv empfundene Temperatur bezieht, die bei konstant bleibender, objektiver Kälte um so niedriger erscheint, je stärker der Wind bläst. (A. d. Ü.)

deren Funktionen und Motiven der Leser – oder jedenfalls der Held – sein Leben lang abhängig gewesen ist, in Luft auflösen, sobald er nach ihnen greift, um Sicherheit und Trost zu suchen: An ihre Stelle sind perfekte Imitationen getreten, allerdings mit Zwecken und Absichten, von denen die meisten unter uns angenommen haben, sie seien mit dem Dritten Reich verschwunden.

Das Buch präsentiert eine umfassende Verschwörung, eine Verschwörung, die über die Naivität derjenigen lächelt, die nicht glauben wollen, daß diese Verschwörung tatsächlich existiert, obwohl sie längst an die Stelle der Wirklichkeit getreten ist. Erpicht auf eine wie auch immer geartete Gewißheit, hört der Held gespannt zu, als das Geheimnis gelüftet wird:

»Während all dieser Jahre habe ich stets Verbindung zu Europa gehalten – oder, wie ich vielleicht eher sagen sollte, sie haben Verbindung zu mir gehalten. Manchmal über Washington, das Pentagon, manchmal über deinen Großvater, aber die Verbindung ist immer sehr eng gewesen ... Ich habe unsere Agenten in Schlüsselpositionen geschleust, hier, in unserer eigenen Regierung, in Kanada, praktisch in jedem Land Mittel- und Südamerikas – überall sitzen unsere Leute. Wir haben bestimmt, wer aus Deutschland entkommen durfte, wer dort und in den anderen freien Staaten Europas die Nachkriegsregierung übernehmen durfte und wer auf der Anklagebank in Nürnberg Platz nehmen mußte. Natürlich legten wir keinen Wert auf die Prominenz, auf die Symbolfiguren, und an den Monstren, den eigentlichen Kriegsverbrechern, hatten wir auch kein Interesse ... Der einzige, bei dem uns kein Erfolg beschieden war, der einzige, den wir wirklich haben wollten und nicht bekamen, das war Albert Speer ... Doch wir hatten gute Verwendung für die Wissenschaftler, die Ministerialbeamten und Geheimdienstleute. Gehlen ist bloß der bekannteste von ihnen, und Allen Dulles war ganz versessen auf ihn, besonders in den Jahren unmittelbar nach Ende der Feindseligkeiten, als wir so wenig über den kommunistischen Apparat wußten und er so viel ...

Natürlich wirst du mir nicht abkaufen, John«, sagte er wie ein geduldiger Lehrer, »daß das, was ich dir gerade schildere, kein wahnsinniges Komplott zur Erlangung der Weltherrschaft ist –«

»– sondern ein ernsthafter, rationaler, durch und durch honoriger Plan zur Erlangung der Weltherrschaft«, sagte ich.

Ich fühlte mich benommen, und beinahe hätte ich losgekichert. Oder losgeheult. Ich preßte meine Finger zusammen und kämpfte mit dem Eiszapfen.

»Kein wahnsinniges Komplott, John, sondern die Politik der Vereinigten Staaten, eine kontinuierliche Politik, allerdings unter der Oberfläche. Gewählte Entscheidungsträger sind fast nie in unsere Bewegung einbezogen worden, und die überwiegende Mehrheit von ihnen weiß noch nicht einmal von unserer Existenz. Wir brauchen keine Aushängeschilder, verstehst du – wir brauchen bloß die Geheimdienstleute, die Spitzenbeamten, die Diplomaten, die Professoren und eine Handvoll Kongreßabgeordneter in Schlüsselpositionen, in den richtigen Ausschüssen und so weiter. Wie du siehst ...«

Eine solche Situation entspricht, unter gewaltiger Übertreibung der tatsächlichen Gegebenheiten, den Überzeugungen einiger privater, im richtigen Leben agierender Nazijäger, wie sie in *Gesucht! Die Jagd nach in Amerika untergetauchten Nazis* wiedergegeben werden, einem Buch des früheren *Village-Voice*-Reporters Howard Blum. Da ihre jahrelangen Anstrengungen zur Enttarnung von Kriegsverbrechern bei den offiziellen Behörden, wie sie finden, nicht entsprechend gewürdigt wurden, sind die Menschen, mit denen Howard Blum gesprochen hat, zu der Überzeugung gelangt, die US-Einwanderungsbehörde sei entweder von ODESSA unterwandert oder stehe unter der Kontrolle von Regierungsbeamten, die von amerikanischen ODESSA-Mitgliedern bestochen werden, oder sie werde von Politikern sabotiert, die angesichts ihrer krypto-nazistischen Sympathien noch nicht einmal bestochen, sondern lediglich in die richtige Richtung gelenkt werden müssen. *Der Wind-Chill-Faktor* macht keinen Unterschied zwischen diesen drei Alternativen, doch der springende Punkt ist nicht der, daß das Dritte Reich wiederauferstehen könnte, nur weil Nazi-Kriegsverbrecher frei herumlaufen oder politische Positionen bekleiden. Das glaube ich nicht, und Thomas Gifford dürfte das genausowenig glauben. Aber ich glaube, daß es nichts Schwierigeres gibt als die Wiederherstellung einmal zerstörter Grenzen – falls so etwas überhaupt möglich ist.

Ich habe vorhin gesagt, in Nazi-Thrillern kämen Ängste zum Ausdruck, die anderswo keine Stimme finden können. *Der Wind-Chill-Faktor* ist beunruhigend, da dieser Roman – indem er sich auf die Kernaussage von Büchern wie *Die Bormann-Bruderschaft*, Simon Wiesenthals *Doch die Mörder leben* oder Blums *Gesucht!* stützt – die Angst zum Ausdruck bringt, daß wir im Gegensatz zu unseren Alltagsüberzeugungen in einer Welt leben könnten, in der man nicht die Grenzen an sich, sondern das Prinzip der Zerstörung aller Grenzen menschlichen Handelns wiederhergestellt haben könnte. Es gibt wenige Dinge, die mir die Bedeutung des Nazismus, als historische Tatsache und als Definition menschlichen Handelns, so nahegebracht haben wie dieser Unterhaltungsroman über die Leichtigkeit, mit der die Welt der Nazis mit unserer eigenen Welt in Einklang gebracht werden kann. Die Aura des Unbegreiflichen, die einer Betrachtung der Naziverbrechen anhaften kann – und die ihr, wie ich mitunter finde, auch anhaften muß –, wird durch Giffords Idee einer Beherrschung der westlichen Welt durch die Nazis nicht beeinträchtigt, sondern durch das Schockierende dieser Idee erst greifbar gemacht – und durch die verschwommenen Echos dieser Idee, die durch unsere heutige Wirklichkeit geistern. Was sich dann einer einfachen Erklärung entzieht, ist nicht ein unschöner Mißklang in der Vergangenheit oder ein bestimmtes Ereignis in der Geschichte des jüdischen Volkes – denn als so etwas wird der Nazismus heute zunehmend angesehen –, sondern eine herbeiphantasierte Unterhöhlung der Gegenwart, die, hat man sie erst einmal erkannt, die Vergangenheit ebenso real werden läßt wie die von ihr hinterlassenen, zerbrochenen Grenzen, symbolisiert von jenen Nazis, die man nie aufspüren wird, Grenzen, auf denen die heutige Gesellschaft beruht.

Rolling Stone, 4. November, 18. November, 2. Dezember 1976

Ansteckungsgefahr

Am 22. Februar 1991 erschien im *Times Literary Supplement* eine kleine, französisch abgefaßte Annonce, direkt unter einer wesentlich größeren Anzeige, mit der die University of California in Berkeley die »Stelle eines Direktors der Bancroft-Bibliothek« ausschrieb. Der Text lautete folgendermaßen:

GUY DEBORD
sieht sich zu einer Zusammenarbeit mit den neuen Éditions Lebovici außerstande und SUCHT deshalb LITERATURAGENTEN oder erfahrenen, unabhängigen Lektor für Bücher, die die Modernisierung der Gesellschaft des »integrierten Spektakels« aufdecken sollen. Zuschriften bitte an …

Das Ganze entbehrte nicht einer gewissen Ironie: Die Bancroft-Bibliothek war nämlich der einzige Ort in Kalifornien – und vielleicht sogar in den Vereinigten Staaten –, wo man noch die allmählich vergilbenden Fotokopien der Protokolle des sogenannten Sigma-Projekts auftreiben konnte, das der inzwischen verstorbene Romancier, Junkie und selbsternannte »Kosmonaut des inneren Weltraums« Alexander Trocchi 1964 gestartet hatte. Sigma sollte den Planeten revolutionieren: Kulturdissidenten aus allen westlichen Ländern unter einem Dach zusammenführen, bis sich ihre vielfältigen Vorhaben und eine schließlich vereinte Stimme, verführerisch und unmißverständlich, aus den geheimen Sigma-Rundbriefen herauskristallisierten, erst als Gerücht und dann als Aufschrei, der den Diskurs der Macht und des Geldes über kurz oder lang in Frage stellen würde. Und dann wäre buchstäblich alles möglich.

Jene Stimme war die Guy Debords. Mitte der fünfziger Jahre hatten er und Trocchi sich in Paris zusammengetan. Trocchi trat der Lettristischen Internationale bei, Debords exklusivem Kreis lollardischer Literaten und Künstler; von 1954 bis 1957 gaben sie ein grelles, amüsantes, durch und durch subversives, hektographiertes Mitteilungsblatt namens *Potlatch* heraus – das Vorbild für Trocchis Sigma-Protokolle. 1957 zählte Trocchi zu den Gründungsmitgliedern der Situationistischen Internationale, eines phantomartigen, paneuropäischen Zirkels ästhetischer Revolutionäre oder revolutionärer Ästheten – von Leuten, die davon überzeugt waren, daß sie durch die Entwicklung einer Kritik des Worts, die jener »Kritik der Tat« entsprach, die sie an allen Ecken und Enden der Welt aufflammen sahen, eine neue Revolution auslösen könnten, die Kommunismus und Kapitalismus in einen Doppelmülleimer der Geschichte verbannen würde. Während der nächsten zehn Jahre – einer Zeit unaufhörlicher Abspaltungen, Ausschlüsse, Anwerbungen und Austritte – unternahmen die Situationisten, stets mit Debord als Mittelpunkt, einen sorgfältig ausgearbeiteten Angriff auf das moderne Leben in allen seinen Erscheinungsformen. Diese Attacke war schrill, gewitzt und unverfroren, gleichzeitig vulgär und elitär: mit einem Wort, aufregend. Auf den Seiten seines Zentralorgans, der *Internationale situationniste*, von der zwischen 1958 und 1969 in Paris zwölf professionell gemachte Nummern erschienen, redigierte Debords Häuflein die Weltnachrichten, zwang sie, mit Wahrheiten herauszurücken, die sie lieber für sich behalten hätten: Wahrheiten, die in ihrer situationistischen Neufassung die bunte Warenvielfalt mit Selbstmord verknüpften, Kunst mit Blindheit, Wohlstand mit Entfremdung, Rebellion mit Poesie, Nihilismus mit Glück.

Ende 1967 veröffentlichte Debord *Die Gesellschaft des Spektakels*: 221 Thesen, die das gesellschaftliche Leben als eine Show entlarvten, welche alle Männer und Frauen, selbst die, die das Ganze zu kontrollieren schienen, zu passiven Beobachtern machte, zu Konsumenten ihrer Entfremdung von den eigenen Worten, Gesten, Taten und Wünschen. Es handelte sich um ein strenges, Hegelsches Traktat. Doch auf gewisse Weise – vielleicht einfach wegen der beißenden Schärfe der Debordschen Diktion (»Alles, was unmittelbar erlebt wurde, ist in eine Vorstellung entwichen ... In der *wirklich verkehrten* Welt ist das Wahre ein Moment des Falschen«) – war das Buch auch Pop: Die Ideen legten dieselbe unerbittliche Dynamik an den Tag, die die Rolling Stones ein Jahr später bei »Sympathy for the Devil« entfesseln sollten. *Die Gesellschaft des Spektakels* wurde als der Schlüsseltext des französischen Arbeiter- und Studentenaufstandes vom Mai ´68 entdeckt und weiterempfohlen, verdammt und gefeiert. Das während jener chaotischen Rebellion – und vor allem danach – entdeckte Buch überdauerte und reiste in Form von Raubdrucken und unautorisierten Übersetzungen um den ganzen Erdball. Zum ersten Mal las ich es 1980, auf dem Flug nach London, wo ich ein paar Punkmusiker treffen wollte, die Gang of Four und Lora Logic, und es war, als hielte ich die Story, der ich auf der Spur war, direkt in meinen Händen: die komplette Punk-Kritik an Sozialbausilos und öder Unterhaltung, »Zu Hause fühlt er sich wie ein Tourist«, »Das Leben kriegst du nicht zum Einzelhandelspreis«, »Gott schütze die Geschichte, Gott schütze eure bescheuerte Parade« – es stand alles da, schwarz auf weiß, und dennoch schaute diese Kritik in Debords ätzenden Formulierungen bereits zurück, aus einer versteinerten Zukunft, jener Zukunft, an der sich der Punk die Zähne ausbeißen würde. Debords Kritik war 1980 so folgenlos, wie sie es 1967 gewesen war und bis zum heutigen Tag geblieben ist:

»Ein kleines Ja und ein großes Nein«, um den Titel von George Groszs Autobiographie zu zitieren. Ja, du kannst dir eine Welt nach deinem eigenen Willen erschaffen; nein, das wirst du nicht.

Immer war es der Pessimismus in Debords Stimme – das Romantische, das Erlösende der Niederlage –, der sein kleines Ja am Leben erhielt, und es war sein kleines Ja, das seinem großen Nein so viel Durchschlagskraft verlieh. Seit den fünfziger Jahren galt Debord bei Freunden wie Feinden als selbstherrlich, größenwahnsinnig und paranoid. Vorwürfe, die nicht aus der Luft gegriffen waren: Sie wurden durch seine Worte bestätigt – und zerstreut, sobald man zu lesen begann, was er zu sagen hatte. Ein beispielloser kritischer Ehrgeiz, schwarzer Humor und eine unerbittliche, typische Reserviertheit beschworen auf den Seiten der *Internationale situationniste* die fortschreitende Chronik »des Zusammenbruchs einer Welt« , so als stünde dieser große Tag unmittelbar bevor, von Ausgabe zu Ausgabe, so als müßte man bloß die nächste Nummer dieser Zeitschrift abwarten, um den neuen Morgen heraufdämmern zu sehen. In *Die Gesellschaft des Spektakels* wurde dieser Zusammenbruch als praktisch unmöglich und als moralisch notwendig dargestellt, als unverrückbares Objekt und als unwiderstehliche Kraft. T. J. Clark, der Ende der sechziger Jahre Mitglied der Situationistischen Internationale war, hat später, in seinem 1985 erschienenen Buch *The Painting of Modern Life,* von Debords »chiliastischer Gelassenheit« gesprochen; »der wahre Revolutionär versteht es, zu warten«, wie die Situationisten zu sagen pflegten.

Die in *Die Gesellschaft des Spektakels* versammelten Thesen wiegen schwer, sind aber auch quicklebendig, stimulierend. Beim Lesen spürt man das Gewicht der Welt, so wie sie ist, und gleichzeitig ihre Anspannung, ihr inneres Aufbäumen, ihre Bereitschaft, wie im Englischen Bürgerkrieg das Unterste zuoberst zu kehren. Aber natürlich ist da auch noch das Alltagsleben – der übliche Austausch von Nichtigkeiten und Erniedrigungen, Zeit, die vergeudet und verausgabt wird. In Debords Fall bezog sich das auf die Éditions Lebovici – jenes

Verlagshaus, das bis 1984, bis zur unaufgeklärten Ermordung seines Besitzers, des Filmproduzenten Gérard Lebovici, den Namen Champ Libre getragen hatte. Seit Anfang der siebziger Jahre, seit dem Zerfall der Situationistischen Internationale, hatte Debord die Autorenliste dieses Verlages als kultivierte Stimme in der Wildnis angeführt. Doch als sich Lebovicis Witwe 1991 gezwungen sah, den Verlag zu verkaufen, stieg Debord aus. Er reklamierte seine Bücher für sich und drohte damit, alle noch vorrätigen Exemplare einstampfen zu lassen. Der Verlag brach in einem Chaos aus gegenseitigen Betrugs- und Täuschungsvorwürfen zusammen, und Debord schrie auf, ließ sich mit seiner kleinen Annonce aus einer noch viel größeren Wildnis vernehmen. Er hatte immer das Licht der Öffentlichkeit gemieden, Anhängern und Bewunderern, wenn nicht sogar dem Ruhm, die kalte Schulter gezeigt; er war nie im Rundfunk oder im Fernsehen aufgetreten und hatte jedes Interview abgelehnt, hatte sich allen Medien verweigert außer den eigenen; jetzt hatte ihn seine Verweigerungshaltung nicht nur von der Geschichte getrennt, sondern auch vom Kommerz und von jenen Lesern, die er im Laufe der Jahre überall auf der Welt gewonnen hatte. Nun redete er mit der einzigen Stimme, die ihm noch geblieben war, mit der Stimme des Spinners, der uns Bücher verheißt, die etwas »aufdecken« werden, so wie der Verfasser jener Kleinanzeige, die seit etlichen Jahren in jeder Ausgabe der *Nation* erscheint:

> WISSENSCHAFTLICHE BROSCHÜRE BEWEIST:
> JESUS HAT NIE EXISTIERT!
> Einwandfreie Beweise, daß Flavius Josephus fiktiven Jesus schuf und Verfasser der Evangelien war. UNGLAUBLICH, aber ABSOLUT UNANZWEIFELBAR! Schicken Sie 5 $ an …

Wie sich im Verlauf des Austauschs von Nichtigkeiten und Erniedrigungen herausstellte, sollte diese Wildnis auf eine große Straße führen. 1992 schloß Debord mit Gallimard, dem renommiertesten und einflußreichsten französischen Verlagshaus, einen Vertrag ab, der sich nicht nur auf neue Veröffentlichungen, sondern auch auf eine Wiederveröffentlichung seiner alten Titel bezog. Gallimard brachte umgehend die dritte Auflage von *La société du spectacle* auf den Markt, zusammen mit einer Neuauflage von Debords 1988 veröffentlichten *Commentaires sur la société du spectacle*. Und schließlich landete man bei dem 1989 erschienenen *Panégyrique*, Debords letzter Veröffentlichung für die Éditions Lebovici, das 1993 bei Gallimard seine zweite französische Auflage erlebte und im selben Jahr, unter dem Titel *Panegyric*, erstmals in einer englischen Fassung erschien – ein kryptischeres, kargeres Selbstporträt läßt sich kaum finden.

Als Philippe Sollers die Lebovici-Ausgabe von *Panégyrique* in *Le Monde* rezensierte, vollführte er einen Luftsprung (»der originellste und radikalste Denker unserer Zeit«), klatschte in die Hände, wedelte mit den Armen und packte den Passanten zu guter Letzt beinahe an der Kehle: »Ich habe dieses 92seitige Buch für 80 Francs erstanden und sofort gelesen, noch auf der Straße.« Auch bei der englischen Ausgabe dürfte das niemandem schwerfallen – ein großes Schriftformat und breite Seitenränder lassen auf den neunundsiebzig Buchseiten nicht allzu viel Platz für Worte –, und selbst wenn man praktisch nichts über Debord weiß, könnte man sich ohne weiteres veranlaßt sehen, Philippe Sollers nachzueifern. Der Ton des Buches ist verführerisch, die Grundstimmung elegisch – und nie ist es das, was es zu sein scheint.

»Seit meiner Kindheit habe ich nichts als unruhige Zeiten erlebt, extreme Spannungen in der Gesellschaft und immense Zerstörung«, beginnt Debord, höchst dramatisch, um den Satz mit einem glatten *Nein* zu beenden: »Ich habe an diesen Unruhen mitgewirkt.« Er spricht als »jemand, der Truppen ins Gefecht geführt hat«, und sagt, er werde »bekennen«, was er getan habe. »Dabei werde ich hin und wieder ins Detail gehen müssen«, sagt er – tut es dann aber nicht. Wir erfahren, daß er 1931 in Paris geboren wurde, und bekommen zwischen den Zeilen mit, daß er dort ab 1952 die ihm gebührende Anerkennung zu finden begann. Er spricht von »der schweren Verantwortung, die man mir gelegentlich für den Ausbruch, wenn nicht gar für die Planung und Leitung des Aufstands vom Mai

'68 zugesprochen hat«. Und damit wäre die herkömmliche Biographie abgehakt.

Außer seiner zweiten Ehefrau, die allerdings nur bei ihrem Vornamen genannt wird, erwähnt Debord niemanden direkt – weder Genossen noch Gefährten, weder Freunde noch Feinde und auch keine seiner Geliebten. Die bekannteste Organisation, der Debord je angehört hat, und sein berühmtestes Buch werden erwähnt – jeweils einmal, im Rahmen eines zusammengestrichenen Zitats aus einem 1972 im *Nouvel Observateur* erschienenen Artikel: »Der Autor von *Die Gesellschaft des Spektakels* erschien stets als der heimliche, aber unbestrittene Kopf ... im Zentrum der ständig wechselnden Zusammensetzung brillanter Verschwörer der Situationistischen Internationale ... eine Art kaltblütiger Schachspieler ... der das Spiel erbarmungslos vorantrieb und sämtliche Züge voraussah.« Doch dieser Mini-Panegyrikos wird von Debord als ein besonders infames Beispiel für »Polizeiwissen« abgekanzelt – obwohl sich dem Leser der Verdacht aufdrängt, er habe dieses Zitat genau so zu nehmen, wie es auf dem Papier steht.

Panégyrique ist nämlich ein aus Zitaten zusammenmontiertes Buch, ähnlich wie Debords erste Veröffentlichung, das 1958 erschienene *Mémoires*. Für das letztgenannte Werk – ein Kryptogramm über das lange erste Jahr der Lettristischen Internationale, das mit dem Juni 1952 begann und mit dem September 1953 endete – schnitt Debord einfach Textstellen und Abbildungen aus Büchern und Zeitschriften heraus, die er zu sechsundvierzig Text-Bild-Collagen zusammenklebte, die sein Situationistengenosse Asger Jorn anschließend übermalte. Sah man von drei Mottos ab, dann wurde nirgends ein Autorenname angegeben; es fehlte jederlei Benennung von organisatorischen Verbindungen oder Reisegefährten. Trotzdem liest sich *Panégyrique* im Vergleich zu *Mémoires* wie ein normales Buch. Die meisten Zitate sind ausgewiesen. Man kann Debords Worte von denen anderer Autoren unterscheiden. Oder so scheint es zumindest, bis Debord dem Leser die Warnung zukommen läßt, daß »Gondi in einer kritischen Situation während der Fronde-Unruhen ... vor dem Parlement de Paris gänzlich unbekümmert ein herrliches Zitat aus dem Hut zauberte, das er einem antiken Schriftsteller unterschob, dessen Namen man vergeblich gesucht hätte, das aber geradezu ideal in seinen eigenen Panegyrikos gepaßt hätte: *In difficillimis Reipublicae temporibus, urbem non deserui; in prosperis nihil de publico delibavi; in desperatis, nihil timui.* Er selber übersetzte das so: ›In schlechten Zeiten ließ ich die Stadt nie im Stich; in guten Zeiten verfolgte ich keine Privatinteressen; in schlimmen Zeiten fürchtete ich nichts.‹« Diese Warnung sollte man gegen Ende des Buches beherzigen, wenn Debord von »Männern, gebildeter als ich« spricht, um dann in ein weiteres langes Zitat einzusteigen – das er nicht ausweist, denn diesmal zitiert er sich selbst.

Was hier vorgeht, ist folgendes: Nachdem er sich als eine Gestalt von geschichtlichem Rang eingeführt hat, als einen Mann der Tat, der etwas bewirkt hat – der *Mémoires* mit den kaum zu entziffernden Worten »Ich wollte die Sprache meines Jahrhunderts sprechen« ausklingen ließ –, verwandelt Debord sich kurzerhand in ein literarisches Konstrukt. Damit meine ich nicht, daß er sich in irgendwelche strukturalistischen Verstiegenheiten begibt. Wenn er sagt, seine Zitate sollten »bloß demonstrieren, aus welchem Stoff dieses Abenteuer und meine Person im Prinzip gemacht sind«, dann hat man das eher so zu verstehen, daß er sich in eine von ihm persönlich gestaltete Geschichte begibt; die grelle Megalomanie des im Einleitungssatz von *Panégyrique* erhobenen Anspruchs auf weltgeschichtliche Relevanz wird zu einer leisen Unterhaltung mit der Vergangenheit. Debord verschwindet inmitten der Schatten einer Vielzahl von Schriftstellern; und während er sich ihren Schatten stellt, stellen sie sich seinem. In diesem Sinn ist *Panégyrique* fast schon pure Literatur, etwas, das einen in den Bann ziehen kann, ohne daß man den Verfasser kennen oder in irgendeiner Weise berücksichtigen müßte: Debord will seine Epoche in die Zeitlosigkeit entführen, und um das durchziehen zu können, muß er im gefühlsmäßigen Bereich präzise, ansonsten aber vage sein. Bei der Lektüre von *Panégyrique* fühlt man sich ein ums andere Mal an Machiavelli erinnert, freilich nicht an den Verfasser des *Il Principe*, den Mann von Welt, der etwas zu bewegen versuchte, sondern an den Verfasser der *Istorie fiorentine*, den Mann, der einen Satz wie »Ich liebe meine Geburtsstadt mehr als meine eigene Seele« schreiben konnte und der bei der Abfassung der *Discorsi* in das Gewand seiner antiken Vorgänger schlüpfte, um besser mit ihnen Zwiesprache halten zu können – so wie diese mit ihm? Debords Geschichte ist, wie die Machiavellis, eine Geschichte des Verlustes, der Niederlage und der Gelassenheit, und sie ist so packend geschrieben, daß man schon bald nach dem Wie, Wer, Was oder Warum zu fragen vergißt. Debord, der mehr als einmal darauf besteht, aus der Geschichte herauszuragen (»Ich frage mich, ob es noch jemanden gegeben hat, der sich in dieser Epoche so zu verhalten getraut hat wie ich«; »man hätte beinahe meinen können, ich sei der einzige Mensch gewesen, der Paris jemals geliebt hat« – im Vergleich hierzu ist seine Aussage »Niemand hat Paris zweimal zur Revolte geführt« keine Prahlerei, sondern eine bescheidene Entschuldigung), sucht den Schlaf der Geschichte – den Dornröschenschlaf.

Daher haben die formalen Unterteilungen von *Panégyrique* – Kapitel über Vorfahren, Infamie, Militärstrategie, Exil oder auch Alkoholismus – nicht viel zu bedeuten; hier wird eine Sprache gesprochen, keine Rechenschaft abgelegt. Doch ein Kapitel – es beginnt mit den Worten: »In der Zone der ewigen Verdammnis, in die es meine Jugend zog, so als wollte sie dort ihre Erziehung vollenden« – ist das Zentrum des Buches: sein Machtzentrum, der Ort, der alle Zitate verankert und vielen der frei umherschwebenden Zeilen Debords ihre Flügel verleiht.

Wie schon in *Mémoires*, in seinem zweiten Film *Sur le passage de quelques personnes à travers une assez courte unité de temps* (*Über den Durchgang einiger Personen durch eine ziemlich kurze Zeiteinheit*, 1959), sowie in seinem letzten Film *In girum imus nocte et consumimur igni* (*Wir irren des Nachts im Kreis umher und werden vom Feuer verzehrt*, 1978) kehrt Debord auch in *Panégyrique* zurück zum Schauplatz seiner

Initiation in »Spiel und öffentliches Leben« – kehrt zurück in die frühen fünfziger Jahre, als es, wie er in *In girum...* aus dem Off sagte, »auf dem linken Seineufer ... ein Stadtviertel gab, wo das Negative hofhielt«. Er kehrt zwanghaft dorthin zurück, so als werde es ihm nie gelingen, diesen Moment vollständig zu erfassen, als werde er es nie schaffen, den Geheimnissen dieses Milieus auf die Spur zu kommen. Es war eine Sphäre, in der man, wie Debord einmal geschrieben hatte, spüren konnte, wie die Welt sich veränderte; wann immer er darüber schreibt, gibt uns Debord ohne Umschweife zu verstehen, wie glücklich es einen macht – und wie gefährlich es ist –, wenn man einmal zur richtigen Zeit am richtigen Ort gewesen ist.

Die Menschen dort, sagt Debord in *Panégyrique*, waren Herumtreiber, Müßiggänger. Was sie zu diesem Leben bewog, war »moderne Poesie«. »Wir waren ein kleines Häuflein, das von der Notwendigkeit überzeugt war, das Programm der modernen Poesie in die Tat umzusetzen« – von der Notwendigkeit, den wilden, auf eine Auflösung der Sprache zielenden Ansturm der modernen Poesie durch sämtliche Mauern des gesellschaftlichen Lebens zu treiben.

Eine erzürnte französische Königin rief einst den Aufsässigsten ihrer Untertanen zur Ordnung: »Allein schon der Gedanke, man könne rebellieren, ist Rebellion.«

Genauso war es. Ein anderer, früherer Verächter der Welt, der von sich behauptete, er sei ein König in Jerusalem gewesen, hatte den Kern des Problems erfaßt, beinahe mit den gleichen Worten wie diesen hier: Der Geist weht in alle Richtungen und kehrt wieder zurück an den Ort, wo er anfing. Alle Revolutionen verschwinden in der Geschichte, doch wird die Geschichte nicht voller; die Flüsse der Revolution kehren wieder dorthin zurück, wo sie hergekommen sind, um aufs neue zu fließen.

Will man Guy Debord als den Schriftsteller lesen, der er ist, muß man dieses Gemisch aus purem Blödsinn, Angeberei, Einfalt und Tiefgründigkeit entwirren. Man muß bereit sein, die schockierende Eloquenz des Satzes »Alle Revolutionen verschwinden in der Geschichte, doch wird die Geschichte nicht voller« (zum Vergleich der rhythmischen Akzentuierung das französische Original: »Toutes les révolutions entrent dans l'histoire, et l'histoire nén regorge point«) auf sich wirken zu lassen. Auch wenn die Anspielung klar ist – *Prediger* 1:6–7: »Alle Wasser laufen ins Meer, doch wird das Meer nicht voller« –, muß man konzedieren, daß Debords Version besser ist – oder zumindest der Gegenwart angemessener.

Dies ist natürlich keine moderne, sondern altmodische Poesie. Die Metapher der Geschichte als ein Zauberkessel, der nie gefüllt werden kann, ist mehr als nur eine Vorstellung, die viele gute Historiker von sich weisen; behält man diese Metapher bei der Lektüre im Hinterkopf, dann gewinnt der Rest von Debords kleinem Buch feste Konturen. Mit jedem Jahr, mit jeder Tat und dem Exil, mit jedem »Kater« und jeder glorreichen Sauftour, mit jeder Verleumdung und jeder Lobeshymne leert sich der Kessel und wird zum Gong, der, schlägt man ihn an, den Schrei der verlorenen Jugend ertönen läßt: »Man konnte sich sicher sein, daß es uns nie besser gehen würde.« Das ist prätentiös, wie so vieles in Debords besten Werken; falls er, wie *Le Monde* 1988 schrieb, tatsächlich der »letzte Mohikaner« sein sollte, dann aus dem Grund, weil sein Romantizismus zu den Dingen gehört, auf die er nie und nimmer verzichten wird. All das bedeutet letztendlich nur, daß Debord nicht so tun will, als hätte die Welt all jene Forderungen erfüllt, die er und andere einst an sie gerichtet hatten; er schreibt, in aller Ruhe und Gelassenheit, um diese Forderungen weiterhin in der Welt kursieren zu lassen, auf daß die Welt an ihnen gemessen werde.

Die Situationisten waren Leute, so schreibt Sadie Plant in *The Most Radical Gesture: The Situationist International in a Postmodern Age*, die an »die Realisierbarkeit eines Lebens spielerischer Möglichkeiten« glaubten, »in welchem die Erfüllung von Sehnsüchten, die Befriedigung aller Sinne und die Herbeiführung besonderer Situationen die wesentlichen Beschäftigungen sein würden« – die zu Anbruch der Jahrhundertmitte glaubten, die Stunde sei gekommen, wo das Alltagsleben die Leinwand oder das Papier als Ort des Experimentierens und der Kreativität ersetzen würde: Spinner, verdammt zu einem Leben in den dunklen Seitenstraßen der Geschichte. Debords kümmerliche Kleinanzeige im *Times Literary Supplement* war zu typischem Debord-Schwulst verschlüsselt. Nicht verschlüsselt waren jedoch die Worte – ihr Feuer und ihr Glanz –, die das situationistische Projekt einmal begründet und vorangetrieben hatten, genausowenig wie die Worte, die Debord noch immer schreibt. Die Worte von Spinnern zu lesen, ist eine beängstigende Erfahrung; sie sind wie eine Krankheit, mit der man sich anstecken könnte. Aber genau das war ja der Sinn der Sache – und das ist er bis heute geblieben.

London Review of Books, 25. März 1993

■ Am 30. November 1994 erschoß sich Guy Debord in seinem Haus in Bellevue de la Montagne. Er war zweiundsechzig Jahre alt.

Dylan als Historiker

Bob Dylans »Blind Willie McTell« bewegt sich in einem Kreis von Bildern – Zeltgottesdienste von Wanderpredigern, Plantagen aus der Zeit vor dem Bürgerkrieg, die Peitsche des Sklaventreibers, Arbeitskolonnen aneinandergeketteter Sträflinge, grell geschminkte Frauen, betrunkene Lebemänner – und beschwört noch eine Menge anderer herauf. Vielleicht fühlt man sich an Ingmar Bergmans *Das siebente Siegel* erinnert: an die Straße, die Max von Sydow als Ritter aus dem dreizehnten Jahrhundert zu Anfang des Films entlangreist, von den Kreuzzügen zurückgekehrt, um in seinem eigenen Land nach Gott zu suchen. Statt dessen findet er die Pest und den Todesengel, wahnsinnige Mönche und einen Zug von Flagellanten, Folterknechte und, auf einem riesigen Scheiterhaufen, eine Hexe im Kindesalter, die ihrer Verbrennung entgegensieht. Die Hexe ist von ihrer Schuld überzeugt, und der Ritter unternimmt nichts gegen ihre Bestrafung, obwohl ihm eigentlich klar ist, daß die Schuld bei seinem Heimatland liegt, bei seinem Reich des offenkundig Guten und Bösen;

auch wenn es sich um eine Schuld handelt, die seine – sechshundert Jahre später von einem Filmregisseur mit Flüchen belegte – Welt nie wird sühnen müssen. Doch all dies anzusprechen, oder auch nur etwas davon anzusprechen, und dann in die von »Blind Willie McTell« beschriebene Welt einzutauchen, käme einer Verletzung des Zeitgefühls gleich, das in diesem Song herrscht – es wäre ein zu schneller Einstieg.

»Blind Willie McTell« wurde 1983 eingespielt. Der Song gehörte zu den unter den Tisch gefallenen Aufnahmen für das Album *Infidels*, das Dylans ersten künstlerisch-kommerziellen Schritt heraus aus seinem Selbstverständnis als wiedergeborener Christ markierte – jener schockierenden Apostasie eines Menschen, der als Jude geboren und erzogen worden war –, ein Selbstverständnis, von dem seine drei davor erschienenen Alben geprägt gewesen waren: *Slow Train Coming*, *Saved* und *Shot of Love*, Produkte, die zunehmend fader wurden und durch ihr penetrantes Herauskehren einer überkommenen Ideologie beinahe für die endgültige Zerstörung einer subjektiven, kritischen Stimme gesorgt hätten. Jesus sei die Antwort, sagten diese Alben; teilte man diesen Glauben nicht, wollte man nicht einsehen, daß Antworten das waren, worauf es ankam, dann war man verflucht. »How does it feel«, schienen die christlichen Songs zu fragen, »to be on your own, with no direction home, like a complete unknown?«*, und die Antwort dieser Songs lautete: wie in der ewigen Verdammnis! Trotz seines Titels machte *Infidels* (= Ungläubige) einen weltlichen Eindruck; das Album wimmelte von Protestsongs. Krieg war schlecht, Kapitalismus war schlecht, *Infidels* war ein Renner. Die Kritiker lobten das Album, und die Radiosender spielten es. Hört man es sich heute an, kann man sich denken, warum »Blind Willie McTell« aussortiert wurde. Der Song wäre den Gewißheiten und der Gehässigkeit der übrigen Musik in die Quere gekommen, hätte sie aufgehoben und Lügen gestraft.

Immer noch zu schnell. »Blind Willie McTell« beginnt verhal-

* »Wie fühlt man sich denn / so völlig allein / ohne zu wissen, wo man hingehört / als einer von vielen?« (aus dem Refrain von »Like a Rolling Stone«, Dylans vierter Single, die am 20. 7. 1965 veröffentlicht wurde). (A. d. Ü.)

ten – mit Zögern, Zweifeln, dann aber mit dem unbeirrbaren Eigensinn, der für den Blues charakteristisch ist. Die Aufnahme ist eigentlich nur das Produkt einer Probesession. Eine frühere, mit einer kompletten Rockband eingespielte Version landete im Papierkorb. Die vorliegende Aufnahme klingt wie ein Versuch Dylans, jenem Song auf die Spur zu kommen, den er im Innern des Songs gehört haben muß. Hier schlägt er auf dem Klavier ein Des an, aus der dorischen Tonreihe, die wie eine Moll-Tonart wirkt, düster und bedrohlich. Diese Tonart bringt ihn zurück zu den traditionellen Balladen und den Country-Blues-Songs, die seine ersten musikalischen Schritte geprägt hatten, und zurück zu den Wurzeln der christlichen Musik, wie wir sie kennen, zurück zu den Anfängen des gregorianischen Gesangs und der darin zum Ausdruck gebrachten Frömmigkeit. Die Gitarre Mark Knopflers setzt unmittelbar nach diesem Ton ein, gibt den Takt an, doch das registriert man kaum. Was man empfindet, ist eine Art Stille, eine Leere, so als würde Dylan sich dagegen sperren, auf seinen ersten Ton irgendwelche Töne folgen zu lassen, die dazu passen könnten. Dann schlägt er ein Es an, dann wieder ein Des – und damit ist der Song auf seinem Weg.

Man muß kein Experte in Sachen Notation oder Musikgeschichte sein, um die Dramatik dieses Augenblicks spüren zu können. Die Botschaft ist klar, denn sie ist tief eingebettet in eine über tausendjährige Musikkultur, in anspruchsvolle und banale Musik genauso wie in profane und heilige Musik. Sie lautet: *Genau das ist es*. Diese Töne sind *das letzte Wort*!

Wer war, wer ist Bob Dylan? In den turbulenten mittsechziger Jahren – als er die Musik machte, ohne die heute kaum mehr ein Hahn nach ihm krähen würde – stand fest, daß Dylan jemand war und sich seinem Publikum als jemand präsentierte, der seiner Zeit voraus war. (»Ich bin gerade mal zwanzig Minuten voraus«, sagte Dylan damals zu John Lennon, »ich kann also jederzeit eingeholt werden.«) Als die Politik der Protestbewegungen jener Dekade nach und nach zu Slogans geronn, plädierte Dylan Ende 1965 dafür, bei Demonstrationen keine Forderungen auf Plakate und Transparente zu setzen, sondern puren Dada (»...Spielkarten mit dem Karo-Buben drauf und dem Pik-As. Bilder mit Maultieren, oder meinetwegen irgendwelche Wörter... ›Kamera‹, ›Mikrophon‹, ›locker‹, Wörter eben – Namen von berühmten Leuten.«) Als die Beatles 1968 mit ihrem hyper-psychedelischen Album *Sgt. Pepper's Lonely Hearts Club Band* herauskamen, konterte Dylan mit einer Musik, die so klang, als hätte sie ein literarisch beschlagener, extrem nachdenklicher Hank Williams 1953 einspielen können, ein knappes Jahr, bevor Elvis Presley seine ersten Singles aufnahm (einmal unterstellt, Hank Williams hätte damals noch gelebt). Heute kann niemand sagen, wer Bob Dylan ist. Wer ist dieser Mann, der kurz vor seinem fünfzigsten Geburtstag bei der Fernsehübertragung der Grammy-Preisverleihung, wo man ihn für sein »Lebenswerk« auszeichnete, »Masters of War« zum besten gab, seinen achtundzwanzig Jahre alten Protestsong gegen Waffenhändler? Er sang ihn so, als wollte er den Bann des Golfkrieges brechen, jenes Krieges, der – wenn man von CBS auf CNN umgeschaltet hätte – live im Fernsehen zu verfolgen gewesen wäre. Dylan nuschelte die Worte so sehr, daß man den Song zunächst nur an seiner Melodie wiedererkannte, einer Melodie, die von Dylans Begleitband – einem Hipster-Trio, das die Kaffeehäuser der Beat Generation und Chicagoer Blues-Kaschemmen heraufbeschwor und keinerlei Zugeständnisse an irgend jemands Zeitgefühl machte – aus jener alten, nur von akustischer Gitarre begleiteten Folkballade herausgewrungen wurde, die man vielleicht noch im Kopf hatte. Die Gleichungen, die Dylan heute anbietet, können nicht in Faktoren zerlegt werden. Er rührt nicht mehr die Jesus-Trommel, doch deren Echos hallen noch immer in jedem Interview wider: seine Abscheu vor lasterhaften Frauen und ungezügelter Lust, sein Beharren auf den Sünden anderer. Liest man Interviews, und gehen diese plötzlich über unverfängliche Karrierereminiszenzen hinaus, kann man beinahe sehen, wie die Augen, die einmal eine ganze Ära in einem Bild festzuhalten schienen, so ausdruckslos werden wie die eines Sektenanhängers. Doch das passiert nicht in »Blind Willie McTell«.

Es ist schon seit längerem klar, daß man Dylan nicht mehr als einem bahnbrechenden Neuerer zuhört; »Blind Willie McTell« belegt, daß seine größte Begabung mittlerweile darin besteht, die Vergangenheit zu vergegenwärtigen, sie greifbar zu machen – und darin, zu beweisen, daß wir, wie der Ethnologe H. L. Goodall Jr. formuliert hat, »außer dem Leben, das wir führen, noch ein Leben leben, das wir nicht führen«. Kunst wird unter anderem deshalb gemacht, um dieses Leben freizulegen – um es uns vorzuführen. Und genau das ist es, was in »Blind Willie McTell« passiert.

Jene verhaltenen, einleitenden Töne setzen ein Zeichen: »Seen the arrow on the doorpost / Saying ›This land is condemned / All the way from New Orleans / To Jerusalem.‹«* »From New Or-lee-ans to Jer-u-sa-lem«, singt Dylan, wobei er die Worte dehnt und streckt, bis diese Songzeile den Erdball zu umkreisen scheint, wieder und wieder. Das Zeichen setzt eine Suche in Gang – und den einzigen aktiven Vorgang des Songs: »I traveled through East Texas / Where many martyrs fell.«** Ansonsten ist »Blind Willie McTell« passives Beobachten, Wahrnehmen: *Ich sah, ich hörte*. Oder ein Befehl, ein Appell an den Zuhörer, ebenfalls zu beobachten und wahrzunehmen: zu sehen, zu hören und zu *riechen*. Während eine Szene nach der anderen Konturen annimmt und wieder verblaßt, sind alle Sinne hellwach, registrieren aber nichts als Verfehlungen. Es gibt keinerlei Hoffnung, weder auf aktive Einflußnahme noch auf Veränderung; es gibt nichts als Verbrechen und Scheitern, nichts als »Macht und Gier«. In der Offenbarung des Johannes, dem letzten Buch des Neuen Testaments, öffnet das Lamm Gottes die sieben Siegel eines Buches, und mit jedem gebrochenen Siegel werden furchtbare Visionen freigesetzt; erst das siebente Siegel vermag Gottes endgültigen Willen zu offenbaren. In »Blind Willie McTell« sind die ersten sechs Visionen gegenwärtig, werden hinunter auf die Erde geholt, in den Alltag, doch das siebente Siegel

* »Hab den Pfeil auf dem Türpfosten gesehen / darauf stand: ›Dies Land ist verdammt / von New Orleans / bis hinüber nach Jerusalem.‹«

** »Ich reiste durch Osttexas / wo so mancher Märtyrer fiel.«

fehlt. Es gibt bloß eine ganz und gar gottlose Bekräftigung, die nichts mit einer Vergebung der Sünden oder auch nur mit dem Wissen um die Sünde zu tun hat. Ich bin viel herumgekommen, bekennt der Sänger, ich habe viel gesehen und viel gehört, aber wissen tue ich nichts. Oder fast nichts. Denn eines weiß ich: »I traveled through East Texas / Where many martyrs fell / And no one can sing the blues like / Blind Willie McTell.«*

Als Dylan diesen Song 1983 aufnahm, war der 1898 in Georgia geborene Willie McTell bereits vierundzwanzig Jahre tot. Sein Werk findet man auf historischen Archiv-Aufnahmen. McTell sang religiöse Songs, zotige Songs, kleine Geschichten in Songform, Rags, Blues ... praktisch alles, was die Leute auf der Straße für ihr Geld von ihm hören wollten. Seine wohl berühmteste Komposition ist der »Statesboro Blues«, ein Stück, mit dem die Allman Brothers 1971 einen Hit landeten. Er spielte zwölfsaitige Gitarre – ein Instrument, mit dem ihn, wie er erzählte, Blind Lemon Jefferson bekannt gemacht hatte, ein Bluessänger, der seinem Geburtsort in Osttexas erwiesenermaßen den Rücken zukehrte, um kreuz und quer durch den amerikanischen Süden zu ziehen, allerdings in Chicago »fiel«, wo er im Jahre 1929 der Legende nach auf offener Straße erfroren sein soll. McTell sang mit einer weichen, einschmeichelnden Stimme, völlig unpassend, so könnte man meinen, für einen Bob-Dylan-Song über die Widerspenstigkeit des Tags des Jüngsten Gerichts – darüber, wie der Tag des Jüngsten Gerichts sich vor jenen Gläubigen zurückzieht, die sehnsüchtig seiner harren.

Die verlockendste Herausforderung von »Blind Willie McTell« besteht womöglich darin, in der Musik seines Namensgebers all jenen Dingen auf die Spur zu kommen, die Bob Dylan darin gehört haben mag. Bei Dylans Song denkt man, daß es in allen Szenen, die der Sänger beobachtet, jeden Augenblick zu einer Offenbarung kommen wird, doch statt dessen gibt es im-

* »Ich reiste durch Osttexas / wo so mancher Märtyrer fiel / und keiner kann den Blues singen wie / Blind Willie McTell.«

mer nur den schlichten, jede Strophe beschließenden Refrain – »No one can sing the blues like …«, »But nobody can …«, und einmal, verblüffenderweise, »I KNOW NO ONE CAN …«* –, der den Beobachter von einer Szene zur nächsten führt. Wenn die Zelte des Erweckungsgottesdienstes abgebrochen, zusammengefaltet und verstaut werden, hört der Sänger nichts als den Schrei einer Eule und malt sich dabei vielleicht aus, daß er diese Eule sei: »The stars above / The barren trees / Was his only audience.«** Er sieht eine Prostituierte und einen Gecken »mit schwarzgebranntem Whisky in der Hand«, und bei dieser Zeile legt Dylan ein Ausmaß von Ekel und Schmerz in seine Stimme, das bei Textpassagen, in denen weitaus schlimmere Dinge zur Sprache kommen, nie erreicht wird: »See them big plantations burning«, singt er mit beinahe lakonischer Wehmut, »hear the cracking of the whip / Smell that sweet magnolia blooming / See the ghosts of slavery ships.«***

Diese Zeilen bedürfen auch keines weiteren Ekels. Sie führen den Zuhörer in eine unabänderliche Vergangenheitsgegenwart, der keiner entkommen kann; sie lassen ihn in eine offene Wunde fassen, die sich nie ganz schließen wird. Vor einhundertsechsundzwanzig Jahren stellte Abraham Lincoln sich in seiner zweiten Amtsantrittsrede vor, der Bürgerkrieg könne so lange fortdauern, »bis jeder Tropfen Blut, der unter Peitschenhieben hervorquoll, durch einen anderen abgezahlt wird, der durch das Schwert fließt«.

Diese Schuld ist aber noch immer nicht abgebüßt, und »Blind Willie McTell« verdeutlicht, daß dies auch niemals der Fall sein wird – am nachhaltigsten mit dem verbrauchten, müden Tonfall von Dylans Stimme. Der Sänger kann sie nicht abbüßen, und Jesus genausowenig. Daß der Sänger etwas gefunden hat, was selbst Jesus nicht abbüßen kann, ist auf gewisse Weise sein überzeugendstes Glaubensbekenntnis, der

* »Keiner kann den Blues singen wie …«, »Aber niemand kann …«, »ICH KENNE KEINEN, DER …«

** »Die Sterne am Himmel / die kahlen Bäume / waren sein einziges Publikum.«

*** »Sieh die großen Plantagen brennen / Hör das Knallen der Peitsche / Riech den Duft der Magnolienblüten / Sieh die Schatten der Sklavenschiffe.«

Beweis dafür, daß er seinen Glauben bis an die Grenzen geführt hat, Grenzen, die für ihn mit den Verbrechen der Welt identisch sind.

Hinter all den Zeilen des Songs scheint sich ein ganz bestimmter Satz zu verbergen: »Es ist alles ganz eitel ... es ist alles ganz eitel« – *Prediger* 1:2. Und so überrascht es nicht, daß »Blind Willie McTell« dieselbe Quelle zitiert, die Worte »denn Gott ist im Himmel«, oder daß Dylan die daran anschließenden Worte »und du auf Erden« abändert zu »und wir alle wollen, was sein ist« – er also die Bibelworte ins Bittere kehrt, indem er darauf beharrt, daß wir uns von Gott losgesagt haben und in seinem Antlitz bloß noch unsere eigene Gier und Machtbesessenheit wiedererkennen. Das Buch des Predigers Salomo ist allerdings nicht bloß etwas, das in »Blind Willie McTell« so nebenbei zitiert wird: »Blind Willie McTell« ist eine Version davon.

Dylans Song und die Klagelieder des alttestamentarischen Buches – »die Reden des Predigers, des Sohnes Davids, des Königs zu Jerusalem« – handeln gleichermaßen von der unerbittlichen Lektion, die die Welt für alle Gläubigen parat hat – für jeden, der an irgend etwas glaubt, sei es an Jahwe, an Jesus, an irdische Gerechtigkeit, an Geld, an die Liebe oder auch nur an eine Welt, die bei genauerem Hinsehen besser ist, als man denkt –, wenn man für einen Augenblick nicht nur Macht und Gier erkennen kann, sondern auch einen Anflug von Würde und Gerechtigkeit. »Ich sah die Arbeit, die Gott den Menschen gegeben hat, daß sie sich damit plagen«, sagte der König. »Er hat alles schön gemacht zu seiner Zeit, auch hat er die Ewigkeit in ihr Herz gelegt; nur daß der Mensch nicht ergründen kann das Werk, das Gott tut, weder Anfang noch Ende ... Denn wo viel Weisheit ist, da ist viel Grämen, und wer viel lernt, der muß viel leiden.« Vollkommenheit wurde uns ins Herz gelegt, als eine Lektion für alle, denn noch nicht einmal die besten Menschen sind dieser Vollkommenheit würdig. Sogar diese verstehen Vollkommenheit in erster Linie als eine Plage, denn sie besitzen die Gabe, »des Bösen, das unter der Sonne geschieht«, gewahr zu werden.

»Es geschieht nichts Neues unter der Sonne«, doch für den Zeugen ist jedes Verbrechen neu. Dem kann Dylan nur sein »Nobody can sing the blues / Like Blind Willie McTell« entgegensetzen – was angesichts der ständig neuen Art, auf die er diese Zeile singt, angesichts des grenzenlosen Vorrats an gespenstischer Kameradschaft, den er darin zu sehen scheint, vollauf genügt, zumindest für die Dauer des Songs.

Ohne sein verhaltenes Tempo auch nur ein einziges Mal zu variieren – Dylans Piano hält einen vertrackten, offenen Country-Rhythmus ein, der hin und wieder aufbraust und losdonnert, als sei der Mississippi-Bluesmusiker Skip James von den Toten auferstanden, um höchstpersönlich in die Tasten zu greifen –, kommt »Blind Willie McTell« auf dem nackten Melodiegerippe von »St. James Infirmary« daher, jenem alten Bluesstandard, von dem Bobby »Blue« Bland die womöglich beste – ganz sicher aber die zerbrechlichste und schmerzlichste – Interpretation vorgelegt hat. Daß er sich auf diese Quelle bezieht, gibt Dylan in der letzten Strophe zu erkennen, in der sich der Sänger im »St. James Hotel« befindet – obwohl es hier vielleicht noch eine zweite Quelle gibt. Geistesverwandter ist nämlich eine frühe Aufnahme eines obskuren Bluessängers namens Richard »Rabbit« Brown (ungefähr 1880–1937), von dem das breite Publikum im Jahre 1962 erstmals Notiz nahm, allerdings bloß deshalb, weil er in den Liner Notes zu Dylans Debütalbum *Bob Dylan* als musikalisches Vorbild aufgeführt wurde. Browns Blues wurde 1927 eingespielt, in dem Jahr, als McTell seine ersten Aufnahmen machte, und ist nach dem Viertel von New Orleans benannt, in dem sein Komponist zu Hause war: »James Alley Blues«.

Dylans Neufassung, oder Neuinterpretation, des Brownschen »James Alley Blues« – einmal unterstellt, daß es sich bei »Blind Willie McTell« um nichts anderes handelt – spricht jeder sinnvollen Genealogie amerikanischer Musik Hohn. Die Melodie ist anders; es gibt weder eine Analogie zu Browns eigentümlichem perkussivem Gitarrensound, einem blechernen Geschepper, noch zu Browns Humor (»'Cause I was born in the country / She thinks I'm easy to rule / She try to hitch me to her wagon / She want to drive me like a mule«*). Doch die Grundstimmung ist die gleiche: das übernatürliche, abgrundtief Fremde, eine Stimme wie aus einer anderen Welt, mitten unter uns; das Alltägliche, in den Hintergrund gedrängt von etwas schwer Faßbarem, Bedrohlichem; eine Atmosphäre des Unheimlichen, ein Beharren auf Paradoxie und Verfluchung.

Dylan hat den »James Alley Blues« 1961 gesungen, bei einer Privatvorstellung in der Wohnung eines Freundes, und seine nicht gerade weltbewegende Interpretation bei dieser Gelegenheit auf Band mitgeschnitten; es kann sein, daß er sich den »James Alley Blues« danach nie wieder angehört hat, doch wer diesen Song einmal gehört hat, der wird ihn nie mehr vergessen können. So wie Brown bei seinem Song, dessen Kraft wenig mit dem Text zu tun hat, muß auch Dylan bei »Blind Willie McTell« sein ganzes Leben im Blickfeld gehabt haben, und beim Zuhören gewinnt man Zugang zu jedem einzelnen Leben, das sich in diesem Song regt; man wird in seinen Bann gezogen. Der Song hat so viel zu bieten, daß selbst ein Skeptiker in den Sog von Dylans Glauben an Jesus geraten kann, denn »Blind Willie McTell« ist zweifellos ein Ergebnis seiner »Wiedergeburt« als Christ und gehaltvoll genug, um dem Zuhörer ähnliche Wahrnehmungen zuteil werden zu lassen, wie sie der Sänger macht, mit wenig mehr im Gepäck als eben diesem Song – so wie der Sänger, ein Einsiedler, von Gott getrennt oder von Gott befreit, zu guter Letzt kaum mehr besitzt als seine Erinnerungen an einen alten Bluessänger.

San Francisco Focus, Juli 1991

* »Weil ich vom Land komme / glaubt sie, sie kann mit mir machen, was sie will / Sie will mich vor ihren Wagen spannen / und wie'n Maultier durch die Gegend hetzen.«

Schlußpunkte

Einige Monate vor der überschäumenden Rezensionswelle, die Robert Altmans *Nashville* und E. L. Doctorows *Ragtime* ins Gelobte Land spülte, erschien im *New Yorker* ein Cartoon von Edward Koren. Er zeigte einen Schriftsteller, der debil vor sich hinkichernd in die Tasten seiner Schreibmaschine hämmerte und sich dabei ausmalte, er werde von einem in Reih und Glied angetretenen Kritikerchor angefeuert. »Eine brillante Leistung!« schrie ein Kritiker. »Ein Werk, das Ihnen die Augen öffnen wird!« schrie ein zweiter. »Packend!« »Explosiv!« »Lange überfällig!« »Visionäre Potenz!« »Unverstellte Sprache!« Und schließlich der Knalleffekt: »Proklamiert das völlige Versagen unserer Gesellschaft!«

Korens Cartoon verrät uns nicht nur etwas über die Richtung des zeitgenössischen Diskurses, sondern mindestens ebensoviel über die Phantasien von Schriftstellern. Wie *Ragtime* und *Nashville* beweisen, ist eine ambitionierte Veröffentlichung, die das völlige Versagen unserer Zivilisation – genauer gesagt: Amerikas – proklamiert, im Reich der Kunst mittlerweile zu dem geworden, was im Boxsport der K.-o.-Schlag ist. Daß die Handlung von *Ragtime* zu Beginn unseres Jahrhunderts und die von *Nashville* in der Gegenwart spielt, ist nebensächlich: Storys mit dem Anspruch, einen Schlußpunkt unter historische Entwicklungen zu setzen, sind eine endlose Geschichte.

Buch und Film proklamieren auf ihre jeweilige Art (Doctorow mit ernster oder sarkastischer Ironie, Altman mit dem unbekümmert geschwungenen Vorschlaghammer) das Versagen unserer Zivilisation, und beiden sind Reaktionen – beziehungsweise Huldigungen – zuteil geworden, die nicht auf das übliche Tamtam bei Neuerscheinungen von Werken renommierter Künstler hinauslaufen, sondern auf ihre Erhöhung zu kulturellen Meilensteinen. *Nashville* wird in der Regel mit *Citizen Kane* verglichen, *Ragtime* mit *Der große Gatsby* – obwohl *Ragtime* auch schon mit *Citizen Kane* gleichgesetzt wurde, von *Ulysses* ganz zu schweigen. Beide Werke werden als ungeschminkte, elaborierte Metaphern für Amerika an sich bezeichnet: als Spiegel, die uns auffordern, der verzerrten Fratze und den leeren Augen standzuhalten, die uns aus ihnen entgegenstarren, falls wir die Nerven dazu haben. Noch bemerkenswerter ist vielleicht, daß beide, Buch und Film – bei so beunruhigenden, düsteren und anspruchsvollen Werken ist das praktisch ein Novum – als unmittelbar zugängliche, leicht verständliche, überaus amüsante, todsichere Knüller angepriesen werden – als »eine Orgie für Kinofans« oder als ein Buch, das man »nicht mehr aus der Hand legen kann«.

Dies alles – der Film, das Buch und ihre Rezeption – scheint mir geradezu ideal zu jener Stimmung aus Passivität und Müdigkeit zu passen, von der unsere heutige Gegenwart, man verzeihe mir meine Wortwahl, beseelt ist.

In seinem bissigsten Kommentar zum amerikanischen Kunstbetrieb schrieb Herman Melville: »Alle, die *ja* sagen, lügen; und alle, die *nein* sagen – nun ... die überschreiten die Grenzen zur Ewigkeit mit nichts als einer Reisetasche, das heißt, mit ihrem Ich.« Es kann jedoch auch vorkommen, daß das Nein eines Künstlers – ein Nein zu seiner Gesellschaft, zu seiner Kultur, zu seiner Zivilisation insgesamt – mit einem Ja gegenüber seinem Publikum einhergeht: dann nämlich, wenn er den bequemen Weg wählt, wenn er die einfachen Fragen stellt und die einfachsten Antworten gibt, wenn er die leichteste und oberflächlichste Befriedigung gewährt. Ein Ja dieser Sorte präsentieren *Ragtime* und *Nashville* – ein Ja, umhüllt von einer Kälte, die aus der nahezu völligen Trennung der Künstler von ihren Figuren herrührt. Altman und Doctorow sind kein einziges Mal, und sei es auch nur für einen Moment, von den Geschichten betroffen, die sie erzählen, genausowenig wie von den Lehren, die sie daraus ziehen, oder vom Handeln – vom Scheitern – ihrer Figuren. Als Gatsby verlor, war klar, daß Fitzgerald und, wie sich im Laufe der Zeit herausstellte, jeder andere ebenso verloren hatte. Doch Altman und Doctorow, die wie Weise reden – mit der fragwürdigsten Stimme, derer sich ein Autor bedienen kann –, klettern nie von ihrem hohen Roß herunter.

Sie wahren Distanz – oder verstärken sie eher noch. Sie sind nicht daran interessiert, das Schicksal ihrer Figuren zu entdecken, während diese Gestalt annehmen, sondern wollen ihnen ein Schicksal aufzwingen. Ausnahmen von dieser Regel werden, sobald sie die Story an sich zu ziehen versuchen, auf der Stelle ausgemerzt, im literarisch-ästhetischen Sinn, oder schlicht und einfach getötet, um den Willen des Autors durchzusetzen. Anstatt sich mit den vielfältigen Möglichkeiten auseinanderzusetzen, die in allen interessanten fiktiven Gestalten angelegt sind – anstatt sich mit den wirklichen Entscheidungen zu befassen, die Künstler treffen müssen, denen es nicht bloß darum geht, wo sie ihre Figuren hinführen wollen, sondern auch darum, wohin sie von ihren Figuren geführt werden könnten –, verrammeln Doctorow und Altman von vornherein sämtliche Türen, die in andere Richtungen weisen könnten, um ein Statement in den Raum zu stellen: unseren inzwischen sattsam bekannten Proklamiert-das-völlige-Versagen-Schmus.

Als sich die Drehbuchautorin Joan Tewkesbury an den Entwurf zu einem Filmskript über das Leben einer Handvoll Menschen im Mekka der Countrymusik machte, bestand Altman bezeichnenderweise darauf, noch bevor es überhaupt irgendwelche Filmgestalten gab, daß eine von ihnen am Schluß sterben müsse. Joan Tewkesbury entschied sich für die Loretta Lynn nachempfundene Countrysängerin Barbara Jean und ließ diese per Selbstmord von der Bildfläche verschwinden, doch um einen Schluß präsentieren zu können, dessen tiefere Bedeutung vermutlich niemand entgehen sollte, ersetzte Altman diesen Suizid durch ein Attentat und packte außerdem noch eine mysteriöse Wahlkampagne in den Plot, die mit den Irrwegen eines durch und durch unglaubwürdigen, sämtliche Klischees bedienenden Psycho-Killers verzahnt wurde. Ähnlich aufschlußreich ist der Sachverhalt, daß Doctorow die Protagonisten, mit denen er nicht auf die gleiche mechanische Art umspringen kann – es sind seine lebendigsten Figuren und ausnahmslos Frauen –, entweder fallen läßt (die sirenenhafte Evelyn Nesbit, derer er sich just in dem Moment entledigt, als sich wirkliche Abenteuer und offene Fragen abzuzeichnen beginnen) oder als gesellschaftlich lobotomierte Dummköpfe porträtiert, bei denen jede Präsenz, die sie an den Tag zu legen drohen, im Keim erstickt wird.

»Im Gegensatz zu den Kurzgeschichten und Romanen von Hemingway, Fitzgerald und Faulkner«, schreibt Albert Murray in *The Omni-Americans*, »... lesen sich die von neueren amerikanischen Autoren oft wie vorläufige Forschungsberichte und Thesenpapiere. Offensichtlich bringt der überwiegende Anteil der zeitgenössischen amerikanischen Prosaliteratur weniger die persönliche Lebensanschauung des Autors zum Ausdruck, sondern irgendeine Theorie des Lebens, der er sich aus Nützlichkeitserwägungen unterordnet.« Eine scharfsinnigere Zusammenfassung der in *Ragtime* und *Nashville* herrschenden Ästhetik ist kaum vorstellbar. Altman ist, wie Robert Mazzocco in einem gescheiten Artikel in der *New York Review of Books* geschrieben hat, der Mann der Stunde, weil er diese Stunde verkörpert: »weil er eine gewisse Desillusionierung zum Ausdruck bringt. Es scheint, daß er von einer Hoffnungslosigkeit oder Ziellosigkeit der Welt ausgeht ...«

Altman objektiviert dieses vage Gefühl zu einem Argument, indem er dem Publikum einen grundlosen und mehr oder weniger unbegreifbaren Mord vorsetzt. Das ist das verläßlichste Element seiner Filme. Manchmal, wie in *McCabe & Mrs. Miller** und in *Diebe wie wir***, funktioniert das und läßt den Zuschauer auf gewisse Weise ebenso einsam und verlassen zurück wie die Hinterbliebenen des Opfers; ansonsten aber, etwa in *Der Tod kennt keine Wiederkehr**** oder in *Nashville*, ist es eine Beleidigung nicht bloß seiner Charaktere, sondern auch seines Publikums. Doctorow benutzt Morde auf ganz ähnliche Weise, obwohl ihm Altmans unmotivierte Rachsucht fehlt – in Doctorows Büchern ist alles mit einer Botschaft versehen, es gibt darin nichts, das einfach nur Vergnügen bereiten soll. Er beweist die Hohlheit Amerikas, indem er hohle Charaktere erfindet und jede Figur, die sich seiner Typologie nicht beugen möchte, kurzerhand umbringt oder aus dem Plot schmeißt. In *Ragtime* läßt er eine Reihe historischer Gestalten auftreten (Evelyn Nesbit, Henry Ford, J. P. Morgan und wen sonst noch alles), die sich im Rahmen der fiktiven Handlung begegnen und mit drei ideologisch determinierten, repräsentativen Familien konfrontiert werden: Weiße aus der oberen Mittelschicht, Schwarze, Einwanderer. Nach einer erklecklichen Anzahl ironischer Todesfälle wachsen die drei Familien zu einer zusammen: eine jämmerliche Parodie auf den »Schmelztiegel« Amerika. Damit man ihre Rolle als Stellvertreter ja nicht aus den Augen verliert, wird keinem der Familienangehörigen ein eigenes Leben gestattet, denn das hätte sich nicht mit ihrer plakativ herausgekehrten Funktion vertragen.

Für sich betrachtet – als Werke, »die weniger die persönliche Lebensanschauung des Autors zum Ausdruck bringen, sondern irgendeine Theorie des Lebens, der er sich aus Nützlichkeitserwägungen unterordnet« –, sind *Ragtime* und *Nashville*

* *McCabe and Mrs. Miller* (1971).
** *Thieves Like Us* (1974).
*** *The Long Goodbye* (1973).

ästhetische, moralische und politische Konfektionsartikel, die in unserer von Zynismus und Hemmungslosigkeit geprägten Zeit bei der Kritik automatisch Reaktionen hervorgerufen haben, die es in punkto Schwulst und Urteilsfähigkeit mit diesen Werken ohne weiteres aufnehmen können. Die Grandiosität der Ideen drängt ihre Banalität völlig in den Hintergrund. Sehen wir uns einmal an, was bisher so alles gesagt wurde.

Die Anliegen von *Nashville*, so erklärte *Newsweek* in seiner Titelstory, bestehe darin, »Selbstzufriedenheit bloßzustellen«. Altmans Film »bringt die eigentliche Lektion von Watergate zum Ausdruck – die Kosten, die daraus entstehen, wenn man den Zweck die Mittel heiligen läßt« (was das mit *Nashville* zu tun haben soll, ist mir schleierhaft, doch es beweist, daß die Spitzfindigkeit des Films ansteckend ist). Pauline Kael (deren berühmt-berüchtigte Vorabbesprechung im *New Yorker* positiv von den übrigen Lobeshymnen abstach – wie gerne hätte ich ihr zugestimmt): »*Nashville* handelt vom Irrsinn einer fundamentalistischen Kultur, in der praktisch die gesamte Bevölkerung zu Groupies geworden ist.« Andrew Kopkind vom *Real Paper* aus Boston: »Die wahre Katastrophe ist Amerika. Das Verhängnis, das uns bevorsteht, ist nicht so gnädig wie Altmans Vergessen, sondern der nicht enden wollende, gräßliche Alptraum eines freien Falls durch die existentielle Leere … Wir selbst sind die Katastrophe.«

Das ist starker Tobak, doch Tom Wicker von der *New York Times* ging noch viel weiter. Er warf jede Zurückhaltung über Bord. *Nashville* zeige uns, so schrieb er, »die Vulgarität, die Gier, die Hinterhältigkeit, die Grausamkeit, die kaum gezügelte Hysterie, die Entwurzelung und Würdelosigkeit, die das amerikanische Leben durch seine rücksichtslose Vitalität selber heraufbeschworen hat … die amerikanische Mobilitätskultur mit all ihren Auswüchsen: Autos, die bereits veraltet und reif für die Schrottpresse vom Fließband rollen, Fastfood-Restaurants, sterile Motelzimmer, das Essen aus Außer-Haus-Verkauf-Imbissen [au weia!], unverbindlicher Sex und [nette Gegenüberstellung] Wegwerfmusik … wo Patriotismus und Sentimentalität die Wunden des Fortschritts zupflastern und Wahnsinnige mit freundlichen Augen milde lächelnd um sich glotzen ...«

Auch wenn sich bei *Ragtime* niemand zu ähnlicher Hysterie hinreißen ließ, schlug man im sonst eher zurückhaltenden Milieu des Bücherrezensierens in dieselbe Kerbe. *Time* sprach voller Ehrfurcht von Doctorows Buch, so als sei es schlechterdings zu gewaltig, um sich dazu äußern zu können: »Sein lyrischer Ton, seine fließende Struktur und sein lebhafter Rhythmus verleihen dem Buch eine musikalische Qualität, die einem die Sprache verschlägt« (ein Phänomen, das einem auch *im* Roman begegnet: Einige der Protagonisten geben kaum ein Wort von sich). Um Deutungen ist man trotzdem nicht verlegen: »Bei Doctorow erschöpft sich der Niedergang unserer Nation nicht in einer Auflistung von Sünden« (und zwar deshalb, weil Sünden von Menschen aus Fleisch und Blut begangen werden und es hier bloß Typen gibt: Der wahre Schuldige ist die Gesellschaft). *Newsweek* widmete Doctorows Roman den gesamten Literaturteil. *Ragtime* besitzt »Charme und strotzt vor Leben, doch [damit niemand auf die Idee kommt, er hätte es hier mit einem Lesevergnügen der herkömmlichen Art zu tun] tief in seinem Inneren ... erklingt der unverfälschte, traurige Walzer von *Gatsby*. Doctorow hat einen neuen Weg gefunden, um die Themen der Unschuld, der urwüchsigen Kraft und des unbestimmten Strebens Amerikas zu orchestrieren – mit den Antiphonien von Selbstzufriedenheit [unserer alten Weggefährtin], Konfusion und Desillusionierung.« Doris Grumbach von der *New Republic* erklomm in ihrer Proklamiert-das-völlige-Versagen-Litanei beinahe schon *nashville*ske Höhen: »Ein schonungsloser Rückblick auf eine Zeit, in der es noch möglich schien, Frieden zwischen den Klassen und Rassen dieses Landes zu stiften, zwischen Kindern und Eltern [soviel zum Thema Freud, einem Doctorowschen Popanz par excellence], zwischen der einfachen, optimistischen Welt der Jahrhundertwende und der lähmenden, korrupten Dekadenz, mit der sich unser Jahrhundert seinem Ende entgegenschleppt« (wie – oder mit welcher Absicht – stiftet man

Frieden zwischen dem Anfang und dem Ende eines Jahrhunderts?). »Was Komposition, Stimmung, Charakterisierung und Verzweiflung betrifft, bietet der Roman alles, was man verlangen kann«, schrieb George Stade auf der Titelseite der *New York Times Book Review*, so als wollte er Edward Korens Cartoon nacheifern – wobei er, vielleicht unbeabsichtigt, Verzweiflung zu einer Grundvoraussetzung von Kunst erklärte.

An dieser Stelle könnte man einwenden, daß Bücher oder Filme nicht für die Rezensionen verantwortlich gemacht werden dürfen, die ihnen zuteil werden. Bei *Nashville* und *Ragtime* darf man das sehr wohl, denn mir scheint, daß beide Werke produziert wurden, um genau diese Reaktionen hervorzurufen: eine allgemeine Orgie des Ja, als Nein maskiert. Manche von uns sehnen sich nach irgendeiner Bestätigung dafür, daß unser großes Experiment gescheitert sei – damit wir uns nicht mehr mit gefährlichen, unberechenbaren Zielen für unsere Politik, für unsere Kultur und für uns persönlich beschäftigen müssen und von der Vorstellung Abschied nehmen können, daß das eine mit dem anderen verknüpft ist.

Auch auf die Gefahr hin, als Spaßverderber zu gelten, möchte ich daran erinnern, daß Filme oder Bücher erst dann als etwas derart Gewaltiges wie ein Porträt »unseres nationalen Niedergangs« oder als – was *Nashville* laut Altman und *Ragtime* nach Ansicht vieler Rezensenten ist – eine Metapher für etwas so Großes und Komplexes wie Amerika überzeugen können, wenn sie auf der eher handwerklichen, vermeintlich uninteressanten Ebene des Plots, der Charakterisierung, der Motivation und der alltäglichen kleinen Details stimmen. Man kommt sich wie ein Oberlehrer vor, wenn man darauf hinweist, daß die deprimierendste Szene von *Nashville* – die gemeine, herzlose Reaktion der versammelten Countrymusik-Fans angesichts Barbara Jeans Kollaps auf offener Bühne – als Metapher höchstens den Zynismus des Regisseurs zum Ausdruck bringt, sein Desinteresse an seinem angeblichen Thema, denn ein Countrymusik-Publikum, das auf den Zusammenbruch einer, wie uns Altman glauben machen will, dermaßen vergötterten Sängerin wie Barbara Jean nicht mit

Mitgefühl und Sorge reagieren würde, ist nicht vorstellbar. Doctorows Allegorie auf die Vernichtung des Schwarzen Mannes ist banal und verlangt dem Leser nichts ab, da sein Schwarzer, Coalhouse Walker Jr. (allein schon der Vorname! Doctorows selbstgefällige kleine Anspielung auf Kleists Michael Kohlhaas mag sich vielleicht angeboten haben, doch so wie dieses »Coalhouse« auf dem Papier wirkt, hätte Doctorow seine Figur auch gleich »Bimbo« taufen können), eine aus Klischees zusammengerührte Opfergestalt ist, die man in der amerikanischen Literatur in schöner Regelmäßigkeit antrifft – ein weiteres jämmerliches Beispiel für, um noch einmal Albert Murray zu zitieren, das Bedürfnis weißer Schriftsteller, »sich so zu verhalten, als zwinge sie jeder noch so schwache Ansatz, einen ihrer schwarzen Mitbürger als Bilderbuchhelden zu präsentieren, zu einer Gleichsetzung der stärksten Neger mit den hilflosesten«. Denkt man etwa an Ishmael Reeds Œuvre, vor allem an seinen Roman *Mumbo Jumbo*, in dem es nur so wimmelt von nicht unterzukriegenden, mit allen Wassern gewaschenen Schwarzen – ein Buch, das historisch und in jeder anderen Hinsicht genau da beginnt, wo *Ragtime* aufhört –, hätte man Doctorows Charakterisierung des Coalhouse Walker als einen Skandal anprangern müssen.

Allerdings sollten nicht nur die Details, sondern auch die Ideen des Künstlers überzeugen. *Newsweek* zitiert Altmans Zusammenfassung von *Nashville* – »In diesem Land gibt es keinen Unterschied zwischen Countrymusik-Stars und Politikern. Diese Leute sind doch alle nur Teilnehmer an Popularitätswettbewerben« – und wertet derlei Ansichten als »nebensächlich«, eine Formulierung, die ein bißchen nach Entschuldigung schmeckt; Ideen dieses Kalibers sollte man nämlich besser nicht an die große Glocke hängen. Altmans Verlautbarung ist nur insofern bemerkenswert, als daß sie über Politik noch viel weniger aussagt als über Countrymusik. Wer glaubt, daß George Wallace*, dem der ominöse Amtsbewerber in *Nashville*

* Politiker (*1919) mit ultrakonservativen Ansichten in der Rassenfrage (zwischen 1963 und 1987 mehrmals Gouverneur von Alabama). (A. d. Ü.)

nachempfunden scheint, nichts weiter tut, als an einem Popularitätswettbewerb teilzunehmen, der befindet sich auf dem Holzweg.

Die Ideen in *Nashville* sind im Hinblick auf Form und Struktur genausowenig nebensächlich wie die in *Ragtime*, und die Ideen in *Ragtime* könnten kaum platter sein. Das Auffälligste an diesem Roman ist, daß er ausschließlich aus Fassade besteht. Obwohl ich kein schneller Leser bin, hatte ich *Ragtime* beim erstenmal nach knapp vier Stunden durchgelesen. Beim zweitenmal wurde die Lektüre zur Quälerei. Hat man das Buch einmal gelesen, kann man es abhaken: Was bleibt, ist ein Haufen bedrucktes Papier. *Ragtime* liest sich wie am Schnürchen, doch es impliziert nichts, weist auf nichts hin, läßt einen nie innehalten, um nachzudenken, lädt einen nie dazu ein, Motive zu ergründen, da es diese einfach nicht gibt. Und es packt einen unter Garantie nie mit der Kraft, daß man aufhört zu lesen, um sich zu besinnen und gedankenverloren in Richtung Zimmerdecke zu starren. Ein Buch, das man nicht aus der Hand legen kann? Wohl eher ein Buch, das man nicht aus der Hand legen *muß*.

Doctorows holzschnittartige, in ein formales Korsett gezwängte Figuren – »der Vater«, »die Mutter«, »der jüngere Bruder«, »der kleine Junge«, »die schwarze Frau«, »der schwarze Mann«, »der Einwanderer«, »seine Frau«, »seine schöne Tochter« – sind nicht in der Lage, die ihnen aufgebürdete Ironie zu tragen, geschweige denn zu bewältigen: die Bürde so großer Ideen wie die der Sinnlosigkeit der amerikanischen Werte, der Macht der Plutokratie oder des Chaos, das in der amerikanischen Vorliebe für Systematik und Ordnung verborgen ist. Doch viele Ideen in *Ragtime* sind bloß albern. Doctorow legt der Anarchistin Emma Goldman – die wohl das politische Sprachrohr des Romans sein soll – die Ansicht in den Mund, daß das Sexsymbol Evelyn Nesbit, mit dem sich die Massen per Manipulation durch die Regenbogenpresse, Hollywood und andere minderwertige Formen der populären Kultur identifizieren sollen, »auf lange Sicht eine größere Bedrohung für die Interessen der Werktätigen darstellen [würde] als

Grubenbesitzer und Stahlfabrikanten«. So eine Idee mag abstrus sein, ist aber hervorragend geeignet, einem Buch, das sich derart flott herunterliest, den Anschein intellektueller Raffinesse zu verleihen. Glaubt man Doris Grumbach, dann thematisiert *Ragtime* die Dekadenz unserer Epoche ... und das tut der Roman auch: indem er diese Dekadenz imitiert. Wenn das nicht der Inbegriff eines schwachbrüstigen, dekadenten Marxismus ist, fresse ich einen Besen.

Bei näherer Betrachtung dreht sich der ganze Rummel um Platitüden wie »Die Lage ist ausweglos«, »Unsere Zeit ist vorbei«, »Unsere Zeit ist nie gekommen« und »Unsere Zivilisation hat völlig versagt«. Doch echte Kunstwerke, Arbeiten, mit denen *Nashville* und *Ragtime* bedenkenlos verglichen werden – und *Der große Gatsby* und *Citizen Kane* sind zweifellos die besten Beispiele –, lassen sich nicht in derartige Schubladen zwängen. Wir haben uns daran gewöhnt, diese Werke als bedeutende Metaphern für unsere Kultur anzusehen, als Versuche, das ganze Spektrum der historischen Möglichkeiten unserer Gesellschaft auszuloten; aber jedesmal, wenn wir uns ihnen erneut zuwenden, sei es unter der Leselampe oder im Kinosessel, merken wir, daß sie im Grunde von Individuen handeln, von Menschen, mit denen wir nichts gemein haben, außer vielleicht in den tradierten Phantasien, die wir mit ihnen teilen, den Phantasien, die von diesen Werken im Laufe der Zeit nicht unwesentlich beeinflußt worden sind.

Village Voice, 4. August 1975

Cowboys und Deutsche

Wim Wenders' *Emotion Pictures* liest sich wie ein hastig geführtes Gespräch: ein gutes Gespräch, keine Frage, doch bei jedem Thema spürt man bereits ein anderes nachdrängen, merkt, wie etwas im Hinterkopf Gestalt annimmt, das einen daran hindert, sich auf die Worte seines Gegenübers zu konzentrieren. Gut die Hälfte des Buchs besteht aus kurzen Essays über Filme und Rockmusik, die der 1945 in Düsseldorf geborene Wenders – der Regisseur von Filmen wie *Summer in the City* (1970), *Der scharlachrote Buchstabe* (1972), *Alice in den Städten* (1973), *Der amerikanische Freund* (1977), *Paris, Texas* (1984) oder *Der Himmel über Berlin* (1987) – zwischen 1968 und 1971 als Filmstudent in München verfaßt hat: »Ich reflektierte nicht *über* Filme«, schreibt Wenders in seinem Vorwort, »ich reflektierte sie, und das war's.« Ansonsten bietet das Buch mehr oder weniger konventionelle Betrachtungen aus der Perspektive des Kritikers und weniger aus der des Fans, und es endet mit »Der Amerikanische Traum«, einem langen schlechten Gedicht aus dem Jahre 1984 (mit »langes schlechtes Gedicht« meine ich das Genre; das Gedicht selber ist streckenweise gar nicht so übel) – doch die Action spielt sich weiter vorn ab, wo Wenders' Stil sprunghafter ist, fieberhafter.

Dort werden neue Rock-LPs herangezogen, um alten Filmen einen Rahmen zu verpassen, und umgekehrt (»Filme über Amerika müßten ganz aus Totalen bestehen, wie es das in der Musik über Amerika schon gibt«). Wenders' Interesse gilt weniger dem narrativen Zusammenhang, der auf der Leinwand oder in einem Song entwickelt werden mag, sondern dem Aufspüren solcher Momente, die ein Gespräch auf der Stelle unterbrechen und in eine völlig neue Richtung lenken können. Wenders über einen Western von Anthony Mann:

> Nach dem furchtbaren Faustkampf zwischen Gary Cooper und Jack Lord, der zwischen Pferden stattfindet, die sich vor Angst aufbäumen, sagt Lee J. Cobb, der Bandenchef Doc Tobin im *Mann aus dem Westen*, anerkennend: »So etwas habe ich in meinem ganzen Leben noch nicht gesehen.«

Anschließend eilt Wenders durch eine Reihe knapper Absätze, in denen er noch mehr Dinge aufzählt, die man »in seinem ganzen Leben noch nicht gesehen hat«, Szenen aus, um nur ein paar Beispiele herauszugreifen, *North to Alaska*, *3.10 to Yuma*, *Johnny Guitar* und *The Man Who Shot Liberty Valance*[*]: »Selbst in einem Western, in dem man nach einiger Zeit nichts mehr zu sehen erwartet«, schreibt Wenders über Arthur Penns *The Left-Handed Gun*[**], »kann es vorkommen, daß Paul Newman den Sheriff erschießt, der von der Kugel so herumgerissen wird, daß er einen Stiefel verliert, der aufrecht neben der Leiche stehenbleibt …«[***]

* *Land der tausend Abenteuer* (USA 1960. Regie: Henry Hathaway), *Zähl bis drei und bete* (USA 1957. Regie: Delmer Daves), *Wenn Frauen hassen* (USA 1957. Regie: Nicholas Ray), *Der Mann, der Liberty Valance erschoß* (USA 1961. Regie: John Ford).

** *Billy the Kid* bzw. *Einer muß dran glauben* (USA 1958).

*** Oder, wie Michail Gorbatschow viele Jahre später sagen sollte, als er im August 1988 von Alan Cranston interviewt wurde: »Das Gute an den amerikanischen Gangsterfilmen ist, daß da manchmal an die zwanzig Menschen umkommen und einen das überhaupt nicht tangiert. Keiner von denen tut einem in irgendeiner Weise leid!«

In diesen frühen Artikeln schreibt Wenders völlig unbekümmert drauf los, wie jemand, dem klar ist, daß er nicht die Kritikerlaufbahn einschlagen möchte (obwohl er andererseits zugibt: »Auf der Filmhochschule habe ich kaum etwas gelernt, aber durch das Schreiben eine ganze Menge«). Und er hat es eilig, denn er will wieder vor die Leinwand, durch sie hindurchstoßen – seine eigenen Filme machen. Er hat es aber auch deshalb eilig, weil er läuft oder wenigstens zu laufen versucht, aber nicht vom Fleck kommt: Er schreibt als Fremder in seinem eigenen Land, ein junger Westdeutscher, der sich auszumalen versucht, er sei ein Amerikaner, ein Einwohner jenes Landes, wo all die Dinge herkommen, die ihn begeistern und mitreißen (»Und wenn [der Rock 'n' Roll] auch nicht unbedingt eine Lebensrettung war«, heißt es in »Der Amerikanische Traum«, im Anschluß an ein Zitat aus dem Velvet-Underground-Song »Rock and Roll«, »so doch eine Rettung *vor* einem anderen, freudloseren Leben«).

Wenders' Texte sind so kraftvoll, daß man einfach nicht unterscheiden kann zwischen Zusammenhängen, die Wenders in den falschen Hals bekommen hat, und solchen, die einem Amerikaner niemals aufgefallen wären. In einem Artikel über die Western von John Ford – genauer gesagt, über deren in Deutschland gezeigte Synchronfassungen – landet er auf einmal bei *Easy Rider*, dem Soundtrack zu diesem Film und zu guter Letzt bei »Totalen von Kalifornien, in Farbe und Cinemascope. *Retrospective*: *The Best of Buffalo Springfield. 3614 Jackson Highway* von Cher. *Spiritual Guidance*: Sonny Bono«, und der amerikanische Leser reibt sich verwundert die Augen und denkt: *Cher? Na ja, warum nicht, von mir aus ... aber Sonny Bono*? Man stellt sich vor, wie man zu Wenders sagt: *Junge, du hast ja keinen Schimmer!* Doch wegen der Dinge, die Wenders einige Zeilen früher über John Ford und die Western seiner Epigonen geschrieben hat (»Ich vermisse die Freundlichkeit, die Sorgfalt, die Ausführlichkeit, die Sicherheit, die Ernsthaftigkeit, die Ruhe, die Menschlichkeit der Filme von John Ford«) denkt man auch: *Sieh mal an – Sonny Bono. Eine Platte, die diesem Deutschen eine Menge bedeutet haben* *muß, mir aber noch nie untergekommen ist. Vielleicht sollte ich mir das Ding mal anhören*. Dann schlägt Wenders wieder einen Haken, diesmal zu Bootleg-LPs – zu *LIVEr Than You'll Ever Be* (die Rolling Stones in Oakland, 1969) und *Great White Wonder* (frühe Demo-Aufnahmen Bob Dylans und das legendäre Basement Tape) –, um mit folgenden Worten zu schließen: »Von Ford-Filmen gibt es noch keine ›Raubkopien‹, aber man müßte damit anfangen.« Man darf nicht vergessen, daß Wenders *My Darling Clementine** und *The Searchers*** in deutsch synchronisierten Fassungen sehen mußte, die dafür sorgten, daß Henry Fondas Zweifel und John Waynes Wut jegliches Leben ausgetrieben wurde; man begreift, daß das, worüber Wenders schreibt, was er auf dem Papier auslebt, ein Hunger nach Kultur ist, ein Hunger, der gleichzeitig einem Entkommen aus der Geschichte gilt.

Dieser Hunger treibt das Buch voran. Er beginnt mit einer Lust auf Neues, auf Freiheit im einfachsten Sinn des Wortes. In *Emotion Pictures* ist es immer wieder die Erfahrung des Neuen – von Dingen, die man »in seinem ganzen Leben noch nicht gesehen hat –, die in alle erdenklichen Richtungen führt, wobei die übernatürlich klare Landschaft des Westerns den Zuschauer in einen Westen der Seele einlädt, einen persönlichen Westen. (Das Beflügelndste, »das Aufregendste« an Wildwestfilmen, sagt Wenders in »Der Amerikanische Traum«, war, »daß diese abenteuerlichen / Geschichten von Pionieren der Wildnis / nur ganze hundert Jahre zurücklagen« – was sich für einen Bewohner des amerikanischen Westens vor langer Zeit zugetragen hat, kommt einem Deutschen so vor, als sei es erst gestern passiert.

Wie sich jedoch bald herausstellt, ist Wenders' Sicht der Dinge nicht bloß von einem Hunger nach Neuem geprägt, sondern mindestens ebensosehr von einem Verlangen nach Klarheit. Während *Emotion Pictures* voranschreitet und die atemlose Begeisterung eines jungen Mannes nach und nach ablegt,

* *Faustrecht der Prärie* bzw. *Tombstone* (USA 1946).
** *Der schwarze Falke* (USA 1956).

kehrt eines etwas älteren Mannes Suche nach Klarheit dem imaginären Westen der Wildwestfilme den Rücken zu, um sich mit Wenders' eigenem Land zu beschäftigen. Jahre nach seiner Hingabe an die Action-Poesie von Western und das Lustprinzip des Rock'n'Roll wirft Wenders einen Blick auf seine angestammte Heimat und widmet sich *Hitler – Eine Karriere*, dem 1977 in die Kinos gekommenen Dokumentarfilm von Joachim C. Fest und Christian Herrendoerfer, der Nazi-Wochenschauen und anderes zeitgenössisches Filmmaterial mit einem erläuternden Off-Kommentar kombinierte. Das Unbehagen, das Wenders im Kino während dieses Films beschleicht, steht in krassem Gegensatz zu der Begeisterung, die er bei den Western an den Tag legte; die Western, die sich in seinem Kopf festgesetzt haben, verwandeln dieses Unbehagen in lähmendes Entsetzen. So wie vielleicht Wenders selbst, kann man es kaum erwarten, daß er seinen Essay abschließt, um ins Kino gehen zu können und sich wieder einmal *The Searchers* anzusehen. Es gibt freie Bilder und es gibt eingesperrte Bilder, scheint Wenders sagen zu wollen: in Freiheit gemachte Bilder und Bilder, die gemacht werden, um einzusperren, und auch wenn diese Unterscheidung in dem Moment zerfällt, in dem sie getroffen wird (inwiefern ist eine Mystifizierung, also das klassische Bild des heroischen Westerns, frei?), bleibt Wenders Ton, seine Leidenschaftlichkeit, davon unbenommen.

Als Genie in Sachen Propaganda übernahm Hitler die Kontrolle über das Bildermachen und schuf eine ganze Generation von Grund auf neu, ihm zum Bilde. Das Resultat – nachdem die Deutschen die zurückgebliebenen Leichen begraben oder verbrannt hatten – war, wie Wenders schreibt, »ein abgrundtiefes Mißtrauen ... in Bilder und Töne, die vom eigenen Land erzählen, das deshalb dreißig Jahre lang begierig alle fremden Bilder aufgesaugt hat, wenn sie nur von sich selbst abgelenkt haben.« Doch Wenders will Bilder machen, über Amerika, über Deutschland, über Auseinandersetzungen, über die Lust zu leben, über Mystifizierung, über einfach alles; von all diesen Dingen hat er 1977 schon eine Menge vorzuweisen, eine Menge Filme. Und so widmet er sich der Lüge des Nazi-

Kinos, die zugleich die Lüge des Kinos an sich ist: dem Gefühl, daß das, was man zu sehen bekommt, wirklich ist, daß es wahr ist, daß die Bilder, die einem präsentiert werden – und mögen sie noch so widerlich sein –, eine Art unumstößliche Wahrheit konstituieren, etwas, das alle Gedanken verdrängt, die das Gesehene hervorrufen könnte oder die zu seiner Veränderung beitragen könnten: »Wegen dieser Bilder«, sagt Wenders über die in *Hitler – Eine Karriere* verwendeten Nazi-Wochenschauen, »hat es in der Filmkultur dieses Landes ein Loch von dreißig bis vierzig Jahren gegeben: Fest und Herrendoerfer reißen es lächelnd wieder auf, stolz auf ihre grausigen Funde.« Auf der Suche nach dem kritischen Ansatz, nach der Position, mit dem sich der Film von Fest und Herrendoerfer an das Publikum wendet, stößt Wenders lediglich auf einen »frevelhaften Leichtsinn«, eine Art Unbekümmertheit, die gelegentlich in Faszination ausartet. Er beschreibt die Stimme des Off-Kommentars zu Bildern, die sich mit der Einrichtung der ersten Konzentrationslager befassen: »Niemand«, so heißt es im Kommentar, »wollte damals solche Bilder sehen. Aus Verlegenheit, Angst und Scheu.« Wenders:

> … und dann fährt diese infame Stimme doch tatsächlich *erleichtert*, ich schwöre es, erleichtert … fort: »Was hinter dem Stacheldraht geschah, wurde durch Volksbelustigungen … überdeckt. Die Deutschen waren unter sich.« Verlegenheit, Angst und Scheu, von denen eben noch die Rede war, hier sind sie schon nicht mehr Inhalt, sondern Form der Rede, hier ist die Verdrängung vom Thema zur Methode geworden, hat sich nur noch schnell mit Arroganz gepaart.

Man muß nicht groß erläutern, wie Wenders das gemeint hat. Man könnte jedoch schlicht und einfach gemeinsam mit ihm sagen, daß ein Film lügt, der behauptet, die Deutschen seien verlegen, ängstlich und scheu gewesen, auch wenn sie nichts von diesen Dingen gewußt haben – ein Diskurs, der beides im selben Atemzug behauptet, lügt. Bei der Lektüre von *Emotion Pictures* fesseln einen die von Wenders erörterten Themen nicht in dem Ausmaß wie die Stimme, die er dabei findet – so wie er, in seiner Besprechung von *Hitler – Eine Karriere*, der Aussage des Films weniger Beachtung zukommen läßt als der

Stimme, die diese Aussage vermittelt. Wenders' Sprache – »Fest und Herrendoerfer können sich ... nur auf Bilder von Mitläufern berufen, auf den Blick von Mittätern, auf Propagandamaterial eben, auf die schweinischsten Meter Zelluloid, die je belichtet worden sind« – ist kompromißlos, kraß und unausgewogen, doch wenn man Kritik als eine Suche nach der Wahrheit versteht (in ihrer einfachsten oder schwierigsten Form, als Suche nach dem, was man tatsächlich sagen möchte), dann ist eine kompromißlose, krasse und unausgewogene Sprache unumgänglich – eine Sprache, die wir heute nicht hören. Wir hören nicht, wie sie auf Musiker Anwendung findet, die Antisemitismus (Public Enemy), Rassismus (Guns N' Roses) oder Schwulenfeindlichkeit (3rd Bass) propagieren, oder auf Filmemacher, die uns die immer gleichen Klischees auftischen, bis wir nur noch den kulturellen Exitus registrieren können, den Meuchelmord an guten Schauspielern (*Heart Condition** und *Everybody Wins*** sind die Beispiele dieses Monats); was Kritiker statt dessen zu bieten haben, ist Resignation, verzeihendes Verständnis oder spitzfindige Verteidigung. Wer sich dieser Tage dem Wendersschen Extremismus aussetzt, fühlt sich erleichtert – oder zumindest ein bißchen erleichterter, als man es vielleicht gewesen ist, bevor man Wenders' Wonnegefühl angesichts *Der Mann aus dem Westen* oder seinen Ekel angesichts *Hitler – Eine Karriere* kennengelernt hatte. Man könnte sich in die Lage versetzt fühlen, genau das zu sagen, was man denkt, ohne ein Blatt vor den Mund zu nehmen oder Angst vor Unausgewogenheit zu haben.

Man mag zu Wenders' impulsiver, vorbehaltloser Begeisterung stehen, wie man will, ich für meinen Teil glaube, daß mehr dahinter stecken könnte, als man denkt. In seiner kleinen Anthologie preist Wenders immer wieder das Alte – *Retrospective: The Best of Buffalo Springfield*, *Billy the Kid* –, so als wäre es noch immer etwas Neues, als wäre es auch zu seiner

* *Der Chaoten-Cop* (USA 1990. Regie: James D. Perriott. In den Hauptrollen: Bob Hoskins und Denzel Washington).

** *Everybody Wins* (USA 1990. Regie: Karel Reisz. Drehbuch: Arthur Miller. In den Hauptrollen: Nick Nolte und Debra Winger.)

Entstehungszeit etwas Neues gewesen. Er scheint der Geschichte nicht bloß zu entkommen oder sie gerade erst zu entdecken, es hat auch den Anschein, als mache er sie, als sorge er dafür, daß sie geschieht. In Wenders' persönlichem Westen, und vielleicht auch in dem von uns allen, gilt lediglich der Baum als umgefallen, der im eigenen Wald umgefallen ist. Der Unterschied zwischen Wenders und den anderen besteht darin, daß er über den Willen und die Begabung verfügt, die Bäume zu fällen und seinen Lesern das Gefühl zu vermitteln, sie würden daran teilnehmen, um sie am Ende auf den Gedanken zu bringen: *Hey, warum mache ich das nicht selbst?*

California, April 1990

Cowboystiefel und Deutsche

Seit beinahe zwei Jahrzehnten ist Susan Sontag eine feste Institution unseres Kulturlebens. Sie hat mit dazu beigetragen, daß Antonin Artaud, Walter Benjamin, Roland Barthes, Hans-Jürgen Syberberg und andere Exponenten der kontinentaleuropäischen Moderne englischen und amerikanischen Lesern zum Begriff geworden sind. Sie hat eigene Prosatexte veröffentlicht, Filme gemacht und sich darum bemüht, in zentralen ästhetischen Fragen einen eigenen Standpunkt zu entwickeln und durchzusetzen. Aber sie ist nicht – wie ihr Verlag verzeihlicherweise in die Welt setzt, um für seinen *Susan Sontag Reader** die Werbetrommel zu rühren – »unsere bedeutendste Kritikerin« (was ihre männlichen Kollegen selbstredend mit einbezieht), sondern bloß das prominen-

* *A Susan Sontag Reader*, New York 1982 (Farrar, Straus & Giroux). Die deutschen Fassungen der Beiträge dieser Anthologie findet man – abgesehen von den Auszügen aus *Über Fotografie* – in den Essaybänden *Kunst und Antikunst* (1980) und *Im Zeichen des Saturn* (1981). (A. d. Ü.)

teste und in puncto Trendsetting maßgeblichste Mitglied der Kritikerzunft.

Sontag verdankt ihren Ruf als Autorin im wesentlichen ihrer Begabung, das Interesse der Medien auf sich zu lenken; ihr provokatives öffentliches Auftreten strahlt auf ihr schriftstellerisches Werk zurück und verleiht diesem einen Nimbus, den es in Wirklichkeit, auf dem Papier, gar nicht besitzt. Während Kritiker wie Pauline Kael oder Leslie Fiedler, die die handwerkliche Seite des Metiers besser im Griff haben und originellere Gedanken zu Papier bringen, den Leuten Kopfschmerzen machen, macht Susan Sontag Schlagzeilen.

Sontag sorgte gleich zu Beginn ihrer Karriere für Aufsehen: Mit ihren 1964 veröffentlichten »Anmerkungen zu ›Camp‹« gab sie der damaligen Creme des literarischen Establishments New Yorks das Gefühl, hoffnungslos unhip zu sein. Ihr nicht in die Anthologie aufgenommener Essay »How to Love the Cuban Revolution« entfachte einigen Wirbel. Zur Zeit des Vietnamkrieges gewann sie zahllose Fans unter den Literaten der Neuen Linken (und verlor endgültig all diejenigen, die bereits zu der Überzeugung gelangt waren, sie hätte eine unverzeihliche Schwäche für Pop), als sie die intellektuelle Tradition, der sie sich bis dahin verschrieben hatte und bis heute treu geblieben ist, in Bausch und Bogen verdammte, indem sie die (nicht in der Anthologie auftauchende) Behauptung aufstellte, »die weiße Rasse« sei »das Krebsgeschwür der Menschheitsgeschichte« – eine Formulierung, die zweifellos einen gewissen Pep verriet, aber leider offen ließ, was jemand damit anfangen sollte, der wie Sontag zur weißen Mehrheit der Gesellschaft gehörte. Sontag löste einen Skandal aus, als sie nach der Zerschlagung der polnischen Solidarnosc-Bewegung den Kommunismus als einen »Faschismus mit menschlichem Antlitz« brandmarkte (dachte sie an das Zwinkern in Onkel Joes Auge?) und die amerikanischen Intellektuellen wegen ihrer angeblichen Sympathien für den Stalinismus geißelte – sehr zur Irritation der trotzkistischen Intellektuellen, die im Gegensatz zu Sontag nie auf die paradiesischen Mythen der Kubaner oder Nordvietnamesen hereingefallen waren.

Sontag ist also eine im Licht der Öffentlichkeit agierende Kritikerin, eine engagierte Kritikerin, die sich nicht davor scheut, ihre Meinung zu sagen, ins Fettnäpfchen zu treten oder ihren Ruf aufs Spiel zu setzen, und ich würde mich nicht dieses schnoddrigen Tonfalls bedienen, wenn ich dem, was sie schreibt, letzten Endes trauen könnte. Doch das kann ich nicht.

Sontag ist eine emotionslose Autorin. Wenn sie sich als öffentliche Figur engagiert, wenn sie sich am kritischsten gibt, dann erstickt sie von vornherein jedes Engagement des Lesers. »Statt einer Hermeneutik brauchen wir eine Erotik der Kunst«, lautet das berühmte Fazit ihres 1964 publizierten Essays »Gegen Interpretation« (Worte, die von der Ideologie her typisch Sixties sind, stilistisch aber so wenig mit den sechziger Jahren zu tun haben wie nur irgend möglich) – doch seitdem hat Sontag nicht so geschrieben, als hätte sie damals ein neues Credo formuliert, sondern so, als sei es ihr bloß darauf angekommen, eine geistreiche Pointe aus dem Ärmel zu schütteln. Da jeder schon einmal fotografiert hat, dürfte sich auch jeder von einem Buch wie *Über Fotografie* (das im *Reader* auszugsweise wiedergegeben ist) in irgendeiner Weise angesprochen fühlen, aber kein Buch könnte so wenig von einer Erotik und so viel von einer Hermeneutik der Fotografie haben wie dieses. Wer an einer kritisch reflektierten Erotik der Fotografie interessiert ist, sollte sich an die Bücher von Michael Lesy halten – an *Wisconsin Death Trip* und *Real Life*, Lesys Untersuchung der kommerziellen Fotografie der neunziger Jahre des vergangenen beziehungsweise der zwanziger Jahre dieses Jahrhunderts, oder auch an *Time Frames*, seine mißlungene Studie über Familienschnappschüsse –, denn dort wird man auf Scham und Lust stoßen, auf Fetische, kaum nachvollziehbare Begierden und verrückte Ansprüche an Sitten und Gebräuche; dort wird man mit Vertrautem konfrontiert und schockiert sein von dem, was man dabei entdeckt. In *Über Fotografie* wird man statt dessen auf so ultrahermeneutische Sätze wie diesen stoßen: »Nicht die Realität wird durch Fotografien unmittelbar zugänglich gemacht; was durch sie zugänglich gemacht wird, sind Bilder.« Sontags Formulierung ist griffig, aber falsch. Die Bücher von Lesy oder die von Kael und Fiedler beweisen, daß zwischen einer erotischen Betrachtungsweise und einer hermeneutischen kein Widerspruch bestehen muß. Somit ließe sich die Größe von Kritikern vielleicht daran messen, inwieweit sie in der Lage sind, eine erotische Hermeneutik zu praktizieren.

Sontags Texte vermitteln oft den Eindruck, als wollte sie Themen ein für allemal abhaken, anstatt sie für uns zu öffnen (etwa in *Krankheit als Metapher*, einem Werk, das nicht im *Reader* berücksichtigt wird), als wollte sie gleichzeitig das erste und das letzte Wort haben (wie in ihrer 1979 erschienenen Betrachtung über Hans-Jürgen Syberbergs Hitler-Epos, die damit beginnt, daß sie einen Film präsentiert, den nur die wenigsten ihrer Leser zu jenem Zeitpunkt gesehen haben konnten, und die mit folgender Behauptung ausklingt: »Hat man *Hitler, ein Film aus Deutschland* gesehen, so steht da Syberbergs Film – und dort stehen dann die anderen Filme, die man bewundert …«). Sontags Stil ist auf Anhieb zu erkennen: eine gezwungen wirkende Mischung aus akademisch und hip, aber darüber hinaus noch kleinlich, saftlos und pampig – das genaue Gegenteil eines Stils, den man früher als »männlich« bezeichnet hätte, ein Adjektiv, das in einer besseren Welt nichts mit dem Geschlecht des Autors zu tun hätte. Die einleitenden Zeilen von »Die pornographische Phantasie« sollen offensichtlich Respekt einflößen: »Wer über Pornographie reden will, der sollte zuvor einräumen, daß es zumindest drei Arten von Pornographie gibt; er sollte sich überdies verpflichten, diese verschiedenen Arten gesondert zu betrachten.« Beim Lesen reißt man verwundert die Augen auf – oder möchte lauthals loslachen: Denn bei näherer Betrachtung wird hier bloß pedantisch, gestelzt und selbstgefällig um den heißen Brei herumgeredet – soll so die beschworene »Erotik der Kunst« aussehen? Eine Erörterung von Pornographie kann von mir aus mit einem Peitschenknall beginnen, aber nicht mit erhobenem Zeigefinger.

Die letzten Zeilen von »Faszinierender Faschismus« – »die Farbe ist schwarz; das Material ist Leder; der Anreiz ist

Schönheit; die Rechtfertigung ist Ehrlichkeit; das Ziel ist Ekstase; die Phantasie ist der Tod« – sind oft zitiert worden, und zwar deshalb, weil sie für Sontag vollkommen untypisch sind. Pauline Kael hat einmal geäußert, Sontags »Sinn für Dramatik ist noch nie besonders ausgeprägt gewesen – auch bei längerem Nachdenken dürfte einem kein amerikanischer Autor mit *weniger* Sinn für Dramatik einfallen.« Der Erkenntniswert der Schlußzeilen von »Faschismus« mag minimal sein, doch sie besitzen Schwung, Leidenschaft, Poesie und Kraft. Als kritisches Ausdrucksmittel, als Finale, bedürfen sie auch keines besonderen Erkenntniswerts; sie müssen nicht mehr tun, als den vorhergehenden Essay ein für allemal im Bewußtsein des Lesers zu verankern. Und das schaffen sie – aber gibt es noch etwas in Susan Sontags Œuvre, über das sich dasselbe sagen ließe?

»Große Kunst verstanden die Romantiker als eine Erscheinungsform des Heroischen« – so lautet die erste Zeile des Sontagschen Essays über Syberbergs *Hitler*, und diese Zeile ist im Grunde auch eine gute Zusammenfassung des Sontagschen Kulturverständnisses. Große Kunst ist gleich Genie ist gleich Heroismus, und nichts auf der Welt – schon gar nicht Ereignisse, Mythen oder das Geschichtsverständnis von Individuen oder Völkern, also alles, das sich nicht einem einzigen Genie, einem einzigen Heroen zuordnen läßt – kann an diese Trinität heranreichen. Die mehr als zweifelhafte Gleichsetzung von Genie und Heroismus wird, sieht man einmal ab von einer groben Skizzierung historischer und kultureller Hintergründe, nicht weiter vertieft; wie bei vielen der wichtigsten oder wichtigtuerischsten kritischen Ergüssen Sontags soll der Leser auch hier in Ehrfurcht erstarren. Eine eingängige, geradezu raffinierte Formulierung beendet den Absatz: Ein großes Kunstwerk »stimuliert die Phantasie und lähmt sie zugleich«.

Sontag hat keinesfalls eine Schwäche für Pop. Sie versteht ihn nicht und hat nur wenig oder zumindest kein echtes Interesse an ihm; ihre berühmte Gegenüberstellung von Robert Rauschenberg und den Supremes – etwas, das zur Mitte der sechziger Jahre in gewissen zurückgebliebenen intellektuellen Kreisen als unerhörter Kulturschock galt – ließ den Leser genauso schlau zurück, wie er vorher gewesen war.* Sontag hat eine Schwäche für Genie, und ihre Lobeshymne auf Syberbergs *Hitler* ist möglicherweise der Schlüssel zum Verständnis ihres kritischen Werks – oder eher, wie bei allen ambitionierten Kritikern, der Schlüssel zu jener selbstgebauten Arena, in der ihr Werk vonstatten geht, einer Arena, in der im Fall Sontags historische Ereignisse oder das Geschichtsverständnis des Lesers – Geschichte als Last oder Vermächtnis, als Gefängnis oder als Geschenk – nicht transzendiert werden, sondern von vornherein ausgesperrt sind.

In »Faszinierender Faschismus« befaßt Sontag sich mit der Nazi-Filmemacherin Leni Riefenstahl und deren Rehabilitierung nach Kriegsende sowie deren in den 70er Jahren erfolgten Vergötterung in Cineastenkreisen. Hierbei erweist sich Sontag als knallharte Polemikerin. Sie billigt Riefenstahl ein gewisses Genie zu (das mir nie aufgefallen ist: Kann diese Frau Eisenstein oder Griffith in irgendeiner Weise das Wasser reichen?), aber sie möchte Riefenstahl nicht als eine (niemandem außer sich selbst verantwortliche) wahre, freie Künstlerin gelten lassen, da diese Frau ein Nazi gewesen ist und, was den Kern ihrer Ästhetik betrifft, auch immer geblieben ist. In ihrem 1965 erschienenen Essay »Über den Stil« zollte Sontag dem in *Triumph des Willens* und *Olympia* zutage tretenden »Filmgenie« Riefenstahls Tribut – diese Filme »übersteigen ... die Kategorien der Propaganda und selbst der Reportage«; der »›Inhalt‹« (die Vorstellung an sich ist so abwegig, daß das Wort von einschüchternden Anführungsstriche umrahmt werden muß) spiele eine »rein formale Rolle«. In »Faszinierender Faschismus« verreißt Sontag Riefenstahls kanonisierte Filme

* »Zur Gleichsetzung von anspruchsvoller und populärer Kultur befragt, antwortet sie: ›Ich habe hin und wieder, ohne große Hintergedanken, auf die populäre Kultur verwiesen, auf Dinge, die mir einfach gefallen haben. So habe ich zum Beispiel einmal gesagt, Jasper Johns könne einem mindestens genausoviel Vergnügen bereiten wie die Supremes. Das heißt aber nicht, daß ich so etwas wie einen Essay über die Supremes geschrieben hätte.‹« Sontag, in einem *Time*-Porträt (24. Oktober 1988).

und *Die Nuba* (ihren 1970 erschienenen Foto-Essay über einen vom Aussterben bedrohten, aber heroisch dreinblickenden afrikanischen Volksstamm) als nahtlos ineinander übergehende, perfekt gemachte Konstrukte faschistischer Ideologie. Nun gut: zumindest für diejenigen, die von Sontag überzeugt worden sind, ist Riefenstahl wieder dort gelandet, wo sie hingehört: im Mülleimer der Geschichte. Und damit wären wir angelangt bei Syberbergs *Hitler, ein Film aus Deutschland*.

Syberbergs Film bringt Hitler tiefes Verständnis entgegen. Seine Grundidee läuft darauf hinaus, daß Hitler, der Konzeptkünstler schlechthin, fundamentale Sehnsüchte der abendländischen Zivilisation des zwanzigsten Jahrhunderts erkannte und sich in diese einfühlte, um eine Situation zu erzeugen, in der diese Sehnsüchte erfüllt, das heißt in Ereignisse überführt werden konnten – oder in Happenings, um ein Nachkriegskonzept auf die Vorkriegszeit anzuwenden. (Wie Sontag schreibt: »In einer der kühnen Metaphern des Films wird Hitler, der nie die Front besuchte und das Kriegsgeschehen allabendlich auf Wochenschaustreifen verfolgte, als eine Art Filmemacher präsentiert. Deutschland, ein Film von Hitler.«) Diese Idee macht *Hitler* interessant, schaurig und beängstigend, zu einem Labyrinth der Bilder und Vorstellungen, und sie läßt Syberbergs Film letzten Endes scheitern. Es handelt sich, könnte man sagen, um die fortschrittlichste – die modernistischste, die *hochgestochenste* – Spielart des Gedankens, daß, wenn alle schuldig sind, niemand schuldig ist. Findet euch damit ab, sagt Syberberg: Ihr habt nach einem grauenhaften Spektakel verlangt, das eure schlimmsten Alpträume noch übertreffen sollte; ihr habt aufbegehrt gegen die Grenzen eures Unterbewußtseins, und so wie Freud euch in der Theorie von diesen Grenzen befreite, befreite Hitler euch in der Praxis davon, ganz wie ihr es von ihm erwartet hattet.

Das ist freilich nur die Hälfte von dem, was Walter Benjamin meinte, als er 1936 schrieb: »Der Faschismus versucht, die neu entstandenen proletarischen Massen zu organisieren, ohne die Eigentumsverhältnisse, auf deren Beseitigung sie hindringen, anzutasten. Er sieht sein Heil darin, die Massen zu ihrem Ausdruck (beileibe nicht zu ihrem Recht) kommen zu lassen ... Der Faschismus läuft folgerecht auf eine Ästhetisierung des politischen Lebens hinaus.« Syberberg hält sich an die Ästhetik, während er die Politik auszublenden oder zu vernebeln versucht – und weil er Hitler als ästhetische Figur, als Künstler betrachten will, kann er die obszöne Bemerkung von sich geben, Riefenstahls *Triumph des Willens* sei Hitlers »einziges Denkmal, neben den Wochenschauen seines Krieges«. Das sollte man jenen Überlebenden der Hitlerschen Vernichtungslager erzählen, die ihr Leben der Errichtung eines Monuments gewidmet haben, das vielleicht um einiges dauerhafter sein wird als die Filme der Riefenstahl – die menschliche Erinnerung.

Syberbergs Argument, wonach Hitler einen tief verwurzelten, von vielen geteilten Traum in Szene setzte, ist nicht das, was Hannah Arendt meinte, als sie in *Eichmann in Jerusalem* schrieb, der wesentliche Zweck des Nazi-Regimes habe in der Durchführung »beispielloser Verbrechen« bestanden. Als Jüdin hätte Arendt begriffen, was Sontag, die selber Jüdin ist, offenkundig nicht begreift, nicht einmal angesichts des Syberbergschen Schwadronierens über Hitlers »einziges Denkmal«: daß Syberberg – ähnlich wie viele weiße Politiker in den amerikanischen Südstaaten, die die schwarze Bevölkerung dieser Staaten ausklammern, wenn sie verkünden, was »die Südstaatler« wollen – die Mordopfer der Nazis ausklammert, wenn er den allgemeinen Wunsch nach einem Hitler auf der Leinwand thematisiert: In beiden Fällen ist die fehlende Berücksichtigung bestimmter Gruppen für den Gültigkeitsanspruch des vorgebrachten Arguments absolut unerheblich.

Um diesem Thema aus dem Weg zu gehen und um sich nicht mit der Frage auseinandersetzen zu müssen, warum eine schonungslose oder auch nur sachliche Darstellung der Nazi-Verbrechen in Syberbergs *Hitler* vor allem durch ihre Abwesenheit auffällt, zieht Sontag sich auf Altbewährtes und Unanzweifelbares zurück – auf die alles transzendierende Kraft des Genies. In ihrer Erörterung von *Hitler, ein Film aus Deutschland* gibt es keinen Mülleimer der Geschichte, weil es darin keine Geschichte gibt. Sontag betrachtet Syberbergs Film als virtuose, Maßstäbe setzende Leistung, als eine Eruption von Talent, Vision, Einfallsreichtum und Experimentierfreude. Es geht also um l'art pour l'art und nicht um die Möglichkeit, daß Künstler, deren historische Naivität so groß ist wie die Schuld Leni Riefenstahls, Kunst für ihre eigennützigen Zwecke instrumentalisieren könnten. Syberbergs Film ist aber auch eine Hymne auf das Genie, Hitlers Genie, und als solche ist der Film, wie unbeabsichtigt auch immer, gleichzeitig eine Kritik des Geniebegriffs. Doch dieser Frage geht Sontag ebenfalls nicht nach. Man hat den Eindruck, daß Ethik für sie keine Rolle mehr spielt, sobald jemand in ihrem Pantheon Aufnahme gefunden hat: nicht deshalb, weil wahres Genie die Stelle der Ethik einnimmt, sondern weil wahres Genie von Natur aus rein – und reinigend – ist. Doch wer weiß? Die Lektüre der Sontagschen Auseinandersetzung mit einem europäischen Genie mag informativ, lehrreich oder vielleicht sogar unterhaltsam sein – eins ist sie auf alle Fälle: irritierend.

Sontag ist eine ganz und gar unamerikanische oder zumindest nichtamerikanische Kritikerin. Wie Tocqueville in *Über die Demokratie in Amerika*, im Verlauf seiner Beschreibung eines Landes, das sich in vielerlei Hinsicht nicht verändert hat, mehr als deutlich herausgearbeitet hat, ist Genie etwas ganz und gar Unamerikanisches; Genie relativiert und demütigt die Demokratie, genauso wie Demokratie das Genie relativiert und demütigt. Deshalb fehlt den besten Arbeiten von Pauline Kael und Leslie Fiedler die messianische Selbstherrlichkeit Sontags; was diese Autoren statt dessen an den Tag legen, ist eine trotzige, verbissene Kampfeslust, die beinahe schon defensiven Charakter hat – mit anderen Worten: Zorn, Arroganz, Zweifel, Hysterie, Verführungskraft, Humor, Ekel, Angst und ein ausgeprägter Sinn für Dramatik. Sie sind Künstler, die sich im Spannungsfeld von Genie und Demokratie bewegen.

Sontag ist in Arizona und Kalifornien aufgewachsen, doch es gibt nichts in ihrer Stimme oder in ihrer Sichtweise, das darauf hindeuten würde – einmal abgesehen von den Cowboystiefeln vielleicht, die sie hin und wieder trägt. Ihr Werk scheint von einer Sphäre des Schöngeistigen auszugehen, in der jeder – oder präziser: *tout le monde* – über kurz oder lang zum Pariser oder zur Pariserin wird. Kann man sich einen amerikanischen Kritiker von Rang vorstellen, bei dem sich die Herkunft nicht in irgendeiner Weise in seinem Werk niedergeschlagen hätte. Emerson? Hawthorne? Matthiessen? Fiedler? Kael? Unsinn! Die Vereinigten Staaten sind vom radikalen Pluralismus der amerikanischen Gesellschaft und gleichzeitig von einem unterschwelligen Verlangen nach Konformität geprägt – doch in Sontags Texten spürt man nichts von diesem Widerspruch, genausowenig wie von ihrer kalifornischen Herkunft. Dies würde nicht weiter ins Gewicht fallen, wenn sie eine andere Leserschaft hätte – wenn sich diese nicht aus einer Gemeinschaft rekrutierte, die von radikalem Pluralismus und einem unterschwelligen Verlangen nach Konformität geprägt ist, von einem Widerspruch, der unser Beitrag zur Weltkultur sein könnte: unsere tiefste Vorstellung davon, was es bedeutet, sich schöpferisch zu betätigen und zugleich ein wirklicher Mensch zu sein.

Doch genau diesem Publikum tischt Sontag das Vorbild des europäischen Genies auf: Ein wirklicher Mensch zu sein, bedeutet, ein solches Genie zu sein, selbst wenn man, um dieses Ziel zu erreichen, aufhören muß, Amerikaner zu sein. Und das heißt, daß Sontag, ungeachtet ihres beträchtlichen Einflusses auf das politische Leben Amerikas, als Intellektuelle vor allem eine Anzahl eleganter und gelehrt daherkommender förmlicher Vorstellungen zuwege gebracht hat (»Hans-Jürgen, haben Sie schon Amerika kennengelernt? Nein? Nun, ich bin sicher, Sie zwei werden sich *viel* zu erzählen haben!«), eine Reihe von Essays, die keine Hermeneutik und auch keine Erotik der Kunst sind, sondern viel eher ein ästhetisches Manifest von wahrhaft erschreckender Belanglosigkeit.

California, Januar 1983

Das Bob-McFadden-Erlebnis

Die Beat Generation: zerbrechliche Seelen und Engel der Verzweiflung, heilige Junkies und madonnengleiche Pansexuelle – oder jedenfalls so ähnlich. Heute, nachdem vier oder fünf Jahrzehnte verstrichen sind, begegnet uns die Beat Generation in Gestalt der 3-CD-Box *The Beat Generation*. Mit viel Liebe und kein bißchen Respekt von James Austin und seinen beiden Mitarbeitern Stephen Ronan und Gordon Skene zusammengestellt, deckt diese akustische Dokumentation tatsächlich das gesamte Spektrum ab: Jack Kerouac intoniert seinen Wort-Jazz, William Burroughs trägt eine Passage aus *Naked Lunch* vor und spult dabei einmal mehr seine Masche als hemdsärmeliger Philosoph mit Knarre ab, John Drew Barrymore deklamiert »Christopher Columbus Digs the Jive«, Edd »Kookie« Byrnes (das war, falls es jemanden interessieren sollte, der Parkplatzwächter und Privatdetektivgehilfe in *77 Sunset Strip*, einer zwischen 1958 und 1964 ausgestrahlten TV-Serie) läßt ein paar coole Sprüche ab, Howard K. Smith von den CBS-Rundfunknachrichten befördert den Zeitgeist ans Tageslicht, und so weiter und so fort – all das wird miteinander verquirlt, bis einen das Amüsante beinahe dazu bringt, dem Stumpfsinnigen eine zweite Chance zu geben, und das Abgeschmackte sogar Zweifel am Genialen weckt. Nie hat Kerouac so sehr nach einem hochnäsigen, impertinenten Angeber geklungen wie hier, oder Howard K. Smith so sehr nach einem gutherzigen Liberalen, der alles verstehen will – und es auch tatsächlich versteht. In der von Austin und seinem Produktionsteam ausgeheckten Form, in Einzelteile zerfetzt und völlig neu zusammengesetzt, enthüllt *The Beat Generation* die merkwürdige Geschichte einer Subkultur – wie diese von der Massenkultur aufgenommen und anschließend selber zur Massenkultur wurde. Es handelt sich um eine lächerliche, zum Steinerweichen peinliche und hin und wieder spannende Geschichte.

Die Geschichte der Beat Generation wird normalerweise nicht auf diese Weise erzählt. Herkömmliche Überblickswerke beschreiben die wackeren Abenteuer einer verschworenen Bruderschaft, die verzweifelt nach einem Ausweg aus dem Gefängnis des Kalten Krieges suchte und dabei eine ganze Generation junger Männer und eine Handvoll Frauen befreite, die *noch nicht einmal gemerkt hatten, daß sie eingesperrt waren.* Ehrfürchtig nennt man die Namen der Säulenheiligen – Jack, Allen, Bill, Neal – und all der anderen, die noch jederzeit auf den Zug aufspringen können. Lawrence Lipton, ein in Venice, Kalifornien, ansässiger Autor, kam als erster aus den Startlöchern: Sein 1959 erschienenes Buch über die Beats trug den Titel *The Holy Barbarians*, und das ist so ziemlich der Grundtenor der folgenden Werke geblieben. An der Spitze eines unüberschaubaren Autorenfeldes hat Ann Charters vermutlich das meiste Kapital aus der weihrauchschwenkenden Beat-Generation-Hagiographie schlagen können (der Soundtrack, seitdem Neal Cassady 1968 mit einundvierzig gestorben und Jack Kerouac ihm ein Jahr später mit siebenundvierzig gefolgt war: verhaltenes, elegisches Wispern, das in herzhaftes Gelächter übergeht – *so hätten sie es gewollt*). 1973 veröffentlichte Charters eine verfrühte Kerouac-Biographie, *Kerouac:*

A Biography, und dann folgten die zweibändige Enzyklopädie *The Beats: Literary Bohemians in Postwar America*, ein Bildband mit ihrer privaten Fotosammlung (*Beats & Company*; der Titel sollte wohl Assoziationen an Shakespeare & Co. wecken, den Buchladen, den Sylvia Beach während des goldenen Zeitalters der ins Ausland gegangenen literarischen Boheme im Paris der Nachkriegszeit [der des *Ersten* Weltkriegs] betrieben hatte – *grundsolide*) und schließlich der 645seitige *Portable Beat Reader*. Aus keinem dieser Bücher läßt sich entnehmen – und die rotierenden Scheiben von *The Beat Generation* stoßen einen fortwährend darauf –, daß es Kerouac & Co. von Anfang an um Mystifizierung, Mythenbildung und Erfolg gegangen war. Im Grunde waren sie – wie sie selber verschiedentlich zu bekennen versuchten, ohne das Geheimnis als solches gleich preisgeben zu wollen – gute amerikanische Jungen. Sie wollten überlebensgroß sein. Sie wollten den Erfolg. Sie wollten den Ruhm. Sie wollten, daß jeder so sein sollte wie sie – was etwas anderes ist, als die Welt verändern zu wollen.

Vor kurzem wurde die Behauptung aufgestellt (von John Arthur Maynard in seiner 1991 veröffentlichten obsessiven Untersuchung der künstlerischen und moralischen Einöde von *West Venice: The Beat Generation in Southern California*), daß Henry Luce – der Gründer und Herausgeber von *TIME* und in den fünfziger Jahren *die* Personifizierung von Antikommunismus, amerikanischem Chauvinismus und heterosexuell-weiß-angelsächsich-protestantischer Rechtschaffenheit – »von 1948 bis mindestens 1962 alle zwei Wochen ein Informationspapier auf den Schreibtisch bekommen [habe], das eine penible Auflistung sämtlicher Aktivitäten der amerikanischen Avantgarde enthielt und eigens für ihn und seine Chefredakture von einer findigen, mit allen Wassern gewaschenen Journalistin namens Rosalind Constable zusammengestellt wurde«. Ich bezweifle das, denn es ist einfach zu gut, um wahr zu sein. Doch die *Beat Generation*-Box rückt Maynards Behauptung in den Bereich des Möglichen – wenn man davon ausgeht, daß die Abfolge der einzelnen Beiträge auf einer völlig willkürlichen Zusammenstellung alter Constable-

Memos basiert: Hier wie da wird alles über ein und denselben Kamm geschoren. Zur Erläuterung der zugrundeliegenden Absicht zitiert Maynard eine angeblich aus der Feder Constables stammende Zusammenfassung (hier fehlt die Quellenangabe in dem ansonsten mustergülltig dokumentierten, bei einem Universitätsverlag erschienenen Buch): »Man wollte ›die Aufmerksamkeit auf eher ungewöhnliche Ereignisse lenken, und das sind in der Regel genau jene, die unter den Kritikern für erhebliche Verwirrung sorgen ... je ausgefallener, um so besser, jedenfalls wenn es Grund zur Annahme gibt, daß der entsprechende Autor weiß, was er tut. Es ist immerhin möglich, daß jemand (wie die Geschichte schon des öfteren bewiesen hat) eine neue Sprache erfindet, die die Leute, Kritiker eingeschlossen, erst nach einiger Zeit beherrschen werden.‹« Als kritische Theorie ist das gar nicht so übel, und Austin & Co. strapazieren sie bis an ihre Grenze: Bei ihnen klingt der Komiker Ken Nordine genauso wichtig wie der salbadernde Literaturkoloß Kenneth Rexroth, und wenn man sich auf das einläßt, was *The Beat Generation* zu bieten hat – zeittypischen Szene-Jargon von Babs Gonzales, ein paar herausgerotzte Sentenzen von Lenny Bruce, Dizzy Gillespies »Oop-Pa-a-Da«, Nelson Riddle und sein Orchester mit dem »Route 66 Theme«, »But I Was Cool« von Oscar Brown Jr., Lord Buckleys »The Hip Gan« (Gandhi, wie er seinen revolutionären, weltgeschichtlichem Sermon zum besten gibt), Lambert, Hendricks & Ross mit ihrem »Twisted«, das die Psychoanalyse auf die eigene Couch legt (alles Leute, die im *Portable Beat Reader* nicht auftauchen), Radio- und Fernsehbeiträge von WNYC und NBC (ausschließlich Rundfunk, was sonst), noch mehr Kerouac-Sachen, Charles Kuralts 1959 entstandene Reportage über die »Poeten von Greenwich Village« und so weiter und so fort, bis tief in die Nacht hinein –, dann lassen Nordines nervöse Allein-im-Dunkeln-Monologe den Ich-bin-die-Stimme-meiner-Generation-Schmus von Malcolm Cowley so verlogen klingen, wie er es schon immer gewesen ist. Ein paar Worte von Carl Sandburg (Rundfunkreporter: »Mr. Sandburg, was halten Sie als der große, alte Mann der amerikanischen Literatur eigentlich von dieser Beatnik-Bewegung?« »Nun, so eine Beatnik-Bewegung, die sollte es immer geben. Auch ich habe einmal einer Beatnik-Bewegung angehört, von 1915 bis 1924. Ich denke, einige meiner Werke sind ein Ansporn für die heutigen Beatniks gewesen.«) haben viel mehr Gewicht – die entspannte Gelassenheit (das heißt, die *Coolness*) in Sandburgs Stimme ist unermeßlich – als die schrillen Tiraden, in denen sich der Szene-Poet Stuart Z. Perkoff über die klamme Seite des Amerikanischen Traums ausläßt (nur knapp davon entfernt, uns auf die Nase zu binden, er könne mit seinen Zahnplomben geheime Botschaften der CIA empfangen). Greenwich-Village-Poeten drängeln sich bei Straßeninterviews vor die Mikrophone der Radioreporter, doch es scheint, als hätten Touristen und x-beliebige Passanten weitaus mehr zu sagen – oder zumindest den überzeugenderen Tonfall.

Wenn ich an die Beats denke, fällt mir unweigerlich ein Bild aus einem alten *Saturday Night Live*-Sketch ein, der in einem Beatnik-Nachtclub spielt, wie er im Buche steht: Es gibt ein paar Takte miesen Jazz, Laraine Newman gleitet lasziv durch den Raum, in schwarzen Strumpfhosen und mit langem Pferdeschwanz, und dann betritt *der Poet* die Bühne. Es ist Steve Martin, dunkle Sonnenbrille, lässig schlendernd, bereit, die Leere im Leben der Leute unten im Publikum aufzusaugen, um sie ihnen anschließend um die Ohren zu hauen. Schon nach wenigen Sätzen geht er in die Vollen. »EIGENHEIMBESITZER UND PENDLER!« brüllt er. »Verschont mich mit eurem Leben aus ...«

Besser läßt sich die Gesellschaftskritik der Beats nicht auf den Punkt bringen. Auf *The Beat Generation* scheint Kerouac Martin zu imitieren, wenn er (zur Klavierbegleitung von Steve Allen) bei dem 1959 aufgezeichneten »October in the Railroad Earth« vom Leder zieht und Hohn und Spott über den »beschlipsten« Pendlern ausschüttet, die auf den 5:48 von San Francisco zurück nach Millbrae oder San Carlos warten, während er, der Sohn des weiten Himmels und der freien Landstraße, wehmütig den Frachtzügen hinterherschaut und sich mit »Negern« unterhält (so wie er das Wort artikuliert, verleiht er ihm einen kitschig-sentimentalen Unterton von Freiheit und Sex). Es ist nicht auszuhalten – doch damals, und wenn man ehrlich ist, schon während der gesamten fünfziger Jahre, imitierte Kerouac bloß noch sich selber, so sicher wie Steve Martin eines schönen Tages die Kerouac-Imitatoren imitieren würde. So abgeschmackt, so rasch – obwohl Kerouac, wie Neals Ehefrau Carolyn Cassady später zu berichten wußte, die Behaglichkeit ihres netten, gepflegten, respektablen, durch und durch bourgeoisen Hauses genoß, das an derselben verfluchten Bayshore-Schnellstraße lag, auf der die in graue Flanellanzüge gehüllten Teufel nach Hause huschten, zu ihren Martinis und Panoramafenstern.

Im Gegensatz dazu strotzt der zweite Track von *The Beat Generation* vor Leben, einem recht kuriosen allerdings. Es handelt sich – passenderweise – um das berüchtigte »The Beat Generation«, eine Brunswick-Single von 1959, die auf das Konto eines gewissen Bob McFadden geht, der als Rod McKuen eher ein Begriff sein dürfte. McKuens Karriere ist ziemlich interessant. Er wurde 1933 in Oakland geboren und ist nach eigenen Angaben während des Koreakrieges mit psychologischer Kriegsführung befaßt gewesen. Wenig später konnte man ihn als fingerschnipsenden Kleindarsteller in einigen der ersten, auf den Teenager-Markt zugeschnittenen Musikfilmen sehen; der bekannteste ist *Rock, Pretty Baby** von 1956, mit Sal Mineo in der Hauptrolle und der aus *King Kong* bekannten Fay Wray. In den sechziger Jahren zog er nach San Francisco und wurde so etwas wie ein Vorläufer von Michael Bolton: Er ließ sich einen Bart stehen und lange Haare wachsen, schnitt ein trauriges Gesicht und suhlte sich in Weltschmerz und Gefühlsduselei. Damals nahm er etliche Langspielplatten mit eigenen Gedichten auf (*Stanyan Street and Other Sorrows*, *Listen to the Warm* etc.). Und später verdiente er sich dumm und dämlich, als er dieses Zeugs in Form von Geschenkbüchern und Glückwunschkarten wiederverwertete.

* Deutscher Verleihtitel: *Rock'n'Roll* (Regie: Richard Bartlett).

Auf *The Beat Generation* gibt sich McKuen jedoch schroff. »I belong to the *beat* generation«, bellt er heraus – so als sei seine Darbietung eine Art Vorwegnahme von »Blank Generation«, der 1977 von Richard Hell and the Voidoids vorgelegten Aktualisierung von »The Beat Generation«. McKuens Stimme ist etwa so stark wie die eines Eichhörnchens, doch das offenkundig Falsche, Unechte seiner Darbietung kollidiert mit den Kommentaren eines Typen namens »Dor« – während McKuen das geregelte Privat- und Berufsleben der Mittelschicht (Eigenheimbesitzer und Pendler!) von sich weist, gibt besagter Dor im Hintergrund Sprüche wie »yeah man«, »make the scene«, »so out it's in!« oder »weirdsville« von sich, so als hätte er allen Ernstes vor, dieses Beatnik-Ding, na ja, auszuprobieren. Obwohl McKuen bei dieser Veröffentlichung zweifellos auf das schnelle Geld spekuliert hat, konnte er seinen Sarkasmus nicht völlig verhehlen; sein Dor verleiht der Single einen Reiz, den sie überhaupt nicht haben dürfte. Er ist die Inkarnation aller High-School-Kids, die sich ausmalten, daß »da draußen« eine Menge interessanter Dinge auf sie warteten – »Joints«, »Bräute«, ein aufregendes Leben »on the road«. Das Schöne an der *Beat Generation*-Box ist, daß sie die Grenzen zwischen Subkultur und Massenkultur zum Verschwinden bringt, indem sie Leute wie Rod McKuen die pure Effekthascherei eines Jack Kerouac und Kerouac das Glimmen unterdrückter Sehnsüchte in Leuten wie Dor zum Vorschein bringen läßt.

Es gibt da noch eine Story – etwas, das von den Herausgebern der *Beat Generation*-Box nur andeutungsweise berücksichtigt wird. 1960 strahlte CBS eine Rundfunkserie mit dem Titel *The Hidden Revolution* aus, die von Howard K. Smith moderiert wurde; die Folge, die sich mit den Beats befaßte, hieß »The Cool Rebellion«. Dieser Dokumentation lag der Gedanke zugrunde, daß die Welt seit Ende des Zweiten Weltkrieges eine Reihe fundamentaler Umwälzungen durchlebt hatte – anonyme Städte, die an die Stelle überschaubarer Gemeinden getreten waren, eine zunehmende Hierarchisierung des Alltags, eine wachsende Distanz von Wirtschaft und Regierung zur normalen Bevölkerung, eine Befreiung der Informations-

und Machtzentren von demokratischer Kontrolle oder überhaupt jeder Art öffentlicher Rechenschaftspflicht –, einschneidende Veränderungen, die paradoxerweise so still, gewissermaßen heimlich, vor sich gegangen waren, daß man sie eher spürte als begriff. Diese »versteckte Revolution« löste die »coole Rebellion« aus – einen Rückzug, eine Verweigerung, eine zunächst kleine, dann immer größer werdende Gruppe von Exilanten im eigenen Land.

Die Dokumentation zur Verdeutlichung dieser Prämissen ist gründlich, anspruchsvoll, und sie läßt die Menschen ausgiebig zu Wort kommen; tatsächlich ist sie dermaßen gründlich, daß Smiths Resümee – »Dieser grundsätzliche Protest ist möglicherweise nicht ganz unberechtigt« – einigermaßen überrascht, denn er hat dich davon überzeugt, daß dieser Protest völlig berechtigt ist. Der Kampf dreht sich, wie Smith klar gemacht hat, um Materialismus und Seelenlosigkeit, um leeren Überfluß und das Bedürfnis nach schöpferischer Betätigung, um den Monolithen und um das Selbst: »der Kampf um das Überleben der individuellen Persönlichkeit in einem tragischen Jahrhundert«, wie er ganz zum Schluß sagt.

Das ist wahr und eindrucksvoll – bedauerlicherweise viel eindrucksvoller als die Narrenfreiheit, die Kerouac und viele seiner Epigonen so selbstverständlich für sich in Anspruch nahmen. Es zeigt, was den meisten ihrer Werke und fast allem auf *The Beat Generation* fehlt, egal ob cool oder spießig: ein Gefühl für das Tragische, die Ahnung eines Schicksals, zu gewaltig und schrecklich, um ihm entkommen zu können, eines Schicksals, das alle betrifft und nicht einfach auf die Eigenheimbesitzer und Pendler abgewälzt wird, während die Beats weiter die Straße hinuntertanzen und ihre Frauen zu Hause die Suppe für sie warmhalten. Doch das Tragische fehlt nicht völlig auf diesen Scheiben. Es ist da – zusammen mit Bescheidenheit, Humor und Mut. Man findet es auf dem letzten Track des 3-CD-Sets: Allen Ginsbergs »America«.

Das 1956 in Berkeley verfaßte und 1959 für das dort ansässige Fantasy-Label aufgenommene »America« ist ein verhalten beginnender, immer lauter werdender Schrei, mit dem der jüdisch-kommunistisch-anarchistisch-homosexuelle Rauschgiftschlucker die von seinem Land angebotene innere Emigration zurückweist und statt dessen die volle Staatsbürgerschaft verlangt. Dabei entwickelt dieser Dichter gleichzeitig einen neuen Begriff von Staatsbürgerschaft. Man kann »America« parallel zur Unabhängigkeitserklärung lesen, denn Ginsbergs Gedicht ist im Grunde das gleiche: die Erklärung, daß jeder Amerikaner auf die eine oder andere Weise die Unabhängigkeit Amerikas und die Unabhängigkeit *von* Amerika zu erklären habe – ohne sich dabei auch nur im geringsten von Amerika loslösen zu müssen –, bevor er oder sie diesem Land bedingungslos und aus freien Stücken beitreten kann. Ginsberg gönnt dir keine Pause, schildert seltsame Begebenheiten aus seiner Kindheit dermaßen plastisch, daß du glaubst, diese Dinge seien dir persönlich zugestoßen, zieht dich in seine Story hinein. Er ist nicht cool. Seine Wut wird zu deiner Wut, er zieht dir den Boden unter den Füßen weg, reißt dich von allem fort, was ein Zuhause sein könnte, sorgt dafür, daß du kein Zuhause zu erkennen vermagst und auch keinen Wunsch danach verspürst, und anschließend führt er dich wieder zurück.

Er brennt vor Zorn, und trotzdem spricht er flüssig, sanft, lockert seinen Haß durch Liebe auf, seine Aggressivität durch Witz, und sein Tonfall kann jeden Augenblick von dem eines Rabbis in den eines schlitzohrigen Vertreters umschlagen. Und während Ginsberg den verdammten bösen Glauben seines Landes nach und nach hinter sich läßt, dessen Gefilde von Engstirnigkeit und Angst, merkt man, daß Amerika keine andere Wahl hat, als Ginsberg zu akzeptieren, und daß Ginsberg keine andere Wahl bleibt, als sein Land zu akzeptieren. Zu *seinen* Bedingungen: in einer gewaltigen, kollektiven Kraftanstrengung, zu den jubilierenden Klängen eines Streichorchesters, eine grandiose Schlußeinstellung à la John Ford. In der berühmten letzten Zeile des Gedichts: »Amerika mit meiner schwulen Schulter stemme ich mich ins Rad.«

Auf diese Weise klingt *The Beat Generation* aus – mit einer Nummer, die sich aus all dem ausklinkt, die all das hinter sich läßt, was der Rest der Szene so sorgfältig zu kultivieren versuchte. Auch wenn die Beats nichts weiter getan hätten, als bloß den Boden vorzubereiten, auf dem ein Werk wie dieses entstehen konnte, wäre beinahe jede schwachsinnige Hommage für diese eitlen Seelenrebellen gerechtfertigt. Ohne die Kameradschaft, die Ginsberg mit Kerouac, Burroughs, Cassady und so vielen anderen verband, ohne die liebevolle Aufnahme, die er bei ihnen fand, ohne die Unvoreingenommenheit, mit der sie sein Ausnahmetalent hervorhoben, hätte er seine Stimme womöglich nie entdecken können. *The Beat Generation* ist die imposante Rekonstruktion eines Streichs, den sich bestimmte Leute vor einiger Zeit gespielt haben – eine verwickelte Story ohne Pointe, ungefähr angesiedelt zwischen Perry Comos »Like Young« und Don Morrows »Kerouazy« –, die Geschichte eines großen Ausbruchsversuchs, der letzten Endes im Sande verlief.

Puncture, Frühjahr 1993

Eine ständig zunehmende Leere

Im Jahre 1936, zu einer Zeit, als die Wirtschaftsdepression noch immer für Schlagzeilen gut war, beauftragte die Zeitschrift *Fortune* ihren Reporter James Agee und auf dessen Wunsch den damaligen Regierungsfotografen Walker Evans[*] mit einer illustrierten Artikelserie über das Leben weißer Pachtfarmer im Süden der USA. Fünfzig Jahre später machten sich der *Sacramento Bee*-Reporter Dale Maharidge und der *Bee*-Fotograf Michael Williamson auf den Weg, um herauszufinden, wie es den von Agee und Evans porträtierten Menschen und deren Nachkommen ergangen war – um die Geschichte dieser Menschen von 1936 bis in die Gegenwart nachzuzeichnen.

Agee und Evans konzentrierten sich auf drei benachbarte

[*] Evans (1903–1975) arbeitete zusammen mit anderen Fotografen für die »Historische Abteilung« innerhalb der *Farm Security Administration* (FSA), einer 1937 gegründeten Regierungsbehörde, die den Kongreß von der Notwendigkeit tiefgreifender Reformen in der Landwirtschaft überzeugen sollte und zu diesem Zweck bis 1943 eine Viertelmillion Fotografien zur Dokumentation der Zustände in der ländlichen Arbeitswelt erstellen ließ. (A. d. Ü.)

Pächterfamilien in Alabama, die Baumwolle anpflanzten. Der überwiegende Teil der Ernte fiel an die Landbesitzer; die Familien lebten auf Kredit, von Vorschüssen in Form von Naturalien (Lebensmittel, Saatgut, Dünger, Gerätschaften) und, wenn sie Glück hatten, von ein paar Dollar Bargeld im Jahr. In mancher Hinsicht fristeten sie ein Leben wie die Landarbeiter auf den Latifundien im heutigen El Salvador – ein Dasein, das mit einem Leben in den Vereinigten Staaten von Amerika, wie man es normalerweise verstand, selbst während der Wirtschaftsdepression kaum etwas gemein hatte. Am äußersten Rand der Ökonomie vor sich hin vegetierend, lebten diese Menschen praktisch außerhalb der Geschichte.

Fortune weigerte sich, Agees Reportage zu veröffentlichen. Er arbeitete seine Aufzeichnungen zu einem Buch um, das 1941 unter seinem und Evans' Namen erschien: *Let Us Now Praise Famous Men* verkaufte knapp über fünfhundert Exemplare und geriet mehr oder weniger in Vergessenheit; die Wirtschaftsdepression lockte zu der Zeit keinen Hund mehr hinter dem Ofen hervor. Fünf Jahre nach Agees Tod, er starb 1955 mit fünfundvierzig Jahren, wurde das Buch neu aufgelegt.* Es entwickelte sich zu einem Klassiker – doch eine so plakative Formulierung wird einem Buch nicht gerecht, das alles andere als plakativ ist. *Let Us Now Praise Famous Men* ist eine Liebesgeschichte und eine Horrorstory – und gleichzeitig eine Erinnerung daran, daß die Liebesgeschichte und die Horrorstory, man denke an Emily Brontës *Sturmhöhe* oder an Mary Shelleys *Frankenstein*, nie weit auseinandergelegen haben. Angesichts seiner Kombination von poetischer Meditation und ungeschminkter Sozialreportage, von Wetter und Landschaft auf der einen und Zornesausbrüchen und Verbitterung auf der anderen Seite – ich beziehe mich in erster Linie auf Agees 428seitigen Text und weniger auf die 61 Seiten mit Evans' Fotografien, die das Buch einleitungslos eröffnen, ohne Bildunterschriften oder Anmerkungen irgendwelcher Art, die

* Die deutsche Fassung erschien 1989 unter dem Titel *Preisen will ich die großen Männer*. (A. d. Ü.)

Bilder, die man sieht, bevor man auf das Titelblatt stößt – ist *Let Us Now Praise Famous Men* eine im Landesinneren angesiedelte Version von *Moby Dick*. Der Wal, der Leviathan, ist in diesem Fall die Baumwollwirtschaft, das Pachtsystem, der Kapitalismus, die amerikanische Republik, der Amerikanische Traum. Agee ist Ahab und Ismael in einem. Die drei Familien, denen Agee die Pseudonyme »Gudger«, »Woods« und »Ricketts« gab, sind die Crew, die noch immer auf der *Pequod* Dienst tut, einem gestrandeten Wrack inzwischen, das sich nie mehr von der Stelle bewegen wird. Man wäre kaum überrascht, wenn auch Agee sagen würde: »Und ich allein bin entronnen, daß ich's dir ansagte.«

Was Agee in Alabama erlebte, war Leibeigenschaft an der Basis der amerikanischen Marktwirtschaft. Abgesehen von Maggie Louise Gudger, einer aufgeweckten, fröhlichen Zehnjährigen, der er zutraute, daß sie sich einen ihrer Berufswünsche – Lehrerin oder Krankenschwester – erfüllen könnte, sah Agee für keines der zweiundzwanzig Mitglieder der drei Familien irgendwelche Zukunftsperspektiven. Sie waren Nummern, bloße Objekte des Marktes, Werkzeuge, die man je nach den Bedürfnissen des Marktes ausrangierte oder ersetzte, und deshalb porträtierte Agee sie als zufallsabhängige Individuen, mit denen der Leser rasch vertraut wurde, die ihm sympathisch waren oder auch nicht, die er respektierte und in der Regel vergaß, sobald er das Buch ausgelesen hatte: Menschen, die, wie es in der Bibelpassage heißt, aus der Agee den Titel seines Buches hatte*, »umgekommen [sind], als wären sie nie gewesen. Und als sie noch lebten, war es, als lebten sie nicht, und ebenso ihre Kinder nach ihnen.«**

And Their Children after Them – genau so lautet der Titel des Buches von Maharidge und Williamson – beginnt ironisch: mit dem Selbstmord von Maggie Louise Gudger, die sich 1971, im Alter von fünfundvierzig Jahren, mit Rattengift das Leben nahm. Maharidges Resümee einer Biographie, die von

* »Laßt uns loben die berühmten Männer ...!« *Apokryphen*, Sirach, 44. 1. (A. d. Ü.)
** Sirach, 44. 9 (der Satz beginnt: »Aber andere haben keinen Ruhm und sind umgekommen ...«). (A. d. Ü.)

der Plackerei auf den Baumwollfeldern, früher Mutterschaft, dem vorzeitigen Tod eines geliebten Ehemanns und schlecht bezahlter Fabrikarbeit geprägt war: »Mit jedem Jahr, das verstrich, wurden die Träume, die sie mit Agee geträumt hatte, weiter ad absurdum geführt, und sie selber wurde von Jahr zu Jahr immer mutloser, bis die Leere in ihrem Innersten nach und nach jenen Platz einnahm, der einmal ihr Selbstwertgefühl beherbergt hatte. Am Ende merkte Maggie Louise, daß sie sich nach nichts mehr sehnen konnte, da es jenen Teil ihres Ichs, der für das Sehnen zuständig war, nicht mehr gab.«

Maharidge weist auch auf die Ironie hin, daß von all den Menschen, die in *Let Us Now Praise Famous Men* vorkommen, Agee – ein Alkoholiker wie Maggie Louise – als erster sterben mußte, also noch vor jenen Mitgliedern der drei Pächterfamilien, denen er in seinem Buch ein kurzes Leben prophezeit hatte. Es ist dieselbe billige Ironie wie in den einleitenden Absätzen über Maggie Louises Schicksal: etwas, das für *And Their Children after Them* mehr oder weniger typisch ist, ein Ausdruck des darin zutage tretenden Mangels an Phantasie, Einfühlungsvermögen, Empörung und Stil, ein Beweis der erschreckenden Oberflächlichkeit dieses Buches. Dem Bild der ständig zunehmenden Leere zum Trotz wird Maggie Louises Geschichte schon bald auf rein Soziologisches reduziert, auf die »an die Praktiken religiöser Sekten erinnernde Gehirnwäsche durch das Baumwollsystem«. Am Ende des Buches hat Maggie Louise aufgehört, als Individuum zu existieren – schlimmer noch: Es wird der Eindruck erweckt, ihr Tod sei deshalb tragisch und als ironische Einleitung des Buchs unwiderstehlich gewesen, weil diese Frau in ihrer Kindheit, 1936, als Evans sie ablichtete, so hübsch gewesen war (es handelt sich um die sechste Fotografie in der ursprünglichen Ausgabe von *Let Us Now Praise Famous Men*). Und die Ironie, die in Agees frühem Tod liegen mag, bekommt in *And Their Children after Them* einen deutlichen Beigeschmack von Schadenfreude. Maharidge gibt sich alle Mühe, an Agees Ansehen zu kratzen – nie direkt, sondern immer nur hintenherum. Ein schwerer

Unfall von Claire Bell Ricketts (das ist das kleine Mädchen, das auf dem Umschlag der 1966 erschienenen Taschenbuchausgabe von *Let Us Now Praise Famous Men* abgebildet ist), den Agee oder vielleicht auch Evans während eines Spiels »verursacht haben könnte«, wird zu einem »von Agee verursachten Unfall«. Agee wir als »Kultautor« vorgestellt und *Let Us Now Praise Famous Men* als »sein meistgelesenes Werk, zumindest bei den treuesten seiner Anhänger« – so als wäre das Buch vom selben Kaliber wie *Die Lehren des Don Juan* oder *Dianetics* und nicht unbedingt der Mühe wert, die seine Lektüre erfordert.

Maharidge kontrastiert die höchst aufschlußreichen Tagebucheinträge von Emma Woods, die 1986 ihren siebzigsten Geburtstag feierte, und erstaunliche Geschichten über die sozialutopische Vision jener Männer, die die Baumwollpflückmaschine erfanden, mit sensationsheischenden Berichten über menschliche Erniedrigung und hanebüchenen Geschichtsklitterungen. Abstruse Ideen werden als gesicherte Fakten präsentiert: Maharidge zufolge war die Bürgerrechtsbewegung der 50er und 60er Jahre in erster Linie eine politische Reaktion auf den Zusammenbruch des agrarischen Pachtsystems, wenn nicht gar ein Ersatz dafür. Die Mitglieder der drei Familien werden oft genauso nachlässig behandelt, und das gilt nicht bloß für Maharidges Heranziehung der längst widerlegten eugenischen Pseudotheorie über minderwertige Gene. Margaret Ricketts, die 1986 ebenfalls siebzig Jahre alt wurde, brachte zwei Kinder zur Welt, die von Fred Garvin Ricketts, ihrem leiblichen Vater, stammten; sie und ihr einziger noch lebender Sohn, der vierzigjährige Garvin, äußern sich ausführlich gegenüber Maharidge, der sich angesichts ihrer Erzählungen »bis ins Mark erschüttert« zeigt und die elenden Lebensbedingungen von Margaret und Garvin mit einer Mischung aus Schockiertheit und Ekel beschreibt.

Doch Maharidge fragt nie danach, warum es den beiden nichts ausmacht, in Nachttöpfe neben ihrem Bett zu urinieren oder, wie man es Margaret von klein auf beigebracht hatte, den Darm auf einem Stück unkrautüberwuchertem Brachland zu entleeren, oder warum diese Frau nichts dabei zu finden scheint, daß ihr Sohn ihr Bruder ist, sondern einen glücklichen und zufriedenen Eindruck macht – daß sie, wie sie selber sagt, »reich-arm« ist. Wenn man diese Menschen als rein soziologische Größen betrachtet, erübrigen sich solche Fragen; auch Margaret Ricketts kann mit einem lapidaren Hinweis auf die »Gehirnwäsche durch das Baumwollsystem« ein für allemal abgehakt werden. Wird sie jedoch als ein zufallsabhängiges Individuum betrachtet, als ein Mensch, der in der Lage ist, Entscheidungen zu fällen, wie eingeschränkt oder bedrückend seine Umgebung auch sein mag, dann kommt man um solche Fragen einfach nicht herum.

Agee war ein angestellter Journalist, den man mit der Erstellung eines objektiven Berichts über ein soziales Problem beauftragt hatte. Schon auf den ersten Seiten spürt man, wie er gegen die Distanz rebelliert, die dieser Auftrag zu erfordern scheint. Und man spürt beinahe genauso schnell, wie er diese Distanz überwindet. In *Let Us Now Praise Famous Men* schlägt einem aus rein deskriptiven Passagen eine ungeheure Empörung entgegen, und das Resultat ist alles andere als ein objektiver Bericht oder, was Evans' Beitrag anbelangt, eine herkömmliche Foto-Dokumentation. Maharidge schreibt unter dem Deckmantel der Objektivität (der Fotograf Williamson ist nur pro forma dabei), fast schon hysterisch auf die eigenen Ansichten fixiert, ein Anthropologe unter wilden Eingeborenen, der sich über die Zigaretten eines Sheriffs in Alabama genauso mokiert wie über die Unbekümmertheit, die Margaret Ricketts dem Thema Inzest entgegenbringt. In *And Their Children after Them* wird ein fatales Gefühl des Andersseins – also genau das, was Agee zu bekämpfen versuchte, indem er sich zu einer Gestalt in der Geschichte seiner Pächterfamilien machte – nicht nur nicht zurückgedrängt, sondern geradezu heraufbeschworen.

Obwohl Maharidge sich sogar die Mühe macht, es ausdrücklich zu verneinen, verwandelt er seine Untersuchungsgegenstände in Gegner und Agee in einen Feind. Er versucht, möglicher Kritik den Wind aus den Segeln zu nehmen, indem er darauf hinweist, daß das Projekt »mit Schwierigkeiten zu kämpfen hatte« (etwas, das bei anderen Büchern offenbar nicht vorkommt), daß sein Buch vermutlich nicht auf die Bestseller-Listen kommen werde, daß jegliche Gewinne auf ein Treuhandkonto zugunsten »der Kinder der Nachkommen der ursprünglichen Pächterfamilien« fließen sollen und daß man ihm und Williamson vielleicht den Vorwurf machen könnte, sie hätten »zwei Legenden des Journalismus nachgeahmt«. »Dieses Buch will das Werk von Agee und Evans in keiner Weise imitieren, parodieren oder sonstwie schmälern«, bekennt Maharidge im Stil einer juristischen Haftungsfreizeichnungsklausel; »entsprechend der Form und dem Geist unserer Vorgänger«, schreibt er in der ihm eigenen, konfusen Syntax, seien die Fotografien von Williamson, die in *And Their Children After Them* an der gleichen Stelle auftauchen wie die von Evans in *Let Us Now Praise Famous Men*, » als ein vom Text getrenntes, aber gleichwertiges Statement zu betrachten«. Das bedeutet jedoch nichts anderes, als Agee nachzuahmen, obwohl das bei näherer Betrachtung keinesfalls zutrifft. Evans Fotografien, schrieb Agee, »sind nicht illustrativ. Sie und der Text sind ebenbürtig, voneinander unabhängig und von gemeinsamer Wirkung. Weil es so wenige sind und das Auge des Lesers unfähig ist, wird das von den meisten jener Minderheit, die es nicht völlig ignoriert, mißverstanden.« Aber wie dem auch sei, Maharidges »getrennt, aber gleichwertig«* ist eine bemerkenswerte Fehlleistung.

Diese Formulierung klingt gerecht; sie klang auch 1896 gerecht, in der Entscheidung »Plessy v. Ferguson«, mit der der Supreme Court die Rassentrennung für zulässig erklärte. Und selbst 1954 klang sie für die Mehrheit der Bevölkerung noch immer gerecht: Damals stellte der Supreme Court in seiner Entscheidung »Brown vs. Board of Education« einstimmig fest, daß sie nicht gerecht war, sondern ein Widerspruch in sich selbst, und überantwortete sie so der vergänglichen Sphäre billiger Ironie. Natürlich reden wir hier bloß von einem Buch,

* Im Original: »seperate but equal«. (A. d. Ü.)

und in einem Buch mag dieses »getrennt, aber gleichwertig« relativ harmlos erscheinen – doch das ist es nicht.

Legt man literarische Maßstäbe an, dann können die 61 Seiten Fotografien in keiner Weise an die 428 Seiten Text von *Let Us Now Praise Famous Men* heranreichen. Stellt man jedoch in Rechnung, in welchem Ausmaß das Buch zu einem Bestandteil der amerikanischen Geschichte und des amerikanischen Lebens geworden ist, dann kann der Text in keiner Weise an die Fotografien heranreichen. Evans' Bilder sind viel bekannter, offensichtlich leichter zu verstehen – »besser zu lesen« – als alles, was Agee zu dem Buch beigesteuert hat. Falls die beiden Teile des Buchs wirklich gleichberechtigt sein sollten, dann höchstens darin, wie sie sich gegenseitig aus dem Gleichgewicht bringen. Obwohl man die Bilder nicht in den Text integriert hat, stehen Bilder und Text nicht beziehungslos nebeneinander; der Textteil bildet ein Magnetfeld mit Auswirkungen auf den Bildteil und umgekehrt. Bei der Lektüre von Agees Texten blättert man immer wieder zu Evans' Portfolio zurück, nicht bloß, um ein namenloses, aber womöglich identifizierbares Gesicht zu suchen, das zu einer von Agee beschriebenen Person passen könnte, sondern um zu überprüfen, ob Agee Evans wirklich gerecht wird oder umgekehrt – um zu überprüfen, ob beide tatsächlich die gleiche Sprache sprechen.

Sie tun es nicht. Sie liefern sich eine Auseinandersetzung, einen heftigen Streit: Evans mit seinen Bildern, die so glanzlos sind, so offensichtlich kunstlos, so dokumentarisch, und Agee mit seiner Prosa, die so hemmungslos ist, so phantasievoll, so literarisch – die beiden Autoren ringen miteinander, denn sie haben gemerkt, daß die Story, auf die sie gestoßen sind, und die Menschen, die diese Story bevölkern, das Leben im ganzen widerspiegeln; und als zufallsabhängige Individuen sehen Agee und Evans das Leben aus unterschiedlichen Blickwinkeln.

Das Leben im ganzen, die amerikanische Republik als Schiff, als die *Pequod*, oder als Ungeheuer, als Moby Dick: Ansprüche oder gar Anmaßungen dieser Größenordnung liegen *Let Us*

Now Praise Famous Men zugrunde und rechtfertigen die aus Agees Texten sprechende Empörung ebenso wie die Nüchternheit der Fotografien von Evans. Genau dies gewährleistet die Distanz, auf der Evans ganz bewußt besteht und die Agee zu überbrücken versucht, die Unmittelbarkeit, mit der Agee dem Leser auf den Leib rückt, und die Sachlichkeit, die Evans über dem Leser ausschüttet wie einen Schwall eisigen Wassers, der Agees Prosa zu romantisierender Künstelei erstarren läßt; anschließend wendet man sich wieder Agee zu, und wenn man wenig später erneut zu Evans zurückkehrt, dann entdeckt man die Künstelei, die hochgestochenen ästhetischen Ambitionen, mit einemmal bei diesem. 1936 war Evans derjenige unter den Foto-Dokumentaristen der Wirtschaftsdepression, der Edward Hopper am nächsten kam. Evans fotografiert, wählt Detailausschnitte und macht Abzüge wie ein Leichenbeschauer; Agee schreibt wie ein Wunderheiler, so als sei er davon überzeugt, er könne die Toten wieder lebendig machen. Und deshalb ist ihr Buch auch noch nach einem halben Jahrhundert lebendig, vor allem aber instabil, so instabil wie ein Land, in dem – wie der New Yorker Kongreßabgeordnete Thomas Downey im Namen des House Subcommittee on Human Resources bekanntgab – »das durchschnittliche Familieneinkommen der ärmsten 20 Prozent der Bevölkerung zwischen 1979 und 1987 um 6,1 Prozent gesunken ist, während die 20 Prozent der besserverdienenden Amerikaner im selben Zeitraum einen Anstieg ihres Familieneinkommens um 11,1 Prozent erlebten.« »Es wird gar nicht genug Schlösser an den Wohnungstüren und Streifenwagen auf den Straßen geben können, um sich vor einer Generation von Menschen schützen zu können, die außerhalb der etablierten amerikanischen Gesellschaft stehen«, sagte Downey.

Maharidge registriert diese enorme Umwälzung – als etwas, das, wie er sagt, während der »Wache« jener Regierung passierte, die während des genannten Zeitraums an der Macht war, als eine Art Naturvorgang, einen Wetterumschwung, und nicht als eine gesellschaftspolitische Strategie, mit der man aus zufallsabhängigen Individuen Werkzeuge machen möchte, die jederzeit ausrangiert oder ersetzt werden können. Vor diesem Hintergrund rückt auch die Wirtschaftsdepression der dreißiger Jahre in die Sphäre des Rätselhaften, und Maharidge kann so schreiben, als hätte Evans die Angst in den Gesichtern der von ihm fotografierten Kinder nicht bemerkt – als sei dies eine Sache, die erst Maharidge entdeckt habe. Wenn man sich Evans' Bild von einer der Ricketts-Töchter ansieht, einem Mädchen mit Halsband und Hut (es handelt sich um das fünfunddreißigste Foto in *Let Us Now Praise Famous Men*), dann kann man sich vorstellen, daß Evans ausschließlich die Angst ablichten wollte, so als gehörte sie ihm, dem Künstler, so als würde diesen Menschen noch nicht einmal der eigene Gesichtsausdruck gehören.

California, Juni 1989

■ *And Their Children after Them* wurde 1990 mit dem Pulitzer-Preis in der Sparte »Allgemeine Sachbücher« ausgezeichnet.

Jan and Dean als Wald vor lauter Bäumen

American Graffiti, George Lucas' epische Reminiszenz an verflossene Teenager-Träume, ebnete den Weg für *Dead Man's Curve: The Story of Jan and Dean* – einen fürs Fernsehen produzierten Spielfilm, der von CBS ausgestrahlt wurde –, und das ist vielleicht schon das Beste, was sich über *American Graffiti* sagen läßt: Nachdem ich mir diesen Streifen angesehen hatte, fühlte ich mich deprimiert, betrogen, auf irritierende Weise der eigenen Vergangenheit entfremdet. *American Graffiti* spielte 1962, irgendwo in Nordkalifornien, und packte einen ganzen Sommer in die letzte Nacht, die zwei der Hauptpersonen, Ron Howard (der Klassensprecher) und Richard Dreyfuss (der sensible Intellektuelle, jedoch kein Strebertyp), in ihrem Heimatort verbringen, bevor sie ihn am nächsten Tag in Richtung College verlassen werden. Ich bin zur selben Zeit auf eine ganz ähnliche High School gegangen wie die Protagonisten des Films und mit dem gleichen Gefühl wie sie einfach so im Auto herumgekurvt, auf praktisch den gleichen Straßen; ich ergötzte mich an den urbanen Teenager-

Legenden, die Lucas' Protagonisten in die Tat umsetzen – im wirklichen Leben war der Junge, der die Hinterachse des Streifenwagens angekettet hatte, immer ein Jahr vor deinem High-School-Eintritt von der Schule abgegangen. Aber vieles von dem, was Lucas auf die Leinwand brachte, erkannte ich nicht wieder. In Lucas' Version der Vergangenheit waren die Jungen und Mädchen so sehr damit beschäftigt, sich in Pop-Mythen zu verwandeln – oder auch bloß jenen Pop-Mythen zu entsprechen, die Lucas vor langer Zeit irgendwo aufgeschnappt hat –, daß sie keine Zeit dazu hatten, sich in ihre sozialen Rollen einzufühlen, verschiedene Gesichter auszuprobieren oder ihrem Narzißmus das Selbstmitleid auszutreiben – letzteres war, wie ich fand, der wesentliche Zweck des Unternehmens High School, USA. Selbst Chuck Berry würde unterschreiben, daß die Teenager der Lucasschen Generation eher mit dem Einüben bestimmter Rollen- und Verhaltensmuster beschäftigt waren als mit der Mythisierung der eigenen Person oder gar einer Ära, und damals wurde eine Ära noch nicht fein säuberlich verpackt und mit einem Etikett versehen ins Haus geliefert. Es sollte noch einige Jahre dauern, bis sich die Leute zu fragen begannen, welche Geschichte sie wohl machen würden, bevor sie sich in irgendeiner Form politisch engagierten oder eine Langspielplatte kauften. *American Graffiti* war deprimierend, weil dieser Film jede übernommene oder auch kulturell determinierte Geste, die man in seiner Erinnerung womöglich zu einer spontanen Reaktion erhöht hatte, wie eine bewußt kalkulierte Sache aussehen ließ.

Der Film *Dead Man's Curve* vergegenwärtigte Geschichte, indem er all das ignorierte, was normalerweise als Geschichte ausgegeben wird. Das Faszinierende an diesem kleinen Film bestand darin, daß er sich mit der Karriere zweier leibhaftiger Mythenmacher beschäftigte – mit Jan Berry und Dean Torrence aus Los Angeles, den ungekrönten Königen der Surf- und Hot-Rod-Musik – und die Story sich selbst erzählen ließ, so als reiche sie für sich genommen völlig aus: als hätte sie einen Anspruch auf die Aufmerksamkeit der Öffentlichkeit, ohne Rücksicht darauf, ob die Eskapaden zweier weißer

Mittelschicht-Teenager aus Südkalifornien irgendwelche Rückschlüsse auf das Vermächtnis der Sixties, die Identität ihrer Generation, die sexuelle Revolution oder sonst etwas erlauben, das über die beiden hinausging.

Als Jan and Dean 1958 ihre erste Platte – einen landesweiten Hit – aufnahmen, befanden sie sich im Abschlußjahr der High School. Es war eine Garagenproduktion, bar jeder Melodie, energiegeladen und völlig unerheblich: Jan and Deans Vorstellung von Doo-wop. Auch als College-Studenten machten sie Plattenaufnahmen und gingen während der folgenden acht Jahre regelmäßig auf Tournee, aber etwas wirklich Besonderes waren sie nur von 1963 bis 1964. Plötzlich nahmen ihre Musik und ihre Karriere Gestalt an, der Humor warf alle Hemmungen über Bord, und ihr Sound schlug einem überall aus dem Radio entgegen. Die Jan-and-Dean-Hits »Surf City«, »Drag City« (auf »Fuck City«, den unausweichlichen Folgetitel, wartete man jedoch vergeblich; heute, dank Punk, würde diese Nummer herauskommen – und nach allem, was ich gehört habe, ist sie es auch) und »Dead Man's Curve« ließen Surfen und aufgemotzte Schlitten oder auch nur die Tatsache, daß man zwischen dreizehn und achtzehn Jahre alt war, wie die Mittsechziger-Jahre-Version des Himmels auf Erden erscheinen. Man ahnte zwar, daß es noch andere Dinge im Leben gab, doch die konnten erst einmal warten.

Jan war von Anfang an die kreative und treibende Kraft des Duos gewesen. 1966 lief seine Zurückstellung vom Militärdienst ab, die man ihm als Medizinstudenten gewährt hatte, und nach einem wütenden Auftritt vor seiner Musterungskommission raste er den Highway hinunter, knallte in einen Lastwagen und brachte so seine Karriere zu einem abrupten Ende. Sein Leben hing lange an einem seidenen Faden; Teile seines Gehirns waren irreparabel geschädigt. Gelähmt, an chronischer Aphasie leidend, verbrachte er die folgenden Jahre damit, ein zweites Mal gehen, sprechen und denken zu lernen. Anfang der siebziger Jahre nahm er zwei Singles auf, die ihm wie die ersten Schritte zu einem erfolgreichen Comeback vorgekommen sein müssen – den Technikern im Aufnahmestudio und den wenigen Leuten, die diese Platten tatsächlich zu hören bekamen, werden sie wohl eher wie therapeutische Übungen erschienen sein.

Das Filmskript zu *Dead Man's Curve* basierte auf einem ausgezeichneten *Rolling Stone*-Artikel von Paul Morantz und folgte der eben umrissenen Chronologie. Drehbuchautorin Dalene Young und Regisseur Richard Compton gingen offenbar von der Existenz eines Publikums aus, das mit Jan and Dean vertraut war und wissen wollte, was aus den beiden geworden war – und sie schienen der Überzeugung zu sein, daß die Story keiner zusätzlichen Rechtfertigung bedurfte. Das Resultat war ein Popkultur-Film, der konkrete Personen, Charaktere in den Mittelpunkt stellte und dadurch die üppig wuchernden Mythen zurechtstutzte, die sich um die Pop-Artefakte der letzten fünfundzwanzig Jahre ranken: Mythen, die von Freiheit, Verrücktheit, Ausschweifungen und schrillen Klamotten handeln. Was man bei *Dead Man's Curve* spüren konnte, war die Natürlichkeit der Popkultur, nicht ihre SIGNIFIKANZ oder ihre Anziehungskraft als eine SPIELART DES AMERIKANISCHEN TRAUMS oder ihre GRUNDSÄTZLICHE SEICHTHEIT, sondern Popkultur als einen Kontext, in dem es sich gut leben ließ – eine unkomplizierte, aufregende und fest umrissene Sache.

So, wie sie von den Filmemachern angelegt war, hatte Jan Berrys Persönlichkeit nichts mit den Teenager-Mythen gemein, die für die kommerzielle Basis des Films sorgten. Er wurde als jemand dargestellt, der niemanden außer sich selbst repräsentierte: als verantwortungslos, illoyal, geltungssüchtig, besessen und kein bißchen verrückt. Daß sein eiskalter Perfektionismus in der Nacht, als er und Dean ihre erste Platte aufnahmen, durch die Qualität der dabei entstandenen Musik in keiner Weise gerechtfertigt wurde, ließen die Filmemacher unkommentiert. Der Zuschauer sollte seine eigenen Schlüsse ziehen oder einfach verfolgen, wozu sich diese Szene entwickelte: zu einem ersten Hinweis auf Jans wachsende Verachtung für die Regeln anderer Menschen, für die Ideen anderer Menschen und für andere Menschen überhaupt. In der Rolle des Jan legte Richard Hatch ein gemeines Glitzern in seine Augen, als er Dean wegen dessen laxer Einstellung gegenüber ihrer Karriere herunterputzte; in der Mitte des Films gab es eine noch viel gemeinere Episode, in der Dean sich mit einem Skateboard an Jans Corvette hängt, im Stil eines Wasserskiläufers, und Jan ihn fast umbringt, als er den Wagen auf hundert Stundenkilometer beschleunigt. Wir sehen, wie Jan alles daran setzt, Dean als gleichberechtigten Geschäftspartner auszubooten, wie er seine Freundin betrügt und das Leben im allgemeinen wie einen Streich angeht, den er, Jan Berry, der Welt spielt. Er ist kein Monstrum, sondern nur jemand, dem man im richtigen Leben aus dem Weg gehen würde – falls man es schaffen sollte, sich dem magnetischen Sog seiner Persönlichkeit zu entziehen, was Dean (von Bruce Davison als aufrichtiger, loyaler und grundsätzlich überforderter Typ auf die Leinwand gebracht) nicht schafft. Der Film versucht nie den Eindruck zu erwecken, daß Jans Verhalten auf die Popmusik an sich oder auf die Mythen der Popkultur zurückzuführen sei. Das ist etwas Neues, denn in Filmen über Popstars wurde Persönlichkeit bisher immer nur auf einer mythischen Ebene abgehandelt, und das heißt, daß in diesen Filmen so etwas wie Persönlichkeit überhaupt nicht vorkam.

Nach etwa einer Stunde entwickelte sich *Dead Man's Curve* zu einem medizinischen Drama. Der von panischer Angst befallene Jan ist als Patient genauso schwierig, wie er es als Freund gewesen war: Er weist jede Hilfe zurück und vertraut, als es um das Zusammenwachsen seiner durchtrennten Nervenbahnen geht, allein auf seine Willenskraft. Die Realität kann oder will er nicht akzeptieren: Musik wird zu seinem Leben, auf eine Weise, wie sie es früher, als er mit ihr seinen Lebensunterhalt verdiente, nie gewesen war. Er bringt kaum zwei zusammenhängende Worte zustande, aber in einem Aufnahmestudio zu singen, das schafft er. Das Ergebnis ist monoton, eine Strapaze, man glaubt, jede fehlende Gehirnzelle zu hören – doch es hat nichts Jämmerliches an sich.

Der wesentliche TV-Mythos ist wohl der, daß jedes Arschloch bekommt, was es verdient, doch Jan betrachtet seinen Autounfall nicht als die Quittung für sein Verhalten, und das, was ihm zugestoßen ist, wird in *Dead Man's Curve* auch nicht als eine Bestrafung dargestellt. Soweit er physisch dazu in der Lage ist, macht er genauso weiter wie vor dem Unfall. Nach Monaten im Koma und Jahren im Krankenhaus kehrt er in sein Haus zurück; das Anwesen wird zu einem Tummelplatz für Hippies, die schon bald so tun, als seien sie die Besitzer. Eines Tages schaut Dean herein, mit einem neuen, in eigener Regie aufgenommenen »Jan and Dean«-Album, bei dem er sämtliche Gesangsparts bestritten hat. Überall lungern Fremde herum, und er kann Jan nirgendwo entdecken. Schließlich fragt er drei zugedröhnte Typen nach seinem Freund. »Meinst du die Mißgeburt, die hier wohnt?« bekommt er als Antwort – es ist die brutalste Szene, die ich im Fernsehen seit langem gesehen habe. Als Dean den Freund gefunden hat, legt er für ihn die neue Platte auf; Jan hört eine Sekunde lang zu, dann packt er den Tonarm und kratzt mit der Nadel einmal quer über die Rillen. Meinen Körper kann man rehabilitieren, sagt er; mich nicht.

Dead Man's Curve deckt einen Zeitraum von über fünfzehn Jahren ab. Die kulturellen Veränderungen, die seit den späten fünfziger Jahren bis zur Mitte der siebziger Jahre stattgefunden haben, werden zwar gezeigt, aber nie in den Vordergrund gestellt. Die Menschen werden älter, ihre Haare werden länger – man wird erwachsen, oder auch nicht. Die Anwesenheit kiffender Hippies in Jans Haus hat etwas Verstörendes, Unheimliches – es ist der Schock, die späten Sechziger in einen Ort einbrechen zu sehen, der noch immer den frühen Sechzigern verhaftet ist –, aber niemand belehrt uns: »Die Welt hat sich verändert, und Jan hat nicht mit ihr Schritt halten können.« Es wird einfach vorausgesetzt, daß wir uns dieser Veränderungen bewußt sind, daß jeder, der sich die Story von Jan and Dean im Fernsehen anschauen wird, von diesen Veränderungen betroffen gewesen ist, daß er sich gegen sie gesträubt hat oder von ihnen aufgesogen worden ist. Zum erstenmal wird die Geschichte der Jan-and-Dean-Generation nicht als eine Anomalie behandelt, als ein permanentes Hinausschieben des Erwachsenwerdens, sondern schlicht und einfach als Geschichte. Wir machen uns über die gezeigten äußerlichen Veränderungen genausowenig Gedanken wie über die einander ablösenden Kleidermoden in einer Film-Biographie von Howard Hughes. Das klingt banaler, als es ist, denn Popkultur – jede Kultur, die Popmusik in ihren Mittelpunkt stellt – wird in der Regel nicht auf diese Weise behandelt. Von *Rock Around the Clock** bis *Saturday Night Fever*** wurde die Popkultur immer als eine Sache präsentiert, die mit der Realität kaum etwas zu tun hatte – als eine Art Wahn, den man abschüttelte oder aus dem man herauswuchs. Bis zum heutigen Tag ist nichts an der Popkultur auf eine normale, ungezwungene Weise behandelt worden, und das bedeutet, daß bisher nie etwas das wahre Niveau seiner Wichtigkeit oder Banalität erreichen durfte. In den bisherigen Filmen über Popstars trugen nicht die Menschen die Klamotten, sondern die Klamotten die Menschen.

Angesichts der vielen demnächst in die Kinos kommenden Spielfilme zur Pop-Geschichte – *The Buddy Holly Story**** und *American Hot Wax*****, ein Streifen über die Lebensgeschichte des Disc Jockeys Alan Freed, sind nur die Spitze des Eisbergs – frage ich mich, ob *Dead Man's Curve* vielleicht bloß eine Ausnahme bleiben wird. Der Film bediente keine nostalgischen Gefühle; ein Slogan wie der von *American Graffiti* – »Wo waren Sie '62?« – hätte keinen Sinn ergeben, denn was sagt dieser Slogan anderes als »Wir sind damals ganz schön komisch gewesen, was? Haben wir nicht ulkig ausgesehen? Glaubst du, daß wir uns wirklich *so* verhalten haben?« Und das bedeutet, daß man sich eben nicht so verhalten hat, daß all diese Dinge nicht wirklich geschehen sind, daß man die Vergangenheit nicht in sein Leben integrieren kann und daß

* *Außer Rand und Band* (USA 1956. Regie: Fred F. Sears).

** *Nur Samstag Nacht* (USA 1977. Regie: John Badham. Drehbuch: Norman Wexler, nach einer Story von Nik Cohn).

*** *Die Buddy Holly Story* (USA 1978. Regie: Steve Rash).

**** USA 1978. Regie: Floyd Mutrux.

das, was man getan hat, im Grunde nichts mit Geschichte zu tun hat. Herkömmliche Filme über Popstars präsentieren eine Version unserer Geschichte, in der wir – die Fans wie die Stars – nicht vorkamen, sondern bloß die Symbole, denen wir zugetan waren: Wir alle waren nur Funktionen dieser Symbole.

Bei *Dead Man's Curve* war das offensichtlich nicht der Fall, auch aus einem weiteren Grund, der bisher noch nicht erwähnt worden ist: Anstatt die Songs für den Film neu aufzunehmen, benutzte man die Originalmusik von Jan and Dean, zu der man die Schauspieler lippensynchron »singen« ließ. Die Musik klang gut, und das, was Hatch und Davison dazu machten, sah ebenfalls gut aus. Man merkte, daß die Filmemacher nicht nur die Story von Jan and Dean ernst nahmen, sondern auch ihr Publikum. Der bewegendste Augenblick des ganzen Films ergab sich jedoch überraschenderweise aus einer Szene, bei der man nicht auf die alten Platten zurückgegriffen hatte: So weit genesen, wie es in seinem Fall überhaupt möglich sein dürfte, offenbart Jan seinem Freund, daß er noch ein einziges Mal vor Publikum auftreten möchte. Die Worte kommen ihm nur schwer über die Lippen, allerdings nicht wegen seiner Behinderung; es ist ihm unangenehm, jemanden um einen Gefallen zu bitten. Und so zieht er über Dean her und beleidigt ihn. Die Frau, die sich um ihn kümmert, kann ihn schließlich dazu bewegen, seine Bitte zu äußern; Dean willigt ein. »Ich kann aber nicht singen«, sagt Jan. »Es ginge nur im ...«, er sträubt sich gegen das Wort, » ... im Playback«, sagt Dean.

Kurz darauf treten sie auf die Bühne, um so zu tun, als ob ... zu einer Tonbandaufnahme von »Surf City« – etwas, das Jan and Dean 1973 bei einem Konzert tatsächlich getan haben. Mitten im Song reißt das Band, und die beiden sind aufgeschmissen; das Publikum reagiert mit einem ohrenbetäubenden Buh- und Pfeifkonzert. (Das ist einer der wenigen Momente des Films, die nicht überzeugen können; kein Publikum der Welt, auch nicht das, vor dem Jan and Dean 1973 aufgetreten sind, hätte sich von einer Tonbandaufnahme hinters Licht führen lassen.) Kleinlaut erzählt Jan, was ihm zugestoßen ist; dann verspricht er, den Song wirklich zu singen oder es zumindest zu versuchen. Gesagt, getan – die Worte hängen kaum zusammen, die Melodie ist so gut wie nicht vorhanden, doch irgendwie bringt er die Eröffnungszeilen des Songs hinter sich. Ich starrte auf den Bildschirm, wie vor den Kopf geschlagen, als sich diese alte Surf-Nummer in das herzzerreißendste Stück Soulmusik verwandelte, und mit einemmal begriff ich, was die Rolling Stones gemeint hatten, als sie behaupteten, es sei »der Sänger, nicht der Song«.

Dann zoomte die Kamera zurück, und Jan and Dean führten den Song makellos singend zu einem triumphalen Ende, vor einem begeistert applaudierenden Publikum, das es nicht mehr auf den Sitzen hielt. 1973 hatte ihr Auftritt zwar nicht so geendet, aber das störte mich nicht.

Politicks, 28. März 1978*

* Der Originaltitel dieses Beitrags, »Jan and Dean as Purloined Letter«, verweist auf »The Purloined Letter«, eine Erzählung E. A. Poes (dt. »Der stibitzte Brief«). (A. d. Ü.)

Des toten Mannes Kurve

Die Vergangenheit des Pop – einen Spielfilm zu diesem Thema zu drehen, der über billigen Klamauk oder sentimentalen Betrug hinausgeht, ist fast ein Ding der Unmöglichkeit, da die Pop-Kultur den Anspruch erhebt, ohne konkreten Zeitbezug zu existieren. Aus der Perspektive eines Pop-Selbstverständnisses erscheint die Vergangenheit automatisch als dubiose Quantité négliable. Die Vergangenheit mit Nostalgieschwulst zuzukleistern oder spezielle Details in Kleidung und Jargon mit einer Bedeutung zu überfrachten, die sie nie gehabt haben, sind Versuchungen, denen man offensichtlich nur schwer widerstehen kann. Doch weil Details so leicht zugänglich sind, fungieren sie als eine Art filmisches Pseudo-Realitätsprinzip: Sie verleihen dem Geschehen auf der Leinwand einen Anschein von Authentizität, der dafür sorgt, daß man sich mit dem Gezeigten auf gewisse Weise identifizieren kann. Filmemacher konzentieren sich auf die Details an der Pop-Oberfläche, kümmern sich aber nicht um die Gefühle, die in bestimmte Modestile und Trends investiert wurden – die

Gefühle, die diese Dinge zu etwas Besonderem, ja mitunter sogar zu einer Offenbarung werden ließen.

Gleichzeitig präsentiert uns die Kinoversion der Pop-Vergangenheit als Hauptmotiv Isolation und Vereinzelung. So etwas wie Zukunft oder auch nur Veränderung taucht in den Storys dieser Filme nicht auf – außer in der Weise, daß die Protagonisten, wie in *The Lords of Flatbush**, in den Hafen der Ehe bugsiert werden und ihren Kumpels aus der alten Gang für immer Lebewohl sagen müssen. Die schiere Unmittelbarkeit des Pop, seine verrückte Intensität – genau das unterscheidet den Pop, ein pures Nachkriegsphänomen, von populärer Kultur im herkömmlichen Sinn – ist mit einer Zukunftsorientierung nur schwer zu vereinbaren. 1959, als Danny and the Juniors »Rock 'n' roll is here to stay« sangen, da versprachen sie ihren Zuhörern nicht, daß sie zu dieser Musik erwachsen werden würden – sie versprachen ihnen vielmehr die ewige Jugend.

Es ist ironisch – aber auch wunderbar –, daß der Pop das erste und nicht das zweite Versprechen erfüllt hat, aber der Pop an sich (als Idee, als Kultur, als Lebensstil) hat bislang keinen konzeptionellen Rahmen hervorgebracht, der diesem Phänomen Rechnung tragen würde. Daß man sich des Problems zunehmend bewußt wird, geht aus einigen Statements hervor, die Rockstars wie Bob Dylan und Bob Seger in jüngster Zeit von sich gegeben haben: Beide glauben, daß sie in gewohnter Weise weitermachen werden, bis sie tot umfallen, so wie die großen Blues- und Countrymusiker. Dagegen ist nichts einzuwenden, aber es geht an der eigentlichen Frage vorbei: Auf diese Weise macht man aus Pop Folkmusik. Was dabei verlorengeht, ist der für den Pop typische Drang zum Neuen, der nicht bloß darauf hinausläuft, daß man ständig auf der Suche nach einem neuen Publikum ist, sondern auch darauf, daß man unentwegt damit beschäftigt ist, Veränderungen aufzugreifen, um sie in neue, noch nie dagewesene Musik zu verwandeln.

* *Brooklyn Blues – Das Gesetz der Gosse* (USA 1974. Regie: Stephen F. Verona u. Martin Davidson).

Vor diesem Hintergrund ist es nicht weiter verwunderlich, daß wir, wenn sich das Kino der Pop-Geschichte annimmt – oder wir all die Filme von *Jailhouse Rock** bis *Privilege*** addieren –, keine Kontinuität entdecken, kein sich nach und nach entfaltendes Generationsepos, sondern eine bloße Aneinanderreihung zusammenhangloser Momente. Was sollte einen Filmemacher daran hindern, die sadomasochistische Vision von *Performance**** aufzugreifen und diese, zeitlich zurückversetzt, auf die Lebensgeschichte Frankie Lymons zu projizieren, jenes schwarzen Teenagers, der 1956 zu einem der bekanntesten Rock'n'Roll-Stars avancierte und 1968 an einer Überdosis Heroin starb? Die Pop-Fifties lieferten keine Erklärungsmuster, die solch ein Ereignis verständlich gemacht hätten, die Pop-Sixties schon. Was spricht dagegen, beides miteinander zu verbinden? In Pop-Filmen werden verschiedene Epochen und Erklärungsmuster jedoch nie aufeinander bezogen oder miteinander verbunden: Du kannst mit deinem ganzen Ich ins Kino gehen, und der Film wird es dir im Handumdrehen nehmen.

Das Pop-Leben mutet mitunter wie ein Streich an, den sich die Nachkriegsgenerationen gespielt haben – so war es jedenfalls bei *All You Need Is Cash*, einer äußerst amüsanten Dokumentarfilm-Persiflage über ein den Beatles nachempfundenes Pop-Quartett, »The Rutles«, die vor kurzem von NBC ausgestrahlt wurde****. Die Rutles versetzten sich in buchstäblich jeden denkwürdigen Moment der Beatles-Geschichte, und das bedeutete, daß zehn Jahre Pop-Geschichte so behandelt wurden, als sei die wahre Sache ein gigantischer Schwindel gewesen, etwas, das in der Erinnerung des Zuschauers ohne weiteres durch eine geniale Parodie ersetzt werden konnte – und diese Prämisse funktionierte, ob man ihr nun zustimmte oder nicht. Während ich die Rutles bei ihren »Anfängen in Hamburg« oder in ihrer konfusen »spirituellen Phase« beobachtete, wurde ich

* *Rhythmus hinter Gittern* (USA 1957. Regie: Richard Thorpe).
** *Privileg* (England 1967. Regie: Peter Watkins).
*** England 1970. Regie: Nicholas Roeg u. Donald Cammell.
**** *All You Need Is Cash* (England 1978. Regie: Gary Weiss. Drehb.: Eric Idle).

immer nervöser. Du lieber Himmel, dachte ich – wie praktisch jeder in meinem Bekanntenkreis –, sollte das wirklich alles gewesen sein? Sollte ich mich für so wenig so weit aus dem Fenster gelehnt haben? Im Kino wirkt auch die ernsthaft erzählte Pop-Geschichte oft wie eine unfreiwillige Parodie, und man distanziert sich instinktiv von dem auf der Leinwand Gezeigten. Nach *All You Need Is Cash* war ich drauf und dran, alles hinzuschmeißen und mich nach einem neuen Betätigungsfeld umzusehen.

Zur Mitte des Films wurde ein Werbespot ausgestrahlt, der für das »All-Beatle Weekend« eines örtlichen Radiosenders Reklame machte und in erster Linie aus Filmschnipseln mit den Beatles bestand. Eine Sekunde lang sah es so aus, als würden die Beatles die Rutles parodieren; die Filmausschnitte zeigten genau jene Momente in der Geschichte der Beatles, die die Rutles gerade genüßlich durch den Kakao gezogen hatten.

*American Hot Wax** – ein Film, in dessen Mittelpunkt Alan Freed stand, jener vom Rhythm & Blues besessene weiße Diskjockey, der 1954 von Cleveland nach New York ging und dort zu einem der Wegbereiter des Rock'n'Roll wurde – war etwas völlig anderes. Trotz einiger historischer Schludrigkeiten und bewußter Geschichtsklitterungen – der Zuschauer gewinnt den Eindruck, daß der Rock'n'Roll im Herbst 1959 geboren wurde und man ihm nach nur einer Woche beinahe den Garaus gemacht hätte – geht *American Hot Wax* weder mit mythischen Ikonen noch mit abgedroschenen Stereotypen hausieren. Stattdessen bezieht er den aufregenden Kitzel der Pop-Kultur auf als wirkliche Menschen erkennbare Charaktere, und umgekehrt. Man hat diesen Film als Märchen abgetan, als eine unkritische Verherrlichung des Pop-Narzißmus, aber auch als ein oberflächliches Hochglanzprodukt, als Verharmlosung einiger ziemlich heikler Themen, und obwohl dies nicht völlig falsch ist – Freed war ein Märtyrer, aber kein Heiliger; der Rock 'n' Roll weichte die rigiden Rassenkategorien auf, sorgte aber nicht dafür, daß die Künstler, die Fans, die Konzertveran-

* USA 1978. Regie: Floyd Mutrux. Drehbuch: John Kaye.

stalter und Plattenfirmen ihren Rassismus ablegten –, halte ich diese Dinge für nicht so relevant. Fragen zur Zeit und zur Pop-Kultur beziehen sich auf die Realität und manifestieren sich in Form einer Distanz zwischen Film und Zuschauer; bei den besten Szenen von *American Hot Wax* spürte ich nicht die geringste Distanz. Läßt man Details der »Wer hat wann was wie gemacht?«-Sorte unberücksichtigt, dann ist dies der emotional authentischste Film zum Thema Pop-Kultur, der je gedreht worden ist.

Freed starb 1965, mit dreiundvierzig Jahren, als arbeitsloser Alkoholiker, zermürbt von Anklagen wegen Bestechlichkeit und Steuerhinterziehung. Der Film zeigt ihn auf dem Höhepunkt seines Ruhms und seiner Macht: als DJ, Konzertveranstalter, Plattenproduzenten, unabkömmlichen Verbindungsmann zur Plattenindustrie und Förderer des Rock'n' Roll. Sein Sturz steht jedoch kurz bevor, und Freed ist sich dessen bewußt. Tim McIntire führt uns diesen Drahtseilakt eindringlich vor Augen: Sein Freed ist ein cleverer Bursche, offen gegenüber Fremden, aber ein einsamer Mensch, selbst unter seinen Freunden. Er erinnert an jemanden, der unheilbar an Krebs erkrankt ist, aber die ihm verbleibende Zeit lieber in vollen Zügen genießt, anstatt sich zu schonen, um noch ein paar zusätzliche Wochen herauszuschinden.

Das bißchen Plot, das der Film hat, kreist um die letzte der großen Rock'n'Roll-Shows, die Freed im Paramount in Brooklyn veranstaltete. Der von einem krakenähnlichen Geheimdienstapparat unterstützte Bezirksstaatsanwalt ist der Überzeugung, daß Freed die Jugend verdirbt und der Rassenvermischung Vorschub leistet. Er ist entschlossen, die Show vorzeitig abzubrechen und Freed ein für allemal das Maul zu stopfen. Im Rahmen des großen Bühnenfinales sehen wir Chuck Berry und Jerry Lee Lewis (Lewis steckt sein Klavier in Brand, Polizei stürmt den Saal und löst einen Krawall aus) und die Künstler, deren Platten Freed produziert, unter anderem die Chesterfields, ein fiktives schwarzes Vokalensemble, das Freed an einer Straßenecke aufgelesen hat. Alles in allem – einschließlich des Polizisten, der sich am Ende sagt, »Hey, diese Musik ist eigentlich gar nicht so schlecht« – ist *American Hot Wax* eine der Post-Watergate-Ära angepaßte Aktualisierung von *Don't Knock the Rock**, eines 1956 gedrehten Films, in dem der echte Alan Freed sich selbst spielte (heute ist Zynismus gegenüber der Obrigkeit nicht nur akzeptabel, er hat auch etwas Befreiendes an sich).

Nachdem er die bekannten Klischees vorgestellt hat, macht sich der Film daran, sie zu überwinden. Der Geist der Musik – ihr Platz im Leben – wird von Anfang an richtig getroffen. In einer Sequenz, die dem Vorspann vorausgeht, sieht man einen untersetzten Mann eine dunkle, regennasse Straße hinuntergehen. Abgesehen davon, daß der Film in Farbe gedreht ist, ist diese Szene purer Film noir, und der Mann hat überhaupt nichts Glamouröses an sich: Er wirkt müde, verbraucht. Man kann es schon an seinem Gang erkennen; hier wird eine Menge rübergebracht, aber das Ganze ist einigermaßen irritierend. Schließlich ist man ins Kino gegangen, um sich einen Film über Rock'n'Roll anzusehen, und nun scheint es so, als würde man jeden Moment einen Raubüberfall vorgesetzt bekommen.

Der Mann betritt ein Bürogebäude, wandert durch menschenleere Korridore und landet schließlich in einem kleinen Studio. Sein Blick fällt auf einen Stapel Singles, an dem ein Zettel mit der Aufschrift »NICHT SPIELEN!« befestigt ist. Er greift sich die oberste Platte, legt sie auf und kehrt sein rundes, verbittertes Gesicht dem Mikrophon zu. »Ich bin Alan Freed«, sagt er, »und das hier ist Rock'n'Roll.« Und das ist es in der Tat – mit einem dramatischen Stimmungsumschwung, wie man ihn auf der Leinwand bisher noch nicht gesehen hat. Bei der Platte handelt es sich um Little Richards noch immer erstaunliches »Tutti Frutti«; die Vorstellung, daß einem DJ zusammen mit einer »NICHT SPIELEN!«-Liste genau die Platten zu Verfügung gestellt werden, die er nicht spielen darf, ist grotesk, doch die ersten Töne der Musik lassen diese Absurdität auf der Stelle verfliegen und markieren den eigentlichen Beginn des Films.

* *Außer Rand und Band: 2. Teil* (Regie: Fred F. Sears).

Die Anspannung, die McIntires verkrampftes, nervöses Spiel bis dahin auf der Leinwand erzeugt hatte, ist wie weggeblasen. Plötzlich sehen wir Gesichter, die sich in den gläsernen Trennwänden des Studios widerspiegeln, und ein gemeines, zufriedenes Grinsen, das über Freeds Züge huscht. Mit drei schnellen Zwischenschnitten, die Freeds Radio-Publikum vorstellen, gewinnt man den Eindruck, daß sich die ganze Welt zu Freeds Rhythmus bewegt – man sieht ein weißes Mädchen in den Pubertätsjahren, das sich seinen BH mit Kleenextüchern ausstopft, einen weißen Zwölfjährigen, der rauchend in seinem Zimmer herumtanzt, und drei Mitglieder der Chesterfields, die aus dem Apartment des vierten boppen. In nicht einmal zwei Minuten führt uns der Film das Gefühl der Vereinzelung vor Augen, das die Menschen zur Pop-Kultur hinzieht, und das Gemeinschaftsgefühl, das sie dort entdecken. Es scheint wie ein Wunder, daß so unterschiedliche Menschen etwas gemeinsam haben sollen, und sei es auch nur die Begeisterung für die von Freed gespielte Platte, doch so ist es gewesen. Und jetzt springt diese Begeisterung auch auf uns über.

Dieser Moment ist schlicht und einfach atemberaubend, und es ist nicht der einzige dieser Art: *American Hot Wax* handelt von solchen Momenten. Die herkömmlichen Bestandteile von Geschichte werden durch die Direktheit der Offenbarungen dieses Films gehörig durcheinandergewirbelt. Dabei kommen einem die historisch verbürgten Ereignisse in Freeds Karriere, etwa seine Probleme mit dem Gesetz, mehr oder weniger irreal vor, da sie schon Pop-Film-Klischees waren, bevor sie überhaupt stattgefunden hatten. Die wahren Ereignisse sind schon vor langem in Pop-Mythen aufgegangen und heute nur noch in Gestalt fertiger Versatzstücke zugänglich. Sie wirken merkwürdig, irgendwie gestellt, und wir weigern uns, ihnen Glauben zu schenken, so als befürchteten wir, man wolle uns einen Bären aufbinden. Doch die Musik, die uns von derselben Leinwand entgegenschallt, und die Intensität der Reaktion, die sie in den Menschen hervorruft, sind alles andere als merkwürdig.

In einer bemerkenswerten Szene besucht Freed ein Aufnahmestudio, mit etwa zwei Dutzend Leuten im Schlepptau. The Planotones, eine fiktive weiße Doo-wop-Gruppe, sind gerade dabei, »Come Go With Me« aufzunehmen (einen Titel, mit dem die Del-Vikings, eine Doo-wop-Gruppe aus Schwarzen und Weißen, 1957 tatsächlich einen Hit landeten), aber sie sind nur halbherzig bei der Sache, auch wenn sie das in ihrer Arroganz nicht wahrhaben wollen. Ihr Produzent, im Film von Richard Perry dargestellt, schlägt den Planotones einen einprägsamen Aufhänger für den Song vor, einen klassischen Doo-wop-*hook*: »Viermal ›dam‹ und danach ein ›dam-di-dubi-uaah‹, O. K.?« Perry klingt wie ein Idiot, wenn er diese Rock'n'Roll-Nonsens-Silben mit der Ernsthaftigkeit eines Priesters vorträgt, doch die Gruppe greift seinen Vorschlag auf und kniet sich diesmal so richtig in den Song hinein. Die Anwesenden geraten vor Begeisterung völlig aus dem Häuschen: Man kann sehen, wie Freed vor Aufregung die Augen übergehen; und das von Ohr zu Ohr reichende Grinsen, das Perry an den Tag legt, als einer der Planotones problemlos den höchsten Ton trifft, ist genausoviel wert wie all die Platten zusammengenommen, die Perry – der im richtigen Leben seine Brötchen als Produzent von Pop-Rock in Hollywood verdient – jemals gemacht hat.

Eine Szene mit den Chesterfields ist sogar noch stärker. Nachdem Freed sie zunächst unter seine Fittiche genommen und dann offensichtlich wieder fallengelassen hat, treffen sich die vier unter einer Straßenüberführung und verbringen den Abend damit, sich gegenseitig Songs zuzuwerfen. Natürlich alles a capella; zu Instrumentalbegleitung haben sie noch nie gesungen. Doch was als Herumgealber beginnt, als eine Möglichkeit, die Zeit totzuschlagen, nimmt bald ernsthafte Formen an – aber vielleicht ist es auch bloß die Idee des Zeittotschlagens, die ernsthafte Formen annimmt. Während die Chesterfields von einem Rhythm & Blues-Klassiker zum nächsten gehen, wird das von der Leinwand ausgehende Gefühl der Wärme so intensiv, daß einem die heutige Popmusik wie ein obszöner Triumph des Artifiziellen vorkommt. William Frakers Kamera bewegt sich mühelos zum entspannten, schnipsenden

Rhythmus der Musik, wobei sie zwischen Großaufnahmen von den Gesichtern der Sänger und Totalen vom kompletten Quartett hin und her springt und keinem der vier Chesterfields mehr Zeit zumutet, als er visuell oder stimmlich ausfüllen kann. Das Gefühl ist so unmittelbar, so zweckfrei, so restlos durch sich selbst gerechtfertigt, daß man die Rückkehr des Plots – in Gestalt von Alan Freed, der sich die Gruppe noch einmal anhören möchte, für einen eventuellen Last-Minute-Auftritt in seiner Show – als Störung empfindet. Dem Zuschauer ist es egal, ob die Chesterfields ihre große Chance bekommen werden oder nicht. Er will sie weiter singen hören, tiefer in das Bild der Harmonie eintauchen, das sie heraufbeschwören – ein Bild, das die Gemeinschaft von Fremden zum Ausdruck bringt, die der Pop immer verheißen hat.

McIntires Verkörperung von Alan Freed liefert den vollkommenen Gegenrhythmus zu einem so unbeschwerten Moment der Freiheit. Sein Freed weiß, daß er für Momente wie diese wird zahlen müssen; er weiß, und er macht uns bewußt, was solche Momente wert sind. Die Tatsache, daß Freed in der Gestalt von McIntire wie ein Mittvierziger ausieht (Freed war im Herbst 1959 siebenunddreißig) unterstreicht dies noch – und für jemanden, der heute in den Dreißigern ist oder älter, könnte McIntires Darbietung einen besonderen Reiz haben. Sein Freed ist dem Rock'n'Roll so vorbehaltlos zugetan wie ein Teenager, und dadurch wird er zu mehr als nur einem Konzertveranstalter oder sogar einem Fan: Er wird zu einem Vorläufer jenes Publikums, das in den kommenden Jahren erwachsen wird und dieser Musik treu bleibt.

Während seine Welt um ihn herum in Scherben fällt, klammert Freed sich an die Musik, als sei sie das einzige, auf das er sich noch verlassen kann. Dies ist ein fester Bestandteil von McIntires Darbietung und kommt am schönsten in einer Szene zum Ausdruck, in der Freed sich auf die Show im Brooklyn Paramount einstimmt. Er sitzt in seiner Garderobe, mit einer Flasche Scotch, aus der er hin und wieder einen kräftigen Schluck nimmt. Im Radio läuft »Stay«, ein Song von Maurice Williams and the Zodiacs. Während er sein Hemd zuknöpft und sein Haar zurückstreicht, wippt er beiläufig im Takt der Musik hin und her; doch dann akzentuiert er den Rhythmus stärker, konzentrierter; und schließlich, als einer der Zodiacs den Aufstieg zu jenem aberwitzig hohen Ton beginnt, in dem die Musik kulminiert, wickelt McIntire sein Gesicht um diesen Ton herum, wobei er sich im Garderobenspiegel beobachtet, und schluckt ihn dann in aller Ruhe und voller Hingabe hinunter.

Das ist eine Szene purer Empathie. Die erzwungene Distanz zwischen dem Publikum und dem Geschehen auf der Leinwand, die bei bisherigen Spielfilmen zur Pop-Geschichte immer spürbar gewesen ist – die Distanz, die die Gemeinschaft und die Kontinuität des Pop als bloße Trugbilder erscheinen läßt, ohne dem Zuschauer erklären zu können, warum Menschen aus dieser Gemeinschaft und dieser Kontinuität so viel Lebenskraft beziehen können – schmilzt zusammen. Was wir gesehen – und in unserm Innersten gespürt – haben, ist die Aufhebung der Distanz zwischen einer Kultur und jemandem, der Teil dieser Kultur ist.

»In schlechten Zeiten ist Musik eine Erinnerung daran, daß bessere Zeiten nicht nur möglich, sondern auch erreichbar sind«, hat Robert Christgau einmal geschrieben. Die Grundidee von *American Hot Wax* – die Grundidee, die sich in der Form des Films manifestiert, nicht in seinem Plot – besagt, daß es bei der Pop-Kultur um das gemeinschaftliche Erleben von Gefühlen geht, in einer Welt, die die Menschen voneinander isoliert und Gefühle hintenanstellt, oder, wie man auch sagen könnte, um das unberechenbare Zusammenspiel zwischen Drei-Minuten-Utopien und dem alltäglichen Leben. Noch nie ist der utopische Zug des Pop auf der Leinwand so überzeugend in Szene gesetzt worden – wenn man aus dem Kino kommt und ins alltägliche Leben zurückkehrt, könnte es passieren, daß einem dieses Leben nicht mehr ganz so alltäglich vorkommt. Es könnte einem wie ein Geschenk vorkommen.

Politicks, 9. Mai 1978

Wenn du den Raum betrittst …

Zur Sozialgeschichte der Kunst« heißt das erste Kapitel von T. J. Clarks *Image of the People: Gustave Courbet and the 1848 Revolution*. Clark schrieb dieses Buch im Winter 1969/70; ihn interessierte dabei vor allem, wie die gesellschaftliche Dimension des Lebens – die politischen und ökonomischen Verhältnisse, gewiß aber auch die, in Clarks großartiger Formulierung, stets schemenhafte Öffentlichkeit als eine Art Gegenstück zum individuellen Unbewußten – in Kunstwerke einfließt und inwiefern sich in solchen Werken eine Einwirkung oder ein Ausdruck der Sozialgeschichte erkennen läßt. Clark fragte sich, ob von Individuen geschaffene Dinge so etwas wie gesellschaftliche *Doppelgänger* haben könnten.

Clark betont, wie schwierig es sei, die »Transaktionen« zu verfolgen, bei denen das Private auf das Öffentliche einwirkt, das Individuum auf die Gesellschaft, und umgekehrt. Die Suche nach dem »Prozeß der Umwandlung und Verbindung« ähnele der Suche nach einem subatomaren Teilchen, das unsichtbar und unentdeckt bleibt, obwohl seine Existenz bewiesen ist.

Ein gewaltiges, aber lohnendes Unterfangen – immerhin geht es um die Frage, wie es dazu kommt, daß bestimmte Epochen, bestimmte Menschen Bilder des Möglichen und Bilder der Negation hinterlassen, die über ihre Zeit hinaus Gültigkeit besitzen. In *Image of the People* wird die These vertreten, daß die Zukunft unter anderem auch von einer Handvoll Bilder Courbets abhängt. Nach der erfolglosen Revolution von 1848 schuf Courbet, laut Clark, seine bedeutendsten Gemälde; angesichts der Niederlage der einen Lebensauffassung entstand eine neue, in einer anderen Form, die wiederum auf eine andere verwies – auf die Fortsetzung einer Story, die, wurde sie von anderen Stimmen erzählt, bereits vorbei war. »Dennoch!« lautet das Baudelaire-Zitat, mit dem Clark *Image of the People* ausklingen läßt: »Trotz alledem!«

Die Ansprüche sind also ziemlich hoch. Wie Clark zwanzig Jahre später erläuterte, nachdem er noch einmal einen Blick auf »Zur Sozialgeschichte der Kunst« geworfen hatte, schwebte ihm kein »Rezept« vor, um »aus Kunstwerken einen ›sozialen Inhalt‹ herauszulesen«, sondern »ein theoretischer Rahmen, der es ermöglichen könnte, den Prozeß, bei dem ein bestimmtes Werk seine Bedeutungen hervorbrachte und wieder verlor, in historischer Hinsicht mit neuen Augen zu sehen«.

In bestimmten Fällen muß dieser Ansatz jedoch modifiziert werden. Clarks Betrachtungsweise ist bei hoher oder schöngeistiger Kunst sinnvoll: bei Kunst, die ganz bewußt innerhalb einer Tradition hervorgebracht und rezipiert wird, die einem Werk, das bestimmte Kriterien erfüllt, sozusagen im Voraus seine Unsterblichkeit attestiert. Bei niederer Kunst – volkstümlicher Kunst, Alltagskunst – sieht man sich immer wieder mit der Frage konfrontiert, ob ein Werk, das innerhalb dieser »Tradition« produziert oder von ihr ausgestoßen wird, überhaupt eine Bedeutung haben könne, die über Ego, Kommerz und Soziologie hinausgeht. Der Gedanke, daß Kunstwerke auf diese oder jene Art zu ihrer Zeit im Widerspruch stehen, gehört zum Rüstzeug jener Kunstkritik, die sich der hohen Kunst verschrieben hat; auf dem Feld der populären Kunst ist mir kein Kritiker bekannt, der sich ausdrücklich gegen die Grundannahme gewandt hätte, wonach Werke dieses Kulturzweigs pure Produkte ihrer Zeit seien. Zu Recht weist Clark die Vorstellung zurück, wonach ein Kunstwerk seine Epoche oder auch nur einen Aspekt davon widerspiegele. Doch diese tote und lähmende Vorstellung hat der Beurteilung und der Geschichte der populären Kunst bis heute ihren Stempel aufgedrückt – wer sich auf die Idee der kulturellen Widerspiegelung beruft, der findet stets genau das, was er finden wollte.

Bei populärer Kunst – bei Kunst, die innerhalb einer Tradition entsteht, deren Grundprinzip darin besteht, ein Kunstwerk zu reproduzieren und dann so schnell wie möglich so viele Exemplare wie möglich zu verkaufen – geht es nicht darum, das Gesellschaftliche in die Kunst einzubringen, sondern darum, die Kunst vom Gesellschaftlichen zu befreien – und auch hier können die Ansprüche ziemlich hoch sein. Bei bestimmten Kunstwerken könnte sich herausstellen, daß es keine gesellschaftliche oder sonstwie definierte Geschichte geben kann – keine Geschichte, auf die wir reagieren müssen, keine Geschichte, die mehr ist als die Summe der, wie Clark schreibt, »aktuellen Bedürfnisse des Augenblicks« –, bevor man diese Kunstwerke nicht aus jenem sozialen Kontext herauslöst, der sie angeblich hervorgebracht hat. Einem berühmten Diktum Walter Benjamins zufolge, geht es bei Geschichte darum, »sich einer Erinnerung zu bemächtigen, wie sie im Augenblick einer Gefahr aufblitzt«. Doch wie der Kritiker Howard Hampton formuliert hat, blitzt Geschichte nicht einfach auf, um gleich wieder zu erlöschen: Wenn die Geschichte aufblitzt, dann »verlangt sie von der Gegenwart, Rechenschaft über sich selbst abzulegen«. Die Weigerung, Rechenschaft über uns abzulegen – oder auch die Unfähigkeit dazu, die Unfähigkeit, die Geschichte als ein Produkt bestimmter Entscheidungen zu begreifen, die an bestimmten Weggabelungen getroffen werden, als eine Vielfalt privater Beweggründe, die auf öffentliche Belange Einfluß nehmen –, bedeutet letztendlich, darauf zu verzichten, Geschichte zu schreiben, und statt dessen die Toten begraben.

Doch wie Marx so gerne zu sagen pflegte: Laßt die Toten die

Toten begraben. Manche Künstler sind in dem Maße tot, in dem sie dem Gesellschaftlichen untergeordnet werden, und in dem Maße lebendig, in dem sich ihr Werk aus dem Gesellschaftlichen herauslösen läßt; wie bei allen Versuchen, die Toten wieder zum Leben zu erwecken, ist das jedoch leichter gesagt als getan.

Vor über einem halben Jahrhundert, Ende November 1936, nahm ein fünfundzwanzigjähriger Bluessänger aus Mississippi in San Antonio, Texas, seine ersten Schallplatten auf – Titel wie »Terraplane Blues«, »Come on in My Kitchen«, »Walking Blues« und »If I Had Possession Over Judgment Day«. Im Januar 1970, einen Monat nach Altamont, dem eintägigen Rolling-Stones-Rock-Festival, bei dem ich Zeuge der schlimmsten Gewaltexzesse wurde, die ich je erlebt hatte, betrat ich einen Plattenladen, ohne etwas Bestimmtes zu suchen; ich hatte einfach Lust, mir eine Platte zu kaufen. Als ich das Regal mit den Bluesplatten durchstöberte, stieß ich auf den Namen Robert Johnson. Der Name sagte mir nicht viel; er war mir hin und wieder auf LPs von Cream aufgefallen, als Komponistenname hinter Songtiteln wie »Crossroads« oder »Four Until Late«. Im vergangenen Herbst hatte ich die Rolling Stones bei einem Konzert eine makellose Version von »Love in Vain« spielen gehört. Der Song erschien dann auf ihrem wenig später veröffentlichten Album *Let It Bleed*, aber ich wußte nicht, daß er von Johnson war; als Komponist wurde dort ein gewisser Woody Payne aufgeführt.

Damals hatte ich gerade als Rockkritiker angefangen, doch nach Altamont fühlte ich mich hundert Jahre alt. Ich dachte, ich sollte besser wissen, wo diese Cream-Songs eigentlich herkamen, und kaufte mir die Robert-Johnson-Platte *King of the Delta Blues Singers*, die Teil einer LP-Serie mit dem merkwürdigen Namen »Thesaurus of Classic Jazz« war. Es handelte sich um einen jener Momente, die dein Leben verändern – so wie wenn man auf dem College ein Seminar belegt, das einen zum erstenmal richtig denken lehrt, oder wenn man rein zufällig einen Raum betritt und dort die Liebe seines

Lebens kennenlernt. Ich nahm die Platte mit nach Hause und legte sie auf: Ich wußte nichts über Country-Blues. Ich wußte praktisch nichts über den Süden der USA in den dreißiger Jahren – ich hatte noch nicht einmal Faulkner gelesen. Was ich hatte, das waren Erinnerungen an Fotos aus einem *LIFE*-Artikel über Lynchjustiz, die Autobiographie von Richard Wright* und die Autobiographie eines der Scottsboro Boys** (der gemeinsame Nenner dieser beiden Bücher war der Zickzackkurs der kommunistischen Parteilinie zur »Rassenfrage«). Im Grunde hatte ich nichts außer einer liberalen Erziehung und einer gehörigen Portion linken Realismus. Wenn man so wollte, fehlten mir sämtliche Voraussetzungen zum Verständnis der Robert-Johnson-Platte. Ich nahm sie einfach mit nach Hause, legte sie auf, und mein Leben wurde verändert.

Ich hörte einen Sound, wie ich ihn vorher noch nie gehört hatte, der mich aber aus irgendeinem Grund ansprach. Es war, wie Herman Melville es einmal genannt hat, der »Schock des Wiedererkennens« – ein Schock, der für mich immer darin bestanden hat, etwas wiederzuerkennen, von dem ich mir nie hätte träumen lassen, daß ich es wiedererkennen würde. Die Frage ist nicht, was die Musik so großartig macht, sondern warum man ihre Großartigkeit wahrnehmen konnte, obwohl man sie im Grunde überhaupt nicht verstehen durfte und, bei Licht besehen, auch nie über sie hätte stolpern dürfen. Ich bin seit über zwanzig Jahren verheiratet; hin und wieder frage ich mich, wie vermutlich jeder, der eine so lange Zeit verheiratet ist, wie mein Leben wohl verlaufen wäre, wenn ich an einem bestimmten bedeutungslosen Tag nicht einen bestimmten bedeutungslosen Raum betreten hätte. Manchmal

* Schwarzer amerikanischer Schriftsteller (1908–1960), der in den dreißiger Jahren Mitglied der amerikanischen KP war; Wrights Autobiographie, *Black Boy* (dt. *Ich Negerjunge*), erschien 1945. (A. d. Ü.)

** 1931 wurden neun schwarze Jugendliche in Scottsboro, Alabama, in einem mehr als fragwürdigen Prozeß wegen der Vergewaltigung zweier weißer Frauen zum Tod auf dem elektrischen Stuhl bzw. lebenslangen Haftstrafen verurteilt; die Urteile wurden vom Supreme Court wegen Verfahrensmängeln aufgehoben. In einem zweiten Gerichtsverfahren wurde die Mehrzahl der Angeklagten freigesprochen. Die amerikanische KP hatte Massendemonstrationen und internationale Solidaritätskampagnen für die »Scottsboro Boys« organisiert. (A. d. Ü.)

komme ich zu dem Ergebnis, daß mein Leben mehr oder weniger das gleiche gewesen wäre, und manchmal denke ich, daß ich dann überhaupt kein Leben gehabt hätte. Und bei Robert Johnson geht es mir genauso.

Wie vorauszusehen war, gefiel mir beim Abspielen des Albums Johnsons 1936 aufgenommene Version des »Cross Road Blues« nicht so gut wie die Cream-Version von 1968. Creams Interpretation, eine Live-Aufnahme, war ein Feuersturm; das hier war mir zu verhalten. Während die Platte lief, las ich die Liner Notes. So fingen sie an: »Robert Johnson ist kaum mehr als ein Name auf vergilbenden Karteikarten und einer Handvoll verstaubter Original-Matritzen in den Archiven einer Phonographenfirma, die nicht mehr existiert.«

Diese Zeilen waren für mich Poesie. Ich denke noch immer, daß der Rhythmus der Prosa lyrische Qualitäten hat – diese Steigerung des »kaum mehr« zum unerbittlichen »nicht mehr« am Ende des Satzes. Ich drehte die Platte um, und »Stones in My Passway« ließ mich auf der Stelle erstarren; ehe ich mich's versah, wurde mein kleines, gemütliches Wohnzimmer von einer unheimlichen Macht in Besitz genommen. Um mich diesem beunruhigenden Gefühl zu entziehen, las ich weiter: »Robert Johnson tauchte auf und verschwand wieder, so wie eine lose Zeitungsseite, die bei Mitternacht eine dunkle und zugige Straße hinunterwirbelt.« Das war keine Poesie – das war Kitsch –, aber es erinnerte mich an die Illustration auf dem Umschlag meiner Ausgabe von Camus' *Der Mensch in der Revolte*, an ein Bild, das mir viel stärker im Gedächtnis haften geblieben ist als fast alles, was in dem Buch steht. Der Umschlag zeigt ein Stück Zeitung, das die Straße nach Nirgendwo hinuntergeweht wurde und von Schlagzeilen wimmelte, die in den unterschiedlichsten Sprachen und Alphabeten von Revolution und Aufruhr kündeten, unter anderem von der Pariser Kommune, dem Berliner Spartakusaufstand, Barcelona 1936 – ausnahmslos Ereignisse, die von denjenigen aus der Geschichte verbannt worden waren, die über die Macht verfügten, Geschichte schreiben, veröffentlichen, zensieren und unterrichten zu lassen, wobei diese Vorfälle, wenn sie überhaupt vermerkt wurden, wie eine Auflistung von Perversionen in einem Sex-Ratgeber für ein gesundes Eheleben anmuteten. Die Worte auf dem Robert-Johnson-Album und die Musik von Robert Johnson wirkten auf mich wie der Einbruch in eine Welt, die ich für selbstverständlich gehalten hatte – ein Einbruch in eine urbane, moderne, weiße, kultivierte Mittelschicht-Realität, die ich für vollkommen und endgültig gehalten hatte, für ein naturgebenes Faktum.

Robert Johnsons Musik war ein Sprung in dieser Realität, ein tiefer Riß, eine Negation, ein Nein. Plötzlich merkte ich, daß ich vom Rock'n'Roll genug hatte, daß ich nach Altamont genug hatte von dem, was er anrichten konnte, genauso wie von dem, was er bis dahin hervorgebracht hatte. Altamont hatte mir Blut und Tod gezeigt. Ich hatte gesehen, wie Menschen mit bleibeschwerten Holzknüppeln zusammengeschlagen wurden. Ich hatte nackte Menschen gesehen, die mit eingeschlagenen Zähnen durch die Gegend irrten. Und als ich den Ort verlassen hatte, mußte ich aus dem Radio erfahren, daß man einen jungen Schwarzen zu Tode getreten, geprügelt und gestochen hatte, während ich hinter der Bühne auf dem Dach eines Kleinbusses gestanden hatte, um mir die Rolling Stones anzuhören. In Robert Johnsons Songs war der Tod zu spüren – doch er trat nie ein, stoppte immer kurz vor dem entscheidenden Punkt. Als ich Robert Johnsons Musik lauschte, den Kopf voll häßlicher Erinnerungen, da wirkte sie auf mich wie die Stimme aus einer anderen Welt, in der nichts sicher und alles offen war. Jede Entscheidung war möglich, nicht theoretisch, sondern praktisch, in Wirklichkeit – was geschah, hing von einem selber ab.

Dies war kein linker Realismus, ja noch nicht einmal liberaler Realismus, der davon ausgeht, daß der Mensch ein Produkt mächtiger geschichtlicher Kräfte ist, die sich seinem Einfluß entziehen: daß der Mensch ein Stück Soziologie ist. Robert Johnsons Musik war nicht nur ein Riß in dem bürgerlichen Leben, das ich bis dahin geführt hatte; sie war auch ein Riß in den Theorien der Linken, die dieses Leben bekämpften, da sie sich weigerten, es als ein naturgegebenes Faktum hinzunehmen: ein Kampf, der in den dreißiger Jahren seine heißeste Phase erlebt hatte, zu genau der Zeit, als Robert Johnson seine Songs sang. Die bürgerliche Weltsicht besagte, daß Menschen wie Robert Johnson nicht zählten; die linke Weltsicht besagte, daß jemand wie Robert Johnson nicht zählen konnte, weil man ihn daran hinderte, und daß er, falls er sich durch irgendein Wunder doch Gehör verschafft hätte, dies als die Stimme des ununterdrückbaren Volkswillens getan hätte – mit anderen Worten, als ein Stück Soziologie. Als Individuum existierte er nicht. Doch dies war nicht das, was ich hörte. Ich hörte einen einzigartigen Menschen, jemanden, der in kein soziologisches Raster gepaßt hätte und den es, nach soziologischen Kriterien, vielleicht nie hätte geben dürfen. Jahre später las ich Albert Murrays Gedanken zu Bessie Smith: Er wies darauf hin, daß viele Autoren den Versuch unternommen hatten, die Ausdruckskraft der Musik dieser Frau auf den Schmerz und das Leid der Schwarzen in Amerika zurückzuführen, und dann stellte er sich die Frage, warum vierhundert Jahre Sklaverei und Unterdrückung nur eine Bessie Smith hervorgebracht hatten. Albert Murray, ein afroamerikanischer Kritiker, wollte Bessie Smith aus den Fängen des linken Realismus befreien; er wollte ihr die Individualität, die Autonomie zurückgeben, die jedem x-beliebigen weißen Künstler automatisch zugestanden wird. Bessie Smith war ein Genie. Daran ließ Murray keinen Zweifel.

Ich selbst war 1970 nicht in der Lage, mich auf diesem Niveau mit Robert Johnson auseinanderzusetzen, ich konnte bloß reagieren. Statt die Stimme verstehen zu wollen, versuchte ich, die Form zu verstehen – das Genre, die Soziologie. Der Mississippi-Country-Blues – der »primitive Blues«, wie es in den Liner Notes des Robert-Johnson-Albums hieß – entwickelte sich bei mir zu einer Obsession. Ich versuchte, so viel wie möglich über diese Musik herauszufinden. Ich kaufte alles, was mir unter die Finger kam. Ich machte mich mit den ersten Country-Bluessängern vertraut, deren Musik man aufgezeichnet hatte, Männer, die zur Zeit der Aufnahmen viel älter gewesen waren als Robert Johnson: Charlie Patton, Son

House, Willie Brown, Skip James, Garfield Akers. Ich hörte eine Musik, die vor Leben strotzte – eine ungestüme, witzige und bittere Musik. Aber ich hörte weiterhin Robert Johnson: Wieviel ich auch las oder hörte, Robert Johnson blieb schlicht und einfach unergründbar.

Ich erfuhr, daß der Blues um 1900 entstanden war – oder erfunden beziehungsweise entdeckt worden war; ich weiß nicht, was das richtige Wort wäre –, wahrscheinlich im Mississippi-Delta. Aber wo er auch herkommen mochte, wenig später erklang diese Musik überall im Süden. Alle, die diese Musik zu hören bekamen, Weiße genauso wie Schwarze – oder alle, die gebildet genug waren, um ihre Eindrücke zu Papier zu bringen –, sagten das gleiche. Es machte keinen Unterschied, ob es sich dabei um eine begüterte weiße Philantropin handelte oder um W. C. Handy aus Memphis, den späteren, selbsternannten »Vater des Blues«. Sie alle reagierten gleich, gebrauchten die gleichen Wörter: »Unheimlich.« »Beklemmend.« »Nicht geheuer.« »Überirdisch.« »Teuflisch.« »Beängstigend.« »Nicht von dieser Welt.«

Der Blues war etwas Neues. So wie Robert Johnsons Musik meiner weißen, modernen Mittelschicht-Welt einen Riß zufügte, so markierte der Blues um 1900 einen Bruch in der bis dahin gekannten Welt der Schwarzen des Südens. Er war etwas anderes als die alten *field hollers*, *work songs*, Tierfabeln, *ring shouts* oder Spirituals, auch wenn die Musikwissenschaftler die Entwicklung des Blues auf eine Weise zurückverfolgt haben, die einen an der Existenz dieses Bruchs zweifeln lassen könnte. A führt zu B, und B führt zu C, und damit hat sich's. Doch das Zeugnis derjenigen, die damals dabei waren, zählt – und diese Leute sagten, daß sie so etwas noch nie gehört hatten und sich nicht sicher gewesen wären, ob sie so etwas noch einmal hören wollten. Eine weiße Frau hörte, wie ihre schwarzes Hausmädchen beim Wäschelegen vor sich hin jammerte – wovon dieser Song auch handelte, falls es denn ein Song war, der von etwas handelte, um Wäsche, da war sich die weiße Frau sicher, ging es dabei jedenfalls nicht. W. C. Handy wartete eines Nachts auf einen Zug; zwei Männer mit Gitarren setzten sich zu ihm auf die Bank und fingen an zu spielen; später fragte er sich, ob er das Ganze vielleicht nicht bloß geträumt hatte.

Was steckte bloß dahinter? Robert Johnson zog noch zu Lebzeiten internationale Aufmerksamkeit auf sich; die englische Musikzeitschrift *Melody Maker* beklagte in einem Artikel die Tatsache, daß Johnsons Plattenfirma ihre Künstler nicht zu »Protest-Songs« ermutigte. Der Blues, das lag auf der Hand, handelte von Leid und Schmerz; demnach mußte er im Grunde ein Protest gegen die Unterdrückung durch die Weißen sein. Auf dem Papier leuchtete das sofort ein – wie kam es dann, daß diese Musik so schwer zu verstehen war?

Der Blues war deshalb so schwer zu verstehen, weil er nicht aus Unterdrückung, sondern aus Freiheit geboren war. Er war kein Protest gegen den Rassismus, das an Leibeigenschaft grenzende Pachtsystem oder die Lynchjustiz – er war, wie Faulkners *Schall und Wahn**, ein Protest gegen das Leben.

Der Blues wurde von einer der ersten Generationen schwarzer Amerikaner erfunden, die nicht als Sklaven zur Welt gekommen waren – die mit jener uneingeschränkten Bewegungsfreiheit geboren wurden, die seit den Tagen Daniel Boones als das oberste Prinzip der amerikanischen Lebensweise geheiligt wird. Die Bluessänger gehörten zu den ersten Afroamerikanern, die aus freien Stücken ihrer Heimat, ihrer Familie, ihrer Kirche und nicht zuletzt ihrer Arbeit den Rücken zukehrten. Die schwarze Kirche und die weißen Sheriffs wollten die Bluessänger wieder zur Räson bringen – doch diese ließen sich nicht mehr einschüchtern, von der Kirche genausowenig wie von den Sheriffs. Nein! sagten sie. Ich tue, was mir gefällt.

Eine völlig neue, gemeinsame Sprache entstand im Umkreis dieser Negation, dieser Bejahung: »Nein! Ich tue, was mir gefällt.« Es war eine Sprache aus gemeinsam benutzten Gitarren-Riffs und Text-Wendungen (»My black mama's face shines like the sun«, »The sun gonna shine in my back door someday«, »Minutes seem like hours, hours seem just like days«), eine

* *The Sound and the Fury* (1929).

Ansammlung von Fragmenten, die auf eine umfassende Blues-Parabel zustrebten, die von den einzelnen Bluessängern ausschnittweise dargeboten wurde. Man könnte sagen, so wie es der Blues-Chronist Peter Guralnick getan hat, daß nicht der einzelne Künstler der Dichter war, sondern die Tradition an sich – und daß die Tradition als eine dichterische Opposition entstand, als Weigerung, die Regeln zu befolgen. In diesem Sinne war der Blues natürlich ein Protest – ich, nicht du; ihn, nicht sie –, aber die Bluessänger sahen das nicht so. Sie verstanden sich als freie Menschen, so gut wie jeder andere und besser als die meisten – und wenn nicht besser, dann doch immerhin freier. Ihre Musik entstand aus der Überzeugung, daß sie, wie alle anderen Amerikaner auch, über ihr eigenes Leben bestimmten oder es zumindest sollten. Wenn sie an die Grenzen ihrer Unabhängigkeit stießen – auf ihr Unvermögen, eine Frau an sich zu binden, nicht gleich jeden Dollar auf den Kopf zu hauen, ein Leben ohne Angst zu führen –, dann waren sie nicht bloß mit den besonderen »rassischen«, ökonomischen oder sozialen Bedingungen im amerikanischen Süden während der zwanziger und dreißiger Jahre konfrontiert, sondern auch mit den Tatsachen des Lebens. Und diese ließen sich ganz einfach zusammenfassen: Der Mensch war nicht zu Hause in dieser Welt. Es war derselbe Sachverhalt, den Melville in *Moby Dick* entdeckt hatte und gegen den Faulkner in *Schall und Wahn* aufbegehrt hatte, ein Sachverhalt, der vor mehr als zweitausend Jahren schon die griechischen Tragödiendichter beschäftigt hatte. Und deshalb klang der Blues für diejenigen, die ihn um 1900 zu hören bekamen, so unheimlich, beängstigend und irritierend: Diese Sänger sprachen in ihrer Musik Dinge an, über die die anderen *nie* geredet hätten. Die Bluessänger waren die ersten, die Entfremdung zu einem obersten Prinzip erklärten – sie waren moderne Individuen, die sich wie freie Menschen benahmen und dabei gegen jene Wand prallten, die die Sehnsucht von ihrer Erfüllung trennt und die einem diese Trennung erst bewußt macht.

Es dauerte eine ziemliche Weile, bis ich das entdeckt hatte – oder bis ich davon überzeugt war. Lange hatte ich aus dem

Mississippi-Country-Blues – und ganz besonders aus der Musik Robert Johnsons – vor allem Widerspruch herausgehört. Die Musik packte mich unmittelbar, traf mitten ins Herz, schien Antworten hervorzurufen, die nicht im Kopf, sondern im Blut Gestalt annahmen; gleichzeitig war die Musik unglaublich weit entrückt, irgendwie fremd und alt. Die Schwarzen, die in den zwanziger und dreißiger Jahren im Mississippi-Delta lebten, kannten als Transportmittel im Grunde nur Pferd und Wagen; das Land wurde von der Quasi-Leibeigenschaft des Pachtsystems beherrscht. Es gab weder Telefone noch Toiletten. Schwarze durften nicht wählen. Die meisten von ihnen konnten noch nicht einmal davon träumen, lesen und schreiben zu lernen. Für viele dieser Menschen ergab sich der erste Kontakt zu jener Welt außerhalb derjenigen, in die sie hineingeboren waren, als ihre Söhne während des Zweiten Weltkriegs eingezogen wurden – und viele ihrer Söhne erhielten auf Betreiben der weißen Landbesitzer Freistellungsbescheinigungen, denn diese wollten sicherstellen, daß ihre Arbeiter keine andere Welt zu Gesicht bekämen als die, in die sie hineingeboren worden waren.

Aber ich bin schon wieder bei der Soziologie gelandet – ich meine nämlich eine andere Art von Entrücktheit, eine andere Art von Fremdheit, eine andere Art von Alter. Ich bin mit *The Twilight Zone** großgeworden; und der Mississippi-Blues kam mir vor wie *Twilight-Zone*-Stoff. Bei ihren Plattenaufnahmen waren diese Bluessänger in der Regel zwischen zwanzig und dreißig Jahre alt gewesen, aber ihren Stimmen nach zu urteilen, mußten sie schon als alte Männer auf die Welt gekommen sein. Robert Johnson war ein Gespenst – aus einer Vergangenheit, von der ich nie geglaubt hätte, sie könnte mich in irgendeiner Form betreffen; jedesmal, wenn ich ihm zuhörte, schien er mir um Jahre voraus zu sein und darauf zu warten, daß ich ihn einholte.

* 151teilige US-Fernsehserie (1959–1963; dt. *Unheimliche Geschichten*); die in sich abgeschlossenen Folgen erzählten spannende Geschichten, die in den Genres Science Fiction und Fantasy angesiedelt waren. Zwischen 1985 und 1987 erlebte die Serie eine Neuauflage (dt. *Twilight Zone – Unbekannte Dimensionen*). (A. d. Ü.)

Ich schreibe aus folgendem Grund über Johnson: Sollte irgend etwas von dem bisher Gesagten zutreffen, dann trifft es auf ihn und seine Musik in einem sehr viel größeren Ausmaß zu als auf jeden anderen Bluessänger seiner Zeit. Hat man sich einmal mit der Tradition vertraut gemacht, dann gehen viele der großen Bluessänger und die Mehrzahl der nicht ganz so großen – und in den zwanziger und dreißiger Jahren nahmen jede Menge Schwarze aus dem Süden Schallplatten auf – in der Tradition auf; die Tradition tritt an ihre Stelle, und schließlich werden sie zu einem Stück Soziologie. In soziologischer Hinsicht ergibt ihre Musik einen Sinn, und das ist vielleicht schon der einzige Sinn, den sie noch ergibt – abgesehen von dem Un-Sinn, den sie aus den Vorurteilen macht, die der Zuhörer an sie herantragen mag. Der als Gründer des Mississippi-Blues angesehene Charlie Patton klingt wie ein Gründer. Son House klingt wie ein typischer Repräsentant. Skip James und Tommy Johnson, zwei Sänger mit einem ausgeprägten Individualstil, klingen wie Exzentriker: isolierte Gestalten innerhalb einer Tradition, die ihrerseits von jenem Amerika isoliert war, in dem angeblich Geschichte gemacht wurde, sei es in politischer oder künstlerischer Hinsicht. 1936, als das Schicksal der New-Deal-Koalition von etwas abhing, das mitunter als Weiße Demokratie bezeichnet wurde, hatte Franklin D. Roosevelt keine Probleme damit, die schwarze Welt des Mississippi-Delta als Ausland zu betrachten.

Im Gegensatz zu Skip James oder Tommy Johnson kann man bei Robert Johnson von keinem auffälligen Individualstil sprechen. Er klingt ausgesprochen traditionell – und gleichzeitig so, als sei die Tradition, dieses willkürliche Produkt bestimmter »rassischer«, ökonomischer, sozialer und religiöser Umstände, völlig bedeutungslos, als hätte es sie nie gegeben. In seiner Musik glaubt man all das zu hören, was den anderen vorschwebte, was die anderen zu sagen versuchten, woran sich sonst niemand herantraute, was sonst niemand mit Worten, einer stimmlichen Phrasierung oder dem Auf und Ab eines Gitarrenlaufs auszudrücken vermochte – genausowenig wie mit einem Stück Prosa, der Szene eines Theaterstücks oder dem Detail eines Gemäldes. Robert Johnson nimmt die Tradition als selbstverständlich hin, so wie wir es als selbstverständlich ansehen, daß die Menschen, denen wir begegnen, sprechen, essen und schlafen werden; doch dann geht er über diese Tradition hinaus, in einem Ausmaß, das unsere gewohnten Vorstellungen von Sprechen, Essen und Schlafen über den Haufen wirft oder mit völlig neuen Bedeutungen versieht.

Wie in seiner Musik zum Ausdruck kommt, arbeitete und lebte Robert Johnson mit einer größeren Selbständigkeit als die anderen Bluessänger, denen es in erster Linie darauf ankam, ihre Selbständigkeit zu demonstrieren. Johnsons Musik wandte sich gegen die Grenzen dieser Selbständigkeit, gegen Grenzen, die er herausfand und deutlich machte, viel entschlossener und einfühlsamer als die anderen Bluessänger, die ja im Grunde an dieselben Grenzen stießen wie er. Der entscheidende Unterschied liegt darin, daß andere Blueskünstler dieses Problem im Rahmen der Tradition behandelten, im Rahmen der formalen Besonderheiten des Mississippi-Delta-Blues, auf der Basis der gemeinsamen Sprache. Diese Tradition erlaubte es ihnen, gegen die Grenzen aufzubegehren, die ihr Leben einschnürten, doch dabei akzeptierten sie, daß die Tradition kaum in der Lage war, auf diese Grenzen Einfluß zu nehmen oder ihnen einen Sinn zu verleihen.

Robert Johnson tat nichts dergleichen. Als jemand, den die Blues-Tradition dazu anspornte, mehr vom Leben zu wollen, als er andernfalls vielleicht verlangt hätte, weigerte sich Johnson, die Grenzen der Blues-Tradition an sich zu akzeptieren – einer Tradition, die als ästhetische Form seinen Willen, Forderungen an das Leben zu stellen oder gegen es zu protestieren, gleichzeitig beflügelte und lähmte. So wie der Blues um 1900 für einen Riß im Leben der schwarzen Amerikaner gesorgt hatte, so sorgte Robert Johnson 1936 für einen Riß in der Tradition des Blues.

Der Blues war seine Sprache, seine einzige Möglichkeit, auf die Welt einzuwirken, sie ein wenig anders zu hinterlassen, als er sie vorgefunden hatte. Er beherrschte die Tradition – in formaler Hinsicht erweiterte er das Vokabular der Bluesgitarre, hob das kompositionstechnische Niveau der Songs und vergrößerte, was Intensität und Nuanciertheit betraf, die Palette der stimmlichen Ausdruckskraft. Aber er empfand die Tradition auch als Hemmschuh – was man aus seinen berühmtesten Songs heraushören kann, aus »Stones in My Passway«, »Hellhound on My Trail«, »Traveling Riverside Blues« und »Come on in My Kitchen«. Die Anspannung, mehr sagen zu wollen, als mit den Mitteln der Tradition ausgedrückt werden kann, läßt die Tradition explodieren. Vom Klang und vom Gefühl her haben »Stones in My Passway« und »Hellhound on My Trail« nichts mit anderen Bluestiteln gemein. Es spielt keine Rolle, wie schlüssig die Musikwissenschaft die Melodien oder Texte dieser Songs auf irgendwelche anderen Künstler zurückführen kann. Man kann es drehen und wenden wie man will, an einer emotionalen, ästhetischen Tatsache kommt man einfach nicht vorbei: Die Soziologie kann den Mississippi-Delta-Blues erklären, doch sie kann Robert Johnson ebensowenig erklären, wie vierhundert Jahre Leid und Schmerz zwei Bessie Smiths hervorbringen konnten.

Die meisten Traditionen verfallen allmählich, gehen zugrunde oder nutzen sich ab. Es kommt selten vor, daß man sehen oder hören kann, wie eine Tradition buchstäblich zur Explosion gebracht wird – wie sie zu einer kritischen Masse aus Möglichkeit und Sehnsucht komprimiert und dann zerstört wird. Genau das geschieht bei Robert Johnsons letzten Aufnahmen, die er 1937 einspielte, ein Jahr vor seinem Tod. Es scheint unvorstellbar, daß es nach diesen Aufnahmen noch so etwas wie einen Mississippi-Blues gegeben haben sollte – und in gewisser Weise gab es ihn dann auch nicht mehr. Es gab nichts Neues mehr; bloß noch Verfeinerungen, Wiederbelebungen, Fußnoten. Viele von Johnsons konventionelleren Songs – »Sweet Home Chicago«, »Dust My Broom« oder »Cross Road Blues« – wurden in den Jahren und Jahrzehnten nach seinem Tod erst Blues- und dann Rockmusik-Standards; es ist bezeichnend, daß sich kaum jemand an neue Versionen von »Stones in My Passway« oder »Hellhound On My Trail« herangewagt hat.

Wenn man die Musik Robert Johnsons richtig auf sich wirken läßt, bekommt sie etwas Rätselhaftes – und wenn man mit einem Rätsel konfrontiert ist, will man es unbedingt lösen oder es zumindest versuchen. Robert Johnson ist heute nicht mehr nur ein Name auf einer vergessenen Karteikarte; seit 1961, seit der Veröffentlichung von *King of the Delta Blues Singers*, ist so gut wie alles herausgefunden worden, was einen an ihm interessieren könnte. Man hat genug Fakten ausgegraben, um eine erschöpfende Biographie zu schreiben; bis vor kurzem gab es fast nur Legenden, an den Haaren herbeigezogene Geschichten, Gerüchte. Aber Robert Johnsons Musik ist bislang nicht in Schubladen gesteckt, etikettiert und endgültig erklärt worden. Man hört einen Menschen, der weiter geht, als man es je von ihm hätte erwarten können – selbst wenn man nichts über die spezifischen Grenzen des Mississippi-Blues weiß, kann man hören, wie diese Grenzen zerschmettert werden oder wie der Künstler gewaltsam auf sie gestoßen wird. Was man hört, ist ein Kampf, der viel radikaler und viel konkreter ist, als man vielleicht wahrhaben möchte. Und so beginnt man sich zu fragen: Was mag es wohl bedeuten, so viel zu wollen? Was mag es wohl bedeuten, so viel zu verlieren?

Carlos Fuentes sprach einmal von dem Unterschied zwischen einer Literatur, die innerhalb der Grenzen von Soziologie und Ethnographie angesiedelt werden kann, und einer Literatur, bei der das unmöglich ist. »*Babbitt* und *Main Street* konnten vielleicht nur von einem dezidiert nordamerikanischen Schriftsteller geschrieben werden, der 1885 in Sauk Center, Minnesota, geboren wurde«, sagt Fuentes über Sinclair Lewis. »Aber *Absalom, Absalom!*, *Light in August* oder *The Sound and the Fury* hätten, was ihren mythischen Gehalt anbelangt, ebensogut von einem weisen Wilden in Zentralafrika, einem uralten Hüter der Erinnerung im Himalaya, einem von Amnesie befallenen Dämon oder einem reuevollen Gott erzählt werden können.« Sam Charters, einer der ersten, die ausführlich über den Mississippi-Blues geschrieben haben, sagte einmal, nur ein Schwarzer, der im ersten Drittel dieses Jahrhunderts im Mississippi-Delta gelebt hat, könne wissen, was Son House mit der Wendung »my black mama's face shines like the sun«

gemeint hat. Das mag zutreffen, so wie das, was Fuentes über Sinclair Lewis gesagt hat. Über Robert Johnson könnte man so etwas nicht sagen – genausowenig wie man ein zweiter Faulkner sein muß, um seine Romane verstehen zu können.

Trotzdem ist Robert Johnson nichts weiter als die Figur in einer Geschichte, die, so wie sie für gewöhnlich erzählt wird, bereits aus und vorbei ist: Das heißt, er ist ein soziologisches Beispiel für ein ethnographisches Kulturereignis, das innerhalb der Grenzen der amerikanischen soziokulturellen Ethnographie einen Sinn ergibt, nicht mehr. Niemand spricht so über Melville, Hawthorne, Dickinson – und auch nicht über D. W. Griffith, John Ford oder Orson Welles. Man spricht über sie als Menschen, die sich der Welt stellten und, aus welchen Gründen auch immer, etwas aus ihr machten; und über das, was sie daraus gemacht haben, wird diskutiert, auf eine gründliche, umfassende Weise, die praktisch alles einbezieht und berücksichtigt, was sich irgendwie einbeziehen oder berücksichtigen läßt. Solche Diskussionen bereichern das Werk dieser Menschen, und sie bereichern die Welt, machen sie interessanter. Es gibt jedoch nur wenige schwarze amerikanische Künstler, die auf diese Weise diskutiert werden, und schon gar keine Bluessänger. Formale Einwände sind schnell gefunden – wie kann eine Handvoll Zweieinhalb-Minuten-Songs mit dem Gesamtwerk Herman Melvilles oder auch nur mit *Moby Dick* verglichen werden? Kann man allen Ernstes behaupten, daß es in »Stones in My Passway« ein ähnlich tiefes und beunruhigendes Labyrinth gibt wie in Faulkners *The Sound and the Fury*? Nun, darauf würde ich mit einer Gegenfrage antworten: Könnte man Johnson oder Melville oder Faulkner davon überzeugen, daß dem etwa nicht so ist?

Village Voice, 9. Dezember 1986; *Texte zur Kunst*, Frühjahr 1991*

* Die von der Zeitschrift *Texte zur Kunst* publizierte Übersetzung erschien unter dem Titel «Social History als Schatten«; dabei handelt es sich um eine stark überarbeitete Fassung des *Village-Voice*-Beitrags, der hier in seiner ursprünglichen Form vorgelegt wird. Textidentische Passagen aus »Social History als Schatten« wurden in der Regel nicht übernommen, sondern neu übersetzt. Der Originaltitel des Beitrags, »When You Walk in the Room«, ist eine Anspielung auf den gleichnamigen Song von Jackie DeShannon. (A. d. Ü.)

»Glaubtest auch du, o Freund, Demokratie sei nur eine Wahlparole und ein politisches Schlagwort und Name für eine Partei?«

(Walt Whitman, 1870)

Das ist das Geheimnis der Demokratie, daß ihre reichsten Früchte aus einem Boden wachsen, den kein Mensch bestellt hat, und unter Bedingungen, die es am wenigsten erwarten ließen...

Präsident Woodrow Wilson anläßlich der Einweihung des Abraham-Lincoln-Geburtshauses zum Nationaldenkmal

Am heutigen Tag gewährleistete das Geheimnis unserer Demokratie, daß der Stahlarbeiter und die Sekretärin, der Lehrer und die Krankenschwester genausoviel Macht ausübten wie der Präsident, der Milliardär und der Gouverneur. Sie alle sprachen mit gleichberechtigter Stimme ...

Gouverneur Bill Clinton anläßlich seiner Wahl zum amerikanischen Präsidenten, Little Rock, Arkansas, 3. November 1992

Vor etwa einer Woche brachte die Post die Elvis-Briefmarke heraus, und in dieser Woche wird Bill Clinton als der 42. Präsident der Vereinigten Staaten in sein Amt eingeführt: ein nicht unbedingt zufälliges Zusammentreffen. Schon vor dem Wahltag fragten sich die Menschen, was für einen Elvis ein Präsident Clinton wohl abgeben würde. »Clintons

Elvis besitzt keine der transzendenten Qualitäten des Kings«, schrieb Richard Goldstein im Oktober in der *Village Voice*, »aber eine ganze Menge von dem, was diesen Burschen aus Tupelo zum Star machte. Elvis sprach die Mädchen an – mit seinen Hüften, seinem Haar und seinen Augen. Er definierte eine männliche Sexualität, die ekstatisch war und zugleich anlehnungsbedürftig – das genaue Gegenteil der markigen, wortkargen Sorte.«

Es gab aber auch Leute, die sich fragten, ob ein Präsident Clinton überhaupt einen Elvis abgeben würde. Als er in der Wahlnacht auf Clintons Siegesrede wartete, überkam den Kolumnisten Steve Perry eine Vision, die er mit manch anderem geteilt haben dürfte. »Die Türen des Capitols öffnen sich«, schrieb Perry in *City Pages*, einem Wochenblatt aus Minneapolis, »und heraus kommt Bill – *in einem weißen, straßbesetzten Strampelanzug*! … Ich stellte mir vor, wie er ans Mikrophon trat, mit diesem schiefen, typischen Elvis-Grinsen auf den Lippen, das zweierlei zu offenbaren schien: ein arrogantes Vertrauen in die eigene Machtvollkommenheit und ein Geheimnis, das sich all denen erschloß, die an ihn glaubten.« Dann sah Perry, wie Clinton aus der Verkleidung schlüpfte, die er in Perrys Phantasie während des gesamten Wahlkampfes getragen hatte, um sich nun als »beherzter Progressiver« zu offenbaren – als würde unter dem Las-Vegas-Strampelanzug die Kluft des rebellischen Fünfziger-Jahre-Rock'n'Rollers zum Vorschein kommen. Doch statt dessen taucht der leibhaftige Clinton auf, »um die altbekannten neoliberalen Kamellen vom Stapel zu lassen«. Perry ist einigermaßen pikiert, als der Traum (schon so früh!) vorbei ist: »Er ist kein Elvis!« Tja, es wäre ja auch zu schön gewesen …

Der Rest der Nation dürfte sich nicht so leicht von dieser Metapher verabschieden. Es ist noch gar nicht so lange her, daß Ian Shoales auf die ihm eigene, provokative Art Elvis Presley als den »heimlichen Engel Amerikas« bezeichnet hat: Demnach müßte es ein stilles Einvernehmen geben, wonach Elvis all das verkörpert, was gut an diesem Land ist, während er gleichzeitig als ein, wie Elvis 1963 gesungen hatte, »Devil in Disguise« angesehen wird: als ein verkappter Teufel. Es ist also höchste Zeit, unsere Präsidenten an Elvis zu messen – und umgekehrt.

Die Clinton-als-Elvis-Metapher ist ziemlich ergiebig: Womöglich können wir eher herausfinden, was wir von diesem Mann erwarten – was wir uns von ihm erhoffen und was wir am meisten fürchten –, wenn wir ihn als Elvis sehen und nicht bloß als ihn selbst. Doch als welchen Elvis? Elvis hatte viele Gesichter; er widersprach sich, sobald er nur den Mund aufmachte oder einen Fuß vor den anderen setzte. Er war der Junge, der keine Angst davor hatte, anders zu sein als jeder in seiner Nähe; und er war wild entschlossen, sich das zu holen, was ihm zustand, und dabei keine Kompromisse einzugehen. Er war der Mann, der buchstäblich alles getan hätte, um akzeptiert zu werden. Er setzte sich über alle Regeln hinweg, und er flehte Richard Nixon an, ihn zum Drogenfahnder zu ernennen. Er pries die Werte der Familie, einen sauberen Lebenswandel, Gottvertrauen und Barmherzigkeit, und verfaulte dabei innerlich. Er war das größte Sex-Symbol, das Amerika jemals gesehen hatte, und er gab sich damit zufrieden, den Hampelmann zu spielen, das Mädchenspielzeug, den, wie er 1957 gesungen hatte, »Teddy Bear«.

Elvis Presley ist die extremste Verkörperung der Möglichkeiten unseres Landes und der Vergeudung dieser Möglichkeiten, ein Inbegriff von Wiedergeburt und Niederlage. Ihn umgibt eine unzerstörbare Aura aus Glamour und Sehnsucht: ein Spiegel, der Schrecken und Würde, Erfolg und Scheitern, Stolz und Schande reflektiert. Es kommt also nicht von ungefähr, daß Amerika sich auf die eine oder andere Weise fragt, ob Bill Clinton »Anyway You Want Me (That's How I Will Be)« anstimmen wird oder »Hound Dog«. Die Gleichsetzung von Bill Clinton und Elvis wirft echte Fragen auf, nicht bloß darüber, wer dieser Bill Clinton sein mag, sondern auch über diejenigen, die ihn wählen; das ist der wesentliche Grund für diese Gleichsetzung.

Obwohl die Antworten alle noch vor uns liegen, lohnt es sich, einen Blick auf die merkwürdige Rolle zu werfen, die

Elvis während der gerade zu Ende gegangenen Wahl gespielt hat. Das Bonmot des Kolumnisten Dave Berry – »Wenn Elvis heute noch lebte, wäre er vermutlich längst tot« – mag zutreffen, aber es hat bislang keine Präsidentschaftswahl gegeben, bei der Elvis so unmittelbar in das Geschehen eingegriffen hätte wie bei der diesjährigen, und das genau fünfzehn Jahre nach seinem Tod.

Kurz nach den Parteitagen der Demokraten und Republikaner erschien eine »Fresh Bush and the Invisible Man« zugeschriebene George-Bush-Sample-Platte mit dem Titel »Hard Times« – Schnipsel aus Präsidentenreden, die man zu täuschend echten Bush-Verlautbarungen zusammenmontiert und mit einem Rhythmus-Track unterlegt hatte. Umrahmt von alternierenden Refrains – rauhe Männerstimmen, die »Hard times, hard times« intonierten, und eine überschwengliche Frauenstimme, die »We can change the world, we can change America« schmetterte – offerierte der Phantom-Präsident Patentrezepte wie »Nehmen-Sie-zwei-Aspirin-und-rufen-Sie-mich-an-sobald-die-Wahl-vorüber-ist«. Das war witzig, doch als Bush brüllte »ICH-HABE-ELVIS-GESEHEN!«, nahm die Sache gruselige Züge an: Man wußte, er hatte es tatsächlich.

Das Elvis-Jahr und das Jahr der Präsidentschaftswahl begannen auf verschiedenen Bahnen, die aber rasch zusammenliefen. Das Elvis-Jahr brachte es im Februar zu seinen ersten richtigen Schlagzeilen, auf der Titelseite der Boulevardzeitung *National Enquirer*: »Seine Stiefmutter enthüllt endlich die schockierende Wahrheit: ELVIS & SEINE MOM WAREN EIN LIEBESPAAR!« Für einen ähnlichen Knaller sorgte Mike Peters, der Cartoonist der Daytoner *Daily News*, als er im August einige bekannt gewordene Bush-Wahlkampf-Faxe über Clintons angebliche Angst vor »Sex-Enthüllungen« zu einer Topmeldung für den »G.O.P.* Enquirer« umarbeitete: »CLINTON TRÄGT ELVIS' KIND UNTER DEM HERZEN.« Im Anschluß an den vom *Enquirer* entfachten Wirbel bewertete die prominente

* G.O.P. oder GOP = *Grand Old Party*, Spitzname für die *Republican Party*. (A. d. Ü.)

Kommentatorin Molly Ivins den Präsidentschaftsaspiranten Paul Tsongas mit »minus Null auf der Elvis-Skala«. Als die Bürger im Frühjahr von der Post aufgerufen wurden, sich zwischen einem »jungen« und einem »reifen« Elvis-Porträt zu entscheiden, schien das Interesse an der Wahl des Motivs für die Elvis-Briefmarke das Interesse an den Vorwahlen weit in den Schatten zu stellen. Die Intensität der halb im Ernst, halb im Spaß geführten Auseinandersetzung darüber, ob die Briefmarke vom jüngeren oder vom älteren Elvis geziert werden sollte, offenbarte unter anderem eine tiefe Unzufriedenheit mit den zur Auswahl stehenden Präsidentschaftsbewerbern; die Elvis-Wahl machte mehr Spaß und war auf gewisse Weise sinnvoller als die tatsächliche Wahl. Als dann der Milliardär Ross Perot als parteiloser Kandidat in den Ring stieg, um das Vakuum auszufüllen, das Elvis' Geist offenbart hatte, da war Perot nicht bloß er selber, der stahläugige Tausendsassa und Selfmademan aus Texarkana – er war zugleich der seltsamste Elvis-Ersatz, der einem je unter die Augen gekommen war.

Der seltsamste, aber nicht der eifrigste – jedenfalls nicht in diesem Wahlkampf. Der Spitzname, den das Pressekorps dem erklärten Presley-Fan Clinton angehängt hatte, diente seit März als augenzwinkernder Scherz, den man an ereignislosen Tagen hervorkramte (»Elvis mit Taschenrechner« gehörte noch zu den besseren Variationen); als sich die Vorwahlen dem Ende näherten und Clinton als Präsidentschaftskandidat der Demokraten in den wöchentlichen Meinungsumfragen weit hinter Bush und Perot zurücklag, sah es so aus, als sei ihm, dem Gewinner eines offenkundig wertlosen Preises, kaum mehr geblieben als ein müder Abklatsch des lässigen Grinsens von »Big E«. Als Clinton zum Abschluß eines Talk-Show-Interviews eine Strophe von »Don't Be Cruel« zum besten gab, klang das wie das Stoßgebet eines Verlierers.

Dann wendete sich das Blatt. Perot ging die Luft aus, Bush fiel zurück, und Clinton schoß an die Spitze, so als wollte er seinem Spitznamen alle Ehre machen. Mitte Juli wurde ein »Elvis Aron Presley« in den Pressemitteilungen als der »Entertainment-Koordinator« für den Parteitag der Demokaten vorgestellt (»angeblich 1977 gestorben«, hieß es in der offiziellen Parteitags-Biographie). Senator Al Gore begann seine Rede, in der er seine Nominierung zum Vizepräsidentschaftskandidaten der Demokraten annahm, mit dem Bekenntnis, er habe »von diesem Moment geträumt, schon als Dreikäsehoch in Tennessee – davon, daß ich einmal die Chance bekäme, hier auf der Bühne des Madison Square Garden den Anheizer für Elvis zu machen«.

Als Bush im August die Nominierung durch seine Partei annahm, bediente er sich bei den Attacken auf seinen Rivalen ebenfalls bizarrer Elvisismen. Clinton entwickele eine beängstigende Medienpräsenz, beschwerte sich Bush: »Er ist schon an mehr Orten gesichtet worden als Elvis Presley.« »Ich denke, sein Wirtschaftsprogramm wird auf eine ›Elvis-Ökonomie‹ hinauslaufen«, fuhr Bush fort. »Und dann kann sich Amerika ein Zimmer im ›Heartbreak Hotel‹ nehmen.«

Draußen, auf Stimmenfang, kam Bush wochenlang immer wieder auf diese Worte zurück – auch dann noch, als die G.O.P. einen Elvis-Imitator engagiert hatte, der billige Sandwiches verteilte und die Clinton-Gore-Kampagne lächerlich machen sollte –, aber sie hatten einen hysterischen, ja sogar leicht eifersüchtigen Unterton: Irgendwie fühlte man sich an die puritanischen Sittenwächter erinnert, die sich in den fünfziger Jahren über »Urwaldmusik« und »Elvis the Pelvis« mokiert hatten. Anfang Oktober, als Clinton in den Umfragen weit vorn lag und es schon längst mehr als bloß ein Scherz war, wenn die Presse Clintons Wahlkampfflugzeug als »Air Elvis« bezeichnete, konnte Bush es noch immer nicht lassen – sein Clinton, oder sein Elvis, war ihm zur fixen Idee geworden. »Endlich habe ich herausgefunden, warum er [Clinton] sich so gern mit Elvis vergleicht«, sagte der Präsident – obwohl Clinton das nie getan hatte. »Immer wenn er Position beziehen muß, fängt er an zu wackeln.« Bushs Tonfall war säuerlich, und beinahe glaubte man zu hören, wie Elvis' Geist Protest anmeldete (das Wort »wackeln« war Elvis verhaßt, seitdem man es in den fünfziger Jahren auf seine Bühnenbewegungen bezogen hatte). Aber dann nahm Clinton den Fehdehandschuh doch noch auf. »Bush vergleicht mich ständig auf eine wenig schmeichelhafte Weise mit Elvis«, sagte Clinton am 12. Oktober. »Also, ich glaube, daß Bush Elvis nie sonderlich gemocht hat – und das ist eine weiterer Punkt, der gegen Bush spricht.«

Das war ein Vorwurf, an dem Bush sich nicht vorbeimogeln konnte, und er warf die Frage auf, warum Bush das Risiko einging, Millionen von weißen Arbeitern und Arbeiterinnen aus dem Süden (anders formuliert: Reagan-Demokraten) mit Bemerkungen zu verprellen, die seinen Rivalen treffen sollten, aber tatsächlich ein noch immer vergöttertes Massenidol in den Schmutz zogen. Die Antwort ist so einfach wie rätselhaft.

Zunächst das Einfache: Man muß nur irgendwo »Elvis« draufklatschen, und sofort wird einem Aufmerksamkeit zuteil. Man erwähnt Elvis in einer Wahlkampfrede, und die entsprechende Passage kommt garantiert in die Abendnachrichten und vielleicht sogar auf die morgigen Titelseiten. Doch falls Elvis wirklich so etwas wie ein Angelhaken ist, dann steckt er bereits in Millionen von Herzen. Wer an der Elvis-Leine zieht, erhält in jedem Fall eine Reaktion. Aber keiner kann vorhersagen, wie diese Reaktion aussehen wird.

In Bushs Fall dürfte der Schuß nach hinten losgegangen sein, ohne daß es groß ins Gewicht gefallen wäre. Russell Feingold landete einen Volltreffer – auf spektakuläre Weise. Bei der Vorwahl zur Nominierung des demokratischen Bewerbers für einen der Senatssitze von Wisconsin als dritter Kandidat ins Rennen gegangen, ließ Feingold einen Werbespot ausstrahlen, der eine Schlagzeile im *Enquirer*-Stil über den Bildschirm flimmern ließ: »EVIS UNTERSTÜTZT FEINGOLD!« Damit wollte er auf Vorwürfe reagieren, die man gegen ihn erhoben hatte (»Man darf nicht alles glauben, was in der Zeitung steht«). Der Werbespot machte Feingold zum Elvis-Kandidaten.

Am nächsten Tag war sein Name im ganzen Staat bekannt – und jeder wußte, daß dieser Bursche Humor hatte. Feingold gewann die Vorwahl mit überwältigender Mehrheit. Sein neuer Gegner, der amtierende Senator Robert Kasten, ein eingefleischter Reaganist, ging sofort mit einem Elvis-Imitator ins Fernsehstudio, der dementierte, daß Elvis Feingold unterstützte. Offensichtlich hatte Kasten den Witz nicht kapiert. Feingold ging mit einem leichten Vorsprung in die letzte Etappe des Rennens. Kurz vor dem Wahltag erschien Clinton zusammen mit Feingold in der Mecca Arena von Milwaukee und ließ die Menge mucksmäuschenstill werden: »Hier, in dieser Arena, hat Elvis Presley sein vorletztes Konzert gegeben. Wie jeder weiß, stehe ich in regelmäßigem Kontakt zu seinem Geist, und vorhin, als ich hier ankam, hat er gesagt: ›Ich bin für Russ Feingold und nicht für Bob Kasten.‹« Einige Tage nach der Wahl wurde Feingold gefragt, ob Elvis ihn denn tatsächlich unterstützt habe. »Er hat jedenfalls nicht das Gegenteil behauptet«, antwortete der frisch gebackene Senator, dessen Lieblingssong von Elvis »Don't Be Cruel« ist. »Ich bin davon überzeugt, daß Mr. Presley, soweit er sich überhaupt mit Politik befaßt, bis zum Schluß auf unserer Seite gestanden hat.«

Und dann wäre da noch Clinton selber. Im Juni, als die Erhebungen zur wahrscheinlichen Zusammensetzung des Wahlmänner-Gremiums für die Präsidentenwahl die Bundesstaaten unter Bush und Perot aufteilten und lapidar bekundeten, »Gov. Bill Clinton [sei] derzeit kein Faktor im Rennen«, hatte Clinton nichts mehr zu verlieren. Er tauchte mit seinem Saxophon in der *Arsenio Hall Show** auf, klemmte sich eine dunkle Sonnenbrille auf die Nase und blies »Heartbreak Hotel«. Ich denke, dieser Auftritt wird einmal als der Moment in Erinnerung bleiben, in dem Clinton den Spieß umdrehte und ins Rampenlicht trat, so als wollte er sagen: *»O.K. Scheiß drauf! Jetzt lassen wir einfach die Sau raus!«*

Zum ersten Mal seit Beginn des Wahlkampfs erinnerte Clinton eher an Elvis als an einen Taschenrechner. Durch Elvis' beste Musik weht ein Geist der Freiheit: Es ist die Freiheit zur Selbstfindung. Und in dieser Nacht nahm Clinton das

* Eine zwischen 1989 und 1994 ausgestrahlte Fernseh-Talk-Show, die sich beim jüngeren TV-Publikum großer Beliebtheit erfreute. (A. d. Ü.)

Geschenk an. Als er den alten Song spielte, so gut er konnte, war er mehr Fan als Star, mehr er selber als Elvis, aber vielleicht gerade Elvis genug.

New York Times, 27. Oktober 1992;
überarbeitet für *Image / San Francisco Examiner*, 17. Januar 1993;
SPIEGEL SPEZIAL: Pop & Politik (Nr. 2, 1994)*

* Greil Marcus hat den Artikel für dieses Buch noch einmal überarbeitet; die neue Fassung unterscheidet sich streckenweise vom *SPIEGEL-SPEZIAL*-Beitrag (»Presley for President – Wie Elvis die amerikanischen Wahlen gewann«); textidentische Passagen wurden nach Möglichkeit nicht übernommen, sondern neu übersetzt. (A. d. Ü.)

Die Idioten, die Dämlichen, die Dummen und die Irren

Irgendwann in den achtziger Jahren, in einer auf Okkultes spezialisierten Mailänder »Vanity Press« – so nennt man in den angelsächsischen Ländern Verlage, wo eitle Möchtegernschriftsteller auf eigene Kosten ihre Werke publizieren können –, ersticken die drei nicht mehr ganz jungen Lektoren, die den Plot von Umberto Ecos *Das Foucaultsche Pendel* über sich ergehen lassen müssen, unter Bergen von schwachsinnigen Manuskripten über den Heiligen Gral, Gnostizismus, Stonehenge, die Rosenkreuzer – und die Mehrzahl dieser voluminösen, unlesbaren Elaborate befaßt sich mit einem einzigen Vorhaben, das sich dem Zugriff herkömmlicher Wissenschaft entzieht, einem Plan zur Erlangung der Weltherrschaft. Die Lektoren sind aber auch fasziniert von dieser Thematik – etwa so wie intelligente Menschen von einem anspruchsvollen Kreuzworträtsel – und beschäftigen sich noch nach Feierabend damit. Ganz besonders haben es ihnen die Tempelritter angetan: jener geistliche Ritterorden, der zu Beginn des zwölften

Jahrhunderts gegründet wurde und während des dreizehnten Jahrhunderts beinahe völlige Autonomie errang und beispiellose Reichtümer anhäufte, aber zu Beginn des vierzehnten Jahrhunderts vom damaligen französischen König als eine angebliche Sekte von Teufelsanbetern vernichtet wurde. Doch wer waren diese Templer tatsächlich? Besaßen sie den Gral? Waren sie im Besitz des Großen Plans? Wen interessiert das? Wen interessiert das nicht?

»In der Welt gibt es die Idioten, die Dämlichen, die Dummen und die Irren ... letzten Endes, genau besehen«, sagt einer der Lektoren in leicht angesäuseltem Zustand, »gehört jeder Mensch zu einer von diesen Kategorien.« Er definiert die vier »Grundtypen«:

Der Idiot interessiert uns hier nicht, man erkennt ihn sofort, und er kommt auch nicht in den Verlag. Lassen wir ihn, wo er ist ... Der Dämliche interessiert uns hier [ebenfalls] nicht, er ist nie kreativ, er schafft nichts selber, und daher kommt er auch nicht in die Verlage, um Manuskripte anzubieten. Der Dämliche sagt nicht [so wie der Idiot], daß die Katze bellt, er spricht von Katzen, wenn die anderen von Hunden reden ... Der Dumme vertut sich nicht im Benehmen. Er vertut sich im Denken. Er ist der Typ, der sagt, alle Hunde sind Haustiere, und alle Hunden bellen, aber auch die Katzen sind Haustiere, und folglich bellen sie ... Den Irren erkennt man sofort. Er ist ein Dummer, der sich nicht verstellen kann. Der Dumme versucht, seine These zu beweisen, er hat eine schräge Logik, aber er hat eine. Der Irre dagegen kümmert sich nicht um Logik, er operiert mit Kurzschlüssen. Alles beweist für ihn alles. Der Irre hat eine fixe Idee und sieht sie durch alles, was er findet, bestätigt. Den Irren erkennt man an der Freiheit, die er sich gegenüber der Beweispflicht nimmt, an der Bereitschaft, überall Erleuchtungen zu finden. Und es mag Ihnen komisch vorkommen, aber der Irre zieht früher oder später immer die Templer aus dem Hut.

Aus Spaß vergraben sich die Lektoren in den »Großen Plan«: den Templer-MacGuffin, die »gleichsam von selbst entstandene«, unbekannte Direktive hinter all den unheiligen Texten, die sich von vorchristlichen Esoterika bis zu den *Protokollen der Weisen von Zion* als ein »abstraktes Verschwörungsprojekt von Komplott zu Komplott weiter [fortpflanzte]«, durch die Geschichte hindurch, ja schon vor Entstehen der Geschichte, als eine Prophezeiung des Endes der Welt. Mit einem Computer bewaffnet, wühlen sich die Lektoren durch ein dichtes Gestrüpp aus Tatsachen, Pseudo-Tatsachen und Anti-Tatsachen, um schließlich ihren eigenen Templer-Plan zu erfinden, eine perfekte Reflexion im Spiegelkabinett des Tempels des Unerkennbaren. Einiges davon dringt aus ihren Büros an die Außenwelt: genug, um die leichtgläubige Armee der epistemologischen Monster hellhörig zu machen, jene Leute, deren Manuskripte die Lektoren von Berufs wegen zu begutachten haben; am Ende sehen sich die Lektoren umzingelt, in Lebensgefahr, von ihrer eigenen Erfindung an den Rand des Abgrunds gedrängt. Wie einst die Templer werden auch sie zur Preisgabe ihres Geheimnisses gezwungen – eines Geheimnisses, das es überhaupt nicht gibt, so wie das der Templer, die Philipp der Schöne aus rein politischen Erwägungen vernichtete.

Die Templer wurden gefoltert; manche von ihnen ließ man so lange über glühenden Kohlen hängen, bis Fleisch, Muskeln und Sehnen buchstäblich weggeschmort waren (ein Überlebender klaubte seine Fußknochen zusammen und stellte sie später für ein paar Almosen zur Schau); die Lektoren werden ebenfalls von ihrem Schicksal ereilt, einer nach dem anderen. Der erste stirbt zwar »nur« an Krebs, doch sein Tod ist der vielsagendste. Er geht an einer AIDS-artigen Auszehrung zugrunde, an einem semio-zellularen Syndrom, sein Körper eine Metapher für die vom Okkultismus betriebene Vernichtung von Wissen und Sprache. Millimeterweise sterbend, ist er der schlagende Beweis dafür, daß Sprache eine Erfindung ist, so wie der von ihm und seinen beiden Kollegen zusammengesponnene »Große Plan«, eine willkürliches Puzzle, ein Spiegel, der nichts zu zeigen vermag außer einer grauenhaften Reflexion jenes Gottes, der Adam die Macht zur perfekten Namensgebung schenkte, die absolute Sprache, bei der jeder Klang tatsächlich das war, was er bedeutete.

»Ich sterbe, weil ich meine Zellen davon überzeugt habe, daß es keine Regel gibt, daß man aus jedem Text machen kann, was man will,« sagt der sterbende Lektor zu einem seiner Kollegen. »... ich erlebe jetzt in meinem Körper, was wir als

Spiel im Großen Plan gemacht haben ... Hast du jemals darüber nachgedacht, daß der linguistische Terminus ›Metathese‹ dem onkologischen Terminus ›Metastase‹ ähnelt?« »Red keinen Unsinn«, entgegnet sein Kollege, »das ist eine Sache der Zellen.«

Und was sind Zellen? Monatelang haben wir wie fromme Rabbiner mit unseren Lippen eine andere Kombination der Lettern des Buches ausgesprochen. GCC, CGC, GCG, CGG. Was unsere Lippen sagten, das haben unsere Zellen gelernt. Was haben meine Zellen gemacht? Sie haben einen abweichenden Plan erfunden, und jetzt gehen sie ihre eigenen Wege. Meine Zellen erfinden eine Geschichte, die nicht die allgemeine ist. Meine Zellen haben inzwischen gelernt, daß man lästern kann, indem man das Heilige Buch anagrammatisiert, das Heilige und alle anderen Bücher der Welt. Und genauso machen sie es nun mit meinem Körper. Sie invertieren, transponieren, alternieren, permutieren, sie kreieren neue, nie gesehene und sinnlose Zellen oder solche, deren Sinn dem richtigen Sinn zuwiderläuft. Es muß einen richtigen Sinn geben, der sich von dem falschen unterscheidet, sonst stirbt man.

»Aberglauben bringt Unglück«, lautet eines der beiden Mottos, die Umberto Eco seinem 767seitigen Roman vorangestellt hat. Der siebenundfünfzigjährige Lehrstuhlinhaber für Semiotik (*Das offene Kunstwerk*, *Einführung in die Semiotik*, *Lector in Fabula* etc.) und Bestsellerautor (*Der Name der Rose*) hätte auch zwei Zeilen aus Stevie Wonders »Superstition« heranziehen können: »Wenn du an Dinge glaubst, die du nicht verstehst / Dann wirst du dafür büßen müssen.«

Das ist, grob vereinfacht, der Inhalt von *Das Foucaultsche Pendel*. Wie jeder andere Wälzer über das Okkulte ist Ecos Buch eine gute Lektüre für lange Bahnfahrten oder Flugreisen und schwer zu verstehen. Es kommt der Punkt – es kommen viele solcher Punkte –, wo man den Überblick verliert, aber einfach weiterlesen muß, weil man wissen möchte, was als nächstes passiert oder, wie es für Bücher dieses Kalibers typisch ist, was *nicht* passiert. Eco hat ein Prä-Jahrtausendwende-Buch geschrieben, das voll im Trend liegt, aber er möchte uns gleichzeitig zu verstehen geben, daß das Millenium – dem Treibhauseffekt, AIDS und all den anderen Vorboten des Weltuntergangs zum Trotz – nicht *das* Millenium sein wird:

Das Jahr 2000 (oder präziser: das Jahr 2001) wird ein Jahr sein wie jedes andere.

Der Subtext von *Das Foucaultsche Pendel* ist eher historisch – die achtziger Jahre des Romans werden gemessen an den Ereignissen eines vorgezogenen Milleniums, das heißt, des Jahres 1968. Dieser Subtext ist freilich genauso nebulös wie die Anklagen Philipps des Schönen, wonach angeblich gottergebene Templer erst dann als vollgültige Mitglieder in den Orden aufgenommen wurden, wenn sie dem Gebot, den Hintern einer schwarzen Katze zu küssen, Folge geleistet hatten. 1968 war das Jahr des Beginns der Revolution in der modernen Welt – einer Rückbesinnung, scheint Eco sagen zu wollen, auf den archaischen Glauben an eine apokalyptische Veränderung aller Dinge unter der Sonne, ein Moment der totalen Umwälzung. Der Lektor Casaubon, Ecos Ich-Erzähler, erinnert sich noch an das Jahr 1968; er kann es nicht vergessen. Es ist die Erinnerung an die verpaßten Chancen von 1968, die ihn in den Sog des Großen Plans geraten läßt.

Unter der Oberfläche der unablässigen Arithmetik einer okkulten Rekonstruktion dessen, was sich nie zugetragen hat, handelt Ecos Buch von einem Augenblick, in dem die Welt den Eindruck erweckte, sie sei drauf und dran, sich grundlegend zu verändern. Casaubon weiß noch, daß es beinahe zur Zerstörung, oder zum Zerfall, des französischen Staates gekommen war: daß sich im Mai '68 Tausende von Studenten in Paris Straßenschlachten mit der Polizei geliefert und anschließend überall in Frankreich Arbeiter und Angestellte die Arbeit niedergelegt und die Fabriken besetzt hatten, um über das zukünftige Gesicht ihres Landes zu diskutieren, und daß sich die damaligen Ereignisse im Grunde um einen knappen, gnostischen Aphorismus gedreht hatten: ICH NEHME MEINE SEHNSÜCHTE ALS REALITÄT, WEIL ICH AN DIE REALITÄT MEINER SEHNSÜCHTE GLAUBE. Casaubon erinnert sich aber auch an die Arbeiter- und Studentenerhebung gegen den italienischen Staat, eine Revolte, die diesen Staat letztendlich als ein postfaschistisches Gebilde entlarvte, das in bizarre Verschwörungen verstrickt war und mit Geheimbünden kooperierte, ein

Spielzeug der Freimaurerloge P2 und der Bank des Vatikan, eine reine Erfindung, im Grunde genauso willkürlich wie der Große Plan.

1968 war die Staatsmacht mit einemmal zu einem Spiegelkabinett geworden, das überhaupt keine Reflexion produzierte. Die Menschen wollten die Spiegel zerschlagen, zusammen mit der Vorstellung von Reflexion an sich. Manche forderten, Repräsentation in der Politik ebenso wie in der Kunst auf die Präsenz des puren Selbst zu beschränken; andere entschieden sich für Mord. »Es war einfach unglaublich«, sagt Elsa Gili in Ronald Frasers *1968: A Student Generation in Revolt.* »Wir hatten das Gefühl, einer gewaltigen Bewegung anzugehören, die die Machtstrukturen veränderte, die die Geschichte veränderte.« »Ich fand nichts dabei, Menschen zu töten, ehrlich«, sagt Silveria Russo und demonstriert, wie man in den Jahren nach 1968 die italienische Geschichte zu verändern gedachte. »Ich war eine von den beiden Attentäterinnen, die den Polizisten Lo Russo erschossen haben. Ich habe ihn getötet. Wenn ich daran denke, kommt es mir so vor, als sei es gerade erst passiert ... Er war ein Gefängnisbulle und als Folterer verschrien. Für mich war das eine Routineangelegenheit. Für uns gab es die Freunde auf unserer Seite und auf der anderen die Feinde – und unsere Feinde waren eine Art Kategorie, Symbole, keine menschlichen Wesen. Unser Verhältnis zu ihnen war total abstrakt.« Zwischen 1969 und 1980 gab es in Italien 322 Tote im Zusammenhang mit terroristischen Aktivitäten, Menschen, die den Bomben der Rechten und den Pistolen der Linken zum Opfer fielen.

»... für einige [ist es] Gott und für andere die Arbeiterklasse, und für viele beides zugleich«, läßt Eco eines seiner Sprachrohre der 68er-Bewegung sagen – Hauptsache, »ein fester Punkt«. »Vorgestern habe ich selbst in eigener Person eine dieser Buchhandlungen aufgesucht«, erzählt der Chef des Mailänder Verlagshauses seinen Lektoren, »eine Buchhandlung, die vor sechs oder sieben Jahren noch Texte von Anarchisten, Revolutionären, Tupamaros, Terroristen, um nicht zu sagen, Marxisten verkaufte. Und nun? Was verkauft sie jetzt?« Jetzt werden in diesem Laden Bücher über die Templer verkauft. Die geschlagene Revolution wendet sich der Magie zu. Zwei Jahrzehnte nach dem Mai '68, als Casaubon in Paris eintrifft, um das Geheimnis des Großen Plans herauszubekommen, den er und seine Kollegen sich ausgedacht haben, randalieren wieder Studenten in den Straßen – der Anlaß wird allerdings nicht genannt. »Das Quartier Latin brodelte. Lärmende Gruppen mit Fahnen zogen vorbei. Auf der Ile de la Cité war eine Polizeisperre. In der Ferne hörte man Schüsse. So ähnlich muß es Achtundsechzig gewesen sein.« In diesem Moment ist Casaubon, der gegen seinen Willen von Phantomen einer hohlen Erde und von letzten Wahrheiten heimgesucht wird, dem Himmel oder der Hölle so nahe, wie er es sich überhaupt vorstellen kann und möchte.

Es spricht einiges dafür, daß dieses nicht näher erläuterte Ereignis im Paris der achtziger Jahre eine Ausbreitung okkulter Kräfte symbolisieren soll, einen esoterischen, hermetischen Anspruch auf das Absolute – auf das unbekannte Geheimnis, die unaussprechliche Macht. Eco scheint sagen zu wollen, daß die Pariser Ereignisse des Mai '68 das gleiche gewesen sind – nicht mehr, aber auch nicht weniger. Es scheint, als habe das zufällige, mehr oder weniger bedeutungslose Kreuzworträtsel der glücklosen Lektoren diese moderne Verweigerung erst in Gang gesetzt, samt der gelebten Geschichte dahinter und samt der mörderischen Geschichte danach.

Als gute Eisenbahn- oder Flugzeuglektüre liest sich Ecos Buch wie eine bitterböse Satire gegen jederlei Anspruch auf das Absolute, ob links oder rechts, ob scheinbar realistisch (»Proletarier aller Länder, vereinigt euch ...«) oder offenkundig phantastisch (das Geheimnis der Templer ist das Geheimnis der ...). Während die Lektoren ihr Märchengarn spinnen, kann man das Buch aber auch als einen wehmütigen Rückblick auf eine Zeit lesen, in der die Aussicht auf eine Veränderung der Welt – so wie sie in einem ganz bestimmten Jahr von den verschiedensten Leuten in Aussicht gestellt wurde – realistischer erschienen war als alles andere. Es gibt ein Geheimnis, will Eco fast nicht sagen, aber er tut es dann doch – als Semiotiker, als Bestseller-Autor, als wer auch immer, verrät er das Geheimnis hinter vorgehaltener Hand, zwischen den Zeilen des ingeniösen Blendwerks seiner Fabel –, und das Geheimnis besagt, daß die Welt, auch wenn sie nur so zu sein scheint, wie sie ist, nicht das ist, was sie zu sein scheint.

Als eine Form des gehobenen Blödsinns ist *Das Foucaultsche Pendel* möglicherweise nicht ganz ungefährlich, und das nicht nur wegen des hohen Preises, den Ecos Lektoren dafür bezahlen müssen, daß sie mit der Geschichte und mit der Zeit herumgespielt haben. Mit der Geschichte und der Zeit herumzuspielen, kann ein Kreuzworträtsel sein, es kann Leichen bedeuten, die ohne Sinn und Verstand, ohne Zukunft, aufeinandergestapelt werden, aber ist Geschichte, so könnte Eco fragen, denn je etwas anderes gewesen? Ecos Unterhaltungsroman ist eine bewußte Zurückweisung all dessen, was unter dem Signum *'68* daherkommt – aber gleichzeitig ist das Buch ein verschämter, sehnsüchtiger Schrei nach all diesen Dingen. Es ist wie ein Traum: verzweifelt, wirr, bedeutungslos, beängstigend und voller Wunschenergie.

ZEITUNGSMELDUNG – *Express, Berkeley*, 1. Dezember 1989: In der Nacht zum 30. September führten schwer bewaffnete Beamte des Berkeley Police Department Hausdurchsuchungen in zwei Tempeln des pantheistischen Ordo Templi Orientis (Orden der Templer des Orients) durch. Die Durchsuchungsbefehle für die ›Thelema Lodge‹ in der 8th Street in Berkeley und das ›Merkabah House‹ in der 63rd Street in Oakland galten illegalen Drogen; nach Angaben von Bewohnern beider Häuser sollen die an den Durchsuchungen beteiligten Polizisten aber auch ein ausgeprägtes Interesse für religiöse Gegenstände an den Tag gelegt haben, wobei es zur Entweihung von Altären gekommen sein soll und diverse Objekte mit rein religiöser Funktion beschlagnahmt wurden … Die Sekte ist eine von vielen, die ihre Ursprünge auf die Tempelritter des 11. Jahrhunderts zurückführen … Michael Sanborn, einer der Festgenommenen, sagte gegenüber der Presse: »Im Gefängnis bekamen wir mit, daß diejenigen von uns, die bei der Hausdurchsuchung verhaftet worden waren, als ›Teufelsanbeter‹ bezeichnet wurden. Ein Polizist ging den Flur mit den Einzelzellen hinunter und fragte: ›Wer von euch Typen ist auf dem Satanismus-Trip?‹ Da das auf keinen von uns zutraf, haben wir darauf nicht reagiert.«

California, Februar 1990

Die Religion unserer Vorfahren

Im Jahre 313 unserer Zeitrechnung öffnete Konstantin der Große das Römische Reich offiziell für das Christentum und verbannte Zeus und Jupiter, Aphrodite und Venus, Athene, Minerva und wie sie sonst noch alle hießen in den Orkus – aber Camille Paglia behauptet in der Vorbemerkung ihres 855seitigen Buch-Debüts *Die Masken der Sexualität*, »daß es der jüdisch-christlichen Tradition nicht gelungen ist, die heidnische Antike wirklich aufzuheben und zu überwinden ... die pagane Tradition [ist] nach wie vor lebendig.« In der Vorstellungswelt des Abendlandes, so Paglia, habe das Gewicht der absoluten Autorität eines einzigen, allwissenden, allmächtigen Gottes, eines absoluten Schöpfer-Richters als Ursprung aller Werte, nie an die Anziehungskraft der bunten Vielfalt einander bekämpfender, eifersüchtiger, hinterhältiger, nur allzu menschlicher, heidnischer Götter heranreichen können.

Paglia behauptet weiter, daß dies keine Angelegenheit des Altertums sei. Heute sei ein »kritischer Punkt« erreicht: Manches deute darauf hin, so Paglia, daß das Heidentum kurz vor seinem endgültigen Sieg stehe, einem Triumph, der die ethischen Grundvoraussetzungen des abendländischen Monotheismus, ja sogar die Vorstellung, man könne zwischen Gut und Böse unterscheiden, ein für allemal hinwegfegen dürfte. Wie sie das beurteilt, bleibt allerdings unklar. Wenn sie schreibt, daß sich die jüdisch-christliche Tradition »mit dem Wiedererstehen der Götter in den Idolatrien der Massenkultur, mit dem Aufbrechen von Sexualität und Gewalt an allen Ecken und Enden der allgegenwärtigen Massenmedien der größten Herausforderung seit ihrer Auseinandersetzung mit dem Islam im Mittelalter gegenüber[sieht]«, klingt das, als verfasse sie ein demagogisches Pamphlet für Pat Robertson* – der Halloween als heidnisches Fest betrachtet und verbieten lassen möchte. Doch schon lange bevor diese dreiundvierzigjährige Professorin für Humanwissenschaften an der University of the Arts in Philadelphia den Schlußpunkt unter ihr Buch gesetzt hat, könnte man genausogut auf den Gedanken kommen, daß sie – so wie die Götter, deren Story sie erzählt – seit knapp zweitausend Jahren bloß auf den richtigen Zeitpunkt gewartet habe, um wieder Anspruch auf die Erde zu erheben. Das kommt daher, daß die im Titel ihres Buches angeführten »Masken der Sexualität« – Ikonen, die ihrer Ansicht nach schon immer die Erscheinungsformen und die Gestalten der abendländischen Kultur bestimmt haben – tatsächlich heidnische Götter *sind*: Apollon in Gestalt Michelangelos, Madonna nicht weniger als Medusa, Prince ebenso wie Perseus.

Paglia begibt sich auf einen Parforceritt quer durch den abendländischen Kulturkanon und bedient sich dabei einer radikal subjektiven Stimme, die, wie sie einmal gesagt hat, von der »Sixties-Acid-Rock-Lead-Gitarre« inspiriert wurde. Als Gelehrte ist sie altmodisch genug, um Sätze wie »Aber die Kunst ist das, was transzendiert und überdauert. Von allen Wahrheiten ist sie die großartigste« zu formulieren, aber

*Erzkonservativer Televangelist und Politiker, der sich 1988 erfolglos um die Nominierung zum Präsidentschaftskandidaten der Republikaner bewarb. (A. d. Ü.)

gleichzeitig ist sie selbstbewußt genug, um auf die Beach Boys und deren »unsterblichen Song ›California Girls‹« zu verweisen. »Mir ist es wichtig, immer wieder Aha-Erlebnisse zu provozieren«, erklärt sie in der Vorbemerkung zu ihrem Buch, und das ist nicht bloß so dahingesagt. »Genug der Gehirne. Nun zu den Lungen«, heißt es in dem Kapitel über Emily Dickinson. Paglia redet über Dickinsons Lust am Verstümmeln und Zerstückeln: In deren Gedichten werden Gehirne und Lungen aus dem Körper gerissen und zusammen mit Herzen auf Tellern serviert. Wenn dieser Punkt erreicht ist, hat Paglia das Heidnische von seinen Ursprüngen bis ins neunzehnte Jahrhundert verfolgt und es als eine imaginative Seinsweise vorgestellt, bei der die Sexualität den Körper instabil werden läßt, ja, ihn buchstäblich *auflöst*. In diesem Zusammenhang gelangt Paglia von Athenes Geburt aus Zeus' Haupt bis zu den bizarren Grausamkeiten in den Schriften des Marquis de Sade (über die sie den charmanten Satz äußert: »Selbst ich finde viele Passagen unerträglich, trotz … jener Semesterferien, in denen ich als Sekretärin auf der Erste-Hilfe-Station eines städtischen Krankenhauses gearbeitet habe.«)

Gegen Ende des Buches ist der Leser bereit, Dickinsons Art von Lust als den Ausdruck einer unabänderlichen, unterirdischen Strömung innerhalb der abendländischen Tradition anzusehen – einer Tradition, in der, wie Paglia sie definiert, das Zerstörerische stets mit dem Schöpferischen Schritt hält und sogar an dessen Stelle tritt. »Genug der Gehirne. Nun zu den Lungen« – Paglias Worte bereiten den Leser auf das Kommende vor, wischen sämtliche Vorstellungen beiseite, die er über die als empfindsame, neurasthenische Naturliebhaberin geltende Emily Dickinson gehegt haben mag. Paglia bringt es fertig – ein Triumph für jeden Kritiker! –, daß der Leser die Zeilen, die sie aus Dickinsons Œuvre ausgegraben hat, wortwörtlich nimmt und die darin zum Ausdruck kommenden schrecklichen Blasphemien wie selbstverständlich akzeptiert. »Versteigert wird das Scheiden / Zum ersten, zweiten, dritten gellt / Sogar vom Kruzifix, / Und der Hammer fällt«, heißt es bei Dickinson, und Paglia kommt zu dem Schluß: »Christus ist zum Geldwechsler geworden und leitet vom Kreuz aus eine Sklavenauktion.« Das ist eine bewußte Provokation, aber es grenzt auch an Poesie, und das ist typisch für den Stil von *Die Masken der Sexualität*. Im Rahmen dieses Ansatzes kann die Jungfrau aus Massachusetts (die »Madame de Sade aus Amherst«, wie Paglia sie nennt) das kulturelle Heidentum in einer christlichen Welt ansiedeln, aus der Gott von den inzwischen zu Geistern gewordenen Göttern vertrieben wurde: »Die Natur ist ein Haus, in dem Geister umgehen – aber die Kunst – ist ein Haus, das den Umgang mit Geistern sucht.«

Die abendländische Kunsttradition, wie sie von Paglia aus Bildhauerei, Malerei und Literatur rekonstruiert wird, ist weiß, eurozentrisch und überwiegend männlich. Den Untertitel der amerikanischen Originalausgabe ihres Buches – »Kunst und Dekadenz von Nofretete bis Emily Dickinson« – außer acht lassend, beginnt sie bei einer 30.000 Jahre alten, in Österreich gefundenen Steinstatuette aus dem Paläolithikum, der sogenannten Venus von Willendorf. Von dort springt sie nach Ägypten und anschließend hinüber nach Griechenland, um wenig später im Italien der Renaissance aufzutauchen. Im folgenden kreuzen Spenser, Shakespeare, Rousseau, de Sade, Blake, Wordsworth, Coleridge, Byron, Shelley, Keats, Balzac und Baudelaire ihren Weg, der sie bis zum Schluß ihres Buches außerdem noch bei der Präraffaelitischen Bruderschaft, Emily Brontë, Poe, Hawthorne, Melville, Oscar Wilde und unserer heiligen Jungfrau der Gehirne und Lungen Halt machen läßt. Es handelt sich um eine gebrochene, aber im Grunde unzerbrechliche Linie, die sich aus Paglias Sicht bestimmter proteischer Ereignisse in der heidnischen Kultur herauskristallisiert – etwas, das maßgeblichen Einfluß ausübte oder, präziser gesagt, das, umschlossen vom Christentum, immer wieder aus seinen Katakomben unter der Kirche ausbrach und ans Tageslicht drängte –, das Heidnische, die olympische Tradition aus Heroismus, Exzess, Wahn und sexueller Uneindeutigkeit, etwas, dem die Gewißheiten des Christentums, so Paglia, lediglich aufgesetzt sind: ein dünnes Furnier, eine Lüge, mit der sich das Abendland selber etwas vorgemacht hat.

»Ich will ganz methodisch Intellekt und Gefühl verbinden; ich möchte dem Leser eine ganze Skala emotionaler Reaktionen entlocken«, sagt Paglia, und das schafft sie auch – auf dem Niveau eines Norman O. Brown, aber auch auf dem eines Steven King. Gegen Ende des Kapitels über Emily Brontës *Sturmhöhe** lief es mir kalt den Rücken hinunter – und zwar nicht wegen Paglias Analyse der Brontëischen Attacken auf jede Art von Pietät: »Manchmal ist die Grausamkeit auch ganz subtil. Als Catherine fieberkrank wird, kommt Mrs. Linton nach Wuthering Heights, um sie zu pflegen und dann zur Genesung mit nach Thrushcross Grange zu nehmen. Nelly erinnert sich: ›Die arme Dame sollte ihre Güte bereuen: sie und ihr Gatte, alle beide erkrankten an dem Fieber und starben, einer bald nach dem andern.‹ Die Schilderung des plötzlichen Tods der beiden älteren Lintons«, schreibt Paglia als Madame oder Mademoiselle de Sade, »nötigt mir immer anerkennendes Lächeln ab: Sie sterben so schlagartig, daß man ihre Körper förmlich zu Boden fallen hört ...«

Das ist eine heidnische Art von Freude, aber es ist nicht das, was Paglias Interpretation von *Sturmhöhe* so angsterregend macht. Das schafft sie, wenn sie sich »Lockwoods schrecklichem Traum von Catherines Geist« zuwendet – diesem ebenso gräßlichen wie unheimlichen Abschnitt zu Anfang von *Sturmhöhe*, in welchem der alte Mann die tote Catherine hört, die als kleines Mädchen an seine Fensterscheibe pocht. Er zertrümmert die Fensterscheibe mit seiner Faust und packt Catherines Arm. Und was dann passierte, beschreibt Lockwood hinterher so: »... als ich erkannte, daß ich das Geschöpf nicht von mir abschütteln könne, rieb ich sein Handgelenk auf der zerbrochenen Scheibe hin und her, bis das Blut floß und die Bettücher durchnäßte.«

In diesem Abschnitt drosselt Paglia das Tempo. Bei der Erörterung der Frage, welche vergessen geglaubten Götter – die nun aus den Tiefen des abendländischen Unbewußten emporsteigen, um Identität zu verleihen oder an sich zu reißen –

* *Wuthering Heights* (1847).

Brontë, Catherine und Heathcliff repräsentieren könnten, sorgt Paglia mit ihrer kühlen, sorgfältigen Herangehensweise dafür, daß der Leser diesen Alptraum immer wieder von vorn erlebt, so lange, bis dieser kurze Abschnitt den gesamten Inhalt des Buches wiederzugeben scheint. Bei der Rekonstruktion einer kulturellen Tradition geht es letztendlich um die Herbeiführung solcher Wirkungen: Es geht nicht bloß darum, Ursprünge zu erfassen und fein säuberlich aufzulisten, sondern auch darum, sich vorstellen zu können, daß jedem künstlerischen Artefakt von Anfang an ein ganz bestimmter Zweck innegewohnt hat. Es scheint, als hätten Brontës Vorfahren, so wie sie von Paglia quer durch die Jahrhunderte vorgestellt werden, nach und nach die Fesseln des Christentums abgeworfen, damit ein Traum wie der von Lockwood schließlich in aller Öffentlichkeit und ohne Hemmungen in Worte gefaßt werden konnte.

Paglia verankert ihr Buch im Spannungsfeld zwischen den heidnischen Göttern Dionysos und Apollon. Bei ihr ist diese Dichotomie keine Pennäler-Floskel (das humanistische Äquivalent zu dem alten Biologieunterricht-Klassiker: »Im Zweifelsfall sag einfach ›Osmose‹«), sondern eine intellektuelle Folterbank, das Werkzeug, mit dem sie ihre Untersuchungsobjekte zum Reden bringt. Ihr Apollon ist kein Perikles, und ihr Dionysos ist kein Gott des Weines und der unbekümmerten Orgien. Für sie ist das Apollinische selbstsüchtig, streng, klassifizierend, narzißtisch, etwas, das sich in einer Geisteshaltung manifestiert, die nicht auf Ganzheit, sondern auf Trennung abzielt – insbesondere auf eine Trennung von Mensch und Natur. Paglia steht dem nicht ablehnend gegenüber. Die Kultur – vergegenständlichtes Bewußtsein – ist das, was die Menschheit nach Paglias Ansicht von der Natur unterscheidet; daher ist für sie »alles Große in der Kultur des Westens dem Kampf mit der Natur entsprungen«. Die Erweiterungen dieser These sind unerschöpflich: Angesichts des instabilen, fließenden heidnischen Körpers ist der definitive Körper hermaphroditisch oder parthenogenetisch, ganz und gar Biologie. Wenn Paglia zu Rousseaus Bevorzugung der Natur gegenüber der Künstlichkeit des gesellschaftlichen Lebens schreibt, daß »wir dem Leben in diesen faschistischen Körpern nicht entfliehen [können]« – einem Leben, in dem männlich männlich und weiblich weiblich ist –, dann kann man sich nur schwer einen apollinischeren Protest vorstellen. Und anschließend kann man sich um so leichter vorstellen, daß die Geschlechtsumwandlungen, die den Transformationen der olympischen Götter nachzueifern scheinen, keine Ergebnisse der modernen Wissenschaft sind, sondern eher so etwas wie heidnische Metamorphosen.

Das Apollinische richtet sich gegen die Natur, doch das Dionysische ist, wie Paglia schreibt, auch »kein Frühstück im Freien«. Da das Dionysische jedoch von den meisten als genau das angesehen wird – als eine Art bukolischer Ringelpiez –, greift Paglia lieber auf den ungebräuchlichen Begriff »chthonisch« zurück: Das Chthonische bezieht sich, wie sie schreibt, auf »›zur Erde Gehöriges‹, womit deren Leib, nicht deren Oberfläche gemeint ist … es geht vielmehr um die chthonischen Realitäten, denen Apollon ausweicht: das blinde Mahlen der unterirdischen Gewalten, den endlosen, langsamen Sog, Schlamm und Morast …«

Es ist das Bewußtsein, das sich Freudschen Einsichten entzieht, und der Körper, in dem sich Chromosomen gegen Hormontherapien und die Chirurgie der Geschlechtsumwandlung sperren: das Unbezähmbare, der Ursprung von Sex und Gewalt, etwas, das Paglia heutzutage über unsere wohlgeordnete, apollinische Welt hereinbrechen sieht, eine Welt, die das Ergebnis unseres Kampfes gegen die Natur ist, gegen eine Wildnis, in der Inzest unausweichlich ist und die Körper allein dazu da sind, um mit anderen zu verschmelzen. Das Christentum kann man vor diesem Hintergrund vergessen (in Paglias Buch kommt es kaum vor); das Apollinische steht für Zivilisation, aber das Chthonische ist das Barbarische, das nie restlos ausgemerzt werden kann (»Der Vergewaltiger ist nicht das Produkt schlechter sozialer Einflüsse, sondern mangelhafter sozialer Konditionierung«). Das Chthonische wird uns immer begleiten, darwinistisch, blind, chaotisch, gefräßig –

der Selbsterhaltungstrieb, der nicht vom apollinischen Ego, sondern von den dionysischen Genen gesteuert wird.

Innerhalb eines solchen Rahmens nehmen Kultur und Geschichte eine perverse, destruktive, verführerische Aura an. »Das Kontinuum der Empathie und des Gefühls führt in die Sexualität. Dies übersehen zu haben«, schreibt Paglia, »ist der christliche Irrtum. Das Kontinuum der Sexualität führt in den Sadomasochismus. Dies übersehen zu haben, ist der Irrtum der dionysischen Bewegung der sechziger Jahre. Dionysos« – Natur in Menschengestalt – »erweitert die Identität, aber vernichtet das Individuum ... Der Gott ermöglicht Libertinage, aber keine Liberalität. In der Natur gibt es für uns keine Berufungsinstanz, nur den Schuldspruch.«

Im Verlauf dieser Revision der abendländischen Kultur ist Paglias Sprache jederzeit zu ihrer eigenen chthonischen Gewalt fähig. Vorgefaßte Meinungen werden kurzerhand zerschmettert: mit dem Mittel des Schocks (»Wenn jemand seine Exkremente in den Mund eines anderen entleert, ist das nichts anderes als ein dionysischer Monolog, eine heidnische Predigt«), mit einem Witz (»Die guten Kunstwerke des Westens ... sind moralisch nicht zu fassen. Sogar die Venus von Milo gewann alles durch den Verlust ihrer Arme«) oder mit einer unverstellten, prägnanten Formulierung: »dieses blutige heidnische Spektakel« (so charakterisiert sie Emily Brontës *Sturmhöhe*). Nach allem, was Paglia in *Sturmhöhe* ans Tageslicht befördert hat, nach allem, was sie den Leser hat empfinden lassen, nachdem sie dafür gesorgt hat, daß man beim Lesen unwillkürlich zusammengezuckt ist, kann man womöglich die Emotionen identifizieren, die sich hinter dieser letzten Formulierung verbergen – Ekel, Erregung, Verstörung und ein Gefühl von Heimat –, ohne sie jedoch voneinander trennen zu können. Eine solche Gefühlskombination ist mit der jüdisch-christlichen Tradition nicht zu vereinbaren: Sie ist heidnisch, ein epistemologisches Schlachthaus.

Paglia sieht keinen Grund für irgendwelche Entschuldigungen: Das Heidnische, so sagt sie, »hat die aggressive Frau der Moderne hervorgebracht« – die Frau, die nach heidnischen

Vorstellungen ihr Geschlecht ändern kann, »die wie ein Mann denkt und abscheuliche Bücher schreibt«. Sie hat ein Buch geschrieben, um unsere Wahrnehmung der Welt zu ändern, um Gott zu verbannen und uns in Ungewißheit stranden zu lassen. Dies ist für sie das Wesen der Geschichte, damals wie heute. So sieht unser Leben aus, ob es uns nun bewußt ist oder nicht. Und die Götter halten sich da raus.

California, Juli 1990

Ein Wetterumschwung

Und dein Verlangen soll nach deinem Manne sein, und er soll über dich herrschen.

Genesis, 3:16 (in der Version der King-James-Bibel)

Dein Schoß wird sich zum Leib deines Mannes recken, denn er wird danach trachten, über dir zu sein.

Das Buch J, 8

Die Unterschiede zwischen diesen beiden Passagen über Gottes Verfluchung von Adam und Eva und ihre Vertreibung aus dem Garten Eden enthalten oder implizieren zwei verschiedene Welten. Die erste ist über Gebühr, ja beinahe bis zum Überdruß vertraut. Die zweite ist völlig ungewohnt und fremd: neu und altertümlich zugleich. *Das Buch J* handelt von diesen verschiedenen Welten – es ist die Version einer untergegangenen Welt.

Das Buch J ist der Versuch der Rekonstruktion eines ersten, ursprünglichen, unverfälschten Erzählstrangs des Alten Testaments – einer Story, die mit der Schöpfungsgeschichte beginnt und mit Moses Tod endet. So wie es von David Rosenberg aus dem Hebräischen übersetzt und von Harold Bloom interpretiert wurde, bedeutet dieses neue Alte Testament eine gewaltige Veränderung, die sich nicht nur auf unsere Sicht des menschlichen Daseins auswirken dürfte, sondern auch auf das Verständnis unserer eigenen Herkunft und unseres persönlichen Erbes: mit anderen Worten, eine Explosion.

»In Jerusalem, vor beinahe dreitausend Jahren«, schreibt Bloom, »verfaßte ein unbekannter Autor ein Werk, das das geistige Selbstverständnis eines großen Teils der Menschheit bis auf den heutigen Tag geprägt hat.« Glaubt man einem seit langem bestehenden, aber nicht ganz unumstrittenen Konsens innerhalb einer Richtung der Bibelforschung, dann läßt sich eine individuelle, ursprüngliche Stimme aus dem Pentateuch, den fünf Büchern Mosis (insbesondere aus den Büchern Genesis, Exodus und Numeri) herausfiltern, auch wenn es laut Bloom »keine Übereinstimmung hinsichtlich der Datierung dieser Quellenschrift gibt, die ich *Das Buch J* getauft habe – genausowenig wie über den Umfang der erhalten gebliebenen Passagen oder darüber, ob dieses Buch überhaupt jemals eine unabhängige Existenz geführt hat«. (»Das J steht für den Verfasser, den Jahwisten, eine Bezeichnung, die sich auf den von ihm verwendeten Namen Gottes, ›Jahwe‹, bezieht; daher das ›J‹.«) Unter Berücksichtigung der Ergebnisse früherer philologischer Detektivarbeit und auf der Basis ihres eigenen Gespürs für Js charakteristische Ironien, seine Wortspiele und seinen Tonfall, haben Rosenberg und Bloom eine mikrokosmische, knapp 25.000 Wörter umfassende Bibel erstellt, die mit all den anderen Bibeln, die man vielleicht gehört, gelesen oder verinnerlicht hat, kaum etwas gemein hat und einen an die unheimlichen Déjà-vu-Erlebnisse und die bodenlosen Ungewißheiten eines Traums erinnert.

Am Anfang wuchs keine Feldpflanze auf der Erde, und kein Saatkorn keimte in ihr – Jahwe hatte es noch nicht regnen lassen auf die Erde, und es gab auch keine Menschen, um das Land zu bestellen –, doch von dem Tage an, da Jahwe Erde und Himmel gemacht hatte, stieg ein Nebel aus der Erde, um den Boden zu befeuchten. Jahwe formte

> einen Erdling aus dem Lehm dieser Erde und blies ihm den Wind des Lebens in die Nasenlöcher. Und siehe: Der Mensch wird ein fleischliches Wesen.

Die zahlreichen Unterschiede zwischen dieser Passage, mit der *Das Buch J* beginnt, und den entsprechenden Zeilen in der King-James-Bibel, Genesis 2: 5-7, springen sofort ins Auge. Die gravierendsten Abweichungen: Im *Buch J* entfällt das gesamte erste Kapitel der Schöpfungsgeschichte, und an die Stelle des vertrauten »und also ward der Mensch eine lebendige Seele« tritt die Formulierung »der Mensch wird ein fleischliches Wesen«. Ohne die Unterscheidung zwischen Leib und Seele löst sich das Christentum – oder, wie manche sagen, die »christliche Ideologie« – in Wohlgefallen auf. Doch dieses schlichte »Und siehe« ist womöglich die revolutionärste Veränderung: »Und siehe«, »Hört«, »Schaut« – Wendungen dieser Art detonieren im *Buch J* an allen Ecken und Enden, wie kleine Bomben. Durch diese direkte Art der Ansprache, die ihn weniger wie einen Geschichtenerzähler, sondern eher wie einen Zeugen erscheinen läßt, macht J den Leser gleichfalls zu einem Zeugen. Diese Unmittelbarkeit, dieses Gefühl des Unvorhersehbaren und Zufälligen, springt einem förmlich ins Gesicht, beschert einem den irritierenden Kitzel eines Schwindelanfalls. Jede Form ist wiedererkennbar, aber gleichzeitig von all dem abgeschirmt, was sie zu sein scheint. Man sieht überall Haltegriffe, doch sie verschwinden, sobald man sie zu berühren versucht.

Rosenberg und Bloom spielen um hohe Einsätze, und dabei ist unerheblich, ob sie auf einen vielleicht nur mythischen J hereingefallen sind oder einen wirklichen, historischen J aus Vermutungen und Wunschdenken zusammengebastelt haben. Blooms Einleitungszeile über den unbekannten Verfasser, der das geistige Selbstverständnis eines großen Teils der Menschheit bis auf den heutigen Tag geprägt habe, ist lediglich eine Provokation, ein Aufhänger; Blooms Grundaussage läuft darauf hinaus, das dem *Buch J* jeder religiöse oder auch nur ethische Gehalt fehlt. »Wir, wer immer wir sein mögen«, sagt er ein paar Seiten später, »sind zum Teil von krassen Fehlinterpretationen der Worte Js geprägt worden.« Doch das ist bloß eine Vorsichtsmaßnahme – oder ein Keil, den Bloom in die Mauer aus mosaischer Weisheit und Orthodoxie treibt, die seine Leser, wie Bloom weiß, gegenüber allem errichten werden, was er oder Rosenberg oder J zu sagen haben.

Bloom betont, daß die dreitausend Jahre, die verstrichen sind, seit J seine Worte zu Papyrus gebracht hat, auf der Verkürzung und Unterdrückung eines Werkes gefußt haben, das heute nur noch unvollständig, wahrscheinlich nur zur Hälfte, rezipiert werden kann: daß die Erzählungen, die von den anderen, späteren Verfassern des Pentateuch stammen oder von dem Herausgeber beziehungsweise den Herausgebern, die ungefähr im Jahre 400 vor unserer Zeitrechnung die verschiedenen Versionen zu dem uns vertrauten Anfang des Alten Testaments verschmolzen, »ausnahmslos Überarbeitungen oder durch Zensureingriffe bewirkte Entstellungen des Werkes von J« seien. Politisch und gesellschaftlich, in unserem Hier und Jetzt – wo die Bibel noch immer eine Institution ist –, bedeutet dies, daß die fragmentarische, zurechtgestutzte, geglättete Stimme Js die »eines Autors [ist], der nicht verschollen ist, sondern eher von uns ferngehalten wurde: auf Betreiben normativ argumentierender Moralisten und Theologen, die uns Zwecke gesetzt haben und immer noch setzen, die mit Js Vision absolut nicht zu vereinbaren sind«. Den möglichen Inhalt dieser Vision zunächst beiseite stellend, behauptet Bloom, daß die Jahrtausende, die uns von J trennen, auf der willkürlichen Inbesitznahme und Entstellung einer ganz bestimmten Vorstellung vom Sinn des Lebens gefußt haben – daß unsere Welt ein einziges Gefüge aus Mißdeutung und Manipulation sei, einzig zu dem Zweck errichtet, all das zu verbergen oder zu entstellen, was uns dieser unbekannte Autor womöglich zu sagen gehabt hat. Anders ausgedrückt: Bloom behauptet, daß sich im Mittelpunkt der jüdischen, der christlichen und der islamischen Zivilisation, oder zumindest in dem der abendländischen Tradition, eine Ruine befindet – als Wesen und Fundament dieser Zivilisation.

So höret: Die ganze Welt bediente sich einer Sprache, ein und derselben Worte.

Schaut: Sie brechen auf von Osten und erreichen ein Tal im Land Sumer, wo sie sich niederlassen.

»Wir können uns zusammentun«, sagten sie, »wie Stein auf Stein, und Ziegel statt Stein benutzen: sie brennen, bis sie hart sind.« Als Mörtel erhitzten sie Erdharz.

»Wenn wir uns zusammentun« sagten sie, »können wir eine Stadt bauen und einen Turm, dessen Spitze den Himmel berührt – um uns einen Namen zu machen. Ohne einen Namen sind wir bindungslos, wirr über das Antlitz der Erde verstreut.«

Jahwe kam herab, um sich die Stadt und den Turm anzusehen, zu deren Bau sich die Menschenkinder verbunden hatten. »Sie sind ein Volk und sprechen alle dieselbe Sprache«, sagte Jahwe. »Darauf sind sie ganz von selbst gekommen, und das wird so weitergehen, bis ihr Tun und Lassen an nichts mehr gebunden sein wird. Also wollen wir hinabsteigen und ihnen die Sprache verwirren, bis Freunde einander für Wirrköpfe halten werden.«

Jahwe zerstreute sie von dort über das Antlitz der Erde; und die Stadt dort wurde aufgegeben.

Und daher nannten sie diesen Ort Babel: Dort wurden ihre Zungen von Jahwe verwirrt. Und nachdem Jahwe sie von dort verjagt hatte, gelangten sie in alle Winkel der Welt.

Es ist schwer zu sagen, was dem, was wir zu glauben wissen, größere Gewalt antut: die Wiederherstellung der Ruine des *Buches J* zu einem überzeugenden Ganzen, einem in sich geschlossenen Werk, das man auf einen Rutsch durchlesen kann, oder der Grundgedanke, der in diesem Werk zum Ausdruck kommt – ein Grundgedanke, der auf eine Weise gewalttätig ist, die über seine expliziten Thesen hinaus- oder durch sie hindurchgeht und auch alle Vermutungen sprengt, die man über Js ursprüngliche Vision anstellen könnte.

Die Vorstellung, unsere Welt basiere auf der Ablehnung der Vision eines einzelnen ganz gewöhnlichen Individuums, ist nicht nur in biblischer, sondern auch in epistemologischer und historiographischer Hinsicht Ketzerei; Blooms innerhalb dieser Parameter entfaltetes Argument muß angesichts der Bestimmtheit, mit der es vorgetragen wird, beinahe schon bizarr genannt werden. »Ich werde alle meine Karten hier auf den Tisch des Lesers legen, und zwar aufgedeckt«, sagt er. Als

Bloom sich den Autor des *Buches J* vorzustellen versucht, wobei er auf herkömmliches Quellenmaterial verzichten muß, kommt er zu dem Ergebnis, daß J eine Frau gewesen sein muß: eine direkte Nachfahrin König Davids, ein Mitglied des Hofstaates von König Salomon und anschließend von dessen Sohn Rehabeam, der König von Judäa wurde, als Salomons Reich nach dessen Tod im Jahre 922 v. Chr. in Stücke zerbrach – eine Frau, die in einer Zeit der Zwietracht, Kleinlichkeit, Eifersucht und Dekadenz schrieb, wobei sie zurückschaute, wie aus einem Kerker der Nostalgie, und ihre Erzählung mit einer treffsicheren, humorvollen Ironie unterlegte, um ein Lebensgefühl heraufzubeschwören und wiederzuerlangen, in dem sich Vitalität mit einem Sinn für das Mögliche, für Verlust und Größe paarte.

Blooms These über die Motive Js mag dazu angetan sein, unser Verständnis davon, wie Geschichte gemacht wird, gründlich umzukrempeln, aber die absolute Bestimmtheit seiner Behauptung, J sei eine Frau gewesen, ist noch viel verstörender. Formal versucht er seine These vor allem dadurch zu beweisen, daß er die Unterschiede zwischen den männlichen und weiblichen Gestalten herausarbeitet, die im *Buch J* auftauchen – ein überzeugender Ansatz. Die Männer, von Abram (Abraham) bis Moses, sind durchweg unsicher, engstirnig, kurzsichtig, prinzipiell unzuverlässig; die Frauen, von Sarai (Sara) bis zu Rachel und Tamar, sind einfallsreich, humorvoll, auf ihren eigenen Vorteil bedacht, gewitzt und überaus selbstbewußt. Für mich jedoch ergab sich der wirkliche Beweis erst beim Lesen. Die alte Kontroverse über die Frage, ob der Verfasser des sadomasochistischen Klassikers *Die Geschichte der O* ein Mann oder eine Frau gewesen sei, beruht darauf, daß man den Verfasser des Buches beim Lesen keinem bestimmten Geschlecht zuordnen kann; bei der Lektüre des *Buches J* konnte ich mir nichts anderes vorstellen, als daß sein Verfasser eine Frau sein mußte. Einmal zu dieser Überzeugung gelangt, schien mir das völlig selbstverständlich.

Ein Teil dieser Selbstverständlichkeit – und es ist eine befreiende Selbstverständlichkeit – steckt bereits in Blooms

Ankündigung, wonach *Das Buch J* das ketzerischste Buch sei, das jemals geschrieben wurde. Damit meint er, daß es im *Buch J* keine Lehren gibt, keine Regeln, keinerlei Moral – keinerlei Basis für irgendeine soziale Kontrolle. (Die Zehn Gebote werden mit keinem Wort erwähnt, und der Leviticus mit seiner schier endlosen Auflistung von Verboten und Verhaltensregeln – sozusagen das Kleingedruckte der Zehn Gebote – fehlt ebenfalls.) Das Leben ist ein Kampf und ein Abenteuer, etwas, das auf einem von Jahwe bestellten Feld stattfindet, aber Jahwe ist nicht bloß der Bauer: Jahwe ist wie das personifizierte Wetter.

Er ist willkürlich, launisch, wütend, friedfertig – ohne eine zugrundeliegende Absicht, einfach so. Jahwe ist eher unlesbar als unberechenbar – obwohl er letzteres natürlich auch ist. Als Schöpfer des Lebens möchte er auch über das Leben gebieten, hat aber keine Ahnung, was er eigentlich mit dem Leben anfangen oder wie es sein soll, abgesehen davon, daß er es, nachdem er es einmal erfunden hat – zu seinem Amüsement und zu seiner persönlichen Befriedigung, um sich die Langeweile zu vertreiben – nicht mehr aus der Hand geben möchte: um lebendiger zu bleiben als die anderen. Das einzige Verbrechen im *Buch J* –, in seiner ethischen Wüste kennt dieses Werk auch keine Sünden – besteht darin, an Jahwes Vitalität, seine Macht und seinen »Namen« heranreichen zu wollen (daher Js Version – oder Rosenbergs Version von Js Version – des Turmbaus zu Babel, mit all ihren Wortspielen: von »bindungslos« über »gebunden« zu »verbunden«, von »wirr« über »verwirren« zu »Wirrköpfe«). Hier, wie überall im *Buch J* und bis zum heutigen Tag, sind es die Männer, die Gott spielen möchten, indem sie architektonische Wunder und ethische Systeme konstruieren, die sich mit der natürlichen Ordnung messen und diese ersetzen wollen; es sind die Frauen, die, indem sie sich auf sich selbst konzentrieren, ein Leben führen, das aus vorübergehenden Siegen und Niederlagen besteht. Das jedenfalls ist die Story, die *Das Buch J* zu erzählen versucht. Nicht Gott, oder Jahwe, wird hinunter auf die Erde geholt, sondern die Menschheit.

Wenn man all dies berücksichtigt und im Kopf behält, dann bewirkt das Buch von Bloom und Rosenberg eine dramatische kulturelle und historische Unordnung: eine ungeheure Verschiebung. Bislang ist es unmöglich gewesen, die Bibel als eine, wie Louise Brooks einmal gesagt hat (ohne die Quelle des Zitats preiszugeben), »subjektive epische Komposition« zu lesen, »bei der der Autor um die Erlaubnis bittet, die Welt nach seinem Gutdünken behandeln zu dürfen«; nun ist das möglich. Beim Lesen malt man sich aus, wie die Autorin vor sich hin schmunzelt, um wenig später mit wütender Miene das vor ihr liegende Stück Papyrus zu bearbeiten. Und dieser Moment verändert alles. Er vermählt die Eigenwilligkeit der Bloomschen Interpretation und die Rosenbergsche Übersetzung mit der verschleierten, unterdrückten, mehr oder minder schamvollen Subjektivität des Lesers und verleiht ihr Flügel.

California, November 1990

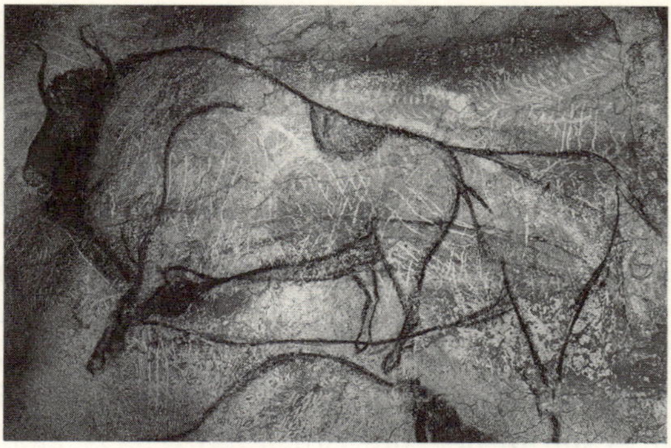

Verloren und wiedergefunden

Angesichts des Übergewichts von Reproduktionen gegenüber originalen Artefakten – Skulpturenabgüsse, Fotografien, Foto-Wandbilder von Höhlenmalereien, graphische Reproduktionen von Steingravuren – ist die Ausstellung *Ice Age Art** weniger eine Präsentation als eine Dramatisierung der Urgeschichte oder, mit anderen Worten, des Weltbilds von Völkern, die zwischen 10.000 und 30.000 Jahren vor unserer Zeit in einem Gebiet gelebt haben, das sich vom heutigen Frankreich bis nach Sibirien erstreckte. Die Ausstellung strebt eher eine

* *Ice Age Art* wurde 1979 in San Francisco in den Räumen der im Golden Gate Park gelegenen California Academy of Arts and Sciences eröffnet. Die Ausstellung vorbereitet hatte das New Yorker American Museum of Natural History, unter der fachkundigen Leitung von Alexander Marshack, eines Archäologen des zur Harvard University gehörenden Peabody Museums. Es war die erste Ausstellung dieser Art in den USA – und als eine fragmentarische Vergegenwärtigung untergegangener Rituale war sie selbst so etwas wie ein Ritual: die Ausstellung eines Ursprungsmythos, bei der es passieren konnte, daß man unversehens in die Nähe eines mit bloßem Auge nicht zu erkennenden Versammlungsortes dieses Mythos gezogen wurde oder die Feuer von Geschichtenerzählern umkreiste, die wer weiß wann zum letztenmal entzündet worden waren.

umfassende kulturelle Erfahrung an als eine didaktische Darbietung anerkannter Meisterwerke oder eine wahllose Ausbreitung der Hinterlassenschaft irgendwelcher primitiven Volksstämme. Für eine Gesellschaft, die ihre Geschichte nach Jahrhunderten bemißt und sie im allgemeinen als eine schnurgerade, stetig ansteigende Linie betrachtet, welche von geistiger Armut zu intellektueller Unfehlbarkeit führt, ist diese Ausstellung so etwas wie eine Offenbarung. Aber sie hat auch etwas Beunruhigendes. Wer mit festen Vorstellungen von einer kulturellen Chronologie in diese Ausstellung geht, merkt früher oder später, wie sich diese in Luft auflösen. Und zu sehen bekommt man folgendes: Höhlenkunst; Porträts von Menschen, die 13.000 Jahre vor Christi Geburt gelebt haben, in Stein geritzt von ihren Zeitgenossen; herrlich anzusehende Tierfiguren, die als persönlicher Zierat dienten oder Bestandteil komplizierter Tableaus zur Symbolisierung der verschiedenen Jahreszeiten waren; Werkzeuge; in Knochen gekerbte Zeichen, sogenannte Notationen, die wahrscheinlich Mondzyklen dokumentieren; kleine Skulpturen von Mammut, Pferd, Wollnashorn oder Löwe und mehrere der nach Venus benannten weiblichen Figurinen – manche davon so roh und unförmig, als wollten sie eine unüberbrückbare Fremdheit heraufbeschwören, andere in Entwurf und Ausführung so grazil und vollkommen, als wollten sie jegliche Fremdheit vergessen machen, zusammen mit der Idee des geschichtlichen und kulturellen Fortschritts.

Man sieht die vielfach vergrößerte Fotografie einer winzigen Pferdestatuette, die 32.000 Jahre alt ist und aus Vogelherd in Deutschland stammt. Die ästhetische Endgültigkeit – die perfekte Vollendung der Vision – zieht einen dermaßen in den Bann, daß man am Ende glaubt, dieses Artefakt stelle nicht bloß ein Pferd dar, sondern die menschliche Empfindungskraft an sich. Es bereitet regelrecht Mühe, zu den Anfängen Ägyptens und Sumers zurückzugehen, und dann noch weiter, immer weiter zurück – alles in allem viermal so weit zurück, um in die Zeit zu gelangen, in der dieses Pferd angefertigt wurde.

Mit Jean Vertuts überwältigendem Foto-Wandbild der berühmten Szene aus Lascaux, einer rund 17.000 Jahre alten Kultstätte aus dem Paläolithikum, erreicht die Ausstellung so etwas wie ihren Höhepunkt. Fremdheit und Wiedererkennen gelangen irgendwie zur Deckung. In einer orchestrierten Bewegung – zuviel Bewegung, um sie auf einmal erfassen zu können, so viel Bewegung, daß man sie buchstäblich zu hören glaubt – huschen mehr als ein Dutzend Tiere über eine Höhlenwand, rasen aufeinander zu, bis sie zusammenstoßen. Zwei riesige Stiere (in der Höhle von Lascaux sind sie überlebensgroß) stehen sich Auge in Auge gegenüber; der auf der linken Seite wird von schwarzen und roten Pferden begleitet, die ihm folgen oder vorauslaufen und beinahe ebenso groß sind wie die Stiere; zwischen ihnen tummeln sich kleine Hirsche. Auf der linken Seite, etwa auf Bodenhöhe, ist eine Anzahl kleinerer Pferde zu sehen. Am linken Bildrand befindet sich – in Wartestellung, nicht laufend wie die anderen – ein schwangeres Tier, das an eine Kuh erinnert: sein buckliger Rücken ist mit roten Ovalen übersät, und aus seinem Schädel ragen nicht die gebogenen Hörner seiner offenkundigen Spezies, sondern zwei lange, kerzengrade Linien, die Hörner eines Tieres, das niemals gelebt hat.

Obwohl die Bilder auf dieser Wand zu verschiedenen Zeiten entstanden sind, vermittelt das Tableau den unwiderstehlichen Eindruck einer bewußten, in sich geschlossenen Komposition, einer Totalität: einer vollendeten, zusammenhängenden, möglicherweise kumulativen Vision. Die Szene ist nicht realistisch. Die abgebildeten Tiere sind nie so einträchtig herumgelaufen wie hier, und schon gar nicht unter den Augen jener sonderbar stillen, neutralen Figur des beschriebenen Phantasietieres. Trotzdem wird jeder Aspekt dieser Komposition von realistischen Details gestützt – dazu gehört unter anderem eine perspektivische Darstellung, bewirkt durch die leer gelassenen Flächen oben an den Hinterbeinen der Tiere. Der große Stier auf der rechten Seite, in einer Art Vollbremsung begriffen, so als habe er die ihm entgegenkommende Gruppe von Tieren gerade erst wahrgenommen – dieses Bild ist so beeindruckend und lebendig, so unmittelbar und natürlich, daß man auf den Gedanken kommen könnte, es sei nicht auf die Höhlenwand gemalt worden, sondern von selber darauf erschienen. Der Realismus dieses Stieres belebt die eher stilisierten Pferde, die ihm entgegenlaufen – ebenso wie das Symbolische und Abstrakte dieser Pferde die symbolischen Eigenschaften des realistischen Stieres deutlicher hervortreten lassen.

Doch was haben uns diese Dinge heute zu sagen?

Die Menschen, die im Mittelpunkt der Ausstellung stehen, lebten Tausende von Jahren vor der Erfindung der Schrift. Daß sie über Sprache verfügten, über Rituale und sogar über Musik, gilt als gesichert (Fotos, die eine Flöte mit vier Grifflöchern zeigen und ein Ensemble von aus Knochen gefertigten Perkussionsinstrumenten, beides Fundstücke aus Sibirien, sind Teil der Ausstellung); die Zwecke und die Inhalte – die Motive und die Bedeutung – dieser kulturellen Systeme sind uns nicht bekannt. Archäologen und Paläo-Anthropologen erbringen gerade den Nachweis, daß die kunstproduzierenden paläolithischen Europäer – die als Cromagnon-Menschen bezeichnet werden und sich in physischer Hinsicht kaum von zeitgenössischen Männern und Frauen europäischer Herkunft unterscheiden – nicht die wurzellosen Nomaden gewesen sind, für die man sie bislang gehalten hat. Doch alle Fragen über ihre anatomische Evolution, ihre geographische Herkunft, ihre Geschlechterrollen und ihre soziale Organisation sind nach wie vor offen. Die Forschungsergebnisse, die man seit 1856/57, dem Jahr der ersten Funde im Neandertal, zusammengetragen hat, stecken voller Widersprüche und Lücken; fast alle Theorien können leichter widerlegt als bewiesen werden. Diese Ungewißheit – eine Fülle von Artefakten, denen nur sehr wenige gesicherte soziale Fakten gegenüberstehen – hat dazu geführt, daß die Fragen abgenommen haben, ebenso wie unser Interesse daran, wer oder was diese Cromagnon-Menschen eigentlich gewesen sind. Sie hat die Frühgeschichte auf ihr bloßes Vorhandensein und auf Aberglauben reduziert. *Ice Age Art* bewegt sich in die entgegengesetzte Richtung.

Die Ausstellung gründet auf den Theorien und Entdeckungen Alexander Marshacks, dessen Forschungen über die Kultur des Paläolithikums sich schon immer gegen simplifizierende Behauptungen über das Verhalten, das Bewußtsein und die Motive unserer prähistorischen Vorfahren gerichtet haben. Im Jahre 1963 wurde Marshack – zu der Zeit populärwissenschaftlicher Journalist – mehr oder weniger zufällig, durch einen *Scientific American*-Artikel über die Funde von Ishango, einer 20.000 bis 25.000 Jahre alten Ausgrabungsstätte in Zaire, auf den Gedanken gebracht, daß die Markierungen auf paläolithischen Knochenfunden, die man bis dahin für zufällige Kratzer, Jagd-Strichlisten oder bedeutungsloses Gekritzel gehalten hatte, in Wirklichkeit Aufzeichnungen von Mondzyklen und Versuche einer astronomischen Berechnung der Zukunft waren, also äußerst effektive Kalender. Die systematische Vertiefung dieser Erkenntnis und die Untersuchung ihrer nahezu unerschöpflichen Implikationen hinsichtlich der kognitiven Fähigkeiten und Praktiken der Cromagnon-Menschen ebneten einer völlig neuen Sicht der Kulturen der Eiszeitmenschen den Weg und wurden zu Marshacks Lebensaufgabe. Dies war ein klassisches Beispiel für die These, wonach wissenschaftliche Durchbrüche und Innovationen in der Regel auf das Konto von Außenseitern gehen, eine These, die Thomas S. Kuhn in seinem Buch *Die Struktur wissenschaftlicher Revolutionen* entwickelt hat: »Fast immer waren die Männer, denen diese fundamentale Erfindung eines neuen Paradigmas gelang, entweder sehr jung oder auf dem Gebiet, dessen Paradigma sie änderten, sehr neu.«

Mit Hilfe von Mikro- und Infrarot-Fotografie haben Marshack und einige seiner Kollegen bislang unbekannte Details an im vergangenen Jahrhundert entdeckten Artefakten feststellen können und die Zeugnisse der Cromagnon-Kultur zunehmend vom Ruch einer kindlich-naiven Ursache-Wirkung-Magie, bedeutungsloser Dekoration, simpler Nachempfindung oder des schlicht und einfach Unentzifferbaren befreien können. Marshack konnte nachweisen, daß Steingravuren, Malereien und Knochen-Notationen »zeitfaktoriell« oder »narrativ« waren und daß sie in einem intellektuell komplexen und differenzierten Milieu hergestellt und weitergereicht wurden, in Einzelfällen über Hunderte von Generationen. Unter dem Mikroskop stellte sich heraus, daß die Knochen-Notationen von verschiedenen Messerspitzen und aus längeren Zeiträumen stammten: ein Beweis für das Vorhandensein eines Zeitbewußtseins. Es gab auch Kompositionen, die Tier- und Pflanzenbilder verknüpften und mit präzisem Naturalismus jahreszeitliche Veränderungen dokumentierten. Tierbilder wurden »erneuert«, und ihre Bedeutungen beibehalten oder verändert.

Am Anfang, meint Marshack, seien die unterschiedlichen Symbolsysteme – Glyphen, Notationssequenzen, Abbildungen von Tier und Mensch – noch auseinandergehalten worden; kognitive, assoziative Sprünge zwischen den einzelnen Systemen gab es zunächst nicht. Die Kombination dieser Systeme – beispielsweise bei dem 15.000 Jahre alten Geweih von La Marche, das neben zwei aufgefrischten, nachgravierten Pferden eine offensichtlich lunare Notation aufweist, die im Verlauf von siebeneinhalb Monaten entstanden sein muß – ist, wie er schreibt, »eine der großen intellektuellen Leistungen der Menschheit«. Dieses Geweih repräsentiert nicht bloß die Verbindung zweier Techniken, sondern zweier Sichtweisen der Realität.

Der irritierendste Teil der Ausstellung befaßt sich mit den Menschen. Hier findet man die urzeitlichen Frauenstatuetten – in der Mehrzahl schwanger, gesichtslos mit übertrieben großen Brüsten, Hüften und Gesäßen –, Artefakte, die vor etwa 30.000 Jahren in Europa entstanden sind. Es gibt Exemplare aus Frankreich, Österreich, Sibirien, Italien und aus Dolni Vestonice, einer gründlich abgesuchten Fundstelle in der Tschechoslowakei. Diese Figurinen sprengen den engen Rahmen bloßen Fruchtbarkeitszaubers, dem man sie noch bis vor kurzem zugeordnet hat: ein weiteres Beispiel für das bereits erwähnte simple Schema von Ursache und Wirkung. Sie scheinen eher der Versuch einer Ergründung des Wunders der Fortpflanzung gewesen zu sein (nichts deutet darauf hin, daß die Menschen des Paläolithikums über die biologischen

Vorgänge im Zusammenhang mit der Empfängnis orientiert waren), welches wiederum auf das Wunder der Ursprünge des Menschen an sich verweist: auf einen vagen Schöpfungsmythos, eine Vorstellung, die die Grundvoraussetzung für die Annahme einer Seele ist. Auf eine Weise, die man bei dem herrlichen Vogelherd-Pferd vergeblich suchen dürfte, repräsentieren die Venus-Statuetten einen fundamentalen Akt der Selbsterkenntnis – die Frage »Wer sind wir?« –, die Grundlage jenes langen Prozesses, der die Menschen letztendlich dazu befähigte, aus sich heraustreten zu können, denken zu können, vorwärts und rückwärts gehen zu können, ohne sich dabei vom Fleck zu bewegen.

Die Frage, die diese Frauenfiguren aufwerfen, ist im Prinzip dieselbe, die Mircea Eliade in seinem Buch *Kosmos und Geschichte – Der Mythos der ewigen Wiederkehr* gestellt hat: »*Wie* und *warum* [werden] für den Menschen der frühzeitlichen Gemeinschaften manche Dinge *wirklich*?« Wenn man diese radikal abstrakten oder stilisierten Venus-Statuetten betrachtet, kann man sich problemlos vorstellen, daß die Kultur, in der sie angefertigt wurden, ein Ambiente war, wo die Wirklichkeit reinen Symbolcharakter hatte – wo der Wirklichkeit jede prosaische Dimension abging. Drei extrem schematisierte Statuetten (zwei aus Dolni Vestonice, bei der die Frauen mehr oder weniger auf ihre Brüste beziehungsweise die Vulva reduziert wurden; eine dritte, die von einer tschechoslowakischen Fundstelle jüngeren Datums stammt und im Grunde nur aus Gesäß besteht) bestätigen diesen Eindruck. Doch nur ein paar Schritte weiter stößt man auf zwei winzige Knochenschnitzereien, die Frauenköpfe darstellen und in Frankreich und Dolni Vestonice gefunden wurden; sie entstanden etwa zur selben Zeit wie die Venus-Statuetten, sind also über 20.000 Jahre alt. Angesichts der fein herausgearbeiteten Gesichtszüge und kunstvollen Frisuren könnte es sich durchaus um Abbilder heute lebender Personen handeln, um Porträts von Individuen, etwas, das in krassem Gegensatz zu den Venusfiguren steht – die Ausstellungsmacher erwähnen nicht, daß im Fall des Kopfes aus Dolni Vestonice bei den

Ausgrabungsarbeiten auch das Skelett einer erwachsenen Frau ans Tageslicht befördert wurde, das eine Schädeldeformation aufwies, eine linksseitige Gesichtslähmung, die auf dem geschnitzten Kopf wiederzuerkennen ist.

Trotzdem müssen diese Gesichter mehr als nur Porträts gewesen sein. In Dolni Vestonice kam nur ein einziges Individuum ans Tageslicht: Die deformierte Frau wurde erhöht, oder verewigt, vielleicht als symbolische Ahnherrin, vielleicht als lebende Verbindung zu einer spezifischen, geheimnisumwobenen Instanz. Ob spezifisch oder allgemein: Haben diese beiden Möglichkeiten einmal Gestalt angenommen, dann repräsentiert der kleine Kopf – neben anderen, unbekannten Dingen – eine Bewegung vom Ikonischen zum Tatsächlichen und wieder zurück zum Ikonischen.

Die Fähigkeit, sich auf dieser Linie hin und her bewegen zu können, ist vermutlich der Wesenskern des menschlichen Bewußtseins, und an der Wand oberhalb der winzigen Venusköpfe wird dieses Bewußtsein mit Hilfe handgezeichneter Kopien 15.000 Jahre alter Steingravuren veranschaulicht: Die Steine stammen ebenfalls aus dem französischen La Marche, aus einer äußerst ergiebigen Fundstelle, die Ende der dreißiger Jahre entdeckt wurde; sie strotzen vor motivreichen, komplexen Bildern, und die meisten von ihnen sind mit Hunderten von Zeichen und Linien bedeckt, die von Hunderten von Menschen stammen, vielleicht aber auch nur von einem einzigen. Es dauerte Jahrzehnte, bis die Steingravuren vollständig dokumentiert waren und der Öffentlichkeit zugänglich gemacht werden konnten: 1976 schloß Léon Pales diese Arbeit ab, und noch im selben Jahr erschien in Frankreich sein zweibändiges Werk *Les gravures de La Marche*; die Abbildungen aus diesen Büchern sind bisher noch nie auf einer Ausstellung zu sehen gewesen.

Auf ihnen erkennt man die Gemeinschaft als solche und weniger die zu einer Ikone komprimierte Gemeinschaft. Es gibt Männer, Frauen, Halbwüchsige, Kleinkinder und Alte, nackt und bekleidet, lächelnd, nachdenklich, in Körperstellungen, die man als Gebet oder Tanz interpretieren kann, und mit Gesichtszügen, aus denen Angst und Freude sprechen. Manche dieser Menschen scheinen an einem Ritual teilzunehmen oder an einem legendären, sagenhaften Ereignis; andere wieder wirken so, als sei es ihnen lediglich darauf angekommen, porträtiert zu werden. Wenn man diese Bilder betrachtet, kann man einen Schock bekommen: einen Schock des Wiedererkennens. Man hat diese Gesichter alle schon einmal gesehen: Sie wirken so lebensecht, so lebendig, daß man sie draußen auf der Straße wiederzuerkennen glaubt, sobald man die Ausstellung verlassen hat.

Im Gegensatz zu den abstrakten oder schematisierten Venus-Statuetten verkörpern diese Bilder einen auffallend ungezwungenen Realismus. Doch obwohl ein unmittelbarer, prosaischer Aspekt unverkennbar ist, der dafür zu sprechen scheint, daß das Prosaische für die Eiszeitmenschen in der Zwischenzeit zu etwas Realem geworden war, kann dieser Eindruck trügen. Die lächelnde, offensichtlich betende Frau, die vielleicht schwanger ist, vielleicht aber auch nicht, wirkt auf uns wie eine tatsächliche Person. Sie ist aber ganz offenkundig auch eine Fortsetzung der Tradition der gesichtslosen Venusfiguren und vermutlich eine Weiterentwicklung dieser Statuetten. Die allem Anschein nach männliche Geistergestalt, die in der Grafik-Abteilung der Ausstellung gegenüber der betenden Frau gezeigt wird, ist auf dem originalen La-Marche-Stein mit der Frau verbunden: Dort scheint diese Gestalt förmlich in sie einzutauchen. Und das würde die Story, die mit den Venusfigurinen beginnt, zu einer völlig neuen Story machen, die Mann und Frau verbindet, womöglich zum allerersten mal! Dies kann eine Fehlinterpretation sein (und vieles spricht für diese Vermutung), aber daß dieses Frauenbildnis verdoppelt ist, zweierlei Ebenen verknüpft, dürfte wohl niemand abstreiten können. Es handelt sich um ein unendlich ausdrucksstarkes, elementares mythisches Symbol, das bereits vor 15.000 Jahren fest in der Vergangenheit verwurzelt war – nicht in unserer Vergangenheit, sondern in jener der Menschen von La Marche; ein Bestandteil des »identischen religiösen Systems, das«, wie André Leroi-Gourhan 1967 in

Treasures of Prehistoric Art geschrieben hat, »den Kunstwerken von Rußland und der Ukraine bis hinüber nach Spanien zugrundezuliegen scheint« –, und gleichzeitig ist es das Bildnis einer ganz normalen Frau. Das Individuelle, Persönliche, eine empathische Wärme, die keine Ikone vermitteln könnte, ist vorhanden, neben und mit den symbolischen Aspekten der Abbildung. Und das legt nahe, daß an den ausgestellten Steingravuren aus La Marche, die keinen Symbolismus wiederzugeben scheinen – ein lachender Jugendlicher, ein alter Mann – womöglich mehr dran sein könnte, als man meint.

Diese Zeichnungen scheinen zu besagen, daß die vor 15.000 Jahren einsetzende bewußte Bewegung vom Tatsächlichen zum Ikonischen und vom Ikonischen zum Tatsächlichen sowie die Erkenntnis verschiedener Zwischenstufen nicht bloß eine kulturelle Möglichkeit war, sondern ein Ordnungsprinzip. Man konnte die Existenz von Individuen darstellen, aber auch Symbole, die von Individuen unabhängig waren, das Individuum oder das Kollektiv, die in einem Symbol aufgingen, oder die Einheit – die Beziehung – von Individuum, Kollektiv und Symbol. Und das ist eine Realität, der wir noch immer verhaftet sind: eine Realität, die wir ererbt und in Stücke zerlegt haben, in Fragmente, die wir nicht mehr zusammensetzen können.

Von all den Eindrücken, die man aus dieser Ausstellung mit nach Hause nehmen kann, verstört am meisten, daß man das dort Gezeigte nicht als das Werk eines primitiven Volkes ansehen kann. Die Begriff des Primitiven taugt zur Beschreibung von Menschen, deren Leben sich beinahe ausschließlich innerhalb bestimmter Grenzen abspielt: innerhalb imaginativer oder technologischer Restriktionen, die nicht bloß den äußeren Rahmen dieses Lebens bestimmen, sondern sein Wesen ausmachen. Primitive Völker stagnieren kulturell, sind unbeweglich und, verglichen mit einer früheren, aktiveren Entwicklungsstufe, oftmals regrediert – und vor 12.000 Jahren, als die letzte Eiszeit zu Ende ging und die Cromagnon-Kulturen zerfielen, kam es überall in Europa zu einer künstlerischen und vermutlich auch technologischen Regression. Die

Technologie der Cromagnon-Menschen – sie verfügten über Messer, Nadeln, Speerschleudern, Farben, Öllampen, Schleifsteine, Feueröfen, Stricke und dergleichen mehr – mag vielleicht als primitv bezeichnet werden, obwohl Marshacks Analyse der Knochen-Notationen (die Vorstellung, die Völker des Paläolithikums könnten so etwas wie Notation praktiziert haben, galt noch vor fünfzehn Jahren als Ketzerei) ihn davon überzeugt hat, daß diese Menschen Probleme gelöst haben so wie wir heute. Aber die kulturelle Dynamik der Cromagnon-Menschen zielte im Grunde nicht auf Technologisches ab. Sie war ontologisch und künstlerisch orientiert; es ging weniger darum, ein neues Werkzeug zu erfinden oder zu gestalten, sondern darum, die Welt zu erkennen und zu gestalten.

Technologie kann innerhalb der Grenzen des Nützlichen und Notwendigen mehr oder weniger reibungslos funktionieren, doch dem menschlichen Geist sind bei seiner Suche nach Sinn und Bedeutung keine Grenzen mehr gesetzt, sobald das Erkennen und Ausdrücken von Sinn und Bedeutung zur Grundlage des Lebens geworden sind. Was sich an den künstlerischen Äußerungen der Cromagnon-Menschen ablesen läßt – an ihrer genauen Beobachtung und visuellen Darstellung tierischer Anatomie und tierischen Verhaltens, an der Differenziertheit ihrer Symbolik, an der Verfeinerung ihrer Technik zur bildlichen Wiedergabe einer immer komplexer werdenden Vision –, das ist eine gewaltige Grenzüberschreitung, ein Schritt, der imaginative und intellektuelle Möglichkeiten eröffnet und nicht, wie in einem primitiven Milieu, ausschließt. Die Kunst der Cromagnon-Menschen wirkt deshalb nicht primitiv auf uns, weil sie nicht primitiv ist, und sie ist deshalb nicht primitiv, weil sie Ansprüche gegenüber der Welt zum Ausdruck brachte, die keinesfalls primitiv waren.

Ice Age Art gewährt uns Einlaß in die Kosmologie – nicht in den Kult, nicht in die Magie –, die dem Leben vor 15.000, 20.000 und 30.000 Jahren einen Sinn verlieh: in die symbolische und ikonographische Gestaltung der Welt. Die Kosmologie der Cromagnon-Menschen muß ihre Wahrnehmung der Wirklichkeit gewesen sein und ein Versuch, deren Mysterien zu durchdringen und zu entschleiern; für unsereinen kann diese Kosmologie die Erfindung der Wirklichkeit repräsentieren, ihre Erschaffung. Man hat das Gefühl, daß all diesen Artefakten und Bildern so etwas wie ein einigender Mythos zugrunde liegt, ein Gefühl, das man beim Betrachten und Nachdenken vergeblich zu ergründen sucht, das aber dennoch da ist. So wie das Gefühl – wenn wir uns noch einmal dem großen Lascaux-Wandbild zuwenden –, daß »der Mythos keine frühe Stufe der menschlichen Entwicklung ist, sondern«, wie William Irwin Thompson in *At the Edge of History* geschrieben hat, »eine imaginative Beschreibung der Realität, bei der das Bekannte auf das Unbekannte bezogen wird, im Rahmen eines Systems von Übereinstimmungen, mit deren Hilfe Geist und Materie, das Selbst, die Gesellschaft und der Kosmos zusammenhängend erfaßt und in einer esoterischen Sprache, poetisch, rhythmisch ausgedrückt werden, die ihrerseits eine Manifestation jener Realität ist, die sie zu beschreiben versucht«.

In einer Kosmologie sind alle Dinge auf eine besondere, narrativ strukturierte und zielgerichtete Weise miteinander verknüpft. Ein System aus Motiv, Wahrnehmung, Handlung und Glauben entsteht aus sich selber heraus und vertieft sich. Ein Zeitgefühl entwickelt sich und ist nicht mehr zu trennen von der Erschaffung eines Bildes und davon, wie dieses gesehen und benutzt werden muß. Nichts ist zufällig. So etwas wie ein sinnloses Gekritzel kann es nicht geben, genausowenig wie einen bedeutungslosen Kratzer auf einem Knochen. Und so etwas wie eine einzige, ausschließliche, eng umrissene Bedeutung einer Wandmalerei, eines in Stein geritzten Gesichts, einer Knochenschnitzerei oder einer Handlung kann es ebenfalls nicht geben.

In der Höhle von Pech Merle in Frankreich befindet sich eine Wandmalerei, die zwei große Pferde zeigt – eines der atemberaubendsten Tableaus prähistorischer Kunst, das maßstabgetreu für *Ice Age Art* reproduziert wurde; die Bildkomposition wird abgerundet durch rote und schwarze Punkte, Handabdrücke, einen Kreis sowie einen Fisch. Marshack konnte nachweisen, daß die Silhouetten der beiden Pferde zuerst entstanden sind und anschließend mit Punkten gefüllt wurden und daß die übrigen Punkte und Handabdrücke erst später hinzukamen.

Handabdrücke, hier und anderswo, sind ein elementares Motiv präliterarischer Kunst, ob nun auf 20.000 Jahre alten europäischen oder australischen Höhlenmalereien oder auf den Tuschebildern heute lebender Kinder, überall auf der Welt. Die Handabdrücke von Pech Merle sind auf vielerlei Arten gedeutet worden: als Bekundung der menschlichen Macht über die Pferde (eine Versicherung, daß man diese Vierbeiner töten konnte), aber auch als graffitiähnliche Zeichen à la »Ich bin hier gewesen«. Beide Sichtweisen muten merkwürdig modern an, da sie Aggression und Ego als Motive herausstreichen; sie sagen meines Erachtens mehr über unsere Gegenwart aus als über die Vergangenheit. Bei näherer Betrachtung kann man etwas viel Profunderes entdecken: Menschen, die sich zur Erstellung dieser Bildkomposition zusammengetan haben, nicht so sehr als deren Herren und Schöpfer, sondern als Mitglieder jener Kosmologie, die in ihr zum Ausdruck kommt. In dieser Komposition gehen das Individuum, die Gruppe oder die menschliche Rasse als solche in einem Ganzen auf: ergeben eines der spannendsten Statements zur Gestalt unserer Kultur überhaupt.

Die Gestalt ihrer ersten, voll ausgeprägten Erscheinungsform zeichnet sich derzeit erst in ihren Umrissen ab; diese auszufüllen, ist eine noch vor uns liegende Aufgabe. Man kann auf das Vorhandensein von Legenden und symbolischen Systemen schließen, ohne etwas über deren Inhalt zu wissen. Die Cromagnon-Menschen besaßen zweifellos eine Erklärung ihrer Ursprünge, einen Mythos, der möglicherweise über Zehntausende von Jahren in ganz Europa verbreitet war; und bis auf weiteres können wir die Ausstellung *Ice Age Art* als eine Version des Mythos unserer eigenen Ursprünge betrachten.

New West, 26. März 1979

Flucht aus New York

Jeder kennt Picassos *Guernica*. In seinem 1965 erschienenen Buch *Glanz und Elend des Malers Pablo Picasso* bezeichnet John Berger es als »das berühmteste Bild des 20. Jahrhunderts«, und das ist es wohl auch. Die meisten wissen, wovon dieses Bild handelt: von der Bombardierung der pro-republikanischen baskischen Stadt Guernica am 26. April 1937 durch die sogenannte Legion Condor, ein von den Nazis aufgestelltes Truppenkontingent, das im Spanischen Bürgerkrieg auf der Seite Francos gegen die Republik kämpfte – ein Experiment in Sachen moderner Kriegsführung, wie die Historiker diesen Terrorangriff charakterisiert haben, eine faschistische Vorübung für den Zweiten Weltkrieg. Auf diese Greueltat reagierte Picasso mit seinem Bild, einem Protest, der heute mehr oder weniger übereinstimmend als ein Entsetzensschrei angesichts der Schrecken des Krieges gesehen und gedeutet wird – das heißt, des Krieges an sich.

Doch diese Greueltat war etwas Besonderes, Einmaliges, so wie ihr Kontext und wie Picassos Antwort darauf. Die Vergegenwärtigung dieser Einmaligkeit und der Versuch, diese all jenen bewußt zu machen, die Picassos *Guernica* zu kennen glauben, stehen am Anfang von Herschel B. Chipps *Picasso's »Guernica«: History, Transformations, Meanings.* Kunst, Politik, Kunstpolitik und politische Kunst nahtlos miteinander verknüpfend, transportiert Chipp den Leser im Handumdrehen fünf Jahrzehnte in die Vergangenheit zurück. Die Fakten sind nicht neu, sondern vergessen – sozusagen Bestandteil des *Guernica*-Kanons, aber schon vor langem von jener Allgemeingültigkeit verschluckt worden, die das Bild seit einem halben Jahrhundert wie ein Schleier umgibt.

Chipp erzählt folgende Story: Im Januar 1937 wendet sich ein Gesandter der bedrohten Spanischen Republik in Paris an Picasso und bittet diesen, einen Sohn Spaniens, um ein Werk, das anläßlich der in vier Monaten stattfindenden Pariser Weltausstellung im spanischen Pavillon gezeigt werden soll. Der als unpolitisch verschriene Picasso will sich nicht festlegen. Auf Bestellung arbeite er nicht, und außerdem wäre jedes Bild von ihm – unabhängig vom Motiv oder der Thematik – allein schon wegen seines Namens »Propaganda«: kein Gemälde, das etwas Bestimmtes darstelle, sondern ein Plakat, das von der Vitalität und dem Überlebenswillen der Spanischen Republik künde. Picasso bietet an, eine Atelierszene zu malen, einen Künstler mit seinem Modell. Und am 18. April begann er damit: Der Kontext der Präsentation dieses Gemäldes, seines Einsatzes, würde für Schlagzeilen sorgen – unabhängig von seiner eventuellen Aussage oder seinen künstlerischen Qualitäten.

Mit einer knappen, aber gründlichen Erörterung von Picassos »Traum und Lüge Francos«, eines im Januar 1937 entstandenen Zyklus von Radierungen und eines parallel dazu verfaßten Prosagedichts, widerlegt Chipp die Behauptung, Picasso hätten die Ereignisse unberührt gelassen, die sein Heimatland zerrissen. Wie Chipp verdeutlicht, ging es »weniger um Picassos politische Haltung, sondern darum, wie er sich ausdrücken sollte«. Die »Traum und Lüge«-Radierungen lassen daran keinen Zeifel. Sie strotzen vor Abscheu und vor Abscheulichkeiten, sind durchtränkt von spezifischen spanisch-katholischen Anspielungen, voller Qual und Verwesung, ein Gewimmel von Spukgestalten, die Kirche und Armee verkörpern sollen und wie Ungeheuer aus irgendeinem gräßlichen Sumpf anmuten: alles in allem ein kleiner Horrorfilm, ein grauenvoller Comicstrip, ein paar Meter des Wandteppichs von Bayeux, allerdings diesmal von Blasphemie und Wut erfüllt. Danach befaßte sich Picasso erst wieder mit dem Bürgerkrieg, als er von der Bombardierung Guernicas erfuhr; fünf Tage danach, am 1. Mai, fertigte er eine erste Skizze an, undeutliche Gestalten, von einem ausgestreckten Arm überschattet, und fünfundzwanzig Tage später war sein Wandgemälde vollendet. Jedes Entstehungsstadium des Werkes wurde auf Zeichnungen oder Fotos festgehalten; in Chipps Buch kann man verfolgen, wie das Gemälde Stück für Stück Gestalt annahm; die Form, die es am 1. Mai hatte, und die daran anschließenden Entscheidungen des Künstlers werden uns präsentiert wie ein Kriminalroman, bei dem man nicht nur die Gestalt des Detektivs, sondern auch den Namen des Mörders von Anfang an kennt. Man weiß, was geschehen ist und wer es getan hat. Trotzdem kommt keine Langeweile auf: Das Wie und Warum sorgen für Spannung genug.

Chipp zeichnet den Weg des Bildes nach: seine Ausstellungstourneen durch Europa und die Vereinigten Staaten nach dem Fall der Republik, seine Rezeption und seine zunächst endgültig scheinende Unterbringung im New Yorker Museum of Modern Art, wo es seit 1939 hing, und schließlich 1981 seine Rückkehr nach Madrid in den Prado, acht Jahre nach Picassos und sechs Jahre nach Francos Tod. Natürlich war es keine Rückkehr, denn das Bild war vorher noch nie in Spanien zu sehen gewesen – noch 1966 wurden Briefe aus der Tschechoslowakei von den spanischen Behörden für gesetzwidrig erklärt und an den Absender zurückgeschickt, wenn sie mit einer damals gängigen tschechoslowakischen Briefmarke frankiert waren, die Picassos Bild zeigte. Doch die Ankunft des Werkes wurde als Rückkehr, als Heimkehr empfunden, und symbolisch gesehen war es das auch. Die Symbolik drückte aus, daß das offizielle Spanien nun bereit war, seine eigene Geschichte anzunehmen – nach so vielen Jahren, nach so vielen Bürgerkriegstoten und nach dem Tod so vieler, die diese Toten auf dem Gewissen hatten, und das bezog sich in erster Linie auf Franco. Seit Francos Machtübernahme im Jahre 1938 galt es in Spanien als offizielle Geschichte, daß Guernica nicht von faschistischen Flugzeugen bombardiert, sondern von republikanischen Truppen auf dem Rückzug in Brand gesteckt worden war. Die Zeitungen in Paris – Blätter, die Picasso damals gelesen haben könnte – fielen auf diese Lüge herein, so wie der *San Francisco Chronicle* und die *Los Angeles Times* treu und brav Ronald Reagans Behauptungen übernahmen, wonach die verstümmelten Rote-Kreuz-Helfer und die ermordeten Babys in den nicaraguanischen Landkooperativen nicht Reagans Contras zum Opfer gefallen waren, sondern einer Desinformationskampagne: sandinistischen Truppen, die Contra-Uniformen getragen hätten.

Chipp erzählt eine facettenreiche Geschichte, doch diese Geschichte läßt die wesentlichen Fragen des Gemäldes unbeantwortet. »Picassos größtes Werk«, sagt Chipp – und dieses Werk ist nicht so einfach wie seine Geschichte. Wenn *Guernica* das berühmteste Bild des 20. Jahrhunderts ist, dann könnte es zugleich auch für das eindeutigste gehalten werden: für einen Comicstrip voller Schmerz und Leid, eine simple Umwandlung postkubistischer Manierismen zu Schlagzeilen und umgekehrt. Picassos 1907 entstandenes Gemälde *Les Demoiselles d'Avignon* hat noch immer etwas Geheimnisvolles, genauso wie sein 1917 gemaltes *Porträt der Olga Koklova* – doch hat *Guernica* noch irgend etwas Geheimnisvolles an sich? Hat es das jemals gehabt?

Im Jahre 1965, als ich meine erste Studentenwohnung bezog, heftete einer meiner Mitbewohner in unserer Küche ein *Guernica*-Poster an die Wand. Es sei schon komisch, beim Essen immer auf dieses Ding schauen zu müssen, meinten Freunde und Bekannte: all diese stummen Schreie, diese verzerrten Körper und so. Ein Klischee – das zur Grundeinrichtung jeder Studentenwohnung gehörende berühmte Kunstwerk – führte bei uns zu lebhaften Diskussionen, doch mit der Zeit gewöhnten wir uns an den Anblick, und bald war das Blutbad nur noch Dekoration. Als ich mir im Sommer jenes Jahres in New York das *Guernica*-Original ansah, sagte es mir noch weniger als die Reproduktion in unserer Küche. Angesichts seiner Größe, die durch seine Plazierung an der Stirnseite eines ihm vorbehaltenen Ausstellungsraums noch hervorgehoben wurde, wirkte Picassos Gemälde so wichtig und gewaltig, daß man es sich kaum anzuschauen getraute. Als Protest war es erfolgreich gewesen: Die Niederlage der Republik hatte es zwar nicht abwenden können, aber es hatte immerhin die Erinnerung an ein faschistisches Verbrechen wachgehalten. Doch im Jahre 1965 hatte das Gemälde das auf ihm dargestellte Ereignis verblassen lassen – damals erinnerte man sich nicht mehr deshalb an dieses Ereignis, weil es ein abscheuliches und einmaliges Verbrechen gewesen war, sondern deshalb, weil es den Anlaß für ein unnachahmliches Meisterwerk abgegeben hatte, ähnlich wie Abraham Lincolns Gettysburg-Rede (»Die Welt wird wenig beachten und kaum lange in Erinnerung behalten, was wir hier sagen«) im Laufe der Zeit an die Stelle der Schlacht von Gettysburg (»aber was jene hier vollbrachten, kann sie niemals vergessen«) getreten ist. Picassos *Guernica* hat Geschichte gemacht, eine Geschichte allerdings, die ihre Opfer hinter sich zurückließ: Nach beinahe dreißig Jahren hatte das Bild das verdrängt, wogegen es einmal protestiert hatte.

Etwa ein Jahr, nachdem mein Wohngenosse das Poster in unserer Küche angebracht hatte, hörte ich mir eine Vorlesung von Herschel Chipp an, der seit 1953 an der University of California in Berkeley einen Lehrstuhl für Kunstgeschichte hat; ein Freund, der bei Chipp studierte, hatte mir von ihm vorgeschwärmt. Chipps Thema an jenem Tag war das in Picassos Werk immer wieder auftauchende Doppelmotiv von Pferd und Stier: von den Stierkampfszenen, die Picasso noch als Jugendlicher gezeichnet hatte, über die sexuellen Allegorien späterer Jahre bis hin zu *Guernica*. Unter all den Vorlesungen, die ich während meiner neun Jahre in Berkeley gehört habe, hat diese bei mir den nachhaltigsten Eindruck hinterlassen – und das, obwohl ich dieses Seminar nicht belegt hatte und diese Vorlesung die einzige geblieben ist, die ich von diesem Dozenten je gehört habe.

Das Hauptkapitel von *Picasso's »Guernica«: History, Transformations, Meanings* ist die Vertiefung und Abrundung der damaligen Vorlesung: eine konzentrierte Zusammenfassung und Erweiterung des Chippschen Lebenswerkes. Wie in den Kapiteln über Picassos politische Einstellung, den Bürgerkrieg, die Bombardierung Guernicas, die Pressereaktionen auf dieses Kriegsverbrechen, die Rezeption des Gemäldes im Jahre 1937 und seine spätere Odyssee, zeigte Chipp auch in dieser Vorlesung unleugbare Zusammenhänge auf. Er verschmolz offenkundig zusammengehörende und scheinbar unvereinbare Grafiken und Gemälde mit der Welt öffentlicher Ereignisse und des allgemein Bekannten; und Chipp holte Kunstwerke aus dieser Welt heraus, um sie in ihrem eigenen Salon miteinander kommunizieren zu lassen, wobei sie auf ihrer individuellen Sprache beharrten, sich aber gleichzeitig verständlich machten. Vor einem Auditorium aus Studenten entfaltete er seine Gedanken mit einem so deutlichen inneren Vergnügen und einer so unmißverständlichen Hingabe, daß man sich, wenn man den Saal verlassen hatte, nie mehr mit einem Gemälde, das einen irgendwie ansprach, befassen konnte (oder mit einem Roman, einem Gedicht, einem Musikstück), ohne es sich als Bestandteil einer Story und, ungelogen, eines Mysteriums vorzustellen. Es gab, wie Chipp mit seinen Dias und seinen Argumenten demonstrierte, eine Matrix des Zufälligen und Möglichen – aus Überlieferung und freiem Schöpfertum, Irrtum und glücklicher Fügung, Wunsch beziehungsweise Intention und Realisierung –, die jedem ernstzunehmenden Kunstwerk zugrunde liegt. Wer, so wie Chipp damals in seiner Vorlesung und nun in seinem Buch, dieses komplexe Beziehungsgefüge sichtbar macht, der bringt das Kunstwerk zum Sprechen, bringt die Welt zum Sprechen – läßt sie von ganz alleine sprechen. Und innerhalb dieses Bezugsrahmens kann man mit dem Kunstwerk spielen, mit jedem seiner Details.

Etwa so: Chipp berichtet, daß *Guernica* 1939, nach dem Untergang der Spanischen Republik, eine Ausstellungstournee quer durch die USA absolvierte, um Spenden für Bürgerkriegsflüchtlinge zu sammeln. John Berger schreibt, daß Picasso in den sechziger Jahren einen Berühmtheitsgrad erlangt hatte, der ihn zu einem modernen König Midas machte: »Kurz nach dem Zweiten Weltkrieg kaufte Picasso in Südfrankreich ein Haus, das er mit einem Stilleben bezahlte ... Alles, was er besitzen möchte, kann er erwerben, indem er es zeichnet.« Man kann sich leicht vorstellen, daß *Guernica*, gelangte das Bild heute zur Auktion, wahrscheinlich über 100 Millionen Dollar einbringen würde – ein Betrag, der den Marktwert sämtlicher Immobilien im heutigen Guernica zweifellos übersteigen dürfte. Picasso oder seine Erben könnten heute den Ort Guernica besitzen, nur weil er einmal ein Bild gleichen Namens gemalt hat. Doch Chipp weiß auch zu berichten, daß bei zwei dem Gemälde gewidmeten Symposien in New York, die im Rahmen seiner 1939er Tournee stattfanden, ganze 41 Dollar zur Unterstützung der spanischen Republikaner im Exil zusammenkamen. Ein klitzekleines Detail – aber es holt das Gemälde auf den Boden der Wirklichkeit zurück.

Chipps Führung durch die verschiedenen Erscheinungsformen der Pferd/Stier-Symbolik in Picassos Œuvre ist äußerst spitzfindig und gewagt – die Geschlechtszugehörigkeit der Tiere wechselt, die Symbolik ist aus sich heraus produktiv, lebendig –, aber er vermeidet es, diesen Symbolismus überzustrapazieren. Der Stier vertritt für Picasso in erster Linie das männliche Prinzip, und das Pferd steht für das Weibliche, aber das gequälte Pferd und der verängstigte Stier auf *Guernica* können nicht mit geschlechtlichen Kategorien oder Stierkampf-Analogien erklärt werden; möglicherweise läßt sich Picassos Absicht überhaupt nicht ergründen. Die Symbole Pferd und Stier tauchen bereits im Paläolithikum auf, in Picassos geographischer Heimat: auf 15.000 Jahre alten Höhlenmalereien, die man in Spanien und Frankreich entdeckt hat. Gelehrte wie André Leroi-Gourhan oder Annette Laming-Emperaire gehen davon aus, daß diese Tiere jeweils ein Geschlecht symbolisieren, können sich aber nicht darüber einigen, welches Tier welches Geschlecht repräsentiert – und genau das, so könnte man nach Lektüre von Chipps Buch meinen, ist der Grund für die enorme symbolische Ausdruckskraft der beiden Tiere auf Picassos *Guernica*. Hier haben diese beiden archaischen Symbole keine besondere Bedeutung: Sie stehen weder für Weiblichkeit noch für Männlichkeit, und sie stehen auch nicht, wie einige von Chipp zitierte Pedanten meinen, für Franco oder die Spanische Republik. Sie sind Symbolismus pur: ein Beweis dafür, daß bestimmte Bilder innerhalb bestimmter Umgebungen unendlich viele Bedeutungen hervorbringen können.

In *Picasso's »Guernica«* befindet sich eine unscheinbare dokumentarische Illustration, die heute, nachdem *Guernica* den Übergang vom Protestschrei zum Meisterwerk und von der Ideologie zum Klischee vollzogen hat, vielleicht mehr wert ist als jeder Farbdruck des Gemäldes; ihre Aussagekraft gewinnt diese kleine Illustration allerdings erst vor dem Hintergrund der von Chipp herausgearbeiteten Matrix, der Vorstudien und Skizzen Picassos, der Archivfotos und Dutzenden von relevanten Reproduktionen. Es handelt sich um eine Schwarzweißwiedergabe von *La Visita*, eines 1969 entstandenen Gemäldes von Manuel Valdés und Rafael Solbes, zweier Künstler aus Valencia, die zu der Zeit unter dem Namen Equipo Crónica an die Öffentlichkeit traten: Ihr Bild zeigt *Guernica* in einem Museumsraum. Das große Werk nimmt eine ganze Wand ein; in einem Türrahmen stehen ein paar winzige Menschen herum, so als seien sie unschlüssig, ob sie den Ausstellungsraum betreten sollen. Doch sie sind hier reine Staffage, bestenfalls Zeugen, denn in diesem imaginären Raum hat *Guernica* soeben damit begonnen, zu seinem Ursprung zurückzukehren: zu der Geschichte, die das Gemälde gemacht hat und zu der Geschichte, die es vergeblich zu ändern versucht hat.

Eine Frau sowie der Kopf und der Arm eines Mannes haben Picassos Gemälde verlassen; sie sehen genau so aus, wie Picasso sie gemalt hat, aber jetzt befinden sie sich auf dem Fußboden. Sie haben leere Flächen auf *Guernica* hinterlassen; mit all der Verzweiflung des Gemäldes, angetrieben von all den Jahren, in denen diese Verzweiflung von Mauern und Dächern umgeben war, versuchen sie nun aus dem Raum zu kriechen, hinaus an die frische Luft.

California, März 1989

Ein Traum vom Kalten Krieg

*Botschafter der Angst**, ein 1962 erschienener Hollywood-Film, spielt im Jahre 1954. Major Ben Marco, dargestellt von Frank Sinatra, liegt in kompletter Uniform auf seinem Bett und träumt den Traum, der ihn Nacht für Nacht heimsucht. Er schwitzt; während seine Lippen nervös zucken, fährt die Kamera immer näher an ihn heran, und dann sind wir mitten in seinem Traum.

Wir befinden uns in einem alten Hotel in Spring Lake, New Jersey, wo gerade eine Versammlung des Ladies Garden Club stattfindet. Auf dem Podium ist eine Mrs. Whittaker dabei, eine Rede zu halten; rechts und links von ihr sitzen, vollständig versammelt, die Mitglieder jenes Stoßtrupps, den Marco – damals noch ein Captain – 1952 in Korea angeführt hatte. Die Soldaten sehen tödlich gelangweilt aus. Den Vortrag, dem sie gemeinsam mit uns lauschen, als langweilig zu bezeichnen, wäre ein schamlose Untertreibung: »Unsere Freundin, die

* Originaltitel: *The Manchurian Candidate*.

Hortensie«, oder so ähnlich. Die Szene hat etwas Schrilles: Die Geschmacklosigkeit des Blumenmusters auf Mrs. Whittakers Kleid wird nur noch von ihrem Hut übertroffen.

Die Kamera macht einen Schwenk durch den Raum: Das Publikum besteht aus Frauen, die genauso angezogen sind wie Mrs. Whittaker; die meisten von ihnen sind über fünfzig, aber man sieht auch vereinzelt jüngere Gesichter. Die Hobby-Gärtnerinnen hören aufmerksam zu, machen sich Notizen, und manchmal flüstern sich zwei kurz etwas zu. Es ist ein langer, langsamer Schwenk; als die Kamera wieder bei Mrs. Whittakers Rednerpult angelangt ist, hat sich die Szene total verändert. Jetzt redet Yen Lo, einer korpulenter, gut gelaunter Chinese, gespielt von Khigh Dhiegh. Dieser Yen Lo ist ein kommunistischer Wissenschaftler; die Soldaten sitzen links und rechts neben ihm, so wie schon in dem Hotelraum in New Jersey. Sie befinden sich in einem kleinen, modern eingerichteten Hörsaal, dessen steil ansteigende Sitzreihen mit sowjetischen und chinesischen Parteifunktionären gefüllt sind. An der Wand hinter Yen Lo prangen überdimensionale Fotos, die neben Mao und Stalin auch Arbeiter und Bauern zeigen – eine ultramoderne, post-dadaistische Collage voller Stil und Eleganz.

Yen Lo berichtet, daß die Soldaten – die von ihrem Dolmetscher, den Henry Silva spielt, verraten worden sind – während eines Manövers in Korea in einen für sie vorbereiteten Hinterhalt getappt sind und anschließend per Hubschrauber in ein Krankenhaus in der Mandschurei gebracht wurden, um sie dort, wie Yen Lo sagt, »einer Konditionierung zu unterziehen – einer«, erläutert er schmunzelnd, »Gehirnwäsche, wie der neue amerikanische Ausdruck wohl lautet.« Die Soldaten glauben, sie hätten während eines Unwetters Zuflucht in einem Hotel in New Jersey gefunden: Egal was Yen Lo sagt, sie hören immer nur einen Vortrag über Blumen.

Dann erscheint wieder Mrs. Whittaker – aus ihrem Mund kommen Yen Los Worte, doch diesmal klingt ihre Stimme schroffer, schärfer; man kann einen verächtlichen Unterton heraushören. Hinter ihr sieht man Stalin und Mao. Dann taucht Yen Lo im Hörsaal auf, als er selber. Er spricht, als Yen Lo, vom Rednerpult des Hotels in New Jersey. Aus seiner Perspektive sehen wir das Publikum, den Ladies Garden Club. Im Hörsaal gibt Mrs. Whittaker die Worte Yen Los von sich. Im Hotel spricht Yen Lo als Yen Lo, vor den kommunistischen Kadern, die nun die Stuhlreihen des Ladies Garden Club füllen.

Im Publikum meldet sich ein hohlwangiger Chinese zu Wort und verlangt, Yen Lo solle seine langatmigen Ausführungen über die Wunder der mentalen Konditionierung endlich zum Abschluß bringen – Yen Lo, beziehungsweise Mrs. Whittaker, hat sich in Fußnoten und Literaturangaben verloren. Im Grunde ginge es doch nur um Lieutenant Raymond Shaw, sagt der Mann aus dem Publikum – um einen eingebildeten Schnösel aus gutem Hause, gespielt von Laurence Harvey, den wir zu Beginn des Films bei seiner Rückkehr aus Korea in die USA gesehen haben, wo er mit der Ehrenmedaille des Kongresses ausgezeichnet werden soll, da er seinen schon verloren geglaubten Stoßtrupp wohlbehalten zu den eigenen Linien zurückgebracht habe. Es ginge um eine ganz einfache Frage, sagt der Chinese im Publikum: »Hat er schon mal jemanden getötet?«

Mrs. Whittaker antwortet, mit Yen Los Worten, und wendet sich dann an Raymond Shaw. Dann spricht wieder Yen Lo, als er selber, vor den Mitgliedern des Garten-Clubs. Eine der Frauen wiegt ein Bajonett im Arm, so als sei es ein kleines Kätzchen. Mrs. Whittaker will nach dem Bajonett greifen, doch ein sowjetischer Offizier, im Hörsaal, fährt ihr in die Parade: »Nicht mit dem Messer! Mit den Händen!« Der Offizier verwandelt sich in ein Mitglied des Garten-Clubs und winkt neckisch mit einem Taschentuch.

Yen Lo ist wieder im Hörsaal, als er selber: Um die Effektivität der Experimente unter Beweis zu stellen, die er mit Shaw und den anderen veranstaltet hat, soll Raymond – der, wie Yen Lo anfangs erklärt hat, zu einem Attentäter programmiert worden ist, der sich nicht an seine Taten erinnern wird – den Soldaten des Stoßtrupps töten, den er am meisten mag. »Captain Marco«, sagt Shaw. »Nein«, entgegnet Mrs. Whittaker, mit Stalin und Mao im Rücken, »den brauchen wir, denn er wird dafür sorgen, daß Sie Ihren Orden bekommen.« Also entscheidet sich Shaw für den Soldaten, den er am zweitliebsten mag, und macht Anstalten, ihn mit einem Handtuch zu strangulieren. Der Soldat protestiert. »Nein, nein, Ed«, sagt Yen Lo mit freundlicher Stimme. Der Soldat ist höflich – er entspannt sich –, das Ganze ist für ihn wieder nur ein Abschnitt aus »Unsere Freundin, die Hortensie«. Während dieser Szene benehmen sich die Soldaten ganz natürlich: Nichts deutet auch nur ansatzweise auf Gehirnwäsche hin, sie sind einfach nur gelangweilt. So wie dieser Soldat jetzt auch nur wieder gelangweilt ist. Raymond Shaw tötet den Mann, und dessen Leiche kippt vom Stuhl. Keiner zuckt auch nur mit der Wimper. Wir schreiben das Jahr 1952. Und dann sind wir wieder zurück im Jahr 1954: Major Marco schreckt mit einem Schrei aus dem Schlaf hoch.

Formal folgt die beschriebene Filmsequenz denselben ästhetischen Prinzipien wie die Fotomontage, vor deren Hintergrund Yen Lo und Mrs. Whittaker ihre Rede halten – es handelt sich um den Stil der Neuen Sachlichkeit. Das Ganze ist visuell unwiderstehlich, hell und klar: so hell und klar wie alles Schöne, und gleichzeitig ist es völlig unakzeptabel – erst irritierend, dann unvorstellbar, und dann wieder ohne weiteres vorstellbar. Die Sequenz ist als Traum gestaltet, doch auf der Leinwand wirkt sie nicht wie ein Traum. Ihr fehlt alles Verschwommene, Uneindeutige, Flüchtige, Undurchsichtige – sie ist sachlich, mathematisch, eine logisch strukturierte Tatsache, wahr. Wirklich. Man begreift, daß diese Dinge tatsächlich geschehen sind.

Das ist der Moment, wo *Botschafter der Angst*, die Verfilmung eines 1959 erschienenen Reißers von Richard Condon, den Zuschauer packt und fortan nicht mehr losläßt. Hier merkt man, daß auf der Leinwand Dinge vor sich gehen, die man vorher noch nie gesehen hat, auf die man nicht vorbereitet ist. Selbst wenn man Condons Bestseller gelesen hat, ist man nicht auf diese Dinge vorbereitet. Das einzige, was Condon erfunden hatte, war der Handlungsort – das Hotel, in dem sich die Soldaten befinden –, ein Handlungsort, der im Roman einigermaßen blaß bleibt, genauso wie die Dialoge, von denen viele für den Film wortwörtlich übernommen wurden. Doch was auf dem Papier mehr oder weniger tot wirkte, ist auf der Leinwand äußerst lebendig und beklemmend. Condon ist nicht verantwortlich für die filmischen Perspektivwechsel, die die Ereignisse dieser Szene festhalten und die dazu führen, daß man diesen Ereignissen kaum zu folgen vermag – ich habe mir Notizen gemacht, bin aber nicht sicher, ob ich das schwindelerregende Hin und Her wirklich richtig wiedergegeben habe. Beim Zuschauen spürt man, daß dieser Film, von dem man eigentlich nicht mehr erwartet hatte als eine nette Abendunterhaltung, sich in buchstäblich jede Richtung entwickeln kann – daß man unmöglich sagen kann, was als nächstes passieren wird, oder wie und warum es passieren wird.

Botschafter der Angst ist möglicherweise der aufregendste und verstörendste amerikanische Film von *Citizen Kane* bis zu den *Godfather*-Filmen*, denn diese Sequenz ist keine einmalige Tour de force: Sie ist ein Versprechen, das der Film durchweg einhält. Wenn man sieht, wie Shaw den Soldaten erwürgt – oder wie er später, im vergleichbaren Traum eines anderen Stoßtruppmitglieds, einem blutjungen Soldaten eine Kugel durch den Kopf jagt, woraufhin ein Schwall aus Blut und Gehirnmasse auf Stalins Gesicht klatscht –, dann ist man geschockt, aber nicht auf die folgenden Grausamkeiten vorbereitet, die viel ruhiger, fast schon stumm und deshalb um so schlimmer sind. Trotzdem gibt es hier keinerlei Botschaft, keine Aussage, ja noch nicht einmal eine Andeutung, derzufolge die Kommunisten die Bösen und die Amerikaner die Guten wären, nichts dergleichen – all dies passiert gewissermaßen in einer Atmosphäre moralischer Neutralität und ästhetischer Ausgeglichenheit. Wir sehen Menschen – nicht mehr und nicht weniger. Wir sehen den Regisseur, John Frankenheimer, den Drehbuchautor George Axelrod und dazu noch

* *Der Pate – Teil I* (USA 1972. Regie: Francis Ford Coppola); *Der Pate – Teil II* (USA 1974. Regie: Francis Ford Coppola).

Frank Sinatra, Laurence Harvey, Henry Silva, Khigh Dhiegh, Angela Lansbury (Raymond Shaws dämonische Mutter) und viele mehr – in diesem Film wachsen alle über sich hinaus, gehen ganz und gar in dem Material auf, das sie sich ausgesucht haben oder das man ihnen gegeben hat, und alle holen mehr aus dem Material und aus sich selbst heraus, als man vorher für möglich gehalten hätte.

Vor *Botschafter der Angst* war John Frankenheimer ein Hauruckregisseur ohne irgendwelche originellen Einfälle – und nach diesem Film hat sich daran nichts geändert. Frank Sinatra war ein guter Schauspieler, gelegentlich sogar mehr als gut, instinktiv und immer auf der Hut – doch an die Intensität oder an die Wärme, die er in *Botschafter der Angst* an den Tag legt, ist er später nie mehr herangekommen. Dasselbe könnte man beinahe über jeden an diesem Filmprojekt Beteiligten sagen. Es muß irgend etwas gegeben haben – an der Story, an der damaligen Zeit, am Zusammenspiel verschiedener Menschen, die sich bewußt auf diese Story einließen und bewußt, halbbewußt oder unbewußt auf die damalige Zeit. Etwas an der Story, oder an der Zeit, etwas, das man damals fühlen oder erahnen, aber nicht in Gedanken fassen konnte, das sich nie zu einer Theorie, einer Überzeugung oder auch nur zu einer Vorstellung konkretisierte, ließ diese Leute über sich hinauswachsen, über ihre Grenzen als Techniker, Schauspieler oder was immer sie waren, und es ließ sie die Grenzen ihres Materials sprengen, die Grenzen von Richard Condons billigem, paranoidem Phantasieprodukt.

Es gibt einen ganz besonderen Kitzel, der sich immer dann einstellt, wenn man mitbekommt, wie ein Autor oder eine Autorin über sich hinauswächst – und in *Botschafter der Angst* kommt einem jeder der Beteiligten wie ein Autor vor: von Frankenheimer über Sinatra bis hin zu dem namentlich nicht genannten Schauspieler, der inmitten des Blutbades am Ende des Films einmal quer durch den Raum segelt. Bob Dylan wuchs nicht über sich hinaus, als er 1965 »Like a Rolling Stone« einspielte – mit diesem Song brachte er ein Talent zur Entfaltung, eine Vision, etwas, das in seinem bis dahin entstandenen Werk bereits angelegt war. Dasselbe galt für Aretha Franklin, als sie die Welt 1967 mit »I Never Loved a Man (The Way I Love You)« verblüffte, auch wenn sie in den Jahren davor nur durch verhalten vorgetragene Nachtclub-Standards auf sich aufmerksam gemacht hatte. Liest man jedoch *Onkel Toms Hütte*, dann kann man spüren – auch ohne die Bücher zu kennen, die Harriet Beecher Stowe davor und danach geschrieben hat –, wie eine Autorin ihre Geschichte vorantreibt und gleichzeitig von ihrer Geschichte vorangetrieben wird – von ihrer Zeit, von den winzigsten, feinsten Details, die jedem Schauplatz oder Charakter zu eigen sind, den sie geschaffen, irgendwo entlehnt oder einfach geklaut hat: Deren Herkunft wird völlig nebensächlich. Klischees verwandeln sich in Schrecken. Das Gewöhnliche wird zu etwas Wunderbarem. Alles kann passieren. Selbst bei einem Drehbuch, das vom Regisseur und seinen Schauspielern realisiert wird, bei einem Skript, das jede Bewegung vorschreiben, bestimmen und von vornherein festlegen mag – sogar hier ist nichts von vornherein festgelegt. Es gibt kein Storyboard, kein Drehbuch, keine Regieanweisung, keine schauspielerische Absicht, die die Komplexität im Lächeln herbeiführen, erzwingen oder auch nur erklären könnte, das über Major Marcos Gesicht huscht, als er schließlich herausfindet, daß sein Traum kein Traum, sondern eine Erinnerung ist – als sich der Schleier zu lüften beginnt und Marco erkennt, daß das, was er geträumt hat, tatsächlich passiert ist. Sein Lächeln ist warm; und es ist sadistisch. Es ist ein glückliches und entschlossenes Lächeln, wider Erwarten. In diesem Lächeln liegt ein ganzes Leben – und das Versprechen eines Happy-Ends, eines Happy-Ends, das der Film nicht bieten wird, eines Schlusses, der diesem Lächeln, so allumfassend und vollkommen es auf der Leinwand auch anmuten mag, nicht vergönnt ist.

Der Plot von *Botschafter der Angst* ist purer Schwachsinn, eine plakative Ausbeutung von Ängsten, die 1959 im Schwange waren: der Angst vor dem McCarthyismus und vor kommunistischer Gehirnwäsche – gute Aufhänger für einen Film, direkt aus den Tagesnachrichten. Die Sowjets und die Chinesen haben einen amerikanischen Soldaten in einen zombie-ähnlichen Attentäter verwandelt und dafür gesorgt, daß diesem die Ehrenmedaille des Kongresses verliehen wird, um ihn als einen Mann ohne Fehl und Tadel auszuweisen, der über jeden Verdacht erhaben ist. Ihre Komplizin in den USA ist Raymond Shaws Mutter, die Frau von Senator John Iselin, Raymonds Stiefvater (gespielt von John Gregory), eine Gestalt, die nicht von ungefähr große Ähnlichkeit mit Senator Joe McCarthy hat. Senator Iselin und seine Frau, die sich als fanatische Antikommunisten gebärden, sind insgeheim kommunistische Agenten. Senator Iselin wird zum Vizepräsidentschaftskandidaten seiner Partei nominiert werden, und anschließend soll Raymond Shaw den nominierten Präsidentschaftskandidaten während der Rede erschießen, mit der dieser seine Nominierung annehmen wird. Und dann wird Senator Iselin dessen Platz einnehmen und eine große patriotische Rede halten – »in der er Amerika verteidigen wird, selbst wenn es seinen Tod bedeuten sollte«, erklärt Raymonds Mutter, als sie Raymond instruiert. Und anschließend wird Senator Iselin oder, genauer gesagt, Raymonds Mutter an die Macht kommen, die sie als puren Sadismus ausüben wird, als Sadismus um seiner selbst willen. Sie wird ihre einstigen Genossen ans Messer liefern und vernichten – und, wie der Film andeutet, alles andere auch: die Vereinigten Staaten, die Republik, sich selber. Aus reinem Vergnügen – aus Spaß an der Gewalt.

Es lohnt nicht, sich darüber den Kopf zu zerbrechen, was dieser Plot zu bedeuten hat, außer daß er als Indiz für eine bestimmte Geistesverfassung angesehen werden kann. Der Plot dieses Films ist ein Vorwand – ein Vorwand für das Vergnügen an der Gewalt dieses Films. In diesem Film wird man Zeuge, wie Dinge, die man eigentlich für fest und unverrückbar gehalten hatte, im luftleeren Raum schweben und dann auf den Boden krachen. Das ist atemberaubend, aufregend. Man wird davon überzeugt, daß ein einzelner Mensch mit einer einzigen Patrone die Geschichte verändern und ihr eine völlig neue Richtung geben kann. Unsinn – auch wenn dies in den Jahren nach *Botschafter der Angst* mehr als einmal geschehen ist. Die Historiker erzählen uns, daß dies nicht so gewesen ist, daß einzelne Individuen keine Geschichte machen können, selbst solche Individuen nicht, die große historische Verschwörungen erfolgreich zu Ende führen. Geschichte, so heißt es, werde von unsichtbaren Kräften gemacht.

Während *Botschafter der Angst* über die Leinwand flimmert, wird keine dieser Fragen aufgeworfen. Der Film suhlt sich in Absurdität, sie ist seine Basis. Er benutzt Absurdität als ein Machtprinzip: Und damit meine ich die Macht der Unterhaltung. Dieser Film – mir fällt kein zweiter Film ein, der bis ins kleinste Detail so naturalistisch und, was seinen unverwechselbaren Tonfall anbelangt, so verrückt wäre wie dieser – ist in erster Linie ein Spaß. Slapstick, wie Pauline Kael gesagt hat, die den Film mochte; oder »purer Jazz«, wie Manny Farber gesagt hat, der den Film nicht mochte, doch dabei muß er an Bebop gedacht haben – mit Duke Ellington hat der Film nämlich nichts gemein. Diese Grundhaltung, diese Unbekümmertheit, diese erzählerische Verantwortungslosigkeit kommt sehr schön in einer Szene zum Ausdruck, die eigentlich nur eine Überleitung sein müßte, einer der üblichen Wendepunkte im Plot eines Films.

Major Marcos schizophrene Träume haben ihm beinahe einen Nervenzusammenbruch beschert; die Armee hat ihn von seinen bisherigen Pflichten entbunden und ihm eine neue Aufgabe als Public-Relations-Assistent des Verteidigungsministers zugewiesen. Der Verteidigungsminister hält eine Pressekonferenz ab, und Marco sitzt neben ihm auf dem Podium.

»Herr Minister«, fragt ein Reporter, »wie erklären Sie die Kürzungen im Verteidigungshaushalt?« Der Minister, aufgebläht und gereizt – in seiner Impulsivität erinnert er ein bißchen an Lyndon B. Johnson, hat aber nichts von dessen Schlitzohrigkeit – explodiert. »Da Sie eine simple Frage gestellt haben«, röhrt er, »will ich Ihnen auch eine simple Antwort geben.« Und der Minister erklärt es ihm, mit Worten, die so klar sind, daß man sich nicht vorstellen kann, ein heutiger Politiker würde sich ihrer bedienen, und mit einer Logik, die so klar ist, daß man nicht glauben möchte, sie beziehe sich auf einen bürokratischen Apparat: Da die U.S. Navy von keiner Seemacht bedroht werde, sagt der Minister, bestehe auch kein Bedarf an weiteren Kriegsschiffen; und daher die Kürzungen im Verteidigungshaushalt. Wir sehen einen Saal voller Reporter, Kameras, Fernsehmonitore – so wie Major Marcos Traum ist diese Szene aus einem Guß und zugleich völlig aufgesplittert: Mal sehen wir den Minister direkt, mal auf einem Fernsehmonitor, dann wieder direkt, dann aus der Perspektive der Menschen unten im Saal, und im nächsten Moment sehen wir den Saal aus der Perspektive des Ministers – alles in schnellem Wechsel.

Der Minister reagiert rüde und mit viel Humor. Das ist ein Schock, eine Verletzung, hervorgerufen durch seine einfache, unverstellte Diktion: ein Verstoß gegen sämtliche bürokratischen Anstandsregeln. Wer ist dieser Typ? Wie ist er zu diesem Amt gekommen? Das hier ist viel lebendiger, viel wirklicher als alles, was man von offizieller Politik gewohnt ist, doch es ist nur ein kleiner Vorgeschmack. Als Major Marco die Pressekonferenz beenden möchte, erhebt sich hinten im Saal Senator Iselin. Mrs. Iselin, die ein wenig abseits von ihrem Mann sitzt, formt mit ihrem Mund stumm die Worte, die ihr Mann gleich von sich geben wird, Worte, die sie geschrieben hat: die Anschuldigung, daß im Verteidigungsministerium an die zweihundert eingeschriebene Mitglieder der Kommunistischen Partei sitzen.

In einem totalen Chaos bewegt sich die Kamera vom Minister auf Iselin und dann auf einen Fernsehmonitor, der den Minister zeigt und anschließend einen Schwenk macht – wackelnd, springend, ruckend –, um Iselin ins Bild zu holen. Dieser spricht gleichzeitig auf dem Bildschirm und hinten im Raum – das Ganze ist eine Art epistemologischer Gewaltakt, eine Anhäufung medialer Diskrepanzen, die in ein aktuelles Ereignis einfließen oder umgekehrt. Doch das Ereignis löst sich auf; obwohl die Dinge im Saal ihren Lauf nehmen, erschöpfen sie sich in ihrer bloßen Repräsentation. Der Minister ist außer sich. Mit keinem Wort auf Iselins absurde Anschuldigung eingehend, sagt er: »Schmeißen Sie diesen Irren aus dem Saal!

Der will ein Senator sein? Ein Senator von was? Das würd ich gern mal wissen! Sollte dieser Kerl noch einmal hier auftauchen, dann wird er auf der Stelle rausgeschmissen, *und zwar achtkantig*! Den will ich hier nie wieder sehen! Nie wieder! Ist das klar? NIE WIEDER!«

Man achtet nicht weiter auf die Entwicklung des Plots, sondern gerät völlig in den Bann des unwirklich anmutenden Schauspiels eines leibhaftigen Ministers, der tatsächlich sagt, was er denkt. Man übersieht, daß der Verteidigungsminister Senator Iselin eigentlich kennen müßte, sondern genießt die Entrüstung des Senators und die Abfuhr, die er Iselin erteilt. »NIE WIEDER!« Wäre es nicht wunderbar, so fragt man sich, wenn unsere Minister tatsächlich so reden würden? Eine herrliche Vorstellung, die man so schnell nicht wieder vergessen wird. Senator Iselin und die groteske, schreckliche Verschwörung, die sich gerade entfaltet, lassen einen im Grunde genommen kalt: Man möchte, daß der Verteidigungsminister immer so weiterredet, daß er die Story an sich reißt. Und das tut er auf gewisse Weise auch. Obwohl wir ihn anschließend nie wieder zu Gesicht bekommen, ist seine Einstellung – die rücksichtslose Zertrümmerung sämtlicher Zuschauererwartungen – an allen Ecken und Enden des Films spürbar; darum dreht sich der Film, das ist seine Existenzberechtigung.

Wenn man sich diesen 1962 gedrehten Schwarzweißfilm aus Hollywood ansieht – einen Streifen, der aus diesen oder jenen bei Hitchcock und Orson Welles abgekupferten Ingredienzen aus *Psycho* und *Citizen Kane* zusammengebastelt ist, aus einer Menge dreister Diebstähle, allerdings handwerklich gut gemacht, von einem zweitklassigen Regisseur, der so ziemlich alles benutzt hat, dessen er habhaft werden konnte –, dann überkommt einen das Gefühl, daß dieser Film irgend etwas hat, was Filme heutzutage nicht mehr haben. Der Film nimmt einen jedoch so sehr gefangen, daß einem dieses gewisse, schwer zu benennende Etwas vielleicht erst dann auffällt, wenn man ihn zum zweitenmal sieht, oder zum dritten- oder zehntenmal – doch dieses Gefühl, diese unerklärliche Irritation ist vielleicht genau das, was einen dazu bringt, sich diesen Film immer wieder anzusehen.

Ich erinnere mich, daß ich *Botschafter der Angst* zum erstenmal gesehen habe, als er im Herbst 1962 herauskam, im Varsity Theatre in Palo Alto, einem altmodischen, alhambramäßigen Wunderland von einem Filmpalast. Und zwar allein. Hinterher rief ich sofort meinen besten Freund an, um ihm zu sagen, daß er sich diesen Film unbedingt ansehen müsse. Am nächsten Abend sahen wir ihn uns gemeinsam an; als wir das Kino verließen, fragte ich ihn nach seiner Meinung. »Der stärkste Film, den ich je gesehen habe«, sagte er, kurz angebunden, so als wollte er nicht darüber sprechen, und so war es dann auch. Er klang überwältigt, aber zugleich verstimmt, bitter, so als hätte er sich dieses Ding nicht ansehen sollen, als ob das, was ihm der Film gesagt hatte, gleichzeitig auf eine Weise wahr und falsch gewesen sei, die er nie würde durchschauen können, als sei der Film einerseits unverständlich und andererseits nur allzu klar gewesen, als sei das gerade Gesehene, die gerade gemachte Erfahrung, eine Art Geschenk gewesen, das Geschenk der Kunst, aber zugleich auch etwas *Ungehöriges*; und ich empfand das genauso.

Wir sahen, daß zu viele Regeln gebrochen wurden – und das trifft auch weiterhin zu. Zu sehen, wie aus Raymond Shaw, diesem netten, langweiligen Schnösel, ein Attentäter gemacht wird, mag noch angehen; der Zombiezustand, in den er immer dann versetzt wird, wenn er jemanden töten muß, unterscheidet sich im Grunde kaum von seinem Alltagsleben; wenn Shaws Leitoffiziere veranlassen, daß er seinen Chef tötet – 1954, zwei Jahre nach seiner Konditionierung in der Mandschurei –, nur um zu sehen, ob die psychischen Mechanismen noch richtig funktionieren, dann verhält sich Shaw bei diesem Mord in puncto Tonfall und Gestik kaum anders als gegenüber seinen Arbeitskollegen. Doch zu sehen, wie er das Haus von Senator Iselins Nemesis betritt – eines liberalen Senators, Raymonds Schwiegervater, jedenfalls einen Tag lang –, ist etwas völlig anderes. Auf Befehl seiner Mutter, seiner »amerikanischen Instrukteurin«, erschießt Raymond den liberalen Senator. Das ist nicht weiter schlimm – schlimm wird es erst, als Raymond, nachdem er dem Senator aus einiger Entfernung ins Herz geschossen hat, zu der Leiche geht, sich über sie beugt und dem Toten den für einen Profikiller unerläßlichen zweiten Schuß in den Hinterkopf verpaßt: In diesem Moment kommt seine Frau, die Tochter des Senators, die Treppe hinuntergelaufen und erscheint auf dem Schauplatz des Verbrechens, und Raymond, den man programmiert hat, nicht nur sein Opfer, sondern auch alle eventuellen Zeugen zu töten, dreht sich um, seelenruhig, gleichgültig, ohne die geringste menschliche Regung (obwohl er noch immer er selber zu sein scheint, ein Mensch aus Fleisch und Blut), und jagt seiner Frau eine Kugel durch die Stirn.

Gegen Ende des Films, auf dem Parteitag, als Raymond hoch oben in der Deckenkonstruktion des Madison Square Garden sitzt, versteckt in einer Scheinwerferkabine, um von dort aus den Präsidentschaftskandidaten zu erschießen – ganz zum Schluß, als Raymond statt dessen seinen Stiefvater, Senator Iselin, erschießt, gibt es einen rasanten Schnitt auf Raymonds Mutter, die neben dem Senator sitzt und der in diesem Moment dämmert, was als nächstes geschehen wird. Eine zweite Kugel durchschlägt ihre Stirn, und ihre Hand fährt zu ihrem Kopf empor, so wie Präsident Kennedys Hände zu seinem Hals emporschnellen sollten. Doch mittlerweile haben wir uns daran gewöhnt, Raymond nicht nur als einen Schnösel anzusehen, sondern auch als ein Individuum, als einen Menschen, der – all seinen Übeltaten zum Trotz – doch noch ein Leben vor sich haben könnte, dem man eine zweite Chance gönnen möchte. Als er das letzte, unumgängliche, verhängnisvolle, unaussprechliche Verbrechen begeht, als er die eigene Mutter tötet, genau in diesem Augenblick hält der Film inne, genauso wie man selbst, und dann wird einem bewußt, was soeben passiert ist: Das Grauen jedes Todes verdoppelt sich noch einmal. Er muß sie alle töten: Den Schwiegervater, die Ehefrau, den Stiefvater, die Mutter und schließlich sich selbst. Das ist richtig – doch man kann nicht applaudieren, noch nicht einmal innerlich, wenn Raymond Shaw seine

Mutter erschießt, die Schurkin des Films. Man denkt: O Gott, er hat seine Mutter getötet! Was wird er als nächstes tun? Er wird sich töten müssen – doch das ist nicht das Ende, das man sich wünscht. Und man will es auch nicht akzeptieren.

Diese Art von Grenzüberschreitung und Regelverletzung, dieser Extremismus – der trotz all seiner Unwahrscheinlichkeit und Absurdität im Gewand des Naturalismus daherkommt – ist noch nicht alles, was *Botschafter der Angst* von heutigen Filmen unterscheidet. Da ist außerdem noch dieser Eindruck, daß die am Film Beteiligten über sich hinauswachsen, eine Sache, die bei näherer Betrachtung etwas von einem Spiel hat: Mal sehen, was wir uns alles erlauben können! Das zeigt sich zum Beispiel daran, daß man die Rolle des Militärpsychiaters mit Joe Adams besetzt hat, einem schwarzen Schauspieler, – es handelt sich um eine der wenigen wirklich sympathischen Figuren des Films, neben Sinatras Major Reno und Khigh Dhieghs Yen Lo (Yen Lo, immer einen Scherz auf den Lippen, ein stinknormaler Typ, jemand, mit dem man gern mal einen Abend verbringen würde). Da sitzt man also 1962 im Kino, und ein Schwarzer spielt einen Akademiker, einen Intellektuellen, einfach so, ohne daß viel Aufhebens davon gemacht würde, aber es ist dennoch ein Schock. Der Mann tut einfach seine Arbeit, und niemand stößt sich daran. Gibt es noch andere amerikanische Filme, die einen schwarzen Schauspieler eine Rolle übernehmen lassen, in der das Publikum einen weißen Schauspieler erwartet hätte, ohne daß man groß auf diesen Sachverhalt hinweist, sich auf die Schulter klopft und mit Eigenlob überschüttet? Auf gewisse Weise wirkt dieser schwarze Psychiater nicht weniger verstörend als Raymond Shaws Muttermord. Und das heißt, über sich hinauszuwachsen: Wir ziehen das jetzt durch! Gnadenlos! Und wenn kein Stein mehr auf dem andern bleibt! Wen juckt's!

Botschafter der Angst hat jedoch noch eine weitere Dimension, die mit zu dieser Verstörung beiträgt – etwas, das nichts, wie man vielleicht meinen könnte, mit der Schadenfreude zu tun hat, mit der die Macher dieses Filmes zu Werke gegangen sind, und auch nicht mit der Boshaftigkeit, mit der sie die

Dinge ihren Lauf nehmen lassen, sondern etwas, das uns erst heute auffällt, beinahe drei Jahrzehnte später: Man bekommt einen Film zu sehen, der in einer anderen Welt entstanden ist.

Wenn man sich *Botschafter der Angst* heute ansieht, gibt es darin all die offenkundigen Momente, die uns darauf stoßen, daß er in einer anderen Zeit spielt, Momente, die den Film als ein Kuriosum abstempeln, als ein Relikt, und eher am Rande des Geschehens angesiedelt sind. Dazu zählt der Fahrstuhlführer in Raymond Shaws Apartmenthaus, der – wie man kurz sehen kann – im Fahrstuhl eine Zigarette raucht. Das ist viel irritierender als die Straßenkreuzer aus den späten fünfziger und frühen sechziger Jahren, die man auf der Leinwand herumfahren sieht, oder als die Behandlung des Koreakrieges als eine völlig selbstverständliche, jedem geläufige Tatsache, oder als die Porträtierung von Joe McCarthy als jemand, den man noch gestern als Ungeheuer verflucht oder als Helden bejubelt haben kann: Wir wissen, daß sich Fahrstuhlführer heute so etwas nicht mehr erlauben dürfen, und daß es, selbst wenn es einen zweiten Koreakrieg oder einen zweiten Joe McCarthy geben sollte, nie wieder Fahrstuhlführer geben wird, die während der Arbeit rauchen. Diese und ähnliche Kleinigkeiten lassen den Film, wenn man ihn heute sieht, ungefährlich werden – sie schützen uns vor ihm. Womöglich klammert man sich während des Films unbewußt an diese kleinen Details, weil einem der Rest des Films nur zu vertraut vorkommt.

Botschafter der Angst, ein Film, der auf ein politisches Attentat hinsteuert, auf die Ermordung eines Präsidentschaftskandidaten und in der Erschießung jenes Mannes gipfelt, der seinen Platz eingenommen hätte, wurde nicht lange nach seiner Veröffentlichung aus dem Verkehr gezogen. Nicht sofort, nicht unmittelbar nach dem Attentat auf Präsident Kennedy; selbst danach lief der Film noch im Fernsehen. Doch dann wurde er zurückgezogen – weil er irgendwie unpassend war. Man konnte nicht sagen, daß der Film auf irgendeine Weise die Ereignisse vorausgesagt hätte, die ihm folgten, die letztendlich unfaßbaren Attentate, die untrennbar mit den sechziger

Jahren und den Jahren danach verbunden sind, mit all den Attentaten und Attentatsversuchen: Medgar Evers, John F. Kennedy, Malcolm X, Martin Luther King jr., Robert F. Kennedy, Andy Warhol, George Wallace, Gerald Ford, George Moscone, Harvey Milk, John Lennon, Ronald Reagan. Die Verantwortlichen des zuständigen Filmverleihs müssen das Gefühl gehabt haben – ein unerklärliches Gefühl –, daß dieser Film ein Teil jener unfaßbaren Ereignisse gewesen sein könnte, jenes unerklärlichen, aber unbestreitbaren, umfassenden, singulären Geschehens, jener Strömung in unserem öffentlichen Leben: eines Prozesses, der das, was man als freies, öffentliches Leben angesehen hatte, auf individuelles Verbrechen oder verborgene Verschwörung reduzierte. Als der Film zurückgezogen wurde und jahrelang nicht mehr auftauchte, verborgen blieb, muß es ein Gefühl gegeben haben, wonach unsere reale Geschichte, die Geschichte, die wir Tag für Tag leben und erleben – die Fundamente unserer Existenz, die Basis von Arbeit und Freizeit, von Liebe und Tod –, eine Art schreckliches Geheimnis sein könnte, das wir niemals ergründen würden.

Man kann nicht sagen, daß *Botschafter der Angst* die späteren Ereignisse in irgendeiner Form vorwegnahm oder gar prophezeite. Das war nicht der Fall. Der Film ist ein Phantasieprodukt, in dem Joe McCarthy, wie Raymonds liberaler Schwiegervater sagt, »diesem Land auch nicht mehr Schaden zufügen könnte, wenn er ein sowjetischer Agent wäre« – eine billige Ironie. Was *Botschafter der Angst* vorwegnahm – was er in Szene setzte, was er im vorhinein herausarbeitete –, das war die Geistesverfassung, die mit den späteren Attentaten, mit jenen Verletzungen unseres öffentlichen Lebens einhergehen sollte: Er nahm die Vorstellung vorweg, wonach die Dinge, die unser Leben formen, in einer Welt stattfinden, zu der wir keinerlei Zugang haben und die wir nie werden erklären können. Eines Tages werden wir die Wahrheit herausbekommen, hat Gore Vidal einmal über die Wer-hat-Kennedy-getötet-Frage geschrieben; ich habe mich damit abgefunden, daß es auf diese Frage nie eine befriedigende Antwort geben wird. Und von diesem gräßlichen Fatalismus handelt *Botschafter der Angst* heute – unter anderem.

Am Ende des Films, in der Schlußszene, versteht Major Marco, Frank Sinatra, was passiert ist – warum es passiert ist und wie es passiert ist –, doch er will es einfach nicht wahrhaben. »Verdammt!« flucht er. »Verdammt!« Und das ist das Ende des Films: Kummer, Trauer, Wut, das Geheimnis, das er für sich behalten muß. Man kann niemandem erzählen, daß sich die Sowjetunion und die Volksrepublik China mit mehr oder weniger faschistischen Amerikanern verschworen haben, die sich faschistische Tendenzen im öffentlichen Leben Amerikas zunutze machen, um die amerikanische Republik zu zerstören: Eine derartige Enthüllung käme einem Erdbeben gleich. Marco wird das Geheimnis mit ins Grab nehmen müssen. Die Wahrheit über das Leben und den Beinahetod der Republik kann den Menschen, die diese Republik konstituieren, nicht zugemutet werden. Sie wird zu unserem eigenen Besten begraben werden.

Und so schaut man sich den Film an, verliert sich in seinem Bilderreichtum, zuckt zusammen angesichts seiner Brutalität, fragt sich, was er wohl bedeuten mag oder ob er überhaupt etwas bedeutet – ist darauf gespannt, was sonst noch passieren wird. Vieles von dem Gezeigten ist frei von jeder moralischen Bedeutung, etwa der phantastische Karatekampf zwischen Sinatra als Major Marco und Henry Silva in der Rolle des Chunjin – der 1954 von seinen Vorgesetzten nach New York geschickt wird, um Raymond Shaw zu überwachen, und deshalb bei diesem als Hausbursche arbeitet. Sinatra klingelt an der Tür zu Raymond Shaws Apartment, Silva öffnet die Tür, Sinatra sieht Silva, und urplötzlich erinnert er sich an den Verrat in Korea, der für ihn in diesem Moment zur unleugbaren Tatsache wird, und er schlägt Silva mitten ins Gesicht. Nachdem der Kampf eine ganze Weile, jedoch keine Sekunde zu lange, hin und her gewogt ist, schlägt Sinatra Silva zu Boden und tritt ihm in die Rippen, wieder und wieder, jeder Tritt so präzise und brutal wie der vorherige, und während er das tut, fragt er Silva, was damals in Korea geschehen sei, was *wirklich* geschehen sei – und dann erscheint die Polizei auf der Bildfläche, und Sinatra, von hinten an den Schultern gepackt, rammt dem Polizisten ohne nachzudenken, ohne zu realisieren, daß all dies tatsächlich passiert, mit voller Wucht den Ellbogen in den Magen, woraufhin der Polizist zusammensackt, und dann erfolgt ein Schnitt, und die Szene ist vorbei. Dieser Schlag ist eine rein instinktive Reaktion gewesen – und eine ziemlich gute Zusammenfassung all dessen, was diesen Film so lebendig macht.

Doch das ist noch längst nicht alles. Nach so vielen Jahren, aber auch wenn man den Film heute sieht, also mehr als einmal, schält sich ein neues Element heraus. Man sieht, daß hier jeder politisch handelt: die Schurken und die Helden genauso wie die Figuren, die einem kaum auffallen, die einfach kommen und gehen. Jeder handelt wie ein Bürger der Republik, oder wie ein Antibürger. Was auf dem Spiel steht, ist das Gemeinwesen. Am Ende des Films, in der bereits erwähnten Schlußszene, formuliert Sinatra die lobende Erwähnung neu, die dem nun toten Raymond Shaw die Ehrenmedaille des Kongresses eingebracht hat. »Dazu gezwungen ...«, beginnt er, um erst nach einer längerer Pause fortzufahren, »... Taten zu begehen – die so unaussprechlich sind, daß sie hier nicht erwähnt werden können. Er befreite sich, und am Ende opferte er, heldenhaft und ohne zu zögern, sein Leben für sein Vaterland.«

Diese Worte haben ein enormes Gewicht – das Gewicht von Vorstellungen wie Vaterland, Gemeinschaft und gesellschaftlicher Identität. Natürlich ist dies nicht weniger absurd, nicht weniger phantastisch als alles andere in diesem Film: die Idee, ein Individuum könne das Gemeinwesen zugrunde richten oder es vor dem Untergang bewahren. Doch insgesamt wendet sich *Botschafter der Angst*, möglicherweise unbeabsichtigt, gegen diese Vorstellung eines einzelnen allmächtigen Helden oder allmächtigen Schurken. In diesem Film erscheint jeder, ob Held oder Schurke, ob Mann oder Frau, ob Nebenfigur oder Hauptperson, nicht als eine Funktion innerhalb des Plots, sondern als ein Mensch, der sich so verhält, als hinge das Leben der Republik von seinen Taten, Überzeugungen und Ansichten ab, von seinem Willen, seinen Absichten und Wünschen.

Heute kommt einem dieser Gedanke merkwürdig vor – so merkwürdig wie die Besetzung der Rolle eines Psychiaters mit einem schwarzen Schauspieler oder wie Major Renos Charakterisierung als Intellektueller. »Du möchtest bestimmt nichts über meine Mutter hören«, sagt Raymond Shaw zu Marco in einem alkoholumnebelten Moment. »Und ob ich das möchte«, sagt Marco. »Das wird so sein, als ob Orestes über Klytämnestra meckert.« »Wer?« fragt Raymond. »Irgendwelche Griechen«, sagt Marco. »Ein paar Griechen, in so einem Theaterstück.« Ist man einmal in die Welt dieses Film eingetaucht, dann kommt einem der Gedanke, daß jeder ein Bürger sei, genauso merkwürdig vor wie eine Rede, die Präsident Bush zum Thema Erziehung gehalten hat. »Bush fordert die Wirtschaft zu Investitionen in die US-Erziehung auf«, lautet die Schlagzeile. »Firmen, die sich an den Schulen vor Ort engagieren und so an der Basis auf das Arbeitskräftepotential Einfluß nehmen«, sagte Bush, »werden für ihre Investitionen doppelt und dreifach belohnt werden.« Der namentlich nicht genannte Verfasser der Agenturmeldung vollendet die Story: »Bush erwähnte keine spezifischen Reformen oder Initiativen, um den Arbeitern die Qualifikationen zu vermitteln, die der ökonomische Wandel und der technische Fortschritt verlangen werden.« Doch dies ist keine Kritik. Der Reporter übernimmt die Begriffe der Welt des Präsidenten, der Republik, die dieser vertritt: der Antirepublik.

Die Paranoia von *Botschafter der Angst* mag einem heutzutage absurd erscheinen, doch vor dem Hintergrund der von diesem Film heraufbeschworenen Welt kommt einem diese kleine Agenturmeldung mindestens ebenso absurd vor. Im Hier und Jetzt wird der Bürger der Republik auf einen bloßen Bestandteil des »Arbeitskräftepotentials« reduziert, so wie gegenwärtig in der Volksrepublik China; in *Botschafter der Angst* sind alle Menschen Bürger, die sich einem Gemeinwesen widmen, das größer ist als sie selbst. Sie handeln, ob im kleinen oder im großen, ob absichtlich oder unbewußt, um dieses Gemeinwesen zu retten oder um es zugrunde zu richten. Und das ist der entscheidende Punkt. Die Vorstellung, ein Mann oder eine Frau könne lediglich ein Bestandteil des »Arbeitskräftepotentials« sein und privat vor sich hin leben, bloß mit dem eigenen persönlichen Wohlergehen oder Elend befaßt, ist *Botschafter der Angst* ebenso fremd und ungewohnt wie unsereinem der rauchende Fahrstuhlführer.

Letztendlich geht es in *Botschafter der Angst* um Patriotismus: um die Vorstellung von einem Leben, in welchem private Handlungen öffentliche Auswirkungen haben. Auf die Welt, in der wir leben, trifft das nicht mehr zu. Und das ist heute das eigentlich Schockierende an diesem Film. Dieser auf einem Unterhaltungsroman basierende alte und zugleich zeitlose Hollywood-Streifen ist der Traum von einem Leben, das wir führen könnten. Ein Traum, eine Phantasie – auf gewisse Weise kaum anders als die letzten Einstellungen eines John-Wayne-Kriegsfilms. Doch in der Filmgeschichte gibt es keine Parallelen zu Frank Sinatra, wie er lächelt, als er den Fall endlich geknackt hat, und dann beinahe vor Kummer und Schuld erstarrt, als er Raymond Shaws Epitaph vorträgt und »Verdammt ... verdammt!« sagt. Ein Donner kracht, aber das hat nichts Melodramatisches: Dieses Geräusch drückt all das aus, was er nicht in Worte fassen kann. Er schaut zu Boden, von sich weg, so als könne er seinen eigenen Anblick nicht ertragen; und dann ist der Film zu Ende.

Threepenny Review, Sommer 1989

■ *The Manchurian Candidate* kam 1988 wieder in die Kinos und wurde erstmals als Video-Kassette veröffentlicht; 1989 wurde der Film den Fernsehanstalten angeboten. ABC, NBC und CBS zeigten kein Interesse. »Sie fanden, er eigne sich nicht fürs Abendprogramm,« sagte Norman Horowitz, der Präsident von MGM-United Artists Tele-communications.

John Wayne als Zuhörer

Wenn eine vielgeliebte (und insgeheim gefürchtete) Gestalt des öffentlichen Lebens stirbt oder schwer erkrankt, besteht die Neigung, seine oder ihre Karriere zu sentimentalisieren und künstlich zu glätten. Das läßt sich zur Zeit bei John Wayne beobachten, doch im Grunde hat dieser Prozeß schon vor geraumer Zeit begonnen. Während des letzten Jahrzehnts wurde John Wayne zum amerikanischen Symbol erhoben, zu einer ebenso naheliegenden wie banalen Ikone, so daß er heute jenseits von Gut und Böse steht. Selbst Liberale haben ihm inzwischen seine politischen Ansichten verziehen, und manche dieser Leute haben sich höchst ausgeklügelte Begründungen für seine mythische Statur zurechtgelegt. John Wayne ist ein Profi vom Scheitel bis zur Sohle (»Ich wurde dafür bezahlt, und mehr hat mich nicht interessiert«, antwortete er dem Filmkritiker Jay Cocks auf die Frage, ob er denn nicht enttäuscht gewesen sei, daß nur so wenige Leute von *The Searchers** Notiz

* *Der schwarze Falke* (USA 1956. Regie: John Ford).

genommen hatten, als dieser Film 1956 in die Kinos kam), ein professioneller Amerikaner, der den Mantel des »Manifest Destiny«* trägt, als sei ihm dieser auf den Leib geschnitten, und der nichts lieber tut, als Amerika zu repräsentieren – vor der Welt, vor den Amerikanern und vor sich selbst. Und trotzdem ist das, was John Wayne heutzutage verkörpert, nicht besonders interessant. Heute sind vierzig Jahre voll unvergeßlicher, aber auch vergessenswerter Filme auf ein einziges, unauslöschliches, scheinbar unausweichliches Bild zusammengeschmolzen: ein großer Mann im Cowboy-Outfit – allein auf weiter Prärie, nicht mehr der jüngste, aber unbezwingbar –, der im Fernsehen Reklame für Great Western Savings macht.

Dieses Bild ist auf groteske Weise unvollständig, doch wir sind dafür äußerst empfänglich – schließlich ist es dieses Bild, das John Wayne verkauft, und kein Bausparvertrag von der Great Western. Er scheint die letzte Gelegenheit ergriffen zu haben, sich und uns mit jenem heroisch-anständigen Amerika zu verbinden, an das wir rational nicht mehr glauben können, an dem wir aber gefühlsmäßig weiterhin festhalten. Und während wir seiner Stimme lauschen, die im Laufe der Jahre eine mythisch-kitschige Färbung angenommen hat, erstarrt all das, was John Wayne uns über unser Land und über uns selber vermittelt haben mag: als sei er, die Legende – der Mann, der sich von nichts unterkriegen läßt, auf der Leinwand genausowenig wie im richtigen Leben, der davon überzeugt ist, daß er immer recht hat, und der in aller Seelenruhe den richtigen Moment abwartet, bevor er zuschlägt – schon heute das Standbild, das man uns nach dem Abspann all der Sondersendungen zeigen wird, die an seinem Todestag von allen Fernsehsendern des Landes ausgestrahlt werden.

Weil Waynes Legende untrennbar mit den von ihm verkörperten Mythen verwoben ist (oder vielleicht auch umgekehrt), verschafft es heute kaum noch Befriedigung, danach zu fragen,

* Ein von dem Journalisten John O'Sullivan zur Mitte des 19. Jahrhunderts geprägter Begriff, der die »offenkundige Bestimmung« der Amerikaner umschreibt: die Vorherrschaft auf dem amerikanischen Kontinent zu erringen und ihren Machtbereich bis zum Pazifik auszudehnen. (A. d. Ü.)

was John Wayne, als eine Art Denkmal im Wartestand, bedeutet. Es lohnt sich eher, einen Blick auf jenes psychologische und historische Territorium zu werfen, das er erkundet hat und das andere gemieden haben. Es ist ein wildes, unbesiedeltes, unbesiedelbares Territorium: praktisch ein weißer Fleck auf der Karriere-Landkarte John Waynes, die uns die Medien vor Augen halten, gleichzeitig aber der Schauplatz seiner größten und beängstigendsten Triumphe – von Triumphen, die tatsächlich so beängstigend sind, daß man auf den Gedanken kommen könnte, John Waynes Legende sei allein deshalb entstanden und bereitwillig aufgenommen worden, um jene Momente zu verdecken, um sie unsichtbar werden zu lassen.

Der Wayne, der uns am vertrautesten ist, ist der aus Howard Hawks' *Rio Bravo* (1959), eine perfekt ausgeformte Version einer Figur, die sich kontinuierlich entwickelt hat: von John Fords *Stagecoach* (1939) über Raoul Walshs *Dark Command* (1940) und Edward Dmytryks *Back to Bataan* (1945) bis zu den John-Ford-Filmen *Fort Apache* (1948), *The Quiet Man* (1952) und *The Man Who Shot Liberty Valance* (1961).* Dieser John Wayne hat nichts von einer Cartoonfigur. In *Rio Bravo*, in der Rolle des John Chance, eines Sheriffs, der sich trotz größter Bedrängnis weigert, einen Gefangenen laufen zu lassen, und der nach und nach lernt, die dringend nötige Hilfe zu akzeptieren, legt Wayne eine Härte an den Tag, die ihn kein einziges Mal die Selbstbeherrschung verlieren läßt. Wenn er überheblich ist oder sogar im Unrecht, zweifelt man keine Sekunde daran, daß er sich das erlauben darf. Wir erleben einen Mann, der wirklich etwas *gelernt* hat und der immer noch dazulernt. Er – der Sheriff, aber auch Wayne, der Schauspieler, Wayne, die Verkörperung des Mannes – hat sich selber erschaffen und entdeckt, aus Notwendigkeit und aus Neugier gegenüber dem Leben. Daß seine natürliche Überlegenheit, seine unmißverständliche Bedrohlichkeit – seine Bereitschaft, jeden Feind erbarmungslos zu töten, seine ehrliche Überzeu-

* Die deutschen Verleihtitel: *Rio Bravo*; *Ringo* bzw. *Höllenfahrt nach Santa Fé*; *Schwarzes Kommando*; *Stahlgewitter*; *Bis zum letzten Mann*; *Der Sieger*; *Der Mann, der Liberty Valance erschoß*.

gung, daß manche Menschen nicht zu leben verdient haben –, nicht in Zynismus abrutscht, dafür sorgt der offene Humor, der die Figur beseelt und so lebendig macht. Dieser John Wayne hat gerade genug Fehler, um aus vollem Herzen bewundert werden zu können, und er hinterläßt einen überwältigenden, beinahe schon schicksalhaften Eindruck moralischen Ebenmaßes: nichts so Unerbittliches wie Gerechtigkeit, sondern eher so etwas wie Fairneß.

Was den John Wayne von *Rio Bravo* so überzeugend macht, ist die Tatsache, daß er seine Rolle nicht als etwas von vornherein Gegebenes betrachtet. Unter der Selbstsicherheit und Erfahrung, die er vermitteln muß, ist er pausenlos dabei, die in der Rolle angelegten Möglichkeiten auszuloten – indem er sich und andere beurteilt, Entscheidungen gegeneinander abwägt, moralische Alternativen formuliert und, wenn er einmal gehandelt hat, seine Taten dadurch rechtfertigt, daß er ohne Wenn und Aber zu ihnen steht.

Das soll nicht einfach heißen, daß Wayne als reifer Schauspieler keine Distanz zwischen sich und die von ihm verkörperte Figur legt oder ganz und gar in seiner Rolle aufgeht. Das tut er nämlich nicht. Es verhält sich eher so, daß die Distanz zwischen Wayne als Individuum und seiner Rolle ständig da ist und man ein ums andere Mal verfolgen kann, wie er sie überbrückt.

Das ist ein außerordentlich intensiver Darstellungsstil – und innerhalb des im Grunde simplen Die-Guten-gegen-die-Bösen-Schemas der meisten guten John-Wayne-Filme ist diese Intensität nicht so bedrohlich, wie sie eigentlich sein müßte. Die moralischen Ungewißheiten, die an die Oberfläche dringen, wenn Wayne, der Mensch das billigt, was seine Figuren tun müssen, können ohne weiteres übersehen oder vergessen werden. Wenn Waynes Filme ein heroisch-anständiges Amerika in Szene setzen, dann liegt ihr wesentlicher Gehalt in der Story – wie der Held das Ideal der Anständigkeit erreicht und an andere weiterreicht –, und in diesem Fall weiß der Zuschauer von vornherein, was ihn erwartet. Kommt derselbe Darstellungsstil in einem wesentlich rauheren Territorium zum Zuge, dann gerät das heroisch-anständige Amerika aus den Fugen, und in diesem Fall erweist sich Wayne als ein Schauspieler, dem man nicht so einfach auf die Spur kommen kann.

Während Sheriff Wayne in vielen anderen Filmen ein, um auf *Moby Dick* zurückzugreifen, Starbuck mit Colt und Winchester ist – also der gottesfürchtige Mann, der innerhalb gewisser Grenzen bereit ist, Gewalt auszuüben –, ist er in Howard Hawks' *Red River* (1948)* und in John Fords *The Searchers* schlicht und einfach Ahab. Er ist der gute amerikanische Held, der sich über alle bekannten Grenzen hinwegsetzt und schließlich in den Wahnsinn treibt, wobei von seiner Verpflichtung auf Ehre und Anstand nichts übrigbleibt außer einem unversöhnlichen Wunsch nach Rache. Wenn dieser Wayne besser als andere Menschen ist, dann nicht in einem gesellschaftlichen Sinn – weil jemand die Schmutzarbeit der Gesellschaft übernehmen muß, oder weil er einen ausgeprägteren Sinn für Recht und Unrecht hätte –, sondern wegen seiner ganz persönlichen, finsteren Beweggründe. Die Sünde des Stolzes paart sich mit einem unerbittlichen, mörderischen Trotz, und vor unseren Augen verwandelt sich Wayne von einem Menschen, mit dem wir ohne weiteres auskommen könnten, in ein wandelndes Jüngstes Gericht, dazu bereit, die Welt zu vernichten, um ihretwillen, um sie von sich selbst zu erlösen.

Red River und *The Searchers* spielen beide in Texas, in der Zeit nach dem Bürgerkrieg. In *The Searchers* spielt Wayne Ethan Edwards; er trägt noch immer die Hose seiner Konföderierten-Uniform, als er zu seinen Verwandten nach Texas zurückkehrt, unter einer so tief dahinjagenden Wolke, daß der Donner, der in dem Moment erschallt, in dem er das Haus betritt, unmittelbar über seinem Schädel zu explodieren scheint. Die Familie wird wenig später von Komantschen massakriert – alle bis auf Edwards' junge Nichte, die von den Indianern entführt wird. Edwards begibt sich zusammen mit seinem Adoptivneffen auf die Suche nach ihr; fünf Jahre später, nachdem er

**Red River* bzw. *Panik am Roten Fluß*.

jeden Winkel zwischen Kanada und Mexiko abgesucht hat, findet er sie. Doch inzwischen ist sie eine Frau geworden, ihrer Unschuld beraubt, geschändet von dem Comantschen-Häuptling, in dessen Gewalt sie sich befunden hatte, und wir ahnen, daß Edwards' jahrelange Suche in der Erkenntnis gipfelt, daß er seine Nichte töten muß, und in der Bereitschaft, das auch zu tun.

In *Red River* spielt Wayne den Viehzüchter Tom Dunson. Sein Adoptivsohn kehrt aus dem Bürgerkrieg zurück und muß erfahren, daß die Dunson-Ranch kurz vor dem Bankrott steht; Dunson entschließt sich, alles auf eine Karte zu setzen und seine zehntausend Stück Vieh zu den neuen Märkten in Missouri zu bringen. So einen Viehtrieb hat vor ihm noch niemand gewagt. Der Treck beginnt mit freudiger Erregung, doch schon bald peitscht Dunson seine Männer allzu rücksichtslos voran. Die Disziplin läßt nach, und Dunson reagiert immer unnachgiebiger. Er pfeift auf den Rat von Männern, denen er sein Leben lang vertraut hat, greift zur Flasche, schläft nur noch mit der Pistole in der Hand und – ein wirklich verblüffender Zufall, falls es denn einer ist – sieht mit der Zeit einem anderen Texaner immer ähnlicher: dem von allen Seiten bedrängten Lyndon B. Johnson, wie er den Drückebergern und Feiglingen die Stirn bot und nicht bloß um die Fortführung seines Krieges kämpfte, sondern auch um seine geistige Gesundheit.*

Das ganze Lager lebt in ständiger Furcht; schließlich desertieren einige Männer nach einer verheerenden Stampede. Dunson läßt sie verfolgen und wieder ins Lager zurückschaffen. Sie sind darauf gefaßt, wegen des Diebstahls von Vorräten erschossen zu werden, doch in einem Moment beängstigender

* Nachdem ihn die Anti-Kriegs-Demonstranten und die nordvietnamesische Armee aus dem Amt gejagt hatten, kehrte Johnson in seine texanische Heimat zurück und ließ sich, wie Lawrence Wright 1988 in *In the New World: Growing Up in America from the Sixties to the Eighties* geschrieben hat, »die Haare bis auf die Schultern wachsen«. Die Symbolik dieses Satzes ist unerschöpflich: Waren Johnsons lange Haare die Haare derjenigen, die ihn niedergebrüllt hatten? Oder die der Männer, die bei der Belagerung der Alamo-Festung starben? Die von General Custer? Doch wessen Haare es auch sein mochten, es waren auf alle Fälle auch die von John Waynes Tom Dunson: Als dieser endgültig die Kontrolle über sich verliert, hat es den Anschein, als würden seine grauen Haare von Tag zu Tag länger.

Entschlossenheit verkündet Dunson, daß sie statt dessen aufgehängt werden sollen. Gegen den von allen gebilligten Verhaltenskodex verstoßend, will er Sadismus an die Stelle von Gerechtigkeit setzen.

Mit diesem Akt überschreitet Dunson die Grenze zu einem Territorium, in das ihm niemand folgen wird. Angesichts der nun ausbrechenden offenen Rebellion zieht er seinen Revolver, der ihm aber aus der Hand geschossen wird; sein Sohn übernimmt die Führung des Trecks. Verwundet, gegen sein Pferd gelehnt, wie ein einsamer Gott, wird Dunson zurückgelassen, kann aber vorher noch schwören, daß er seinen Sohn zur Strecke bringen und töten wird.

Die Grandiosität der Schauplätze – der Red River, in den die riesige Viehherde wie schwerelos hineingleitet, das Monument Valley in *The Searchers* – erhöht die Gestalten dieser Filme, auch wenn sie sie gleichzeitig klein macht. Doch als Edwards oder als Dunson sperrt Wayne sich dagegen, erhöht oder klein gemacht zu werden. Er hat anderes zu tun. Während der Konflikt eskaliert, den seine Filmcharaktere ausgelöst haben, während diese den Wahnsinn begrüßen wie einen Zauber, den sie sich selbst auferlegt haben, scheint ihr Widerstand nicht bloß den Handlungen der anderen zu gelten, sondern der natürlichen Ordnung der Dinge überhaupt. Würde Ethan Edwards mehr die Naturwunder des Landes beachten, in dem er seine Nichte aufzuspüren versucht, dann könnte ihm womöglich klar werden, daß seine Suche auf eine fundamentale Weise sinnlos ist. Edwards weigert sich, irgendwelche Botschaften Gottes zur Kenntnis zu nehmen – ähnlich wie Ahab, der milde gestimmt wird, wenn er die Schönheit und die grenzenlose Weite des Ozeans auf sich wirken läßt und sich deshalb von diesem Anblick abwendet.

Von den prosaischen Problemen in *Rio Bravo* ist dies meilenweit entfernt: Wir befinden uns in einem Land, wo ungeheuerliche, elementare Morde stattfinden können, und Edwards und Dunson haben sich geschworen, solche zu begehen. Die Tatsache, daß Edwards seine Nichte genausowenig tötet wie Dunson seinen Sohn, fällt kaum ins Gewicht: Waynes Darbietung ist beängstigend, weil er, als Individuum, die Entscheidungen seiner Charaktere vorbehaltlos akzeptiert.

In *The Searchers* und in *Red River* spürt man von Einstellung zu Einstellung, wie Wayne die Beweggründe und Taten seiner Charaktere beurteilt und richtig findet, notwendig – befriedigend. Mit einem ungeheuren Detailreichtum von Mimik, Tonfall und Gestik – die Müdigkeit, mit der sich Dunson gegen sein Pferd lehnt, der Ekel, der Edwards überkommt, wenn er sieht, wie sich zwei weiße Frauen nach jahrelanger indianischer Gefangenschaft in sabbernde Idiotinnen verwandelt haben – vermittelt Wayne seinem Publikum den unwiderlegbaren Eindruck, daß er, würde er in die Situationen geraten, denen sich seine Charaktere gegenübersehen, genauso handeln würde wie diese oder sich die Stärke dazu wünschen würde. Daß diese Situationen gräßlich sind – nicht heroisch, sondern eine Pervertierung heroischer Möglichkeiten –, läßt uns das Außergewöhnliche des Wayneschen Schauspielstils erkennen. Es gibt nur sehr wenige Schauspieler, die sich in derart verzweifelte, psychologisch katastrophale Krisen begeben, und wenn sie es tun, dann schützen sie sich dagegen. Sie tragen zu dick auf und distanzieren sich und das Publikum vom Filmgeschehen. Oder sie nehmen sich zu sehr zurück und legen eine deutliche Reserviertheit an den Tag. Oder – so wie Robert de Niro in *Taxi Driver* und Al Pacino in den *Godfather*-Filmen – sie verlieren sich in ihren Rollen und verschwinden somit auch als Individuen: Man kann sie nicht mehr erkennen. In den Augen des Publikums sind sie nicht dafür verantwortlich, was ihre Charaktere tun.

Wayne beobachtet den Fortgang der Handlung auch dann noch, wenn er sie voranträgt; man spürt, wie er bei all seinen Bewegungen nachdenkt. Er taucht nicht kopfüber in seine Rolle ein: Er tastet sich hinein, Schritt für Schritt, so lange, bis er auf der anderen Seite wieder herauskommt.

In *Der kurze Brief zum langen Abschied* beschreibt Peter Handke eine Szene aus John Fords *Young Mr. Lincoln**. Der von

**Der junge Mr. Lincoln* (1939).

Henry Fonda gespielte Lincoln hat sich bereit erklärt, zwei des Mordes angeklagte Brüder zu verteidigen; ein alkoholisierter Mob erscheint vor dem Gefängnis, um Lincolns Klienten zu lynchen, doch der bringt sie zur Besinnung: indem er redet, »indem er die Betrunkenen mit leiser Stimme an sich selber erinnerte, was sie sein könnten und was sie vergessen hätten, und diese Szene, wie er dabei auf der Holztreppe vor dem Gefängnis stand, drohend einen Balken in den Armen, ließ keine Möglichkeit, sich zu verhalten, aus und dauerte so lange, bis man sah, wie nicht nur die Betrunkenen, sondern auch die Schauspieler, die die Betrunkenen spielten, Lincoln mehr und mehr zuhörten und dann, für immer verändert, aus der Szene weggingen ...« Diese Szene ist ein Wunder der Filmgeschichte, aber sie ist nicht vollständig wiedergegeben: Henry Fonda hört Lincoln nicht zu. Er spielt ihn einfach, und das ist der Unterschied. Wenn Ethan Edwards in *The Searchers* redet, oder Tom Dunson in *Red River* – wenn sie ihre Schwüre ablegen und wenn sie diese hinterher brechen –, dann hört John Wayne ihnen aufmerksam zu.

Los Angeles Times, 11. Februar 1979

■ John Wayne starb am 11. Juni 1979 an Krebs. Als er zu krank wurde, um noch vor der Kamera erscheinen zu können, sprangen einige seiner Kollegen, unter anderem Dennis Weaver, für ihn ein, um Waynes Werbevertrag mit Great Western Savings zu erfüllen, um, wie es hieß, »seine Arbeit fortzuführen«. Weaver ist bis heute die Galionsfigur der Great-Western-Werbung geblieben. 1992 berichtete die *Los Angeles Times*, Great Western habe sich »bei der Kreditvergabe auf die Innenbezirke von Los Angeles konzentriert« und würde eine zwei- bis viermal so hohe Bewilligungsrate für Kredite von Antragstellern afroamerikanischer oder hispanischer Abstammung haben wie die Bank of America oder Wells Fargo, Great Westerns schärfste Konkurrenten.

Zu schön, um nicht wahr zu sein

Die unverkennbaren Amerikanismen in Leigh Hafreys Übersetzung von *Der Mauerspringer* illustrieren sehr gut, was Wim Wenders einmal als die Kolonisierung des Unbewußten der deutschen Nachkriegsjugend durch die amerikanische Popkultur bezeichnet hat. In diesem Buch verschmilzt das Gefühl des Eingesperrtseins, von dem die beste osteuropäische Nachkriegsliteratur durchtränkt ist, mit der Naivität einer amerikanischen Stimme zweiten Grades. Hinterher könnte es einem so vorkommen, als habe man nicht den Roman eines gewissen Peter Schneider – ein dreiundvierzigjähriger westdeutscher Schriftsteller, ein ehemaliger APO-Aktivist, der unter anderem das Drehbuch zu Reinhard Hauffs *Messer im Kopf* verfaßt hat – zu Ende gelesen, sondern eher einen kurzweiligen Kneipenabend mit Schneiders namenlosem Ich-Erzähler beendet, einem zirka vierzigjährigen Westdeutschen, der 1961 kurz nach dem Mauerbau nach Westberlin gezogen ist.

Auf dem Heimweg könnte sich einem alles drehen, weil so

viel erzählt worden ist, weil so viele gute Geschichten zu weltgeschichtlichen Argumenten ausgesponnen worden sind, die sich wieder in Geschichten zurückverwandeln, sobald einem klar wird, daß es keine Patentlösungen geben kann. Jede Seite des Buches pulsiert vor Gedanken; falls Struktur ein Thema ist, dann ist das Thema dieses Buches das Denken an sich: »Die Berliner Mauer als Wille und Vorstellung« wäre ein passender Untertitel.

Der Mann hat darüber gesprochen, wie ein Ding, in diesem Fall eine Mauer, Menschen formen kann: die Menschen, die diesseits und jenseits der Mauer leben. Das ist eine philosophische Materie, und sie ruft Abstraktionen hervor, die man gedanklich kaum zu bewältigen vermag. Der Mann hat aber auch davon erzählt, auf welche Weise die unterschiedlichsten Menschen zu beweisen versucht haben, daß ein Ding unmöglich Menschen formen kann: daß angesichts eines Objekts, das Menschen zu Objekten der Geschichte degradiert, manche Menschen darauf bestehen, Subjekte der Geschichte zu sein, und daher versuchen werden, das Objekt in ihrer eigenen Subjektivität aufzuheben. Das ist ebenfalls eine philosophische Materie, doch diese hier ruft keine Abstraktionen, sondern Geschichten hervor, Großstadtlegenden vielleicht, allerdings mit Namen und Daten, witzige Begebenheiten, Berichte, die von Heldentum künden, von Tragik, aber auch von Frivolität – beispielsweise, sagt der Mann, wobei er seine Versuche aufgibt, dir erklären zu wollen, wie ihn seine zwanzig Jahre an der Demarkationslinie, die die beiden weltbeherrschenden gesellschaftlichen Systeme voneinander trennt, zu der Erkenntnis gebracht haben, daß noch die kleinsten Details des Gehens und Sprechens Politik seien, Nebenprodukte politischer Konstrukte, die jedoch (er versucht, dir das klarzumachen, will aber gleichzeitig nicht glauben, was er dir klarzumachen versucht, und deshalb schweben seine Worte davon) viel bedeutsamer seien, als man womöglich denkt (verstehst du?), Dinge, die sich aus einer Partie Flipper oder einer Liebesaffäre ergeben können und in der Lage sind, die vernünftigste philosophische Übereinstimmung zu untergraben und zu zerstören – beispielsweise, sagte der Mann, die Geschichte von den drei Jungen aus Ostberlin, die über die Mauer sprangen, weil drüben im Westen die besseren Kinofilme gezeigt wurden.

Ihr erster Ausflug brachte sie zum Kurfürstendamm, wo sie die Kinoplakate inspizierten und sich am Ende für *Spiel mir das Lied vom Tod* und gegen den *Schulmädchen-Report Teil III* entschieden. Der Mann erzählt diese Geschichte mit so viel Ehrfurcht vor ihrer wunderbar unbekümmerten Subjektivität, daß einem der Kick des Titels von Sergio Leones Western erst sehr viel später aufgeht*, nämlich erst dann, wenn sich der Vorbehalt des Erzählers, daß die Jugendlichen die Mauer nicht auf die in der Story beschriebene Weise überquert haben können, aus der wundervollen Unbekümmertheit der Story herausschält, erst dann, wenn man selber zu argwöhnen beginnt, daß sie im Laufe der Jahre derart ausgeschmückt worden und so intensiv von jedem durchlebt worden ist, der sie erzählt hat, daß sie womöglich niemals stattgefunden hat. Aber die Story ist einfach zu schön, um nicht wahr zu sein.

Die drei Jungen überquerten die Mauer insgesamt zwölfmal. Schließlich wurden sie von der Westberliner Polizei gestoppt, die diese Story ebenfalls nicht glauben wollte: Sie waren keine *Flüchtlinge*? Sie wollten nicht *im Westen* bleiben? Die eigentliche Ironie der Mauer liegt schließlich darin, daß der Westen von ihr mindestens genausoviel profitiert hat wie der Osten. Der Osten konnte seine Bevölkerung einsperren, und der Westen konnte seine Symbole vergolden. So wie es uns der Erzähler bereits geschildert hat:

> Was jenseits das Ende der Bewegungsfreiheit bedeutete, wurde diesseits zum Sinnbild eines verabscheuten Gesellschaftssystems. Der Blick nach drüben verkürzte sich zu einem Blick auf die Grenzanlagen und schließlich zum gruppentherapeutischen Selbsterlebnis: Die Mauer wurde den Deutschen im Westen zum Spiegel, der ihnen Tag für Tag sagt, wer der Schönste im Land ist.

Soviel zum Thema Ironie, die der Mann verschwinden läßt, indem er sie kurzerhand verdoppelt: Schließlich ist es die böse

* *Es war einmal im Westen* (im Original bzw. in der englischen Übersetzung: *C'era una volta il West* und *Once upon a Time in The West*). (A. d. Ü.)

Königin, die den Zauberspiegel besitzt. Ironie ist die Währung Westberlins – eine exquisite Form gequirlten Bockmists. (»Der Krieg war der reinste Segen für Berlin«, trompetete 1967 der Fremdenführer während einer Bus-Stadtrundfahrt seiner vermeintlich rein deutschen Zuhörerschaft entgegen, unter die sich allerdings auch zwei nichtdeutsche Touristen gemischt hatten, die betreten zu Boden blickten. »Wir haben neue Wohnungen gekriegt« – er zeigte aus dem Fenster – »neue Parks« – er zeigte geradeaus – »und dieses neue Stadion« – er winkte nach hinten – »und all das haben wir dem Krieg zu verdanken! Und den Amerikanern!«) Ironie ist das, was der Erzähler überall entdeckt und zu überwinden versucht. Eine wertlose Währung. Ein schwacher Trost, aber eine sehr bequeme Sache, eine Art fröhlicher Fatalismus, eine Methode, die Vergangenheit auszuradieren und sich der Gegenwart in die Arme zu werfen. Es ist der Humor von Überlebenden – und der ist nie gefährlich. Die Mauer grinst zuletzt – und wer zuletzt lacht, lacht bekanntlich am besten. Die einzige wirkliche Ironie ist die, daß man sich mittlerweile mit der Mauer abgefunden hat, einem Bauwerk, dem keiner ein langes Leben vorausgesagt hatte und das zu einer Zeit errichtet wurde, als die deutsche Wiedervereinigung das Thema Nummer eins der bundesrepublikanischen Politik gewesen war.

Der Erzähler versucht zu erklären, wie die Mauer die westliche Hälfte der Stadt infiziert hat, oder die westliche Hälfte der Welt, wie sie den dortigen Alltag infiziert hat – das alltägliche Gehen und Sprechen, jene Sphäre, in der es normalerweise ohne aggressive Symbolisierungen zugeht, ohne Bewußtsein oder aktive Phantasie –, mit Vieldeutigkeit. Er versucht zu erklären, wie die Mauer die östliche Hälfte der Stadt infiziert hat, das dortige Alltagsleben … mit Gewißheit, Überzeugtheit, einer Sache, die dem Bewußtsein das Wasser abgräbt. Wie kommt es dazu? Wer möchte im Osten leben? Der Erzähler kennt ein oder zwei Geschichten über Leute, die den Westen zugunsten des Ostens verlassen haben, aber bei ihnen handelt es sich eher um Randexistenzen, fast schon um Psychopathen; sein bester Freund und die Frau, die er nicht vergessen kann, beides Flüchtlinge aus dem Osten, sind tausendmal präsenter, realer. Doch sie erzählen ihm, daß das Leben im Westen zwar angenehmer, aber nicht real sei, kein bißchen real, da hier alles als naturgegeben angesehen werde, auch das, was von Menschen gemacht worden sei, während sich drüben im Osten niemand ein X für ein U vormachen ließe.

Wenn man im Osten mit der Mauer leben muß – trotz verwandtschaftlicher oder freundschaftlicher Bindungen nach drüben, trotz einer gemeinsamen Geschichte, Sprache und Kultur, und trotz der identischen Landkarte, mit der viele aufgewachsen sind –, dann muß man eben mit der Mauer leben. Man muß das sittenwidrige Kommando der Mauer als einen sittlichen Imperativ akzeptieren, als ein Superzeichen, das einem die Entschlüsselung sämtlicher Zeichen des Alltags ermöglicht. Das Leben als solches wird zu einem Entschlüsselungsprozeß, und man ist der Überzeugung, daß dies der Inbegriff eines vernunftgesteuerten Lebens sei. Den Westlern, die in ihren Zauberspiegel starren und ihr eigenes Spiegelbild liebkosen, sind solche Gedanken fremd. Doch wenn man seinen Blick von diesem Spiegel löst, dann gibt einem die Mauer, an der er befestigt ist, zu verstehen, daß alle politisch geordneten Gesellschaften etwas Künstliches sind – Inszenierungen, Kunstgriffe, Konstrukte. Derlei Konstrukte erzeugen das, was ihnen angeblich vorausgeht: Sitten, Gebräuche, geistige Einstellungen, Menschen. Da er diese Einsicht nachdrücklich vertritt, bringt der Osten die Menschen dazu, zwischen den Zeilen zu lesen und ein intensives Leben voller List und Tücke zu führen. Da er diese Einsicht ablehnt, bringt der Westen die Menschen dazu, alles für bare Münze zu nehmen und ein Leben des passiven gesellschaftlichen Narzißmus zu führen. Deshalb liest der Erzähler beim Flippern die Instruktionen auf dem Apparat und richtet sich nach ihnen. Sein Freund Robert, der erst vor kurzem aus dem Osten herübergekommen ist, ringt mit der Maschine, ruckelt an ihr herum und versteht es, ihr seinen Willen aufzuzwingen, ohne durch ein »Tilt« bestraft zu werden. Der Erzähler gewinnt kein einziges Spiel. So wie Alexander Trocchi 1960 in seinem Roman *Kains Buch* geschrieben hat:

Außer Jazz ... schien mir die Flipper-Maschine Amerikas größter Beitrag zur Kultur zu sein ... Sie symbolisierte die starr organisierte »Seele«, die in Historie zu kristallisieren drohte, den Menschen auf Historizität reduzierte, den großen Maschinenblock, der durch das Massenbewußtsein auferlegt war; sie symbolisierte das und reduzierte es auf nichts. Die glatten, flinken, elektrischen Vorgänge in der Flipper-Maschine, das Elektronengehirn, die symbolische Transposition der modernen FAKTIZITÄT in die Sphäre des Spiels. (Der Unterschied zwischen der französischen und amerikanischen Einstellung zum »tilt« [»teelt«]; in Amerika und in England bin ich getadelt worden, wenn ich versuchte, den Mechanismus durch geschicktes Tilten zu schlagen; in Paris aber kommt alles nur darauf an, es ist das A und O.)

Der Osten ist davon überzeugt, daß Gesellschaften, die sich angeblich von unten, aus den Details des Gehens und Sprechens, entwickeln, Mystifikationen sind, von oben aufgezwungen aus bestimmten Motiven und zugunsten partikulärer Interessen. Das individuelle Bewußtsein steht auf verlorenem Posten, weil andere Möglichkeiten einfach nicht denkbar sind. Der Erzähler wendet sich an dich – sein Freund Robert ist gegangen – und stellt sich der Herausforderung: »Der Vorteil dieses Wahns ist, daß an allem, was geschieht, etwas Äußeres schuld hat. Robert ist, im guten wie im bösen, immer noch aufgehoben in einem Staat« – in jedem Staat – »der für alles die Verantwortung trägt, Robert ist niemals selber schuld.« Da ist etwas Wahres dran – aber im Geist des Westlers macht sich Ambiguität breit, sobald die Frage, wo man am liebsten leben möchte, nicht mehr die Frage einschließt, wo man denn tatsächlich lebt.

Der Erzähler bezieht seine Reaktion auf den »Wahn« des Freundes auch auf sich selbst:

Indem ich diesen Einwand denke, kehrt er sich um. Wer hat eigentlich Vorteile von welcher Denkweise? Gründet sich nicht jede Karriere in der westlichen Gesellschaft, gleichgültig ob es sich um die eines Sportlers, Unternehmers, Künstlers oder Rebellen handelt, auf den überzeugt vorgeführten Gestus, daß jede Initiative die eigene, jede Idee selbst erfunden, jede Entscheidung eine ganz persönliche ist? Was würde ich anfangen, wenn ich aufhören würde, die Schuld im Prinzip eher bei mir als beim Staat zu suchen, wie ich es gelernt habe?

Das Wunderbare an der Geschichte von den drei Kinogängern – der Grund dafür, daß die Geschichte, wie man argwöhnt, so ausgeschmückt, so gerne erzählt und angehört worden und so weit von jeder plausiblen Erklärung des Rätsels entfernt ist, wie es dem Trio gelingen konnte, die Grenze nach Belieben zu überqueren – liegt darin, daß sie derlei Fragen überhaupt nicht aufkommen läßt. Völlig entgeistert, daß sich die Jungen einfach nur den neuesten Film ansehen wollten, informierten die Polizisten, die das Trio gestoppt hatten, einen Reporter, und der veröffentlichte die Geschichte. Und dadurch kam die Ostberliner Polizei den Mauerspringern auf die Schliche.

Am Abend ihres letzten Ausflugs, weiß der Erzähler zu berichten – während du und er allmählich müde werden und die Mauer, die im Laufe der Jahre immer weiter aus dem Bewußtsein des Westens geschwunden ist, vielleicht bald nur noch den Anlaß für einen weiteren der berühmt-berüchtigten Westberliner Bauwerk-Spitznamen abgeben wird –, sei einer des Trios, ein Junge namens Lutz …

… rechtzeitig zum Prenzlauer Berg zurückgekehrt, um in seinem dortigen Stammkino die Abendvorstellung von »High Noon« nicht zu verpassen. Nachdem er eine viertel Stunde in der Schlange vor der Kasse gestanden hatte, teilte der Vorführer mit, daß die Vorstellung ausfalle, der Film sei gerissen. In diesem Augenblick fühlte Lutz ganz deutlich, daß auch bei ihm etwas riß. »Da rennt man sich nun die Hacken ab vom Kurfürstendamm zum Prenzlauer Berg, damit man pünktlich ist – und dann ist der Film gerissen«, fuhr er seinen Nebenmann an, »jetzt reicht's.«

Lutz trat den Motor an, raste in überhöhtem Tempo die ganze Strecke zurück zur Mauer, und hastete im Dunkeln in den Westen, um wenigstens noch die Spätvorstellung von »Weites Land« zu erreichen. Es war Lutzens letzter Transit.

Wenn man zu Hause angelangt ist, lacht man. Man lacht in seinen Spiegel, und der Spiegel lacht zurück. Du bist der Schönste im ganzen Land, sagt der Spiegel. Du kannst dir *Weites Land** ansehen, wann immer du willst. Am nächsten Abend kehrst du in die Kneipe zurück, wo du den Erzähler getroffen hast, denn der hat noch viele solcher Storys auf

**The Big Country* (USA 1958. Regie: William Wyler).

Lager: zum Beispiel die über den Mann, der sechzehnmal über die Mauer sprang, einfach »weil sie da war«, oder die über den Mann, der sich gänzlich unbekümmert daran machte, die Mauer zu zerstören, und der dann von ihr zerstört wurde, oder die über den Mann, der … Doch inzwischen seid ihr beide betrunken, und du weißt nur noch, daß deine Anwesenheit hier ein purer Zufall ist.

Voice Literary Supplement, März 1984

Ansiedlungen

Die Deborah-Chessler-Story

In einer der ersten Folgen von *Homicide: Life on the Street*, Barry Levinsons Fernsehserie über die Beamten eines Morddezernats in Baltimore*, verguckt sich der von Ned Beatty gespielte Detective in die Leichenbeschauerin. Beattys Detective ist übergewichtig, geschieden und nicht mehr der Jüngste: »Ich bin achtundvierzig«, sagt er. »Ungefähr.« Er bringt nicht den Mut auf, die Ärztin um ein Rendezvous zu bitten, und ist deswegen todunglücklich.

In dem auf Krebse und Krabben spezialisierten Imbißlokal, in dem sich die Beamten des Morddezernats nach Feierabend zu treffen pflegen, sieht man den unglücklichen Beatty über die Juke-Box gebeugt, auf der Suche nach Songs, die seinen Liebesschmerz lindern könnten. Sehr leise, von sehr weit weg, so als käme es nicht von der Tonspur des Films, sondern von ganz woanders her, dringt gerade noch vernehmbar ein uraltes

* Die erste Folge dieser von NBC produzierten Fernsehserie wurde im Januar 1993 ausgestrahlt. (A. d. Ü.)

Stück Doo-wop-Musik an dein Ohr, junge Schwarze, die mit kunstvoll ineinander verwobenen Stimmen eine Ballade vortragen – Engel der Einsamkeit des Polizisten, oder Engel seiner Begierde. In den letzten Jahren hat sich Barry Levinson darum bemüht, zusammen mit seinem Kollegen John Waters (der in *Homicide* einen kurzen Gastauftritt als Barmann absolvierte) Baltimore als eine wirkliche Stadt mit einer wirklichen Vergangenheit zu präsentieren, und bei der Auswahl der Musik für seine Filme* hat er stets Sorgfalt bewiesen. Bei den Sängern handelt es sich um die Four Buddies, vier Schüler der Frederick Douglass High School, die einmal der ganze Stolz der afroamerikanischen Einwohnerschaft Baltimores waren; sie singen ihren Hit »I Will Wait« aus dem Jahre 1951. Es klingt fast so, als habe der Song die ganzen Jahre über auf diesen TV-Einsatz gewartet, um endlich die ihm gebührende Anerkennung zu bekommen; so alt wirkt diese Musik und so gegenwärtig.

Doo-wop war eine Musik, bei der die in die Worte gelegten Emotionen die Worte als solche verblassen ließen – bis zu dem Punkt, wo sich, wie es bei den meisten guten Doo-wop-Songs der Fall war, die schwerelos dahinschwebenden, schluchzenden Stimmen vollends von den Worten zu lösen begannen. Doo-wop war die erste Ausprägung des Rock'n'Roll, einer Musik, die die Leute als etwas Neues wahrnahmen, als etwas, das anders war, irgendwie seltsam, aber das *ihnen* gehörte – eine erste Version des, wie Lou Reed 1989 in seiner Festrede anläßlich der Aufnahme von Dion in die Rock'n'Roll Hall of Fame formuliert hat, »Sounds eines anderen Lebens«.

»Das Komische an der Sache ist«, sagt Barry Levinson, »daß Leute die ausgefeiltesten Barbershop-Quartette singen können – ich meine, *das* sind Stimmen, oder? Doch das ist etwas völlig anderes. Doo-wop hat immer diese *ätherische* Qualität – und genau das ist es, was einen an dieser Musik gefangen nimmt.« Was einen gefangen nimmt, ist jenes von den Harmonien heraufbeschworene Hinübergleiten ins Nirwana: etwas,

* U.a. *Diner* (1982), *Tin Men* (1986), *Good Morning, Vietnam* (1987), *Rain Man* (1988). (A. d. Ü.)

das man nicht zu fassen bekommt, was unmittelbar vor deinen Augen herumgeistert, stets ein bißchen außerhalb deiner Reichweite.

Gegen Ende dieser *Homicide*-Folge hat sich Beatty wider Erwarten ein Herz gefaßt: Händchenhaltend schlendern er und die Leichenbeschauerin am Hafenkai entlang. Sie kommen an einer Gruppe von Schwarzen vorbei, die auf der Straße für ein bißchen Kleingeld singen, doo-woppen. Die Sänger sind mittlerweile älter, ihre Stimmen rauher, aber das fällt nicht ins Gewicht: Die *Flügel* der Liebe mögen sie verloren haben, aber dafür haben sie den *Körper* der Liebe gefunden. Beatty kramt einen Dollar hervor, lächelt die Leichenbeschauerin an, und sie lächelt zurück.

Fünfundvierzig Jahre früher standen ein paar junge Schwarze auf dem Bürgersteig der Pennsylvania Avenue, der Hauptstraße des schwarzen Baltimore, vor einem Club namens Avenue Café und sangen, in der Hoffnung auf ein bißchen Kleingeld und auf jemanden, der sie entdecken würde. Man schrieb das Jahr 1948. Sie hatten Jobs – Lastwagenfahrer, Kellner –, aber damit wollten sie sich nicht zufriedengeben.

Der Chef der Gruppe nannte sich Sonny Til. Der 1925 als Erlington Tilghman geborene Sänger verfügte über einen hohen Tenor, der in der Luft geboren schien und etwas Zerbrechliches und eine gewisse Zurückhaltung verriet. Seine Nebenleute waren George Nelson, Bariton, der manchmal mitten in einem Song den Lead-Gesang von Til übernahm, Richard Williams (der bald durch Johnny Reed ersetzt wurde), Baß, und Alexander Sharp, ein Bär von einem Mann, mit der höchsten, ätherischsten Stimme der vier. Vielleicht sangen sie Tils Lieblingssong, »I Cover the Waterfront«, oder »At Night«, einen Song, den Clifton Morris geschrieben hatte, ein Kumpel von ihnen. Oder sie sangen die gerade aktuellen Hits nach, Titel der großen schwarzen Vokal-Ensembles der damaligen Zeit, der Ink Spots, der Mills Brothers oder der Ravens – aber sie sangen sie falsch, ohne den richtigen Schliff, mit zuviel Gefühl: Ihr Vortrag war nicht bis ins letzte I-Tüpfelchen ausgefeilt oder definitiv, sondern erweckte den Eindruck, daß sich ein Song jederzeit in buchstäblich jede Richtung bewegen könnte.

Hin und wieder traten sie auch *im* Avenue Café auf – an Abenden für unentdeckte Talente –, mit Johnny Reed am Kontrabaß und einem zusätzlichen Gitarristen, Tommy Gaither, der den Rhythmus akzentuierte. Die Gruppe hatte sich den Namen Vibranaires zugelegt; aber noch vor Ende des Sommers 1948 tauften sie sich in Orioles um. Im Laufe der nächsten Monate und Jahre sollten sie eine neue Musik kreieren: leidenschaftlich, unvollkommen und offen, »primitiv und gleichzeitig modern«, um Jim Dickinsons Charakterisierung von Howlin' Wolf heranzuziehen, der freilich erst später auf der Bildfläche erschien. Die Orioles sollten eine Menge Sänger – darunter die Four Buddies und Clyde McPhatter, aber auch Elvis Presley, Dion oder Lou Reed – dazu inspirieren, nach etwas anderem Ausschau zu halten, nach mehr, nach einem anderen Leben.

Als man damit begann, die Geschichte des Pop aufzuschreiben, da stufte man die Orioles als »die erste R&B-Vokal-Gruppe« oder als »die allererste Rock'n'Roll-Band« ein. »Ihr Name mag heute nur noch eine Legende sein«, schrieb Jack Schiffman in *Uptown*, einer Geschichte des Harlemer Apollo Theaters, »aber ihr Geist manifestiert sich heute unverkennbar in Künstlern wie Ray Charles, Aretha Franklin und Chuck Berry ... und in den gerade nach oben kommenden Musikgruppen von Langhaarigen, die erst vorgestern gelernt haben, Gitarre zu spielen.«

Doch so einfach ist das nicht. »Im Grunde bist du diejenige, die den R & B aus der Taufe gehoben hat«, sagte Sonny Til 1980 in ein Tonbandmikrophon, ein Jahr vor seinem Tod. »Das hat den Rhythm & Blues in die Wege geleitet und damit den Rock'n'Roll. Dein Song, Deb! Das war eine Musik, die es vorher nicht gegeben hatte.«

Die heute siebzigjährige Shirley Reingold lebt mit ihrem Mann, Paul Reingold, und ihrer sechsundzwanzigjährigen Tochter Wendy in einem schmucken, hauptsächlich von Juden bewohnten Hochhauskomplex mit Eigentumswohnungen am Rand von Miami Beach, in Sichtweite des Ozeans. Vor fünfundvierzig Jahren lebte sie als Deborah Chessler in Baltimore, wo sie sich als Songwriterin abstrampelte und Managerin der Vibranaires wurde. Als Orioles sangen sie Chesslers Kompositionen, darunter »It's Too Soon to Know«, einen Song, dermaßen unergründlich und bodenlos, daß alles, was danach an Musik herausgekommen ist, ohne weiteres in ihm verschwinden kann, ohne das geringste Gefühl eines Verlusts zu hinterlassen. Sie lenkte die Karriere der Gruppe während ihrer sechs erfolgreichen Jahre. Gemeinsam schrieben sie ein Stück Geschichte – eine junge Jüdin und fünf schwarze Männer in einer streng nach Rassen getrennten amerikanischen Großstadt, in der darauf geachtet wurde, daß Weiße und Schwarze an keinem öffentlichen Ort miteinander in Berührung kamen, in keiner Schule und in keinem Theater. Gemeinsam fanden die sechs einen neuen Sound.

Die Story ist so untypisch, wie sie nur sein kann. »Ohne dich und deine Mutter hätten wir es nie geschafft«, sagte Til 1980. »Daß wir erwachsen wurden, in jeder Hinsicht, das haben wir vor allem dir zu verdanken. Du warst für uns wie eine *Schwester*, und wir haben dich *geliebt*. Und Mom Chessler war auch *unsere Mom*.« Eigentlich hätte man eine andere Geschichte erwartet. Wo ist die Verbitterung? Wo ist der Groll, den man bei einem Mann erwartet, der einmal ganz oben gewesen ist und sich nun aus der Vergessenheit meldet, der seit dreißig Jahren keinen Hit mehr gehabt hat? Woher kam dieses Lächeln, und warum ist es geblieben?

»Wir kamen aus dem Nichts«, sagt Deborah Chessler heute. Sie wurde auf den Namen Shirley getauft, änderte das aber 1940, nachdem Buddy Clark, ein damals populärer Schlagersänger, der als Samuel Goldberg auf die Welt gekommen war, ihr gesagt hatte, »Shirley« wäre viel zu jüdisch für das Showbusineß: »›Shoi-le, Shoi-le, Shoi-le‹, damit wirst du keinen Blumentopf gewinnen.« Das alles liegt heute sehr weit zurück, doch ihre Erinnerung an diese Zeit ist klar und bestimmt. »Im

Leben gibt es Zeiten, in denen man unglücklich ist. Songs zu schreiben, war für mich so etwas wie ein Ventil. Ich schrieb gern Songs: Sie fielen mir praktisch im Schlaf ein, und ruckzuck waren sie fertig. Und ich versuchte, Geld zu verdienen, womit ich konnte.« Ihr Vater starb, als sie neun Jahre alt war, 1932, zur schlimmsten Zeit der Wirtschaftsdepression; Chessler und ihre Mutter waren ganz auf sich gestellt und hatten immer Angst, die Monatsmiete nicht zusammenzubekommen. »Wir waren völlig mittellos. Meine Mutter war damals oft krank, und an Geld war zu der Zeit nur sehr schwer heranzukommen.« Chesslers Mutter verkaufte Damenbekleidung; Deborah tat es ihr nach, nachdem sie sich angewöhnt hatte, ihr wahres Alter lieber für sich zu behalten: Mit vierzehn sah sie aus wie achtzehn, und das machte sie sich zunutze.

Es war, wie sie sagt, eine Zeit der »gesitteten Rassentrennung«, jedenfalls in Baltimore. Wenn man die Regeln befolgte, seinen Verstand ausschaltete, seinen Mund hielt und sein Herz verschloß, dann gab es keine Probleme. Natürlich mußte man auch aufpassen. »Ich bin mal schwimmen gegangen, in so einem öffentlichen Schwimmbad, wo man Eintritt bezahlen mußte, und ich kaufte mir eine Eintrittskarte«, erzählt Chessler. »Als ich wieder ging, fiel mir ein, daß ich noch Kleingeld brauchte für die Straßenbahn nach Hause. Ich ging also zur Kasse, um Geld zu wechseln, und da erblickte ich dieses Schild: KEINE JUDEN ERLAUBT! Ich war ziemlich sauer, daß ich in so ein Schwimmbad gegangen war, und ich wollte, daß die Kassiererin das mitbekam. Ich sagte: ›Ich sehe gerade ihr Schild da, KEINE JUDEN ERLAUBT! Ist das nicht verrückt?‹ Die Kassiererin sagte: ›Was meinst du mit: Ist das nicht verrückt?‹ Ich sagte: ›Na, ich *bin* Jüdin – aber ihrem Schwimmbecken hat das kein bißchen geschadet.‹«

Ein eher harmloser Vorfall. 1938 kam es zu einem etwas schwerwiegenderen. Chessler war damals fünfzehn: »Ich arbeitete in einem Laden namens Hixbie's, einem Fachgeschäft für Damenbekleidung. Ich *flitzte* immer in Richtung Eingang, um mir 'ne Kundin zu schnappen; ich arbeitete nämlich auf Provisionsbasis. Eines Tages sah ich Ella Fitzgerald durch die

Ladentür kommen. Ich stürzte mich auf sie. Damals war gerade ›A-Tisket, A-Tasket‹ rausgekommen« – Fitzgeralds erster großer Hit. »Ich packte sie am Arm und brachte sie hinten in den Verkaufsraum. Ich zeigte ihr etliche Kleider, und sie suchte sich aus, was ihr gefiel. Und dann wollte sie die Kleider anprobieren.«

Das war strengstens untersagt. Einige Warenhäuser und Fachgeschäfte in Baltimore akzeptierten zwar schwarze Kundinnen, aber noch in den fünfziger Jahren war es diesen nicht gestattet, Kleider anzuprobieren. »Ich dachte mir: ›Was soll's. Warum nicht?‹« erzählt Chessler. »Ich blieb hinten bei den Umkleidekabinen und half ihr beim Anprobieren der Kleider. *Sie* wird sich bestimmt nicht mehr daran erinnern. Woher hätte sie auch wissen sollen, was da ablief?«

»Ich verkaufte ihr *fünf* oder *sechs* Kleider! Sie bezahlte bar, und dann verließ sie mit ihren Tüten und Paketen den Laden. Mein Boß zitierte mich auf der Stelle zu sich: ›Wer oder was, glauben Sie eigentlich, gibt Ihnen *das Recht, so eine Frau* nach hinten zu führen und sie unsere Kleider *anprobieren* zu lassen?‹ Ich antwortete: ›*Zwei* Dinge: Erstens habe ich ihr *alle* Kleider verkauft – ich wußte, daß diese Frau sie bezahlen konnte und auch kaufen würde, wenn sie ihr gefielen. Und zweitens wissen *Sie* doch überhaupt nicht, wer das eben war, oder?‹ Ich sang ihm ein Stück aus ›A-Tisket, A-Tasket‹ vor. ›Ach, die ist das gewesen?‹ ›Genau die!‹«

»Damals schrieb ich noch keine Songs«, sagt Chessler. »Die Kolleginnen im Laden hatten was gegen mich. Ich war jung, und sie waren schon älter. Sie waren dick, und ich war gertenschlank. Auf dem Weg zur Ladentür hängte ich sie problemlos ab. Es spielte keine Rolle, wem ich was verkaufte – Hauptsache, ich verkaufte was, denn ich bekam ja Provision. Natürlich konnte Ella Fitzgerald bei mir was kaufen – und später, viele Jahre später, hat sie dann einen meiner Songs aufgenommen.« Und das ist eine Sache, an die sich Ella Fitzgerald erinnern dürfte.

Zwei Jahre später flunkerte Chessler noch einmal wegen ihres Alters, und ihr Leben nahm eine dramatische Wendung:

Mit siebzehn rannte sie von zu Hause weg, um zu heiraten. Sie war damals in der elften Klasse und mußte ihre Schulausbildung abbrechen. Die Ehe war vom ersten Moment an eine Katastrophe; ihr Ehemann entpuppte sich als nichtsnutziger Herumtreiber. Sie zog wieder zu ihrer Mutter und bat ihren Mann um die Scheidung – aber er weigerte sich. Dann kam jedoch der Krieg und sorgte für eine unverhoffte Erlösung: die Einberufung. »Am Tag, als er einrücken sollte«, erzählt Chessler, »also am Abend davor, schmissen wir für ihn eine Party. *Wir waren so froh, ihn endlich loszuwerden!* Am nächsten Morgen ging er dann zur Musterungsstelle des Fifth Regiment – um aus unserem Leben zu verschwinden. Doch um drei oder vier Uhr nachmittags war er wieder zu Hause. Er sagte: ›Ha! Die kriegen mich nicht!‹ Ich fragte ihn: ›Wie meinst du das?‹ Er [in einer Art debilem Singsang]: ›Ich bin 'ne psy-cho-pa-tische Per-sön-lich-keit!‹ [Und dann, mit drohendem Unterton] Merk dir das!‹« Obwohl sie ihn aus ihrem Leben hinauswarf, konnte Chessler sich erst in den fünfziger Jahren von ihrem Mann scheiden lassen, und der ließ sich seine Einwilligung teuer bezahlen. 1940 kam eine Scheidung einem Skandal gleich; Chesslers Situation war aber noch viel schlimmer als das. Hätte sie sich damals ihre Zukunft vorzustellen versucht, dann hätte sie womöglich rings um sich herum Türen ins Schloß fallen gehört.

Chessler fing ernsthaft zu schreiben an. Ihren ersten Song verkaufte sie – »für fünfunddreißig Dollar, damals ein Haufen Geld« – an den Organisten des Loews Century Theatre: einen Jingle, der die Vorzüge der neuen Klimaanlage des Kinos pries.

Nach Kriegsende, mit Anfang zwanzig, intensivierte Chessler ihre Bemühungen. Sie sang ihre Songs den Disc Jockeys der lokalen Radiosender vor. Sie konnte keine Noten lesen oder Klavier spielen, aber sie kannte Leute, die ihre Songs für sie auf Notenblättern festhielten. Manche ihrer Sachen waren reine Routinesachen, nach Schema F heruntergeschrieben – eine Calypso-Nummer für den lateinamerikanischen Bandleader Desi Arnaz, ein Song mit einem jiddischen Titel, den ihr der berühmte Jazz-Big-Band-Leader Lionel Hampton abnahm, obwohl keiner der beiden Titel damals aufgenommen wurde –, andere wieder klangen so ähnlich wie das, was man zwanzig Jahre später Soulmusik taufen sollte. »Mir gefiel, was ich schrieb«, sagt sie. »Das gab mir die Kraft, durchzuhalten. Ich ging immer hinter die Bühne, wenn jemand ein Konzert gab, der Plattenaufnahmen machte. Ich klopfte an die Garderobentür, stellte mich vor, sagte den Künstlern, daß ich einen Song hätte, der gut zu ihnen passen würde, und dann sang ich ihnen den Song vor. Ich ging ins Hippodrome, ins Century. Und ins Royal ging ich auch« – das Mekka des schwarzen Nachtlebens, Baltimores Version des Apollo Theaters, wenn man einmal davon absieht, daß es im Publikum des Royal keine weißen Hipster und auch keine neugierigen weißen Glotzer gab, sondern nur ein hübsches weißes Mädchen, hinter der Bühne, das erzählte, es würde Songs schreiben.

Auf der Suche nach jemandem, der einen ihrer Songs aufnehmen würde, lief Chessler von Pontius zu Pilatus. Ein Disc Jockey schickte sie schließlich zu Martha Tilton, einer Sängerin der Benny-Goodman-Band, und die verschaffte ihr Kontakte in New York, im Brill Building, dem legendären Zentrum des amerikanischen Musikgeschäfts – Tin Pan Alley. Das Resultat war »Tell Me So«, Chesslers erste auf Schallplatte festgehaltene Komposition, gesungen von Savannah Churchill, einer der führenden schwarzen Jazz-Sängerinnen, die sich vor allem durch ihre Zusammenarbeit mit dem Bandleader Benny Carter einen Namen gemacht hatte.

Die Aufnahme war ziemlich uninspiriert, und die Platte verschwand in der Versenkung. Chessler wußte, daß mehr Leben in diesem Song steckte; er zählte zu den ersten, die jene persönlichen Katastrophen verarbeiteten, denen sie noch immer zu entkommen suchte. Heute zitiert sie die Anfangszeilen in einem nüchtern-sachlichen Tonfall, so als wolle sie einen Streit beilegen: »If you don't love me, *tell me so*. Don't tell other people – *I'm the one to know*.« Im Royal, hinter die Bühne, sang sie den Song Dinah Washington vor, die wenig später eine regelrechte Hit-Serie hinlegte, die sie zur bedeutendsten weiblichen R&B-Sängerin in den Jahren vor Aretha Franklin machen sollte. Washingtons Aufnahme von »Tell Me So« war stärker als die von Churchill, doch die Komposition sollte erst dann zu ihrer vollen Entfaltung kommen, als die Orioles sie 1949 zu einem Nummer-Eins-Hit in den R&B-Charts machten. Ihre Version war langsam und schmerzerfüllt – ein wahnsinniger emotionaler Druck, der sich während der Darbietung aufbaute und nie nachließ.

Inzwischen hatte Chessler einen gewissen Ruf in Baltimore: eine Tochter der Stadt, deren Lied man doch tatsächlich im Radio hören konnte. Eines Abends, als sie und ihre Mutter zu Hause beisammensaßen, klingelte das Telefon: Am anderen Ende der Leitung war ein Mann namens Abe Schaeffer, der sagte, daß er ihren Namen im Radio gehört habe und daß Chessler seine Schwägerin Thelma kenne, und daß er fünf Burschen an der Hand habe, die von ihm gemanagt werden wollten, und daß er Demo-Aufnahmen von ihnen gemacht habe, aber nicht wüßte, was er mit ihnen anfangen solle – ob sie ihm vielleicht helfen könne? Ob sie mal kurz zuhören wolle?

Die Vibranaires sangen durch den Telefonhörer. »Ich hörte Sonny Til«, sagt Chessler mit leuchtenden Augen und einem warmen Lächeln. »›Two Loves Have I‹. Er war *so* gut – und der Harmoniegesang auch. So *rein*. Sie hatten bereits ihren eigenen Stil. Im Kopf hatte ich schon mit der Arbeit begonnen: *Natürlich* wollte ich mit ihnen zusammenarbeiten!«

Schaeffer und Chessler arbeiteten eine Zeitlang zusammen, aber sie hatte ihn schon bald überflügelt, und er und die Gruppe kamen überein, daß sie das Sagen haben sollte. Sie besorgte den Vibranaires Auftritte in örtlichen Clubs, für geringe Gagen, um auf das Ensemble aufmerksam zu machen – *jenseits* der Pennsylvania Avenue. Sie zielte auf den Mainstream, wo immer der sein mochte. Sie ging nach New York, wo sie sich einem Mann an die Fersen heftete, der einen angeblich in der wöchentlich ausgestrahlten Radiosendung *Arthur Godfrey's Talent Scouts* unterbringen konnte, einem Talentwettbewerb, dem wichtigsten Rundfunkpodium, das es zu der Zeit in den USA gab; und ihre Bemühungen hatten Erfolg. Sie pumpte sich Geld von ihrem Rechtsanwalt und brachte die Gruppe nach Manhattan – wo sie einen Standard mit dem Titel »Exactly Like You« zum besten gab und dem blinden englischen Pianisten George Shearing und einer schwedischen Sopranistin unterlag. Nachdem die Godfrey-Show mit fünftausend Telegrammen und Anrufen aus dem ganzen Land eingedeckt worden war – von Schwarzen und Weißen, Jungen und Alten –, die schärfstens gegen diese himmelschreiende musikalische Ungerechtigkeit protestierten, wurde die Gruppe noch einmal nach New York eingeladen und durfte in der nicht ganz so prestigeträchtigen, täglich ausgestrahlten *Chesterfield Show* auftreten; trotzdem kamen sie völlig abgebrannt nach Baltimore zurück. »Sie arbeiteten wieder in ihren alten Jobs«, sagt Chessler, »und ich in meinem.« Und das hieß: als Verkäuferin in einem Schuhgeschäft mit dem Namen Kitty Kelly Shoes.

Doch schon bald reiste Chessler erneut nach New York, wie immer zusammen mit ihrer Mutter – auf den ersten Tourneen der Orioles, durch den Süden und die Ostküste rauf und runter, war Irene Chessler bis zu ihrem Tod im Jahre 1950 beinahe so etwas wie eine zweite Managerin. Sich auf jene Art Glück verlassend, für das man selber verantwortlich ist – ein Glück, das zu gleichen Teilen aus Mut, Willen, Köpfchen, Talent, Charme und Chuzpe besteht –, nahmen die beiden Frauen ihr Abendessen bei Lindy's ein, dem Showbusineß-Treffpunkt schlechthin, wo sie sich »ein Sandwich teilten und den ganzen Abend herumsaßen, vor Ehrfurcht erstarrt angesichts der Leute, die dort ein und aus gingen, alles bekannte Namen. Und am Nachbartisch saßen zwei Männer.« Der eine war Lee Tully, ein Komiker, der andere Sid DeMay, ein Mann aus der Schallplattenbranche.

Chessler verließ Lindy's mit den Namen von Ansprechpartnern bei National, dem Label der Ravens, und bei Jubilee, einer kleineren Plattenfirma, die von einem Mann namens Jerry Blaine geführt wurde. Sie ging zuerst zu Blaine, da dieser noch keine Vokal-Gruppe unter Vertrag hatte, und spielte ihm die Schaeffer-Demos vor. »Er war ein großer, massiger Mann – doch als er die Musik hörte, da begann sich sein Blick zu verschleiern«, erzählt Chessler. »Ich beobachtete ihn heimlich.«

Chessler bekam ihren Vertrag, nachdem sie Blaine vorher noch von null auf drei Cent pro verkaufte Single hochgehandelt hatte. Blaine taufte die Gruppe in Orioles um – die affektierte Bedeutungslosigkeit des Namens Vibranaires hatte im Grunde keinem so richtig gefallen – und dachte sich eigens für sie ein neues Label aus, das wundervoll betitelte It's a Natural (doch sie wurden wieder bei Jubilee untergebracht, als sich das National-Label darüber beschwerte, daß »Natural« zu sehr nach seinem eingetragenen Markennamen klinge, so als ließen sich phonetische Ähnlickeiten urheberrechtlich schützen). Am 21. August 1948 brachte It's a Natural die erste Platte der Orioles heraus: Chesslers »It's Too Soon to Know«. (Auf der B-Seite war eine eher belanglose Nummer namens »Barbara Lee«, die Chessler zwischen Tür und Angel zusammengeschustert hatte.) Willie Bryant, ein schwarzer DJ, der mit seinem weißen Partner Ray Caroll das Nachtschicht-Team von WHOM bildete, einem in einem Ladenlokal in Harlem untergebrachten Sender, legte »It's Too Soon to Know« auf. »Gleich danach begannen bei ihnen die Telefone zu klingeln«, sagt Chessler. »Ich glaube, sie haben es einfach klingeln lassen.«

»It's Too Soon to Know« war – wie Elvis Presleys »That's All Right (Mama)«, Aretha Franklins »I Never Loved a Man (The Way I Love You)« oder Nirvanas »Smells Like Teen Spirit« – ein Schock, ein Was-um-Himmels-willen-geht-hier-vor?, ein Sound, der stilistisch irritierend und emotional bezwingend war.

Jerry Leiber, der zusammen mit Mike Stoller, seinem Partner in Sachen Songwriting und Plattenproduktion, den Rock 'n' Roll in den fünfziger Jahren wesentlich geprägt hat – mit den Coasters, mit »Hound Dog« und »Jailhouse Rock«, mit den Drifters, mit »There Goes My Baby« –, ist in Baltimore aufgewachsen. Als jüdischer Junge in der Welt des R & B, allerdings in Los Angeles und New York, als jemand, der eine Rolle ausfüllte, die Deborah Chessler nur wenige Jahre vor seinen ersten Erfolgen in groben Zügen skizziert hatte, müßte er, so dachte ich, eine gewisse Verwandtschaft zu dieser Frau empfinden.

Ich rief ihn an und fragte ihn danach. »Wer soll das sein?« fragte er. »Die Songwriterin und Managerin der Orioles«, sagte ich. »Natürlich«, sagte Leiber, »die sind mir ein Begriff – die Orioles waren eine der *ganz großen* Gruppen. Aber Deborah Chessler?« »Sie hat ›It's Too Soon to Know‹ geschrieben«, sagte ich, und praktisch im selben Moment begann Leiber, den Song zu singen, durch das Telefon, von A bis Z. Er sang ihn nicht so, wie ihn Sonny Til gesungen hatte, nicht voller Verzweiflung und Ungewißheit, so als käme er aus einer fremden Welt. Leiber sang ihn mit einer vor Kraft übersprudelnden Stimme, wobei längst vergangene Zeiten, herrliche genauso wie miese, seinen Puls zu beschleunigen schienen.

> Does she love me
> It's too soon to know
> Can I believe her
> When she tells me so
> Is she fooling
> Is it all a game
> Am I the fire
> Or just another flame

»Am I the *fire*«, sagte Leiber mit der Hochachtung, die ein Profi dem anderen zollt. »Und sie hat Text *und* Musik geschrieben?« »Richtig«, sagte ich. »Sie war eine *verdammt* gute Songwriterin!« sagte er. »Ich bin ehrlich überrascht. Ich dachte immer, ich wüßte so ziemlich alles über dieses Busineß. Ich habe immer angenommen, daß der Songwriter der Orioles ein Schwarzer gewesen ist – so wie die Leute immer gedacht haben, Mike und ich müßten Schwarze sein. Aber das ist verrückt. Komisch. Einfach unglaublich. Für mich ist Deborah Chessler bis heute ein schwarzer *Typ* gewesen.«

Die Platte, sagte einer meiner Freunde vor kurzem, »erinnerte mich an eine vorbeiziehende Wolke«. Die Orioles schwangen sich nicht empor, sie glitten dahin. Sonny Tils klagender Tenor bewegte sich so langsam, so behutsam und sehnsüchtig, so zaghaft, daß man zu hören glaubte, wie er jedes einzelne Wort formte. Alexander Sharp und Johnny Reed schluchzten wortlos im Hintergrund, wie Gespenster, die leise vor sich hin wimmerten. Aus Tommy Gaithers sparsamen Gitarrenklängen sprach so etwas wie ein milder Fatalismus. Das Bodenständige im Gesang von George Nelson, der für eine kurze Passage den Leadgesang von Til übernimmt, ließ die Fremdartigkeit von Tils Gesang noch deutlicher hervortreten. Gegen Ende des Songs schraubte sich Tils Stimme höher und höher, und die anderen Stimmen wanden sich um sie herum wie ein zarter Schleier. Die einzelnen Teile der Darbietung waren nicht richtig aufeinander abgestimmt, und die Summe des Ganzen ergab eine Geheimsprache, die man mit dem Herzen entschlüsselte, während sich der Verstand fragte, was da eigentlich vor sich ging.

> Though I'll cry when she's gone
> I won't die
> I'll live on
> If it's so, it's too soon
> Way too soon
> To know

Wenn dies die erste Rock'n'Roll-Platte war, dann nicht bloß deshalb, weil sie aus dem Nichts kam oder weil sie Schwarz und Weiß vermählte (»Die gigantische Hochzeitszeremonie«, wie Marion Keisker, die Co-Managerin von Sun Records, einmal über Elvis' Plattendebüt gesagt hat) oder weil sie großstädtisch war oder primitiv und gleichzeitig modern. Sie paßte in kein bekanntes Schema. Plötzlich klang alles in ihrem Umkreis, ob im Radio oder in der Juke Box, schal. In den Stimmen konnte man – und kann man noch heute – etwas Unvorhersehbares, Unbestimmbares hören, eine Umgebung, in der alles in Zweifel steht, das Echo eines gerade stattfindenden Ereignisses. Man hat das Gefühl, daß dieses Ereignis bei etwas anderen Rahmenbedingungen – dem Wetter, den Geburtsumständen des Sängers, den Tagesnachrichten – möglicherweise einen völlig anderen Ausgang genommen oder vielleicht nie stattgefunden hätte. Man hat das Gefühl von offenen Entwicklungsmöglichkeiten, gleichzeitig aber auch das Gefühl einer Gefahr, die Angst, daß alles über einem zusammenschlagen könnte.

Solange die Platte aus sich selbst heraus lebt, entzieht sich der Sänger jeder Zuordnung zu einem bestimmten Genre, und die Musik folgt keinem bestimmten Stil. Das Ereignis fand ein einziges Mal statt, und obwohl man die Platte immer wieder auflegen und ihr bei jedem Hören etwas Neues abgewinnen kann, wird das Ereignis als solches nie wieder stattfinden. In Sonny Tils »It's Too Soon to Know« kann man die Heldin aus Jill McCorkles Roman *Ferris Beach* hören, wie sie sich zu dem entscheidenden Schritt entschließt: » Ich wußte, daß ich ihm nach drinnen folgen würde, ohne mich umzudrehen, um zu sehen, ob irgendein vertrautes Auto die Straße hinuntergefahren kam oder ob jemand vorbeiging, den wir kannten, oder ob uns jemand vom Fenster aus beobachtete. Ich wußte, ich würde mich dort mit ihm auf diesen Schlafsack legen, und ich würde durch den Spalt zwischen den Vorhängen in jenes leere Zimmer schauen, auf die Fenster, hinter denen das üppige Grün der Bäume wogte. Ich würde so tun, als gäbe es keinen Tag außer diesem, als gäbe es keine Welt jenseits dieser Bäume; es gab keine Zukunft, keine Garantie dafür, daß ich jemals sechzehn werden würde, und ich konnte nichts dagegen tun.«

Die Orioles sollten noch viele Hits landen, den letzten 1953, als sie mit »Crying in the Chapel« den Sprung von den schwarzen Charts in die Pop-Charts schafften. Da waren »Tell Me So«, Chesslers »Forgive and Forget«, das atemberaubende »Kiss and a Rose«, doch so etwas wie »It's Too Soon to Know« sollte es nie wieder geben, weder in finanzieller noch in emotionaler Hinsicht. Der Song setzte Maßstäbe für die Zukunft – das bewiesen schon die innerhalb kürzester Zeit auf den Markt geworfenen Cover-Versionen von Ella Fitzgerald, Dinah Washington, den Ravens und einem Dutzend anderer Künstler, von denen es manche ebenfalls in die Charts schafften, ohne jedoch an die Nummer eins der Orioles heranzukommen. Nichts sollte mehr so sein wie vorher. Fortan sollten Künstler nach dem suchen, was die Orioles gefunden hatten: tastend, stokkend, unsicher, aber vor dem Hintergrund eines neuen Wertmaßstabs – der Aufrichtigkeit marginalisierter, ghettoisierter

Stimmen aus der Welt des Blues und der Countrymusik, die sich nun an die gesamte Nation wandten, Leute wie Hank Williams und Howlin' Wolf, die von der Nation erwarteten, daß sie mit der gleichen Aufrichtigkeit auf ihre Musik reagierte. In ihren besten Momenten sollten sich diese Künstler mit weniger nicht zufrieden geben.

»Zuerst habe ich ihn gesungen«, sagt Deborah Chessler über den Tag, an dem sie die Gruppe mit dem Song bekannt machte. »Die Jungs haben mich begleitet. Sie haben den Harmoniegesang übernommen. Und ich habe die Lead-Stimme gesungen. Sonny Til bekam von mir die Noten. Wir sind den Song ein paarmal durchgegangen.« Sie hält inne – so einfach soll das gewesen sein? Nein, es war nicht so einfach. »Wollen Sie wissen, wie ich den Song geschrieben habe? *Warum* ich ihn geschrieben habe? Vorhin sprach ich doch von Zeiten im Leben, in denen ich unglücklich war.«

»Nun, da war mal ein Mann, der sagte, daß er mich liebte und daß er mich heiraten wollte.« Sie war noch verheiratet; der Mann wußte das; er kannte ihren Ehemann und glaubte, daß er sich mit diesem gütlich einigen könne. »Ich dachte, ich würde ihn noch nicht lange genug kennen. Meine Mutter und ich waren nach New York gekommen, und er hatte uns zum Abendessen ausgeführt, und dann, nachdem wir meine Mutter zurück ins Hotel gebracht hatten, fuhren wir mit dem Auto durch die Stadt, und er zeigte mir dieses und jenes. Und bei dieser Fahrt erzählte er mir, wieviel ich ihm bedeutete, und als ich zurückgekommen war, erzählte ich das meiner Mutter. Sie sagte. ›Warum nicht? Bist du blind? So was fühlt man doch.‹ Und ich sagte zu ihr: ›Woher willst du wissen, daß er mich liebt? [Verächtlich] Wie kommt er überhaupt dazu, zu *sagen*, daß er mich liebt? Er kennt mich doch praktisch überhaupt nicht.‹ Darauf sagte meine Mutter: ›Du bist nun mal ein wunderbares Mädchen. Er wird schon wissen, warum.‹ Ich sagte: ›Ach, Mom, um so was zu wissen, ist es doch noch viel zu früh.‹

Dann mußte ich mal ins Badezimmer. Wir waren im Forrest Hotel. Aus dem Bad rief ich zu meiner Mutter: ›Mom, bring mir doch mal was zum Schreiben!‹ Sie suchte nach einem Stück Papier, konnte aber keins finden. Sie brachte mir einen Stift ins Badezimmer, und ich riß ein Stück Klopapier von der Rolle. Und darauf schrieb ich: ›Does he love me? It's too soon to know.‹« Dann, in sachlichem Tonfall: »Can I believe him – when he tells me so?« Plötzlich wird ihre Stimme eindringlicher: »Is he fooling, is it all a game, am I the fire, or« – und mit einem verbalen Achselzucken verfliegt alles Melodramatische, und der Alltag meldet sich wieder zurück – »just another flame?« »Das kam *einfach so* aus mir heraus. Der *komplette* Song.«

Sie schloß einen Vertrag mit dem Musikverlag Edwin H. Morris ab, einem Medienkonzern, der heute Paul McCartney gehört: Sie kassierte 5000 $ Vorschuß und 5000 $ Tantiemen. Das war mehr als das Vierfache von dem, was sie im Jahr als Verkäuferin verdiente; 1948 reichte diese Summe aus, um sich ein Haus und ein Auto zu kaufen und sich anschließend zu fragen, was man mit dem Rest des Geldes machen sollte. Doch ihr war von Anfang an klar gewesen, daß »It's Too Soon to Know« kein Song wie jeder andere war.

Nach »It's Too Soon to Know« war die Karriere der Orioles nichts weiter als das: eine Karriere. Im Laufe der Jahre sollten ihre tadellosen Show-Uniformen, ihre makellosen Frisuren, ihre aufreizende Quick-Step-Choreographie und die Ekstase, die sie bei den Fans hervorriefen – die Art und Weise, wie sie demonstrierten, daß noch die unscheinbarste Bewegung einen ganzen Saal in Raserei versetzen konnte –, überall imitiert werden, und heute ist das jedem vertraut. Ihre geschäftlichen Vereinbarungen wurden allerdings nicht imitiert. Als Chessler erfuhr, daß Manager fünfundzwanzig Prozent der Einnahmen bekamen, fing sie mit zwanzig Prozent an, die sie dann noch einmal auf fünfzehn reduzierte. Als sie nach einem Jahr sah, was für die Orioles übrig geblieben war – nachdem ihr Konzertagent seine zehn Prozent kassiert hatte, und nach Abzug aller Auslagen für Kleidung, Kleiderreinigung, Transport, Hotelunterbringung, Verpflegung und der Kosten für ihre feste Garderobiere und den Road-Manager –, trommelte sie die Gruppe zusammen. »Ich sagte zu ihnen: ›Es geht nicht an, daß ich mehr verdiene als ihr. Von nun an wird es keine fünf Orioles geben, sondern sechs.‹ Darauf sagten sie: ›Aber wir sind doch schon immer sechs gewesen.‹«

»Sie waren saubere, ordentliche Jungs, alle fünf«, sagt Chessler. »Die besten.« Bald kannte sie die schmutzigen Tricks der Club-Besitzer und wußte, was man dagegen tun konnte: Sie lernte, das Publikum zu zählen, nach Beginn der Show darauf zu achten, daß hinter ihrem Rücken keine zusätzlichen Karten verkauft wurden, sich nicht durch vorgetäuschte Auslagen um ihr Geld prellen zu lassen und sich zu wehren. »›Die Braut macht nichts als Ärger; mit der kann man einfach nicht zusammenarbeiten!‹ ›Solange ihr meine Jungs nicht übers Ohr hauen wollt, kann man *wunderbar* mit mir zusammenarbeiten.‹« Sie lernte, mit Südstaaten-Polizisten und -Richtern umzugehen, die davon überzeugt waren, daß eine weiße Frau, die mit schwarzen Männern durch die Gegend tingelte, es nur auf eins abgesehen haben konnte.

Immer unterwegs, manchmal die ganze Nacht, im PKW, im Kombi oder im Reisebus, gaben sie zahllose Konzerte, meist einmalige Gastspiele, überall im Süden, an der Ostküste, im mittleren Westen und schließlich, gegen Ende ihrer Karriere, verschlug es sie auch noch an die Westküste, nach Los Angeles und San Francisco. Sie waren wochenlang die Hauptattraktion im Apollo, gingen mit Fats Domino auf Tournee und zählten zu den Höhepunkten der Duke-Ellington-Revue. 1950, auf der Rückfahrt von einem Auftritt in Massachusetts, schlief Tommy Gaither am Steuer ein und kam ums Leben; es war nicht der erste Unfall dieser Art, aber der schlimmste. Chesslers Mutter starb, als die Orioles in Detroit gastierten; sie war erst achtundvierzig Jahre alt.

Mit der Zeit delegierte Chessler den größten Teil ihrer Arbeit an den Road-Manager. George Nelson verließ die Gruppe und wurde durch Gregory Carroll von den Four Buddies ersetzt. Und es gab einen neuen Gitarristen und einen Pianisten, die pro Auftritt bezahlt wurden. Nun waren sie tatsächlich nur noch vier Orioles. »Crying in the Chapel« wurde ein Riesenhit, aber es war ein reiner Zufallstreffer, und das Gefühl der Kameradschaft war aus dem Sound der Orioles verschwunden. Auf gewisse Weise gab es nun überhaupt keine Orioles mehr.

Chessler fühlte sich zu einem ganz normalen, geregelten Leben hingezogen. Sie war sechs Jahre »on the road« gewesen. Es gab da einen Mann, den sie mehr als einmal in der Woche oder mehr als einmal im Monat sehen wollte. »Ohne dich wird sich die Gruppe in spätestens acht Monaten aufgelöst haben«, sagte ihr Agent. »Du bist das Herz der Gruppe, und das wissen sie.« Er hatte recht. Die Orioles fielen auseinander. Sonny Til stellte eine neue Backing-Group zusammen, behielt den Namen Orioles bei und machte weiter. 1981, in seinem Todesjahr, erschien das letzte Album von ihm; Alexander Sharp und George Nelson starben etliche Jahre vor ihm. Und Johnny Reed hatte dem Musik-Busineß den Rücken gekehrt. Es war aus und vorbei.

Und was Deborah Chessler betraf, nun, in jenem epochalen Jahr 1954 – dem Jahr, in dem der Supreme Court mit seiner Entscheidung im Fall Brown vs. Board of Education die Rassentrennung an den Schulen für verfassungswidrig erklärte und Elvis Presley mit seiner ersten Platte die musikalische Rassentrennung als Schwindel entlarvte, dem Jahr, das Historiker später als den Beginn einer neuen Ära einstufen sollten – kehrte sie wieder zurück an ihren alten Arbeitsplatz bei Kitty Kelly Shoes. »Sie hatten gesagt, daß mein Job immer für mich reserviert bliebe; man vertraute mir einen Tresen an, wo ich dann Strümpfe verkaufte. Es war, als wäre ich nie weggewesen.«

Heute arbeiten Deborah Chessler und ihr Mann aus Spaß hin und wieder als Statisten für die Filme und Fernsehserien, die in der Gegend von Miami Beach gedreht werden. Am Drehort der NBC-Fernsehserie *South Beach* präsentierte Chessler der Produzentin der Serie, Brooke Kennedy, ihr jüngste Komposition, »South Beach« (»Das ist der Spielplatz, wo die Leute Verstecken spielen«); versprechen tut sie sich allerdings nichts davon.

Deborah Chessler ist eine Frau, die für einen kurzen Moment ins Rampenlicht der Geschichte getreten ist – die ein wenig Geschichte gemacht und dadurch die Welt ein bißchen verändert hat, ehe sie wieder in der Geschichte verschwand. Das einzige, was sie und die Orioles hinterließen, war die expressive Kraft einer neuen, damals noch namenlosen Musik – eine Kraft, die sie vielleicht als erste und, auf ihre Weise, zugleich endgültig definierten.

»Wir haben das einfach so gemacht«, sagt sie, kurz und bündig. Wenn du sie fragst, ob sie eine Pionierin gewesen sei, dann wird sie das verneinen. Wenn du sie fragst, ob sie sich für jemanden hält, der die Rassenschranken überwunden, die Geschlechterrollen in Frage gestellt und sich über alle Regeln hinweggesetzt habe, dann wird sie dir einen Vogel zeigen.

Aber sie wird dir von einem Tag im Jahre 1948 erzählen, an dem sie in New York City war und den Broadway hinunterschlenderte und ihr aus jedem Musikgeschäft »It's Too Soon to Know« entgegenschallte und sie die Menschen an jeder Straßenecke ihren Song singen hörte, und sie wird zugeben, daß es ihr damals einen Moment lang so vorkam, als sei sie Teil einer Welt, die sie selber mitgestaltet hatte. »Ja«, sagt sie. »Genau so ist es mir vorgekommen.«

Rolling Stone, 24. Juni 1993

Ob es heute wohl noch regnen wird?

Wenn sich das Werk eines Künstlers weiterentwickelt und nicht schon während seines Entstehens zerfällt, kann es uns ein Gefühl von Geschichte vermitteln – davon, wie die Zeit mitsamt den in sie eingebetteten Ereignissen verstreicht, wie sie sich ansammelt, anstaut und gelegentlich entlädt wie ein reinigendes Gewitter. »[Mir gilt] als ausgemacht, daß es Kunstgeschichte nicht gibt«, schrieb Walter Benjamin 1923 an seinen Freund Florens Christian Rang. »Dieselben Gewalten nämlich, welche in der Welt der Offenbarung (und das ist die Geschichte) explosiv und extensiv zeitlich werden, treten in der Welt der Verschlossenheit (und das ist die der Natur und der Kunstwerke) intensiv hervor«; das Schlüsselwort ist möglicherweise »hervortreten«. Bruce Conner, der Bildhauer, Filmemacher, Fotograf, Druckgrafiker, Zeichner etc., stellt seit über drei Jahrzehnten, seit Beginn der sechziger Jahre, in mehr oder weniger regelmäßigen Abständen Collagen aus Druckgrafiken her; in jüngster Zeit haben diese deutlich an Aussagekraft gewonnen. Der unbekümmerte Humor plakativ herausgekehrter Gegensätze – ein auf Jesus' Körper montierter Adlerkopf – ist in den Hintergrund gerückt. Statt dessen trifft man nun eher auf eine schwer faßbare, atmosphärische Bedrohlichkeit, die sich aus ganzen, vereinheitlichten Feldern ergibt.

Es handelt sich um »Papiercollagen, zusammengestellt aus Bildern, die von Holzschnitten oder Radierungen stammen« (Conner), aus Illustrationen, die um die Jahrhundertwende herum entstanden sind. Der stilistischen Verwandtschaft zu den Collagen von Max Ernst ist sich Conner wohl bewußt (er dachte einmal daran, seine Collagen als das Werk eines Zeitgenossen von Max Ernst oder sogar als das Werk eines Vorläufers von Ernst auszustellen), doch diese Übereinstimmung ist heute weniger prägend als noch vor einigen Jahren. Das parodistische Moment ist verschwunden; heute haben Ernst und Conner kaum mehr gemein als die formalen Ausdrucksmittel. Ernsts Collagen, in denen es vor Möbeln und Dekorationen wimmelt, zeigen in der Regel Innenräume. Ihr gesellschaftskritischer Impetus richtet sich gegen die erstickenden Konventionen im Leben der Bourgeoisie des neunzehnten Jahrhunderts. Conners Collagen sind zumeist im Freien angesiedelt, auf weiten Ebenen, aber auch in der Wildnis oder in zerklüfteten Bergwelten. Die besten von ihnen sind makellose, in sich geschlossene Beschwörungen einer Fremdheit, die nichts oder nur sehr wenig mit von Menschen geschaffenen Instanzen zu tun hat: Dramatisierungen einer unheimlichen Kraft – oder der Kraft des Unheimlichen –, von etwas, das nicht nur allen gesellschaftlichen Konstrukten vorausgeht, sondern diese auch überleben wird. Oft sind pyramidenartige Formen oder geöffnete Augen in die Landschaft eingearbeitet, Augen, die jeden fixieren, der einen oberflächlichen Blick auf so ein Bild werfen mag – jeden, der noch nicht bemerkt hat, daß er oder sie ebenfalls beobachtet wird: von Augen, die sehen, aber keinerlei Gefühlsregung an den Tag legen.

Die 1990 entstandene Collage *Fear of Liberty* zeigt drei fontänenspeiende Geysire auf einer Lichtung. Einer dieser Geysire hat gewaltige Ausmaße und wirkt wie die Bestätigung eines biblischen Fluchs; trotzdem ist die Darstellung der natürlichen Bewegung auf diesem Ausschnitt einer alten Radierung, die Conner für dieses Bild ausgeschlachtet hat, dermaßen genau, daß die Szene im Grunde auch von einer Fotografie stammen könnte.

Der erste Eindruck, den die Collage hervorruft, ist der eines tatsächlichen Ereignisses. Aber dieser Eindruck wird im nächsten Moment in eine Konfrontation mit dem Phantastischen getrieben: Unterhalb des gewaltigen Geysirs liegt eine Märchenwelt voller Angst und Schrecken.

Am Fuß der Geysire liegt ein Sumpf, und aus dem Schlamm ragt der ausgestreckte Arm der Freiheitsstatue, mit entzündeter Fackel und einem riesigen Schmetterling, der hinter dem Arm herumflattert wie eine Fahne: die Freiheitsstatue als das Ungeheuer aus der Schwarzen Lagune, als die Bestätigung eines Fluchs, der diesmal aus einer völlig anderen Bibel stammt. Der Geysir mag den Schmetterlingsarm winzig erscheinen lassen, aber die Figuren unterhalb des Arms wirken noch viel winziger: Und dort unten, am Boden, herrscht die blanke Panik. Gutgekleidete Touristen sind von wilder Flucht ergriffen. Ein Mann auf einem Pferd, ein anderer, der im Sumpf versinkt, Menschen, die hektisch mit den Armen rudern: LOS, NICHTS WIE WEG HIER! Auf dem größten Geysir befindet sich ein Auge, aber es schaut nicht nach unten; das muß es auch nicht. Das Auge hat diese Szene gesehen, schon bevor sie stattgefunden hat. Es hat dich gesehen, ehe du es wahrgenommen hast.

Vorfälle

Kommunion verkommener Magier
    Kongreß der Bankrotteure aus Kansas und Missouri
die mit falschen Gleichungen arbeiteten
Zauberlehrlinge die die Kontrolle
    über den einfachsten Besenstiel der Welt verloren:
                                        Sprache

Allen Ginsberg, »Witchita Vortex Sutra«, 1966

Ich besuchte Bruce Conner in seinem Haus in San Francisco, um ihn nach der gnostischen Symbolik (der Freimaurer-Symbolik?) zu fragen, die in seinen Werken zum Ausdruck zu kommen scheint, aber auch nach seiner Meinung zu einer Behauptung, die Rebecca Solnit in ihrem Buch *Secret Exhibition: Six California Artists of the Cold War Era* – einer Studie über den verstorbenen Wallace Berman, Jess, den verstorbenen Jay DeFeo, Wally Hedrick, George Herms und Conner – aufgestellt hat: daß Conner im Jahre 1956, nachdem er sein Studium an der University of Nebraska abgeschlossen hatte und nach New York an die Brooklyn Museum Art School gegangen war, »mit Leuten in Kontakt trat, die sich esoterischen Traditionen verpflichtet fühlten«. Im Verlauf zweier ausgedehnter Gespräche nahm Conner dazu auf verschiedene Weise Stellung.

Zuerst erzählte er eine Geschichte über die Beharrlichkeit des Verborgenen und über den Drang des Verborgenen, sich zu offenbaren. Conner und sein Frau, Jean Conner, leben seit 1965 in San Francisco; zum erstenmal waren sie 1957 in diese Stadt gezogen. 1961 hatten sie sich entschlossen, nach Mexiko zu gehen, aus Angst vor einem atomaren Holocaust. Sie hatten fast ihren gesamten Besitz verkauft. Als Conner die wenigen Sachen verpackte, die sie mitzunehmen gedachten, sah er aus seinem Fenster hinaus auf die Oak Street, eine stark befahrene Durchgangsstraße, und bemerkte, daß sich die auf die Straße gepinselten Wörter –

SLOW
FIRE
HOUSE
AHEAD

– verändert hatten. Die Feuerwache hatte man schon vor geraumer Zeit dichtgemacht, und die Warnung auf dem Asphalt war mit der Zeit verblaßt. Das erste Wort las sich jetzt so:

LOV

Das brachte Conner auf den Gedanken für eine kleine Abschiedsgeste. Er schnitt sich eine Schablone zurecht, ging hinaus auf die Straße, und malte mit weißer Farbe die Lettern

LOVE

auf die entsprechende Stelle der Straße. Die Abreise der Conners verzögerte sich wider Erwarten, und noch ehe sie aufbrechen konnten, hatte jemand bei der Polizei angerufen, die daraufhin einen Trupp Straßenarbeiter vorbeischickte, der das unschickliche Wort übermalte – allerdings zu sorgfältig. Die Männer überpinselten das Wort mit schwarzer Farbe, Buchstabe für Buchstabe: nicht das ursprüngliche SLOW, sondern Conners LOVE, das daher, sozusagen als Negativ, weiterhin zu sehen war. Aber das war noch längst nicht alles: Der dichte Berufsverkehr auf der Oak Street sorgte dafür, daß die schwarze Farbschicht nach und nach abblätterte und Conners weißes LOVE wieder zum Vorschein kam; ein ums andere Mal wurden Straßenarbeiter in die Oak Street beordert, um den schwarzen Farbanstrich zu erneuern. Als die Conners schließlich wieder nach San Francisco zogen, stellten sie fest, daß das Bild die ganze Zeit auf ihre Rückkehr gewartet hatte.

Mit anderen Worten, das Okkulte war ein fester Bestandteil des Alltagslebens. Und zum Thema »esoterische Traditionen« sagte Conner: »Das kannte ich alles schon aus Wichita.« Conner wuchs dort ab Mitte der dreißiger Jahre auf und besuchte anschließend die Wichita State University. Als Junge war er Mitglied der örtlichen Zauberer-Vereinigung, wo er die Techniken und Tricks der Illusionisten lernte. Außerdem erinnert er sich noch an einen ekstatisch-mystischen Vortrag von L. Ron Hubbard, den dieser Anfang der fünfziger Jahre hielt, als Wichita eine Zeitlang das Hauptquartier der gerade im Aufbau begriffenen Church of Scientology beherbergte. Conners Großvater war ein Freimaurer des dreiunddreißigsten Grades, eingeweiht in anagogische Zeremonien und geheime Händedrücke. Der Sinn für große und uralte Geheimnisse war untrennbar mit dem Connerschen Familienleben verbunden; während unseres Gesprächs holte Conner ein Buch hervor, das seinem Großvater gehört hatte, Manly P. Halls klassisches Kompendium *The Secret Teaching of All Ages – An Encyclopedic Outline of Masonic, Hermetic, Quabbalistic, and Rosicrucian Symbolical Philosophy: Being an Interpretation of the Secret Teachings Concealed within the Rituals, Allegories and Mysteries of All Ages*. Das Buch ist mit unbeholfenen Abbildungen mythologischer und phantastischer Figuren durchsetzt – Illustrationen, die, mit unendlicher Sorgfalt und Geduld von einem erwachsen gewordenen Jungen verfeinert und überarbeitet, in Conners Kupferstich- und Holzschnitt-Collagen eingegangen sind, ebenso wie die Collagen von Max Ernst. Conners Arbeiten können einen verzaubern; die Abbildungen in dem dickleibigen mystischen Wälzer tun allenfalls so, doch man kann sich gut vorstellen, daß Conners urzeitliches Bedürfnis, die Menschen zu verzaubern, hier seinen Ursprung genommen hat.

Außerdem war Conner der felsenfesten Überzeugung, daß bereits dieser oder jener Zauber wirksam war: Als er in Wichita aufwuchs, sagt er, schien es ihm klar, daß »in der Erwachsenenwelt und in der Schule Wörter als Waffen benutzt wurden. Ich gewöhnte mir an, Wörtern zu mißtrauen, und hielt mich lieber an das, was ich sehen konnte.« Es gibt ein Schlüsselerlebnis aus Conners frühester Kindheit: Sein Vater ist draußen im Vorgarten. Ein Nachbar kommt vorbei. Conner erzählt das Ganze so, als habe es erst vor einer Stunde stattgefunden; der Dialog wirkt völlig natürlich: »Tach, Joe.« »Tach, Nick.« »Wie geht's?« »Gut.« »Schöner Tag, was?« »Stimmt.« »Ob es heute wohl noch regnen wird?« »Kann sein.« »Und wie geht's deiner Frau?« »Bestens.« »Na, ich muß dann mal weiter.« »Alles klar. Mach's gut.« »Ja, du auch.«

»Ich war wie vor den Kopf geschlagen«, sagt Conner mit

einem Grinsen. »Ich war *argwöhnisch*. Ich sagte mir, Kinder reden nicht so! Die Erwachsenen müssen was vor uns verbergen! Unterhaltungen wie diese müssen *verschlüsselte* Botschaften sein.«

Geheimnisse

> Fahr Nächste Ecke Rechts
> *Die Größte Kleine Stadt in Kansas*
> *Macpherson*
> Allen Ginsberg, »Wichita Vortex Sutra«, 1966

Conner wurde 1933 in MacPherson, Kansas, geboren, und zu der Zeit wird die Welt vermutlich der Ansicht gewesen sein, daß US-Bundesstaaten wie Kansas ihre ideale Verkörperung in der Figur des George F. Babbitt gefunden hätten, dem Antihelden von Sinclair Lewis' 1922 erschienenem satirischen Roman, einem unverbesserlichen Optimisten aus dem Mittelwesten. Doch die letzten Indianerüberfälle lagen noch nicht einmal sechzig Jahre zurück – so wie die Blütezeit von Dodge City, jene Tage, als Wyatt Earp, der frühere Sheriff von Wichita, Bat Masterson, Luke Short und Doc Holliday cool und lässig im Schatten des Boot Hill herumschlenderten. Earp starb erst vier Jahre vor Conners Geburt. Und 1933 gab es noch Zeitzeugen, die sich an das »Blutende Kansas« erinner-

ten, an die Jahre, als dieser Staat zum Schauplatz erbitterter Auseinandersetzungen zwischen Pro- und Anti-Sklaverei-Guerillas wurde – an den Pseudopropheten John Brown, der im Jahre 1856 beim Pottawatomie-Creek-Massaker fünf Menschen umbrachte, und an den berüchtigten Banditen William Quantrill, der mit seinen Leuten 1863 die Stadt Lawrence niederbrannte und 180 tote Einwohner zurückließ. Sollte der aus Kansas stammende Historiker Kenneth S. Davis mit seiner Behauptung recht haben, daß »der interessanteste und bedeutsamste Aspekt dieses geschichtlichen Erbes« darin bestehe, »daß es keinen spürbaren oder gar prägenden Einfluß auf die typische, unveränderliche Seele oder den Charakter von Kansas gehabt hat«, dann kann das nur oberflächlich stimmen. Man denkt vielleicht weniger an Babbitt als an all die Dinge, die unterdrückt werden mußten, damit dieser seine Art von Leben führen konnte, oder an die Form, die eine »typische, unveränderliche« Kansas-Kultur so manchem Seelenleben aufgezwungen haben mag – oder zu der diese Kultur so manche Seele inspiriert haben könnte.

Als ich Davis' Buch las, mußte ich an Babbitt denken, aber auch, zum erstenmal seit zwanzig Jahren, an *Die Abenteuer der Phoebe Zeitgeist* – eine 1968 erschienene, amüsante Comicstrip-Serie von Michael O'Donoghue und Frank Springer – und an die finsteren Machenschaften von Satanisten aus dem Mittelwesten, die in diesen Bildfolgen ihr Unwesen treiben.

Unter einer völlig normal aussehenden Bank befindet sich ihr »infernalischer Tempel der Nekrophilie«, den man nur mit Hilfe gräßlicher Beschwörungsformeln und mysteriöser Handzeichen betreten kann: »von Fackeln erleuchtete Grotten«, in denen Leichen aufbewahrt werden, »konserviert auf dem Gipfel der erotischen Raserei«, eine davon »mit einem ins Becken eingebauten Elektromotor, der die ekstatischen Stöße des Unterleibs simuliert. Als ›Unsere Madonna des permanenten Orgasmus‹ zuckt sie ohne Unterbrechung, seit man sie im Jahre 1911 eingeschaltet hat.« Oder, wie Conner es 1955 auf dem College formulierte, als er »Wake the Town and Tell the

People«, einem damaligen Pop-Hit von Les Baxter, einen neuen Text verpaßte und in eine persönliche Beschwörung verwandelte, in einen Song, den er noch heute mit sichtlichem Vergnügen anstimmt:

Burn the town and kill the people
Disembowel Parson Brown
Hang the mayor from the steeple
Tear the jailhouse down
Rape the nuns at old St. Marys
Crucify the PTA
We'll get stinking drunk at Harry's
And kill ourselves on Christmas Day*

Eine morbide Phantasie, Pennälerhumor – und für jemanden mit einer Ader für das Verborgene gar nicht mal so abwegig. Als Conner gegen Ende der fünfziger Jahre in San Francisco als Künstler zu arbeiten begann, fanden Humor und Morbidität ihren Niederschlag in Assemblagen: in variablen, provisorischen Skulpturen, die er, ähnlich wie George Herms und Wallace Berman in Los Angeles, aus gefundenen Objekten (oder »verlorenen Objekten«) zusammensetzte, aus allem möglichen: Das reichte von auf der Straße aufgelesenem Müll bis zu den Nylonstrümpfen, die eine Bekannte wegwerfen wollte. Humor, Morbidität – die Mixtur war nie stabil.

Diese Arbeiten sollten auch gar nicht stabil sein. Conner betrachtete sie nicht als fertige, vollendete Objekte, sondern als einen Prozeß, als Ereignisse, denen etwas hinzugefügt werden konnte, die verändert werden konnten, die in einem gewissen Sinn lebten und auch oft lebendig wirkten, obwohl sie mindestens genauso oft wie tote Tiere aussahen. Als seine Assemblagen Käufer zu finden begannen und sozusagen getötet wurden – im Inneren von Museen oder Kunstarchiven verschwanden –, verlor Conner den Spaß an ihnen. Er nahm

* *»Weckt die Stadt auf und erzählt's den Leuten«.* Conners Version: *»Brennt die Stadt nieder und killt die Leute / Schlitzt Pfarrer Brown den Bauch auf / Knüpft den Bürgermeister am Kirchturm auf / Reißt das Gefängnis ab / Vergewaltigt die Nonnen im alten St. Marien-Kloster / Kreuzigt die PTA* [= Parent Teacher Association, die 1897 gegründete Eltern-Lehrer-Vereinigung] */ Wir knallen uns bei Harry's tierisch einen in die Birne / Und am ersten Weihnachtsfeiertag bringen wir uns um.«*

seine Fotos von den Arbeiten – in manchen Fällen der einzige Beweis dafür, daß sie überhaupt existiert hatten –, zerriß diese in kleine Stücke und streute die Schnipsel anschließend auf die Straße, dorthin, wo seine Arbeiten ihren Ursprung gehabt hatten.

Zu den verschwundenen Assemblagen gehört die 1960 entstandene Arbeit *Black Dahlia*. Als Conner sie 1961 kommissionsweise an Walter Hopps von der Ferus Gallery in Los Angeles schickte, kündigte er die baldige Ankunft der Assemblage mit einer Postkarte an, die an einen »Mr. Necrophil« adressiert war. »Ich erinnerte mich noch an den Winter '47«, sagt Walter Hopps heute, »als diese Elizabeth-Short-Geschichte Schlagzeilen machte.« Er kaufte Conners *Black Dahlia*, und seitdem ist diese Arbeit nie wieder öffentlich gezeigt worden.

Elizabeth Short, die »Schwarze Dahlie«, hatte eine Karriere beim Film angestrebt, war aber statt dessen auf dem Strich gelandet. Ihre Leiche wurde auf einer Brachfläche in Los Angeles gefunden: verbrannt, aufgeschlitzt und verstümmelt, an der Hüfte in zwei Teile zersägt, ausgeweidet und vollständig ausgeblutet. Die Stadt setzte 250 Polizisten auf den Fall an, aber der oder die Täter konnten nie ermittelt werden. Conners Version ist ein Traum von diesem Ereignis: Sie erweckt den Eindruck, als werde die Tat erst noch geschehen – es geht nicht um das Verbrechen als solches, sondern um das Motiv und um bedrohliche Vorzeichen.

Die Eingeweide der Assemblage sind in einen Damenstrumpf gestopft. Die dargebotene Szene sieht so aus, als spiele sie unter Wasser, als sei dies nicht bloß die Schwarze Dahlie, sondern gleichzeitig auch die erste Leiche in Raymond Chandlers *Die Tote im See*. Die langestreckte Form des Objekts könnte als phallisch interpretiert werden; teilt man diese Ansicht, dann könnte das, was zunächst wie harmloses Seegras aussehen mag, Assoziationen von Skrofulose oder Syphilis wecken. Die unteren zwei Drittel dieses Dings sind feucht, offensichtlich in Bewegung, in Zersetzung begriffen, und jedes der erkennbaren Teilobjekte ist eine Überraschung: Ausschnitte aus dem Comicstrip einer Sonntagszeitung, Federn, die zu einem Abendkleid gehören, die Schneide eines Rasiermessers, eine alte, orientalisch aussehende Totenkopf-Tätowierung. Oben auf dem Ding befindet sich die Frau: nackt, mit schwarzen und silbernen Pailletten an einer ihrer Seiten und einem Nagel im Rücken. Ihr Hintern ist mit Nadelstichen übersät; um ihre Hüfte ist ein schwarzer Stoffstreifen drapiert, so als solle dieser die Stelle markieren, an der ihr Körper zersägt werden wird. Doch Worte verblassen angesichts der Aura, die von diesem Werk aufsteigt wie eine Parfümwolke.

Das Schockierendste an *Black Dahlia* ist nicht das Entsetzen, das völlig eindeutig und unleugbar ist, sondern die Ruhe, die Friedlichkeit dieses Werks. Die Frau – ein Foto aus einem Sex-Magazin – wartet. Während sie so daliegt, auf dem Bauch, ist der Ausdruck auf ihrem zur Seite gedrehten Gesicht nicht zu bestimmen: geduldig, gefaßt, sediert oder vielleicht auch nur nachdenklich. Sie scheint so nah, daß man sie berühren könnte, und zugleich eine Million Meilen weit entfernt. Es gibt hier irgendwelche Geheimnisse; es ist bloß nicht klar, ob es die der Frau oder gar die des Künstlers oder die des Killers sind. *Black Dahlia* hängt herab von seiner ausgefransten Kordel; am schwersten wiegt das von dieser Arbeit ausgehende Gefühl einer Aufhebung jeglicher Moral und aller Grenzen.

Elegie

Conners 1992 entstandene Kupferstich-Collage *Picture Window* weist kein Freimaurerauge auf, das dem Betrachter aus irgendwelchen Schatten zublinzelt. Statt dessen präsentiert dieses unscheinbare, mehr oder weniger quadratische Bild – unter Bezugnahme auf die Konturen eines Quadrats von etwa zweieinhalb Zentimetern Seitenlänge und zweier Gizeh-Pyramiden, eine davon groß, die andere klein, die sich am rechten unteren Bildrand befinden – ein großes Auge, direkt im Bildzentrum: ein ausgespartes Quadrat, das gleichzeitig eine Tür ist.

»Wir befinden uns an der *Oberfläche* eines Bewußtseinsfeldes, das plötzlich auftaucht und sich selber betrachtet«, sagt Conner. »Aus einer menschlichen Perspektive könnte man sagen: dieses Bewußtsein wird unterhalten … Wenn ich diese Collagen mache und diese kleinen Augen auftauchen, dann sind sie so etwas wie dieses Feld, dieses undifferenzierte Feld, das sich uns aufdrängt. Es taucht plötzlich auf und blickt um sich. Man weiß nicht, was in ihm vorgeht – man weiß nicht«, Conner lacht, »was in *anderen Menschen* vorgeht!«

»Für mich repräsentieren diese Augen«, sagt Conner schließlich, »Augen, die durch die Umwelt reisen, sich die Umwelt anschauen, sich zufällig hier und da niederlassen – manchmal kommt es mir fast so vor, als seien es meine eigenen Augen.«

Die Bescheidenheit oder die Zurückhaltung, die aus Conners letzten Worten spricht, ist verblüffend, aber das gilt auch für die Zurückhaltung von *Picture Window* oder für das völlige Verschwinden des Künstlers in seinem Werk. Im Gegensatz zu Conners anderen Collagen zeigt *Picture Window* keine klar umrissenen Objekte; diese Arbeit ist kein einheitliches Feld, sondern von Grenzlinien durchzogen, die Formen ergeben, innerhalb derer sich Bilder oder Bildfragmente erahnen lassen, welche mit ihrer jeweiligen Umgebung nicht ganz in Einklang zu bringen sind. *Picture Window* ist ein Bild des schwerelosen Dahintreibens, eine Collage aus Luft, auch wenn sich Dinge, die anfangs wie Wolken anmuten, gelegentlich als Erde und Bäume entpuppen, die sich dann wieder gen Himmel aufschwingen.

Wenn man diese Collage betrachtet, könnte man sich an Seurat oder Monet erinnert fühlen – ein lupenreiner, wenn auch ätherischer Impressionismus. Das Werk nähert sich einem aber auch aus den Winkeln eines Turner-Gemäldes oder aus der Weite in Caspar David Friedrichs *Wanderer über dem Nebelmeer* – ohne den Intellektuellen auf Friedrichs Gemälde, ohne dessen gedankenversunkene Kontemplation oben auf dem Berggipfel. Seine Präsenz wird von den naturalistischen Aspekten der Collage auf gewisse Weise eingefangen, aber nicht aufgelöst, so daß diese Aspekte als solche sein Bewußtsein, seine Absicht oder seinen Willen widerspiegeln – das ist jedoch nur eine Vermutung.

Je länger man *Picture Window* anschaut, um so mehr hat man das Gefühl, beobachtet zu werden. Es ist ein kraftvolles Kunstwerk: Wenn man es betrachtet, versetzt man seine einzelnen Komponenten in Bewegung, doch die ausgesparte Tür in seiner Mitte, das »Panoramafenster«, bewegt sich kein bißchen. *Picture Window* ist eine Wunderlampe, gespenstisch und überwältigend: Damit will ich sagen, daß es den Betrachter dazu bringen kann, sich wie ein Gespenst zu fühlen, und daß es den Betrachter überwältigen kann. Aus meinen eilig hingekritzelten Notizen: »Dieses Bild ist böse.«

Allerdings erinnere ich mich an ein prickelndes Schwindelgefühl tief in meiner Brust, an eine warme, angenehme Flut, an das Lächeln des Vergessens. Nach einer gewissen Zeit verfliegt diese Aura natürlich; und dann könnte man meinen, daß man lediglich ein Furnier sieht, eine Maske, eine Nebelwand, beinahe wortwörtlich, die all das verdeckt, was dort tatsächlich vorhanden ist. Und das ist zum Teil nichts weiter als die flüchtige Perfektion eines bestimmten künstlerischen Mediums, eine Perfektion, die die Form als solche offen und unerfüllt zurückläßt, bereit für ihren nächsten Auftritt, auf frisch bereitetem Boden, wobei ihre Ernte ein Beweis dafür ist, daß Geschichte niemals zu einem Abschluß kommen wird. So wie es drei weitere Zeilen aus Allen Ginsbergs Gedicht über Kansas ausdrücken: »Ich erkläre hiermit das Ende des Krieges! / Illusion uralter Tage! / Ich betone die Worte und fange mein eigenes Jahrtausend an.«

Artforum, Dezember 1992

Exil

Nostalgie ist auch nicht mehr, was sie mal war

Real Love« ist die neueste Pseudo-Beatles-Single – eine Nummer, die wie das im letzten Jahr veröffentlichte »Free as a Bird« aus einem in den Spätsiebzigern aufgenommenen Demo-Band John Lennons und aktuellen Paul-George-Ringoismen zusammengebastelt ist – und sie zerreißt mir das Herz. Wenn die historisch-juristische Fiktion, die gegenwärtig unter dem Namen »Beatles« firmiert, zur Titelzeile dieses Songs kommt, dann beginnt eine hohe Lennon-Stimme die Wörter auszudehnen, zu langsam, zu schnell – man wünscht sich, daß dieser Augenblick nie aufhört, will aber gleichzeitig wissen, wie er wohl enden wird –, und das Ganze ist fast schon zu schön, um es ertragen zu können.

Einmal, als ich mir den Song an einem miesen Tag anhörte, überkam mich eine Welle der Nostalgie wie ein plötzlicher Anfall von Übelkeit: so körperlich, so unabwendbar war dieses Gefühl. Es war nicht auszuhalten. Um mit dieser Situation klarzukommen, kramte ich einige Worte des Dichters

Robert Hass aus dem hintersten Winkel meines Gedächtnisses hervor. Hass beschrieb, wie er als Kind ein Gedicht von Wallace Stevens entdeckte: »Es ließ mich in Verzückung geraten und machte mir gleichzeitig klar, was die Wendung ›in Verzückung geraten‹ bedeutete. Es war die erste physische Empfindung der Wahrhaftigkeit einer Sache, die ich jemals hatte.« Bei »Real Love« spürte man das gleiche – genau das gleiche –, so wie in Hass' Worten, er habe Stevens' Gedicht immer wieder gelesen, »mit dem gleichen Gefühl, das ich empfand, wenn ich mich für eine Achterbahnfahrt anstellte, ein Zehncentstück in meiner fest zusammengepreßten Faust«. Aber Nostalgie ist so etwas wie eine Sehnsucht nach jenem ersten Mal, nicht wahr? Eine Sehnsucht nach etwas, das man möglicherweise nie erlebt hat, eine sentimentalisierte falsche Erinnerung. Hass sprach von einer Entdeckung – aber ist Nostalgie nicht das genaue Gegenteil davon? Oder etwas noch Schlimmeres: ein Geschmack am Herumstöbern in Ruinen, eine emotionale Dekadenz, eine Zuflucht für verkrüppelte Seelen oder verarmte Herzen? Hass sprach voller Stolz. Ist Nostalgie nicht eher etwas Peinliches?

Ich ertappte mich bei dem Versuch, die Wahrhaftigkeit von »Real Love« nicht an mich herankommen zu lassen. Hinter den Türen, die dieser Song aufschlug, verbargen sich ein paar häßliche Wahrheiten. Beim Zuhören wurde die historische Abstraktheit des Verlustes, den dieser hirnlose Kretin Mark David Chapman herbeiführte, als er John Lennon erschoß, so unmittelbar wie die Reaktion auf Kälte oder Hitze. Auf gewisse Weise war dieser Song die Essenz all dessen, was die Beatles bedeutet hatten – jener völlig neuen Welt, in der so viele Menschen zu leben glaubten, als die Beatles über ihr Leben bestimmten, oder als die Beatles über ihr eigenes Leben bestimmten, falls ihnen das überhaupt jemals möglich war. Das ist die Traumwelt, in die einen die Nostalgie befördert. Aber ein Gefühl, das so stark ist wie das von »Real Love« hervorgerufene, kann nicht so ohne weiteres abgetan werden. Von einem Song peinlich berührt zu sein, ist die Reaktion eines Menschen, der sich zu bekennen scheut, was er (oder sie) liebt, und von dort ist es bloß noch ein kleiner Schritt zu der Bereitschaft, das zu mögen, was man mögen soll, und das zu tun, was einem gesagt wird. Und in diesem Zusammenhang fiel mir ein Gespräch ein, das ich vor einigen Monaten mit David Thomas geführt hatte, dem hünenhaften Sänger der großartigen Punkband Pere Ubu.

Das war in Den Haag gewesen, bei einem Performance-Festival mit dem Namen »Crossing Border« – Thomas und ich saßen hinter der Bühne und unterhielten uns über den »Worried Man Blues«, einen alten Song der Carter Family (der, wie es der Zufall will, soeben wiederveröffentlicht worden ist, auf einer nach diesem Song benannten CD des Rounder Labels). Wir redeten über die rätselhafte Ausstrahlung dieses Songs, darüber, wie sein Rhythmus ein Gefühl von Schicksalsschwere und Verhängnis aufkommen ließ. Wir redeten wie Fans, mit leuchtenden Augen. Doch plötzlich hielt Thomas mitten im Satz inne, und ein Schatten huschte unter der hochgestülpten Krempe seines Filzhuts über sein Gesicht. »Ich wollte dir gerade erzählen, wo ich den Song zum erstenmal gehört habe«, sagte er. »Aber das ist mir einfach zu peinlich.« »Dazu besteht kein Anlaß«, antwortete ich. »Ich weiß nämlich genau, wo du ihn zum erstenmal gehört hast. Genau da, wo auch ich ihn gehört habe: Du hast ihn 1959 im Radio gehört, als das Kingston Trio damit einen Hit hatte.« Ich hatte gut reden; ich hatte das Gespräch ja nicht darauf gebracht, wessen Version des Songs wir beide als erste gehört hatten.

Als ich ein paar Wochen später in dem Plattenladen bei mir um die Ecke herumstöberte, fiel mein Blick auf eine kleine Pappschachtel: *The Kingston Trio – The Capitol Years*, ein 4-CD-Set. Vor einiger Zeit hatte ich mir für eine Recherche einen Best-of-Sampler des Kingston Trios gekauft und zu Hause angehört. Die Songs entlockten mir ein ausgiebiges Gähnen, und ich bereute kein bißchen, daß ich meine Kingston-Trio-Alben vor zwanzig, dreißig Jahren abgestoßen hatte. Doch dieses Ding im Laden wirkte auf mich wie ein Magnet. Einige Wochen lang zog es mich immer wieder zu dem entsprechenden Regal, und jedesmal, wenn ich daran vorbeiging, fragte ich mich, wieviele Male ich noch widerstehen würde – alles in allem waren es viermal, glaube ich. Ich kaufte die CD-Box, nahm sie mit nach Hause und hörte mir alle einhundertundsieben Titel an, auf einen Rutsch.

Es war die merkwürdigste Erfahrung seit langem: das Gefühl einer Entrückung, einer Rückkehr, einer tiefen Irritation. Das Kingston Trio, ein aus College-Studenten bestehendes Folk-Trio, hatte seine große Zeit in den späten fünfziger und frühen sechziger Jahren, und damals krempelte es die Pop-Landschaft um. Ihre erste Platte, »Tom Dooley«, die Interpretation einer im 19. Jahrhundert entstandenen Mord-Ballade aus Kentucky, hatte 1958 den gleichen Effekt auf Seelen und Herzen, den Nirvanas »Smells Like Teen Spirit« und *Nevermind* 1991 hatten. Die Menschen wollten den Song unbedingt wiederhören, überall im Land. Sie fragten sich, was es mit diesem Song auf sich hatte, wie es kam, daß Songs, die noch gestern ihre Lieblingssongs gewesen waren, mit einemmal fade und abgeschmackt klangen.

Die Kingston-Trio-Box war so etwas wie eine Zeitmaschine – eine Zeitmaschine, die sich, so wie »Real Love«, an einen unwirklichen Ort mit realen Daten und Fakten bewegte: 1960, 1961, 1962. Der Glanz von JFKs Idee einer »New Frontier« und deren Verlogenheit: Beides fand sich in dieser Musik wieder, auf unverfälschte Weise. Wie bei dem unwirklichen Beatles-Song gab es auch hier das köstliche Gefühl des Dahinschwebens in einer völlig vertrauten Welt, einer Welt, wo sämtliche Illusionen wie Könige behandelt wurden. Es war eine Ära, in der weiße Burschen in längsgestreiften Baumwoll-Oberhemden und mit guten Absichten die Welt erobern konnten. Als die Songs an mir vorbeirollten, trat die Verlogenheit der Musik hervor und verwandelte sich in eine feste Kruste: Die Kruste brach auf, und tief unter der Oberfläche konnte man Sehnsucht und Bedauern hören: Menschen aus Fleisch und Blut. Dann verschwanden diese Menschen, und es machte sich wieder Nostalgie breit: die Sehnsucht, in die Vergangenheit zu greifen und jenen perfekten Menschen zu berühren, der man nie gewesen ist.

Es kann schwer sein, einer Musik zu lauschen, die an der Oberfläche so unschuldig und verspielt klingt, denn je gründlicher man die Quelle der Nostalgie auslotet, um so intensiver wird man das Gefühl des Verlustes spüren, und der Zuhörer wird hilflos dasitzen, hin und her gerissen zwischen dem peinlichen Gefühl, den Verlust von Dingen zu betrauern, die es nie gegeben hat, und dem ebenso peinlichen Gefühl, offene Wunden zu registrieren, die man schon seit langem verheilt geglaubt hatte. »Real Love« und die Kingston-Trio-Box handeln von enthusiastischen Zeiten, die womöglich den Boden für Morde und Attentate bereitet haben. Diese Tondokumente stellen eine merkwürdige Frage: Was hat den tieferen Eindruck auf dich gemacht, »Tom Dooley« oder der Mord an John F. Kennedy? »Eight Days a Week« oder John Lennons Tod? Und wenn sich Nostalgie um tiefe Gefühle dreht, wonach genau ist man dann eigentlich nostalgisch?

Interview, Juni 1996

Anhang

Zitierte Bücher, Filme und Tonaufnahmen

Agee, James, und Walker Evans: *Let Us Now Praise Famous Men: Three Tenant Families* [1941]. Ballantine. New York 1966. 1989 brachte der Verlag Houghton Mifflin *Let Us Now Praise Famous Men* als handelsübliches Taschenbuch heraus, eine Neuauflage, die zeitlich auf das Erscheinen von Dale Maharidges und Michael Williamsons *And Their Children after Them* abgestimmt war. Trotz einer hervorragenden neuen Einleitung von John Hersey wirkte das Buch wie die miese CD-Wiederveröffentlichung eines LP-Klassikers, der keines »Remix« bedurft hätte: Evans' Bilder waren als Hochglanzfotos reproduziert worden – obendrein viel zu dunkel und von auffälliger Unschärfe.

Die deutsche Ausgabe: *Preisen will ich die großen Männer: Drei Pächterfamilien*. Aus dem Amerikanischen von Karin Graf. Schirmer/Mosel. München 1989. S. 11.

All You Need Is Cash. Regie: Gary Weiss. Drehbuch: Eric Idle. 1978. Dieser Fernsehfilm wurde 1980 unter dem Titel *The Rutles: All You Need Is Cash* (Pacific Arts Video) als Video-Kassette veröffentlicht.

Altman, Robert: s. *Nashville*.

Ambler, Eric: *Die Maske des Dimitrios* [1939]. Aus dem Englischen von Mary Brand und Walter Hertenstein. Diogenes. Zürich 1974. S. 264; S. 34f. [Die Übersetzung der zitierten Passagen wurde nicht wörtlich übernommen. A. d. Ü.]

– *Ungewöhnliche Gefahr* [1937]. Aus dem Englischen von Walter Hertenstein und Werner Morlang. Diogenes. Zürich 1979. S. 175 f. [Die Übersetzung der zitierten Passage wurde nicht wörtlich übernommen. A. d. Ü.]

Vgl. auch: Symons, Julian.

American Hot Wax. Regie: Floyd Mutrux. Drehbuch: John Kaye. Paramount, 1978.

Amnesty International: *Report on Torture*. Farrar, Straus & Giroux. New York 1975. [Die deutsche Ausgabe – *ai Bericht über die Folter*, Fischer. Frankfurt a. M. 1975 – befaßt sich auf den Seiten 208–214 mit den Zuständen in Chile nach dem Militärputsch; der Hinweis auf die Machenschaften des Nazi-Kriegsverbrechers Walter Rauff fehlt jedoch. A. d. Ü.]

Arendt, Hannah: *Eichmann in Jerusalem – Ein Bericht von der Banalität des Bösen* [1963]. Aus dem Amerikanischen von Brigitte Granzow. Piper. München 1986; Neuausgabe. S. 16, 318; 323, 322, 327, 329.
– *Über die Revolution*. Piper. München 1963. S. 298, 316.

Beat Generation, The (3-CD-Box). Produziert von James Austin (mit Stephen Ronan und Gordon Skene). Rhino Word Beat. USA 1992.

Benjamin, Walter: Briefe – Band I, 1910–1928. Suhrkamp. Frankfurt a. M. 1966. [Brief Nr. 119] S. 322.
– *Das Kunstwerk im Zeitalter seiner technischen Reproduzierbarkeit*. Suhrkamp. Frankfurt a. M. 1963. S. 48.
– »Über den Begriff der Geschichte«, in: *Sprache und Geschichte – Philosophische Essays*. Reclam. Stuttgart 1992. S. 144.

Berger, John: *Glanz und Elend des Malers Pablo Picasso* [1965]. Aus dem Englischen übertragen von Anna Stolz. Rowohlt. Reinbek bei Hamburg 1988. S. 200; 9.

Bland, Bobby Blue: »St. James Infirmary«. Auf: *Two Steps from the Blues* (Duke, 1960). Wiederveröffentlicht auf: *Turn on Your Love Light: The Duke Recordings, Vol 2* (Duke/MCA, 1994).

Bloom, Harold: *Das Buch J* (= *The Book of J*. Aus dem Hebräischen ins Englische übertragen von David Rosenberg, interpretiert von Bloom. Grove Weidenfeld. New York 1990).

Blum, Howard: *Wanted! The Search for Nazis in America*. Quadrangle. New York 1977.

Brown, Norman O.:»Dionysus in 1990«, in: *Apocalypse and/or Metamorphosis*. University of California Press. Berkeley 1991. Vgl. auch: »Apocalypse: The Place of Mystery in the Life of the Mind«, *Harper's*, Mai

1961, in: Loren Baritz (Hrsg.), *Sources of the American Mind*, Bd. 1. John Wiley. New York 1961.

Brown, Richard »Rabbit«: »James Alley Blues« (1927). Auf dem von Harry Smith zusammengestellten Sampler *Anthology of American Folk Music, Volume Three: Songs* (Folkways, 1952) und auf *Country Blues: The First Generation: Papa Harvey Hull and Long Cleve Reed, Richard »Rabbit« Brown, Complete Recordings* (Matchbox, UK).

Calasso, Roberto: *La Rovina di Kasch* [1983]. Hier zitiert nach der amerikanischen Ausgabe: *The Ruin of Kasch*. Harvard University Press. Cambridge, USA, 1994. (A. d. Ü.)

Camus, Albert: *Der Mensch in der Revolte* [1951]. Greil Marcus bezieht sich auf die 1959 im Vintage-Verlag, New York, erschienene amerikanische Ausgabe, *The Rebel*, und deren von Leo Lionni gestaltete Titelillustration. (A. d. Ü.)

Cantwell, Robert: *Ethnomimesis: Folklife and the Representation of Culture*. University of North Carolina Press. Chapel Hill 1993.

Cast a Deadly Spell (= *Hexenjagd in L. A.*). Regie: Martin Campbell; Drehbuch: Joseph Dougherty (HBO 1991; HBO Home Video 1992).

Castoriadis, Cornelius: »The Movements of the Sixties«, in: *Thesis Eleven*, 18/19 (1987).

Chipp, Herschel B.: *Picasso's »Guernica«: History, Transformations, Meanings*. University of California Press. Berkeley 1988.

Clark, T. J.: *Image of the People: Gustave Courbet and the 1848 Revolution* [1973]. Princeton University Press. Princeton 1982.
– »›On the Social History of Art‹ wiedergelesen«. In: *Texte zur Kunst*, Nr. 2, Frühjahr 1991. S. 52 [Das Zitat wurde nicht wörtlich übernommen. A. d. Ü.].
– *The Painting of Modern Life: Paris in the Art of Manet and His Followers*. Knopf. New York 1984.
– »Zur Sozialgeschichte der Kunst« [= »On the Social History of Art«, das Einleitungskapitel von *Image of the People: Gustave Courbet and the 1848 Revolution*]. In: *Texte zur Kunst*, Nr. 2, Frühjahr 1991. S. 42.

Condon, Richard: *The Manchurian Candidate*. McGraw-Hill. New York 1959.

Cooke, Sam: »Wonderful World« (Keen, 1960). Paul Simon und James Taylor fügten für die Version des Songs, die auf Art Garfunkels Album *Watermark* (Columbia, 1978) zu hören ist, die Strophe über das Mittelalter hinzu; eine bessere Interpretation dieser mit »(What a) Wonderful World« übertitelten Neufassung von Cookes Song hat Terence Trent

D'Arby vorgelegt; sie ist zu finden auf der B-Seite seiner 12"-Single »Wishing Well – A Tone Poem (The Cool in the Shade Mix)« (Columbia, 1987).

Cranston, Alan: »The World According to Gorby« (Interview mit Michail Gorbatschow). In: *Rolling Stone*, 25. August 1990.

Das Buch J: s. Bloom, Harold.

Davis, Mike: *City of Quartz: Ausgrabungen der Zukunft in Los Angeles...und neuere Aufsätze* [1990]. Aus dem Amerikanischen von Jan Reise. Verlag der Buchläden Schwarze Risse/Rote Straße. Berlin/Göttingen 1994. S. 82. [Die Übersetzung der zitierten Passage wurde leicht abgeändert. A. d. Ü.]

Dawidowics, Lucy S. *Der Krieg gegen die Juden, 1933–1945* [1976]. Kindler. München 1976.

Dead Man's Curve: The Story of Jan and Dean. Regie: Richard Compton. Drehbuch: Dalene Young. CBS-TV (3. Februar 1978).

Debord, Guy: *Die Gesellschaft des Spektakels* [1967]. Aus dem Französischen von Jean-Jacques Raspaud. Edition Tiamat. Berlin 1996. S. 13 u. 16. [Diese Neuauflage enthält zusätzlich Debords *Kommentare zur Gesellschaft des Spektakels*. A. d. Ü.]
– *In girum imus nocte et consumimur igni* [1978]. Edition Tiamat. Berlin 1985. S. 43.
– *Mémoires* [1958]. Jean-Jacques Pauvert aux Belles Lettres. Paris 1993.
– *Panégyrique* [1989]. Gallimard. Paris 1993. [Die zitierten Passagen wurden übersetzt nach *Panegyric*, der von James Brook aus dem Französischen ins Englische übertragenen Fassung von *Panégyrique*. Verso. London & New York 1993. Die Edition Tiamat hat für den Herbst 1996 eine deutsche Ausgabe unter dem Titel *Panegyrikus* angekündigt. A. d. Ü.]

Dickinson, Emily: »Brief an Higginson vom 25. April 1862«, in Emily Dickinson: *Guten Morgen Mitternacht. Gedichte und Briefe*. Berlin 1987. S. 68. Zitiert in: Camille Paglia, *Die Masken der Sexualität*, a. a. O., S. 798.

Doctorow, E. L.: *Ragtime* [1975]. Deutsch von Angelika Praesent. Rowohlt. Reinbek bei Hamburg 1976. S. 82.

Dylan, Bob: »Blind Willie McTell« [1983]. Auf: *The bootlegs series volumes 1–3 [rare & unreleased] 1961–1991* (Columbia, 1991).
– »Like a Rolling Stone«. Auf: *Highway 61 Revisited* (Columbia, 1965).
– Pressekonferenz in San Francisco, 3. Dezember 1965. Veröffentlicht als »The Rolling Stone Interview«, *Rolling Stone*, 14. Dezember 1967.

Eco, Umberto: *Das Foucaultsche Pendel*. Aus dem Italienischen von

Burkhart Kroeber. Hanser. München / Wien 1989. S. 77, 78, 79, 81; 575; 666, 664f., 665; 5; 277f.; 306; 717.

In einem Interview für einen *Newsweek*-Beitrag mit dem Titel »Der Herr der Zeichen« sagte Eco 1986: »Obwohl alle sichtbaren Spuren von 1968 verschwunden sind, haben die damaligen Ereignisse zu einer tiefgreifenden Veränderung des Verhaltens und der zwischenmenschlichen Beziehungen geführt, jedenfalls hier bei uns in Europa. Die Beziehungen zwischen Chefs und Arbeitern, Lehrern und Schülern, ja sogar zwischen Eltern und Kindern sind offener geworden. Sie werden nie mehr so wie früher sein.« Zitiert nach: Umberto Eco, *Apocalypse Postponed* (Hrsg.: Robert Lumley. Indiana University Press / British Film Institute. Bloomington 1994).

Eliade, Mircea: *Kosmos und Geschichte – Der Mythos der ewigen Wiederkehr* [1949]. Insel. Frankfurt a. M. 1984. S. 17.

Ernaux, Annie: *Eine vollkommene Leidenschaft* [1991]. Aus dem Französischen von Regina Maria Hartig. Fischer. Frankfurt a. M. 1992. S. 29.

Fraser, Ronald (Hrsg.): *1968: A Student Generation in Re*volt. Pantheon. New York 1988.

Fuentes, Carlos: »Central and Eccentric Writing«, *American Review*, Nr. 21. New York 1974.

Gifford, Thomas: *Der Wind-Chill-Faktor* (= *The Wind Chill Factor*. Bantam. New York 1975).

Gimme Shelter: USA 1970 (Centfox). Regie: David Maysles, Albert Maysles, Charlotte Zwerin.

Ginsberg, Allen: »Amerika«. In: *Das Geheul und andere Gedichte*. Deutsch von Carl Weissner. Limes (6. deutsche Auflage. Neuübertragung). Wiesbaden/München 1979. Ginsbergs 1959 aufgenommene Rezitation von »America« findet man auf *The Beat Generation*. Eine frühere, öffentliche Lesung des Gedichts – eine zum Brüllen komische, in der Manier eines Stegreifkomikers vorgetragene Fassung, aufgenommen am 18. März 1956 im Town Hall Theatre in Berkeley, Kalifornien – findet man auf Ginsbergs *Holy Soul Jelly Roll: Poems and Songs, 1949–1994* (Rhino Word Beat, 1994). Ginsberg: »Ich hielt ›Amerika‹ eigentlich nicht für ein richtiges Gedicht, Kerouac übrigens auch nicht. Es handelt sich um Einzeiler in allen mögliche Stimmen, um sardonische Schizophrenie; der Ton war von Tzaras Dada-Mainfesten beeinflußt.«
– »Wichita Vortex Sutra«. In: *Planet News*. Aus dem Amerikanischen von Heiner Bastian. Hanser. München 1969.

Goodall, H. L., Jr.: *Living in the Rock N Roll Mystery: Reading Context,*

Self, and Others as Clues. Southern Illinois University Press. Carbondale 1991.

Goines, David Lance: *The Free Speech Movement*. Ten Speed Press. Berkeley 1993.

Handke, Peter: *Der kurze Brief zum langen Abschied* [1972]. Suhrkamp. Frankfurt a. M. 1974. S. 121–122; 120; 136.

Harel, Isser: *Das Haus in der Garibaldistraße* [1975]. Aus dem Englischen von Marianne Lipcowitz. Ullstein. Frankfurt/M-Wien-Berlin 1975. S. 10.

Hobsbawm, Eric: »The New Threat to History«, in: *New York Review*, 16. Dezember 1993.

Johnson, Robert: *King of the Delta Blues Singers* (Columbia, 1961). Die Aufnahmen dieser LP (und weitere, z. T. unveröffentlichte Titel, Alternativversionen etc.) wurden 1990 als Doppel-CD neu herausgebracht und 1994 als »Super Bit Mapping Format«-CD mit den ursprünglichen Liner Notes von Frank Driggs wiederveröffentlicht.

Jolis, Alan: »Coup de Grace«, *Vogue*, November 1991.

Kael, Pauline: »Review of *Duet for Cannibals*«, New Yorker, 1. November 1969. In: Pauline Kael, *Deeper into Movies*. Atlantic Monthly/Little Brown. New York 1973.

Kuhn, Thomas S.: *Die Struktur wissenschaftlicher Revolutionen* [1962]. Aus dem Amerikanischen von Hermann Vetter. Suhrkamp. Frankfurt a. M. 1976 (zweite, revidierte und um das Postskriptum von 1969 ergänzte Auflage). S. 103.

Leroi-Gourhan, André: *Treasures of Prehistoric Art*. Abrams (translated from the French by Norbert Guterman). New York 1967.

Lincoln, Abraham: »Gettysburg-Rede« (19. November 1863). Zitiert nach Carl Sandburgs *Abraham Lincoln – Das Leben eines Unsterblichen* [1954]. Aus dem Amerikanischen von Dr. Anton Stuzka. Zsolnay. Hamburg/Wien 1958. S. 531.
– »Zweite Amtsantrittsrede« (4. März 1865). Zitiert nach Carl Sandburg, *Abraham Lincoln*, a. a. O., S. 781.

Lukacs, John: *Der letzte europäische Krieg. 1939–1941. Die Entmachtung Europas* [1976]. dtv. München 1980.

Maharidge, Dale, und Michael Williamson: *And Their Children after Them*. Pantheon. New York 1989.

Manchurian Candidate, The (= *Botschafter der Angst*): Regie: John

Frankenheimer. Drehbuch: George Axelrod. United Artists, 1962. MGM-UA Home Video 1988.

Marshack, Alexander: *The Roots of Civilization: The Cognitive Beginnings of Man's First Art, Symbol and Notation*. McGraw-Hill. New York 1972. Überarbeitete Neuauflage: Moyer Bell. Mt. Kisco, N. Y. 1992.

Maynard, John Arthur: *Venice West: The Beat Generation in Southern California*. Ruthers University Press. New Brunswick 1991.

McCorkle, Jill: *Ferris Beach*. Algonquin. Chapel Hill, N. C. 1990.

McTell, Blind Willie: *The Early Years, 1927–1933* (Yazoo).
– *Last Session* (1956) (Prestige-Bluesville).

Melville, Herman: »Letter to Hawthorne (16th April 1851)«. *The Portable Melville*. Viking Press. New York 1952. [Sechs der zehn überlieferten Briefe Herman Melvilles an Nathanial Hawthorne liegen in deutscher Übersetzung vor: Herman Melville, *Hunilla, die Chola-Witwe – Briefe an Nathaniel Hawthorne und eine Erzählung*. Friedenauer Presse. Berlin 1993. Der Brief vom 16. April 1851 ist allerdings nicht darunter. A. d. Ü.]
– *Moby Dick* [1851]. Aus dem Amerikanischen übertragen von Richard Mummendey. Lizenzausgabe des Deutschen Bücherbundes. Stuttgart/ München, o. J., S. 613 (Motto des Epilogs = Hiob 1. 19).

Morantz, Paul: »The Road Back from Dead Man's Curve«, *Rolling Stone*, 21. September 1974.

Murray, Albert: »A Clutch of Social Science Fiction Fiction«, in: *The Omni-Americans: New Perpectives on Black Experience and American Culture*. Avon. New York 1971.

Nashville: Regie: Robert Altman. Drehbuch: Joan Tewkesbury. Paramount, 1975.

O'Donoghue, Michael, und Frank Springer: *Die Abenteuer der Phoebe Zeit-Geist* (= *The Adventures of Phoebe Zeit-Geist*, »Episode IV: ›Liquidated Assets‹«. Grove Press. New York 1968).

Orioles: »It's Too Soon to Know« (It's a Natural, 1948).

Paglia, Camille: *Die Masken der Sexualität*. Aus dem Amerikanischen von Margit Bergner, Ulrich Enderwitz und Monika Noll. Byblos. Berlin 1990. S. 9; 41; 225; 443; 10; 757; 298; 788; 754, 798; 10; 552; 553; 45; 292; 17; 13; 129; 297; 196; 554; 26.

Pales, Léon: *Les gravures de La Marche: II, Les humaines*. Ophrys. Paris 1976.

Percy, Walker: »Nachwort« zu John Kennedy Tooles *Ignaz oder die Verschwörung der Idioten*, a. a. O, S. 355.

Plant, Sadie: *The Most Radical Gesture: The Situationist International in a Postmodern Age*. Routledge. London und New York 1992.

Red River (= *Panik am Roten Fluß*). Regie: Howard Hawks. Drehbuch: Borden Chase und Charles Schnee (nach einer Erzählung von Chase). United Artists 1948.

Savio, Mario: Rede aus der Zeit des Free Speech Movement, 2. Dezember 1964. Eine Tonaufnahme dieser Rede findet man auf der Langspielplatte *Is Freedom Academic? A Documentary of the Free Speech Movement at the University of California, Berkeley, Fall 1964* (KPFA- Pacifica Radio LP, 1964). Den korrekten Wortlaut der Rede kann man nachlesen in: Seymour Martin Lipset und Sheldon Wolin (Hrsg.), *The Berkeley Student Revolt: Facts and Interpretations*. Anchor. Garden City, N. Y., 1965.

Schneider, Peter: *Der Mauerspringer*. Luchterhand. Darmstadt und Neuwied 1982. S. 12; 80; 47f.
– »Geschichte einer Trenunng«, in: *Frankfurter Rundschau*, 7. Mai 1982; wiederveröffentlicht in: *Deutsche Ängste*. Luchterhand. Darmstadt und Neuwied 1988. S. 27.
– »Mauerhunde«, in: *Extreme Mittellage – Eine Reise durch das deutsche Nationalgefühl* [1990]. Rowohlt. 2. überarbeitete Auflage. Reinbek bei Hamburg 1992. S. 190 ff.

Searchers, The (= *Der schwarze Falke)*. Regie: John Ford. Drehbuch (nach einem Roman von Frank Nugent): Alan LeMay. Warner Bros., 1956.

Siebente Siegel, Das. Regie: Ingmar Bergman. Svensk Filmindustri/ Janus Films. 1956.

Solnit, Rebecca: *Secret Exhibition: Six California Artists of the Cold War Era*. City Lights. San Francisco 1990.

Sontag, Susan: »Die pornographische Phantasie« (»The Pornographic Imagination«). In: *Kunst und Antikunst: 24 literarische Analysen* [1980]. Deutsch von Mark W. Rien. Fischer. Frankfurt a. M. 1982. S. 48.
– »Faszinierender Faschismus« (»Fascinating Fascism«) [1974]. Aus dem Amerikanischen von Mark W. Rien und Angela Wittmann-Hausner. In: *Im Zeichen des Saturn. Essays* [1981]. Fischer. Frankfurt a. M. 1983. S. 125, 151.
– »Gegen Interpretation« (»Against Interpretation«) [1964]. In: *Kunst und Antikunst*, a. a. O., S. 22.
– »Syberbergs Hitler«. Aus dem Amerikanischen von Kurt Neff. In: *Im Zeichen des Saturn*, a. a. O., S. 175, 148.
– »Über den Stil« (»On Style«) [1965]. In: *Kunst und Antikunst*, a. a. O., S. 35.

– *Über Fotografie* (*On Photography*) [1977]. Aus dem Amerikanischen von Mark W. Rien und Gertrud Baruch. Fischer. Frankfurt a. M. 1980. S. 157 [Der Druckfehler in der Fischer-Taschenbuch-Ausgabe – »Fotografieren« statt, wie es heißen müßte, »Fotografien« – wurde bereinigt. A. d. Ü.]

Stevenson, William: *Die Bormann-Bruderschaft* (= *The Bormann Brotherhood*. Harcourt Brace Jovanovich. New York 1973.

Swift, Jonathan: »Gedanken über verschiedene Gegenstände erbaulicher und ergötzlicher Art«. In: Jonathan Swift, *Betrachtungen über einen Besenstiel*. Übersetzung: Gottfried Graustein und Otto Wilck. Insel. Frankfurt a. M. 1995. S. 285.

Symons, Julian: »Touching Eighty But Not Speeding« (Interview mit Eric Ambler). In: *Times* (London), 23. Juni 1989.

Thompson, William Irwin: *At the Edge of History*. Harper & Row. New York 1971.

Toole, John Kennedy: *Ignaz oder Die Verschwörung der Idioten* [1980]. Deutsch von Peter Marginter. Klett-Cotta/dtv. München 1988. S. 115.

Trocchi, Alexander: *Kains Buch* [1960]. Aus dem Englischen übersetzt von Wulf Teichmann. Insel. Frankfurt a. M. 1967. S. 225f. [Der Roman wurde 1980 vom Suhrkamp-Verlag unter dem Titel *Die Kinder Kains* wiederveröffentlicht. A. d. Ü.]
– *Sigma Portfolio*. Sigma. London 1965. Eine von Trocchi zusammengestellte Mappe mit 26 Beiträgen verschiedener Autoren, darunter Trocchis »Potlatch – An Interpersonal Log«.

Trotzki, Leo: »Rede auf dem 2. Allrussischen Sowjetkongreß« (25. Oktober 1917). Zitiert in Anlehnung an Isaac Deutschers *Trotzki (Band I) – Der bewaffnete Prophet* [1954]. Aus dem Englischen übersetzt von Harry Maor. Kohlhammer Urban-Taschenbücher. Stuttgart 1962. S. 297. Der Schluß des Zitates lautet dort: »Geht, wohin ihr gehört: auf den Kehrichthaufen der Geschichte.« Englische Übersetzungen der Trotzki-Rede benutzen anstelle von »Kehrichthaufen« den Begriff »dustbin« (Müll- bzw. Kehrichteimer). (A. d. Ü.)

Wark, McKenzie: »Vectors of Memory ... Seeds of Fire«, in: *New Formations*, 10 (1990). Eine überarbeitete Fassung erschien unter dem Titel »Site # 3: Tiananmen Square, Beijing – Seeds of Fire« in McKenzie Warks *Virtual Geography: Living with Global Media Events*. Indiana University Press. Bloomington 1994.

Wenders, Wim: *Emotion Pictures – Essays und Filmkritiken: 1968–1984*. Verlag der Autoren. Frankfurt a. M. 1986. S. 17, 19, 21, 150, 68, 66, 68,

19, 148, 114, 116, 119, 117, 115 [Die Interpunktion des Originals wurde nicht immer übernommen. Die amerikanische Ausgabe, *Emotion Pictures: Reflections on the Cinema* (Faber and Faber. New York 1990) wurde um ein Vorwort des Autors erweitert. A. d. Ü.]

Whitman, Walt: *Demokratische Ausblicke* [1879]. In: *Walt Whitmans Werk*. Ausgewählt, übertragen und eingeleitet von Hans Reisiger. Droemersche Verlagsanstalt Th. Knaur Nachf. München / Zürich 1960. S. 411f.

Wright, Lawrence: *In the New World: Growing Up in America from the Sixties to the Eighties*. Random House. New York 1988.

Danksagungen

Lindsay Waters, seit über zehn Jahren mein Lektor bei Harvard University Press, hat den größten Anteil daran, daß es zu diesem Buch gekommen ist, und das in mehr als einer Hinsicht. Früher rettete er mich; diesmal zeichnete er Karten. Für gute Ratschläge und tatkräftige Unterstützung schulde ich noch anderen Harvard-Mitarbeitern Dank: Nancy Clemente, Gwen Frankfeldt, Claire Silvers, Paul Adams, Alison Kent und Chris Palma. John Riley, mein Lektor bei Picador, war ebenfalls am Lektorat dieses Buches beteiligt: Auf sein Urteil und sein Engagement konnte ich mich hundertprozentig verlassen. Meine Agentin Wendy Weil, ihre Assistentin Claire Needell und ihr Londoner Repräsentant, Anthony Goff, waren darauf vorbereitet, alle Probleme im Zusammenhang mit der Veröffentlichung dieses Buches zu lösen – falls welche aufgetaucht wären. Bei Lionel Dean bedanke ich mich für das Register der Harvard/Picador-Ausgabe. Für ihre Unterstützung und ihr Engagement bedanke ich mich bei Antje Landshoff, Birgit Politycki und Klaas Jarchow von Rogner&Bernhard und besonders bei meinem Übersetzer Fritz Schneider, der mich vor mehr Fehlern und Irrtümern bewahrt hat, als mir eigentlich lieb sein dürfte.

Da dies eine Anthologie ist – für die ich die meisten Beiträge mehr oder weniger stark überarbeitet und in der Regel mit neuen Überschriften versehen habe –, stehe ich natürlich ganz besondes in der Schuld derer, die es ermöglicht haben, daß meine Arbeiten überhaupt gedruckt worden sind. Meine ersten Sachen schrieb ich 1968, für den *Rolling Stone*, für den ich heute noch schreibe; dafür, daß sie vier Jahrzehnte lang am Ball geblieben sind, geht mein Dank an Jann Wenner, aber auch an David Young, Barbara Downey Landau und ganz besonders an Anthony DeCurtis. Richard Goldstein von der *Village Voice* bot mir an, einen Artikel über *Nashville* und *Ragtime* zu veröffentlichen, weil ich ihm die Zeit stahl, als ich ihm am Telefon meine kritische Einstellung gegenüber diesen beiden Werken zu erläutern versuchte; Doug Simmons reagierte ähnlich, als er von meinem Vortrag über Robert Johnson erfuhr, den ich an der University of California in Berkeley in Leon Litwacks Seminar über afro-amerikanische Geschichte gehalten hatte; Leon übermittelte mir dann später die Einladung der Studenten des Department of History, bei ihrer Examensfeier die offizielle Rede zu halten. Seit seiner Gründung im Jahre 1990 hat *Common Knowledge* der altehrwürdigen Institution des akademischen oder intellektuellen Journals neues Leben eingehaucht, und ich genieße das Privileg, für dieses Blatt schreiben und mit Jeffrey Perl, Robert Nelson, JoAnn Corrigan und Jeanine Bartolo zusammenarbeiten zu dürfen. Seit 1983 schreibe ich für *Artforum*, wo David Frankel von Beginn an mein Ansprechpartner gewesen ist; obwohl Ingrid Sischy immer einen Platz für die Themen gefunden hat, die mir vorschwebten, hat Jack Bankowsky, seitdem er den Herausgeberposten übernommen hat, Ideen vorgeschlagen, auf die ich selber nie gekommen wäre, insbesondere die Idee zu einem Artikel über Bruce Conner, und deshalb bedanke ich mich bei ihm, genauso wie bei Sydney Pokorny, dem Mann mit dem Elefantengedächtnis. Meine Freundin Wendy Lesser, deren *Threepenny Review* ausschließlich auf ihrer Persönlichkeit und ihrer Selbstlosigkeit beruht, läßt immer ein herausgeberisches Licht brennen; mehr als einmal habe ich noch zu später Stunde bei ihr anklopfen können. Ich bedanke mich auch bei Andrew O'Hagan von der *London Review of Books*; bei Steve Wasserman, der 1971 mein Student war und seit dieser Zeit mein Freund ist, für den John-Wayne-Auftrag von der *Los Angeles Times*; bei Tom Morgan und Greg Mitchell von *Politicks*; bei Cynthia Rose von *The Wire*; bei Heidi Benson vom *San Francisco Focus*; bei Katherine Spielman von *Puncture*; bei Isabelle Graw von *Texte zur Kunst*; bei Elena Silverman von *Harper's*; und bei Jon Carroll, Nancy Friedman, Janet Duckworth, Bill Broyles und ganz besonders bei B. K. Moran von *New West* und dessen späterer Inkarnation, *California*, wo die Redaktionspolitik stets darauf hinauslief, daß man als Autor schreiben konnte, was man wollte – und dies anschließend so lange umschreiben durfte, bis man tatsächlich über etwas schrieb.

Viele Menschen – Freunde, Bekannte, aber auch Leute, die ich kaum kannte – griffen mir mit Vorschlägen, Kritik, Tips und Informationen unter die Arme oder versorgten mich mit schwer aufzutreibenden Büchern, Filmen und anderen Dokumenten. Und viele inspirierten mich, stärker als ich es mit Worten auszudrücken vermag, durch ihr Beispiel: mein Schwager William E. Bernstein, der zu meinem Glück völlig entgeistert war, als er eines Tages erfuhr, daß ich noch nie etwas von Eric Ambler gelesen hatte; Sara Bershtel; Stanley Booth; die Crew vom Canyon Cinema, San Francisco; Kent Carroll vom Verlagshaus Carroll & Graf, der meinen Essay »Mask of Dimitrios« als Einleitung für seine Ausgabe von *A Coffin for Dimitrios* abdruckte; Bruce Conner und Jean Conner; Barry Franklin; Walter Hopps und Alberta Mayo von der Menill Collection in Houston; Pauline Kael; der verstorbene Walter Karp, ein großer Kritiker und ein wahrer Patriot; Paula Kirkeby von der Smith-Andersen Gallery in Palo Alto; Peter Kirkeby; Edith Kramer und Nancy Goldman vom Pacific Film Archive in Berkeley; Tom Laqueur; Tom Luddy; Alexander Marshack; Léon Pales; Shirley Reingold und Paul Reingold; Alvin Rockwell; Ruth und Marvin Sackner vom Sackner Archive of Visual Poetry in Miami Beach; Tim Savinar; und der verstorbene Steven Star.

Dieses Buch ist jedoch vor allem das Resultat einer nie abreißenden Unterhaltung, die Begeisterung, Klatsch und Verzweiflung umspannt und Politik und Kunst untrennbar miteinander verknüpft. Regelmäßige Teilnehmer an dieser Unterhaltung sind seit vielen Jahren Robert Christgau, Dave Marsh, John Rockwell, Howard Hampton, Jon Savage, Simon Frith, Kit Rachlis, Peter Guralnick, Jim Miller und Jenny Marcus; Emily und Cessie haben diesmal intensiver teilgenommen als bei früheren Büchern. Wir sehen uns wieder hinter der nächsten Kurve.

[Der Übersetzter dankt Bernd Samland, Roberto Ohrt, Peter Schneider und Klaus Bittermann für die zur Verfügung gestellten Texte. A. d. Ü.]

Bildhinweise

S. 75: Adolf Eichmann. © dpa.

S. 109: Bob Dylan.

S. 138: Susan Sontag. © Peter Peitsch.

S. 158: Fotos aus James Agee/Walker Evans »Preisen will ich die großen Männer«. © Estate of Walker Evans.

S. 204: Elvis Presley und Bill Clinton. © dpa.

S. 221: Apollon.

S. 238: Felsmalereien aus der Grotte Chauvet.

S. 280: John Wayne.

S. 289: Berliner Mauer. © signum/Matthias Lindner.

S. 335: The Kingston Trio.

Copyright-Hinweise

Personenregister

Kursive Seitenzahlen beziehen sich auf zusätzliche Informationen im Abschnitt »Zitierte Bücher, Filme und Tonaufnahmen«

Dieses Buch wurde gedruckt auf Recyclingpapier
Es besteht aus 100 % bedrucktem Altpapier.

Das Vorsatzpapier besteht aus 75 % Recyclingpapier,
der Überzug wurde aus 100 % Recyclingapier gedruckt.
Der Karton des Einbandes ist aus 100 % Altpapier.

Das Kapitalband und das Leseband sind
aus 100 % ungefärbter und ungebleichter Baumwolle.